十三經注疏

傳 孔安國 疏 孔穎達
譯註 金東柱

譯註 尙書正義 2

상서정의

전통문화연구회

東洋古典現代化와 十三經注疏 譯註

본회가 東洋古典의 飜譯과 教育, 情報化 등 古典現代化 사업을 시작한 지 어느덧 25년이 되었다. 그간 우리나라의 고전국역 상황을 보면, 東洋古典에 대한 번역문제는 1960년 중반에 한국고전번역을 정부에서 추진하면서 우선 四書五經 등 기본고전을 모범 번역하자는 논의가 있었지만 우리 고전이 아니라고 무산되었다.

1980년대에 韓國學 연구와 한국고전번역의 先決課題는 물론, 國際政治 관계나 經濟상의 이유로도 필요하다는 논의가 제기되었다. 그 후 1988년 본회가 발족하면서 東洋古典 번역을 착수하여, 1990년대 말경 본회에서 소위 '新注'의 四書三經을 註까지 懸吐完譯함으로써 東洋學과 韓國學徒들의 袖珍本이 되고 教育界와 文化界까지 파급되었다.

그 후 본회 창립 20주년이 되면서 다시 동양고전현대화의 과제와 목표를 논의하면서, 단순한 韓國學의 선결과제를 넘어 東洋文化에 대한 源泉的이며 體系的인 檢討의 필요성이 대두되었으니, 이제 우리는 東洋文化의 先導的 역할을 담당할 준비를 갖추고 21세기에 先進文化强國 건설로 새 歷史를 이루자는 것이었다.

일반적으로 十三經은 核心的 儒家經典의 總稱이지만, 이는 東洋文化의 뿌리라 하겠다. 우리 역사상으로 十三經은 저 멀리 삼국시대에 이미 高句麗의 太學에서 기본 교과로 채택하였고, 百濟에서는 五經博士 制度를 두었고, 新羅 薛聰은 九經을 方言으로 읽었고, 高麗에서는 國子監이나 九齋學堂에서 교육하였으며, 朝鮮朝 成均館과 鄕校, 書堂과 書院에서는 四書五經 등을 교육하여 人材 등용과 국가정책에 절대적 영향을 끼쳤다.

이 十三經의 代表的 註釋書는 漢·唐 시기의 '古注'라 일컬어지는 十三經注疏와, 그 후 宋代의 朱子的 世界觀이 반영된 '集註'와 '集傳' 등의 '新注'가 두 개의 軸이라 할 수 있다.

그런데 우리는 조선조에서부터 朱子學 일변도의 學風으로 경도되어, 그 偏向性이 오늘에까지 이르렀음은 심히 不幸이라 하겠다. 中國에서는 明·清 시기에 訓詁學, 考證學이라는 學風이 일어 十三經注疏가 經學研究의 標準이 되었고, 日本에서는 反朱子的 見解와 陽明學의 영향을 받아 明治維新 때 이미 漢文大系 등의 古典整理 사업으로 '古注' 연구가 一般化된 사실을 간과해서는 안 되겠다.

이에 東洋文化의 核心이라 할 수 있는 十三經注疏를 譯註하고, 이를 통해 우리 文化의 傳統에 대해 體系的으로 이해하고 復元함으로써, 그간 편협했던 학술 風土를 넘어 多樣性과 客觀性을 모색하고, 아울러 古典現代化의 水準을 높이고 融合的이고 自生的인 韓國學을 진작시켜야 할 것이다.

오늘날 중국과 일본에서 번역하지 못한 십삼경주소를 본회에서 130여 책으로 10년 안에 完譯하고, 이와 이울러 韓中日 三國의 東洋古典語彙 情報網을 구축함으로써, 우리의 東洋學과 韓國學 연구에 礎石과 架橋가 되어 우리나라가 先進文化强國으로 昇華되고 世界文化 발전에까지 기여하기를 기대한다.

이 十三經注疏의 번역은 三經과 三禮와 春秋三傳과 ≪論語≫, ≪孟子≫, ≪孝經≫, ≪爾雅≫ 등의 十三經을 經은 물론이요 注와 疏까지 譯註하는 것으로, 原典의 傳統性과 번역의 現代性을 기본으로 하여 漢學元老와 新進學者의 協同硏究飜譯으로 추진하고자 한다.

또한 註釋은 宋代의 소위 '新注'와 비교하고, 明淸代의 注와 韓國 先賢의 注와 見解, 그리고 日本의 注를 가급적 반영하며, 深度 있는 硏究解題를 하기로 하였다. 한편 古典의 우리식 讀解文法인 懸吐를 經과 注에 달고 방대한 疏에는 편의상 構文을 이해할 수 있는 標點을 달며, 經·注·疏 전체에 대한 內容索引을 할 계획이다.

끝으로 오랫동안 飜譯과 校閱에 종사하여 오신 元老漢學者와 10여 년 이상 漢學을 연수한 新進學者로서, 이 십삼경주소의 연구번역에 참여하여 難解한 注疏의 譯註에 헌신하시는 모든 분들께 무한한 감사를 드린다.

또한 고전현대화에 대한 政府의 지대한 關心과 支援에 감사를 드리며, 그간 직간접으로 지도편달하여 주신 학계와 교육계 및 문화계 인사 여러분께 심심한 謝意를 표하며, 앞으로도 따뜻한 관심과 엄정한 叱正을 부탁드리며 내내 평강과 행복을 기원한다.

社團法人 傳統文化硏究會 會長 李啓晃

凡 例

1. 본서는 十三經注疏 중 ≪譯註 尙書正義≫의 제2책이다.
2. 본서의 底本은 阮元 校刻本 ≪尙書正義≫(淸 嘉慶 21년(1816) 阮元 校刻 十三經注疏, 中華書局, 2009, 이하 '阮刻本'으로 약칭)로 하되, 北京大 整理本 ≪尙書正義≫(十三經注疏整理委員會 整理, 北京大學出版社, 2000, 이하 '北京大本'으로 약칭)와 上海古籍 整理本 ≪尙書正義≫(黃懷信 整理, 上海古籍出版社, 2007)를 참고하였다.
3. 본서의 書名은 底本인 阮刻本의 〈重刻宋板注疏總目錄〉에는 '尙書正義'로, 卷次名에는 '尙書注疏'로 되어있다. 그런데 阮刻本의 〈重刻宋板注疏總目錄〉과 ≪四庫全書總目提要≫ 등에는 '尙書正義'로 되어있고, 국내외 학자들의 견해도 '尙書正義'가 적정하다고 밝히고 있어, 본서의 書名은 '尙書正義'로 하고, 卷次名은 저본대로 '尙書注疏'로 하였다.
4. 본서는 원전의 傳統性과 번역의 現代性을 구현하기 위해 노력하였다.
5. 原文의 經과 傳은 우리나라 전통 방식으로 懸吐하였다. 전통적으로 교육적 차원에서 암송을 위해 經에만 懸吐하고 小註나 疏에는 懸吐하지 않았다. 또한 疏는 經에 대한 字句 해석이 중심이므로, 본서에서도 간략하게 標點만 하였다.
6. 原文은 저본의 體制에 따라 經, 傳, 疏를 구분하고, 經은 大字로 표기하고, 傳과 疏는 【傳】과 【疏】로 표시하여 구분하였다.
7. 孔安國의 書序(小序)는 孔穎達의 說에 따라 經과 같이 大字로 표기하였다.
8. 原文의 分節은, 經과 傳은 저본의 분절을 따르고, 疏는 단락이 길 경우 의미 단락에 따라 역자 재량으로 분절하였다.
9. 저본의 反切 注는 생략하되, 문맥을 이해하기 위해 필요한 경우에만 살리고, 讀音이 특수하거나 僻字인 경우에는 ( ) 속에 한글로 音을 달아주었다.
10. 疏에서 설명 대상으로 인용한 經과 傳의 단어나 구절은 번역하지 않고 원문 그대로 〔 〕 속에 넣어주었다. 예 〔若 順〕 ≪爾雅≫ 〈釋言〉의 글이다.
11. 飜譯은 原義에 충실하게 하되, 이해가 어려운 부분은 意譯 또는 補充譯을 하였다.
12. 飜譯文은 한글과 漢字를 混用하였으며, 맞춤법과 띄어쓰기는 한글 맞춤법과 표준어 규

정을 따르는 것을 원칙으로 하였다.

13. 譯註는 故事, 官職, 校勘, 難解語, 역사적 사건, 人物, 인용문의 出典, 전문용어, 制度, 異說 등에 관한 사항을 밝혔다.
14. 校勘은 원문의 衍字, 誤字, 脫字, 倒文 등을 대상으로 하였다.
15. 校勘은 저본인 阮刻本의 校勘記 중 꼭 필요한 것만 선택하여 譯註에 반영하였다. 그 외에도 北京大本을 비롯한 여러 原典 자료를 참고하였으며, 이를 譯註에 밝혔다.
16. 阮刻本에서 校勘에 참고한 書目의 略稱은 다음과 같으며, 본서의 校勘註에도 약칭으로 표기하였다.
    - 葛本 : 明나라 崇禎 연간(1636~1643)의 永懷堂本
    - 古本 : 唐나라 이전 本으로 日本 足利學校에 所藏된 書寫本
    - 九經誤字 : 明末淸初 顧炎武(1613~1682) 撰, 唐石經으로 明監本을 校勘
    - 群書拾補 : 淸나라 盧文弨(1717~1795) 撰
    - 唐石經 : 唐나라 開成(836~840) 연간의 石刻本
    - 明監本 : 明나라 神宗 시기(1563~1620) 北國子監 刊行本
    - 毛本 : 明나라 崇禎(1628~1644) 연간의 毛晉의 汲古閣 校刊本
    - 閩本 : 明나라 嘉靖(1522~1566) 연간의 閩中御史 李元陽의 校刊本
    - 尙書纂傳 : 元나라 王天與(?~?) 撰
    - 石經考文提要 : 乾隆 56년(1791)의 石經을 바탕으로 工部尙書 彭元瑞(1731~1803) 撰
    - 釋文 : 唐나라 陸德明(550?~630)의 ≪經典釋文≫
    - 宋石經 : 宋臨安石經, 南宋 紹興(1131~1162) 연간의 石刻本
    - 宋板 : 北宋(960~1127) 말기에 板刻, 日本 山井鼎(1690~1728)의 ≪七經孟子考文≫에서 인용
    - 十行本 : 南宋(1127~1279) 시기 刊行本
    - 岳本 : 廖氏의 世綵堂本에 대한 岳珂(1183~1243)의 校勘本
    - 六經正誤 : 宋나라 毛居正(?~?) 撰
    - 七經孟子考文 : 日本人 山井鼎(1690~1728) 撰
    - 浦鏜 : 淸나라 때의 학자 浦鏜(?~1762)의 ≪十三經注疏正字≫
17. 阮刻本 이외에 譯者가 校勘에 참고한 書目의 略稱은 다음과 같다.
    - 福建本 : 明나라 嘉靖(1522~1566) 年間本. 日本東京大學 東洋文化硏究所 所藏本
    - 汲古閣本 : 明나라 崇禎 5년(1632) 毛晉의 汲古閣 校刊本. 日本東京大學 東洋文化硏

究所 所藏本

- 武英殿本 : 淸나라 同治重刊 武英殿 校勘本
- 薈要本 : 淸나라 摛藻堂藏 四庫全書薈要本

18. 孔安國의 傳은 '孔傳', 孔穎達의 '疏'는 '孔疏', 蔡沈의 傳은 '蔡傳'으로 약칭하였다.
19. 본서의 校勘에 사용된 符號는 다음과 같다.

( )〔 〕: (저본의 誤字)〔교감한 正字〕

〔 〕: 저본의 脫字 보충

( ) : 저본의 衍字 삭제

20. 본서에 사용된 주요 符號는 다음과 같다.

" " : 對話, 각종 引用

' ' : " " 안에서 再引用, 强調

「 」: ' ' 안에서 再引用, 强調

( ) : 원문에서는 讀音이 특수한 글자나 僻字의 音
번역문에서는 간단한 譯註

〔 〕: 번역문과 뜻은 같으나 音이 다른 漢字나 句節, 譯註에서 인용한 原文, 疏에서 설명 대상으로 제시한 經이나 傳의 단어나 구절

≪ ≫ : 書名이나 典據

〈 〉: 篇章名, 作品名, 補充譯

【 】: 傳과 疏의 표시

○ : 저본에 사용된 단락 구분 표시 遵用

21. 본서의 疏에 사용한 標點符號는 中國의 출판본에 이미 상세하므로, 한국에서 재래로 사용해오던 표점방식을 보완하여, 文理의 이해를 돕는 정도로 간략히 하였다. 본서에 사용한 標點符號는 다음과 같다.

. : 문장의 종결

, : 한 문장 안에서 句나 節의 구분이 필요한 곳

· : 대등한 명사나 구절의 병렬

" " : 1차 인용, 대화

' ' : 2차 인용, 대화, 강조, 經과 傳의 단어나 구절을 인용한 부분

「 」: 3차 인용, 2차 인용 안에서 대화·강조

: : 疏 내용을 포괄하는 '正義曰' 뒤에 사용

參考文獻

◇ 底本 관련 자료

- ≪尙書正義≫, 阮元(淸) 校刻, 十三經注疏(淸 嘉慶刊本), 中華書局, 1998.
- ≪尙書正義≫, 十三經注疏整理委員會 整理, 北京大學出版社, 2000.
- ≪尙書正義≫, 黃懷信 整理, 上海古籍出版社, 2007.
- ≪尙書正義≫, 尙書注疏, 欽定四庫全書, 迪志文化出版, 2006.
- ≪尙書正義≫, 十三經注疏(明 嘉靖 福建刊本) 日本東京大學 東洋文化硏究所 所藏本
- ≪尙書正義≫, 毛晉(明) 校刻, 十三經注疏(汲古閣刊本) 日本東京大學 東洋文化硏究所 所藏本
- ≪尙書正義≫, 十三經注疏(淸 武英殿刊本)
- ≪尙書正義≫, 淸나라 摛藻堂藏 四庫全書薈要本

- ≪古文尙書考≫, 惠棟(淸) 著, 皇淸經解, 鳳凰出版社, 2008.
- ≪古文尙書冤詞≫, 毛奇齡(淸) 撰, 欽定四庫全書, 迪志文化出版, 2006.
- ≪古文尙書撰異≫, 段玉裁(淸) 撰, 皇淸經解, 鳳凰出版社, 2008.
- ≪今文尙書經說考≫, 陳喬樅(淸) 撰, 皇淸經解續編, 鳳凰出版社, 2008.
- ≪讀書管見≫, 王充耘(元) 撰, 欽定四庫全書, 迪志文化出版, 2006.
- ≪尙書講義≫, 史浩(宋) 撰, 欽定四庫全書, 迪志文化出版, 2006.
- ≪尙書古文疏證≫, 閻若璩(淸) 撰, 欽定四庫全書, 迪志文化出版, 2006.
- ≪尙書考異≫, 梅鷟(明) 撰, 欽定四庫全書, 迪志文化出版, 2006.
- ≪尙書廣聽錄≫, 毛奇齡(淸) 撰, 欽定四庫全書, 迪志文化出版, 2006.
- ≪尙書舊疏考證≫, 劉毓崧(淸) 撰, 皇淸經解續編, 鳳凰出版社, 2008.
- ≪尙書歐陽夏侯遺說考≫, 陳喬樅(淸) 撰, 皇淸經解續編, 鳳凰出版社, 2008.
- ≪尙書句解≫, 朱祖義(元) 撰, 欽定四庫全書, 迪志文化出版, 2006.
- ≪尙書今古文注疏≫, 孫星衍(淸) 撰, 續修四庫全書, 上海古籍出版社, 1995.

- ≪尙書今古文集解≫, 劉逢祿(淸) 著, 皇淸經解續編, 鳳凰出版社, 2008.
- ≪尙書大傳≫, 伏勝(漢) 撰, 文淵閣四庫全書, 臺灣商務印書館, 1986.
- ≪尙書大傳補遺≫, 孫之騄(淸) 輯, 欽定四庫全書, 迪志文化出版, 2006.
- ≪尙書大傳輯校≫, 陳壽祺(淸) 撰, 皇淸經解續編, 鳳凰出版社, 2008.
- ≪尙書譜≫, 宋翔鳳(淸) 撰, 皇淸經解續編, 鳳凰出版社, 2008.
- ≪尙書補疏≫, 焦循(淸) 著, 皇淸經解, 鳳凰出版社, 2008.
- ≪尙書埤傳≫, 朱鶴齡(淸) 撰, 欽定四庫全書, 迪志文化出版, 2006.
- ≪尙書說≫, 黃度(宋) 撰, 欽定四庫全書, 迪志文化出版, 2006.
- ≪尙書疏衍≫, 陳第(明) 撰, 欽定四庫全書, 迪志文化出版, 2006.
- ≪尙書略說≫, 宋翔鳳(淸) 撰, 皇淸經解續編, 鳳凰出版社, 2008.
- ≪尙書餘論≫, 丁晏(淸) 著, 皇淸經解續編, 鳳凰出版社, 2008.
- ≪尙書要義≫, 魏了翁(宋) 撰, 欽定四庫全書, 迪志文化出版, 2006.
- ≪尙書義考≫, 戴震(淸) 撰, 續修四庫全書編纂委員會 編, 上海古籍出版社, 1995.
- ≪尙書疑義≫, 馬明衡(明) 撰, 欽定四庫全書, 迪志文化出版, 2006.
- ≪尙書全解≫, 林之奇(宋) 撰, 欽定四庫全書, 迪志文化出版, 2006.
- ≪尙書精義≫, 黃倫(宋) 撰, 中華書局, 1985.
- ≪尙書注考≫, 陳泰交(明) 撰, 欽定四庫全書, 迪志文化出版, 2006.
- ≪尙書地理今釋≫, 蔣廷錫(淸) 撰, 欽定四庫全書, 迪志文化出版, 2006.
- ≪尙書集注音疏≫, 江聲(淸) 撰, 續修四庫全書, 上海古籍出版社, 1995.
- ≪尙書纂傳≫, 王天與(元) 撰, 欽定四庫全書, 迪志文化出版, 2006.
- ≪尙書通考≫, 黃鎭成(元) 撰, 欽定四庫全書, 迪志文化出版, 2006.
- ≪尙書稗疏≫, 王夫之(明) 撰, 船山全書編纂委員會 編校, 嶽麓書社出版, 1988.
- ≪尙書砭蔡編≫, 袁仁(明) 撰, 欽定四庫全書, 迪志文化出版, 2006.
- ≪尙書表注≫, 金履祥(宋) 撰, 欽定四庫全書, 迪志文化出版, 2006.
- ≪尙書後案≫, 王鳴盛(淸) 撰, 皇淸經解, 鳳凰出版社, 2008.
- ≪書經集傳≫, 蔡沈(宋) 撰, 欽定四庫全書, 迪志文化出版, 2006.
- ≪書經衷論≫, 張英(淸) 撰, 欽定四庫全書, 迪志文化出版, 2006.
- ≪書古微≫, 魏源(淸) 著, 皇淸經解續編, 鳳凰出版社, 2008.
- ≪書序述聞≫, 劉逢祿(淸) 著, 皇淸經解續編, 鳳凰出版社, 2008.
- ≪書傳≫, 蘇軾(宋) 撰, 欽定四庫全書, 迪志文化出版, 2006.

- ≪書傳大全≫, 蔡沈(宋) 集傳, 胡廣(明) 等編, 朝鮮 內閣本, 影印本, 學民文化社, 1998.
- ≪書傳輯錄纂註≫, 董鼎(元) 撰, 欽定四庫全書, 迪志文化出版, 2006.
- ≪書傳集註≫, 原本備旨本, 朝鮮圖書株式會社 編纂, 1982.
- ≪書傳會選≫, 劉三吾(明) 撰, 欽定四庫全書, 迪志文化出版, 2006.
- ≪書集傳纂疏≫, 陳櫟(元) 撰, 欽定四庫全書, 迪志文化出版, 2006.
- ≪書集傳或問≫, 陳大猷(宋) 撰, 欽定四庫全書, 迪志文化出版, 2006.
- ≪書纂言≫, 吳澄(元) 撰, 影印本, 臺灣商務印書館, 1983.
- ≪書蔡氏傳旁通≫, 陳師凱(元) 撰, 欽定四庫全書, 迪志文化出版, 2006.
- ≪五誥解≫, 楊簡(宋) 撰, 欽定四庫全書, 迪志文化出版, 2006.
- ≪禹貢論≫, 程大昌(宋) 撰, 欽定四庫全書, 迪志文化出版, 2006.
- ≪禹貢鄭注釋≫, 焦循(淸) 撰, 續修四庫全書, 上海古籍出版社, 1995.
- ≪禹貢指南≫, 毛晃(宋) 撰, 欽定四庫全書, 迪志文化出版, 2006.
- ≪禹貢錐指≫, 胡渭(淸) 著, 鄒逸麟 整理, 上海古籍出版社, 1996.
- ≪禹貢錐指正誤≫, 丁晏(淸) 著, 皇淸經解續編, 鳳凰出版社, 2008.
- ≪禹貢會箋≫, 徐文靖(淸) 撰, 欽定四庫全書, 迪志文化出版, 2006.
- ≪融堂書解≫, 錢時(宋) 撰, 欽定四庫全書, 迪志文化出版, 2006.
- ≪增修東萊書說≫, 時瀾(宋) 撰, 欽定四庫全書, 迪志文化出版, 2006.
- ≪增修東萊書說≫, 呂祖謙(宋) 撰, 文淵閣四庫全書, 臺灣商務印書館, 1983.
- ≪陳氏尙書詳解≫, 陳經(宋) 撰, 欽定四庫全書, 迪志文化出版, 2006.
- ≪夏氏尙書詳解≫, 夏僎(宋) 撰, 欽定四庫全書, 迪志文化出版, 2006.
- ≪絜齋家塾書鈔≫, 袁燮(宋) 撰, 欽定四庫全書, 迪志文化出版, 2006.
- ≪胡氏尙書詳解≫, 胡士行(宋) 撰, 欽定四庫全書, 迪志文化出版, 2006.
- ≪洪範口義≫, 胡瑗(宋) 撰, 欽定四庫全書, 迪志文化出版, 2006.
- ≪洪範名義≫, 黃道周(明) 撰, 欽定四庫全書, 迪志文化出版, 2006.
- ≪洪範正論≫, 胡渭(淸) 撰, 欽定四庫全書, 迪志文化出版, 2006.
- ≪欽定書經傳說彙纂≫, 欽定四庫全書, 迪志文化出版, 2006.

◇ 十三經注疏

- ≪論語注疏≫, 阮元(淸) 校刻, 十三經注疏(淸 嘉慶刊本), 中華書局, 1980.
- ≪孟子注疏≫, 阮元(淸) 校刻, 十三經注疏(淸 嘉慶刊本), 中華書局, 1980.

- ≪毛詩正義≫, 阮元(淸) 校刻, 十三經注疏(淸 嘉慶刊本), 中華書局, 1980.
- ≪禮記正義≫, 阮元(淸) 校刻, 十三經注疏(淸 嘉慶刊本), 中華書局, 1980.
- ≪儀禮注疏≫, 阮元(淸) 校刻, 十三經注疏(淸 嘉慶刊本), 中華書局, 1980.
- ≪爾雅注疏≫, 阮元(淸) 校刻, 十三經注疏(淸 嘉慶刊本), 中華書局, 1980.
- ≪周禮注疏≫, 阮元(淸) 校刻, 十三經注疏(淸 嘉慶刊本), 中華書局, 1980.
- ≪周易注疏≫, 阮元(淸) 校刻, 十三經注疏(淸 嘉慶刊本), 中華書局, 1980.
- ≪春秋穀梁傳注疏≫, 阮元(淸) 校刻, 十三經注疏(淸 嘉慶刊本), 中華書局, 1980.
- ≪春秋公羊傳注疏≫, 阮元(淸) 校刻, 十三經注疏(淸 嘉慶刊本), 中華書局, 1980.
- ≪春秋左傳正義≫, 阮元(淸) 校刻, 十三經注疏(淸 嘉慶刊本), 中華書局, 1980.
- ≪孝經注疏≫, 阮元(淸) 校刻, 十三經注疏(淸 嘉慶刊本), 中華書局, 1980.

◇ 經部

- ≪經問≫, 毛奇齡(淸) 著, 皇淸經解續編, 鳳凰出版社, 2008.
- ≪經義述聞≫, 王引之(淸) 著, 皇淸經解, 鳳凰出版社, 2008.
- ≪經典釋文≫, 陸德明(唐) 撰, 上海古籍出版社, 1985.
- ≪經傳釋詞≫, 王引之(淸) 撰, 文淵閣四庫全書, 臺灣商務印書館, 1986.
- ≪古微書≫, 孫瑴(明) 編, 影印本, 山東友誼書社, 1990.
- ≪九經古義≫, 惠棟(淸) 著, 皇淸經解, 鳳凰出版社, 2008.
- ≪九經誤字≫, 顧炎武(淸) 著, 皇淸經解續編, 鳳凰出版社, 2008.
- ≪群經評議≫, 兪越(淸) 撰, 續修四庫全書, 上海古籍出版社, 2001.
- ≪孟子集註大全≫, 朱熹(宋) 集註, 胡廣(明) 等編, 大東文化硏究院, 2004.
- ≪說文解字注≫, 許愼(漢) 撰, 段玉裁(淸) 注, 上海古籍出版社, 1993.
- ≪詩書古訓≫, 阮元(淸) 著, 皇淸經解續編, 鳳凰出版社, 2008.
- ≪周易啓蒙翼傳≫, 胡一桂(元) 撰, 欽定四庫全書, 迪志文化出版, 2006.
- ≪周易義海撮要≫, 李衡(宋) 撰, 欽定四庫全書, 迪志文化出版, 2006.

◇ 史部

- ≪舊唐書≫, 劉昫(後晉) 等撰, 中華書局, 1997.
- ≪國語≫, 左丘明(周) 撰, 學民文化社, 1990.
- ≪白虎通義≫, 班固(漢) 撰, 文淵閣四庫全書, 臺灣商務印書館, 1986.

- ≪史記≫, 司馬遷(漢) 撰, 裴駰(宋) 集解, 司馬貞(唐) 索隱, 張守節(唐) 正義, 中華書局, 1959.
- ≪水經注≫, 酈道元(北魏) 撰, 文淵閣四庫全書, 臺灣商務印書館, 1986.
- ≪隋書≫, 魏徵・長孫無忌(唐) 等撰, 中華書局, 1997.
- ≪新唐書≫, 歐陽修・宋祁(宋) 撰, 中華書局, 1997.
- ≪竹書統箋≫, 徐文靖(淸) 撰, 文淵閣四庫全書, 臺灣商務印書館, 1986.
- ≪漢書≫, 班固(漢) 撰, 顔師古(唐) 注, 中華書局, 1997.
- ≪後漢書≫, 范曄(南朝 宋) 撰, 中華書局, 1997.

◇ 子部

- ≪孔子家語≫, 王肅(魏) 編, 學民文化社, 2001.
- ≪孔子家語疏證≫, 陳士珂(淸) 輯, 中華書局, 1985.
- ≪管子校正≫, 管仲(周) 撰, 尹知章(唐) 注, 戴望(淸) 撰, 世界書局, 1955.
- ≪群書考索≫, 章如愚(宋) 編, 商務印書館, 1983.
- ≪道德經≫, 老聃(周) 著, 王弼(魏) 注, 文淵閣四庫全書, 臺灣商務印書館, 1986.
- ≪圖書編≫, 章潢(明) 撰, 文淵閣四庫全書, 臺灣商務印書館, 1986.
- ≪山海經≫, 郭璞(晉) 注, 欽定四庫全書, 迪志文化出版, 2006.
- ≪山海經廣注≫, 吳任臣(淸) 撰, 欽定四庫全書, 迪志文化出版, 2006.
- ≪新序≫, 劉向(漢) 撰, 文淵閣四庫全書, 臺灣商務印書館, 1986.
- ≪莊子集釋≫, 莊周(周) 撰, 郭象(西晉) 注, 陸德明(唐) 釋文, 成玄英(唐) 疏, 郭慶藩(淸) 輯, 王孝魚 點校, 中華書局, 1995.

◇ 集部

- ≪經書辨疑≫, 金長生(朝鮮) 撰, 大東文化研究院, ≪韓國經學資料集成≫49, 1997.
- ≪經書集說≫, 著者未詳(朝鮮), 大東文化研究院, ≪韓國經學資料集成≫70, 1997.
- ≪鹿門集≫, 任聖周(朝鮮) 撰, ≪瓶窩講義≫, 李衡祥(朝鮮) 撰, 大東文化研究院, ≪韓國經學資料集成≫58, 1997.
- ≪茶田經義答問≫, 郭鍾錫(朝鮮) 撰, 大東文化研究院, ≪韓國經學資料集成≫67, 1997.
- ≪讀書記≫, 尹鑴(朝鮮) 撰, 大東文化研究院, ≪韓國經學資料集成≫1, 1997.
- ≪讀書箚錄≫, 林泳(朝鮮) 撰, 大東文化研究院, ≪韓國經學資料集成≫49, 1997.
- ≪无極集≫〈尙書講義〉, 梁周翊(朝鮮) 撰, 大東文化研究院, ≪韓國經學資料集成≫58, 1997.

- ≪瓶窩講義≫, 李衡祥(朝鮮) 撰, 大東文化硏究院, ≪韓國經學資料集成≫56, 1997.
- ≪本庵集≫〈箚錄〉, 金鍾厚(朝鮮) 撰, 大東文化硏究院, ≪韓國經學資料集成≫58, 1997.
- ≪思辨錄≫, 朴世堂(朝鮮) 撰, 大東文化硏究院, ≪韓國經學資料集成≫56, 1997.
- ≪尙書古注≫, 申綽(朝鮮) 撰, 大東文化硏究院, ≪韓國經學資料集成≫61, 1997.
- ≪尙書古訓≫, 丁若鏞(朝鮮) 撰, 大東文化硏究院, ≪韓國經學資料集成≫63, 1997.
- ≪尙書補傳≫, 洪奭周(朝鮮) 撰, 大東文化硏究院, ≪韓國經學資料集成≫65, 1997.
- ≪尙書疑義≫, 宋文欽(朝鮮) 撰, 大東文化硏究院, ≪韓國經學資料集成≫58, 1997.
- ≪尙書知遠錄≫, 丁若鏞(朝鮮) 撰, 大東文化硏究院, ≪韓國經學資料集成≫64, 1997.
- ≪書經疾書≫, 李瀷(朝鮮) 撰, 大東文化硏究院, ≪韓國經學資料集成≫49, 1997.
- ≪書釋義≫, 李滉(朝鮮) 撰, 大東文化硏究院, ≪韓國經學資料集成≫1, 1997.
- ≪書傳說≫, 李顯益(朝鮮) 撰, 大東文化硏究院, ≪韓國經學資料集成≫49, 1997.
- ≪書集傳詳說≫, 朴文鎬(朝鮮) 撰, 大東文化硏究院, ≪韓國經學資料集成≫68, 1997.
- ≪書淺見錄≫, 權近(朝鮮) 撰, 大東文化硏究院, ≪韓國經學資料集成≫49, 1997.
- ≪硏經齋全集≫, 成應海(朝鮮) 撰, 大東文化硏究院, ≪韓國經學資料集成≫59, 1997.
- ≪寧齋遺稿≫, 吳允常(朝鮮) 撰, 大東文化硏究院, ≪韓國經學資料集成≫59, 1997.
- ≪雲溪漫稿≫, 金鍾正(朝鮮) 撰, 大東文化硏究院, ≪韓國經學資料集成≫58, 1997.
- ≪洪範傳≫, 黃景源(朝鮮) 撰, 大東文化硏究院, ≪韓國經學資料集成≫58, 1997.
- ≪洪範直指≫, 徐瀅修(朝鮮) 撰, 大東文化硏究院, ≪韓國經學資料集成≫59, 1997.

◇ 번역서 및 기타

- ≪書經集傳≫, 成百曉, 傳統文化硏究會, 1998.
- ≪書經≫, 金學主, 明文堂, 1985.
- ≪漢文大系≫, 服部宇之(日本) 校訂, 富山房, 1979.

◇ 데이터베이스(DB) 자료

- 동양고전종합DB (http://db.cyberseodang.or.kr)
- 상우천고 (http://www.s-sangwoo.kr)
- 電子版 文淵閣四庫全書, 上海古籍出版社.
- 한국고전종합DB (http://db.itkc.or.kr)

目 次

大禹謨 第三

○釋文에 徐云 本虞書는 總爲一卷이요 凡十二卷[1]이러니 今依七志[2]七錄[3]하여 爲十三卷[4]이라

1) 十二卷 : 〈舜典〉·〈汨作〉·〈九共〉 9편·〈槁飫〉를 가리킨다. 여기의 卷은 篇과 같은 뜻이다.
2) 七志 : 宋나라 王儉이 劉歆의 ≪七略≫을 모방하여 편찬한 典籍의 分類書이다.
3) 七錄 : 梁나라 阮孝緖가 정리한 서적 분류 목록으로, 체재는 劉歆의 ≪七略≫을 바탕으로 약간 변경한 것이다.
4) 十三卷 : 이상 12篇에 〈大禹謨〉를 합한 것이다.

○ ≪經典釋文≫에 말하였다. "徐氏(徐邈)가 이르기를 '본래 〈虞書〉는 총 1권으로 모두 12篇이었는데, 지금 ≪七志≫와 ≪七錄≫에 의거하여 13편으로 만들었다.'라고 하였다."

皐陶矢厥謨하고

皐陶는 그 謀慮를 진달하고,

【傳】 矢는 陳也라

矢는 진달하다의 뜻이다.

禹成厥功하니

禹는 그 功을 이룬 것을 〈진달하니〉,

【傳】 陳其成功이라

그 공을 이룬 것을 진달한 것이다.

帝舜申之라

帝舜이 거듭 아름답게 여겼다.

【傳】 申은 重也니 重美二子之言이라

申은 重(거듭)의 뜻이니, 두 사람(禹와 皐陶)의 말을 거듭 아름답게 여겼다는 것이다.

作大禹皐陶謨와

〈大禹謨〉와 〈皐陶謨〉와

【傳】 大禹는 謀九功하고 皐陶는 謀九德이라 ○ 謨는 亦作謩라

大禹는 아홉 가지 功에 대한 謀慮를 내고, 皐陶는 아홉 가지 德에 대한 謀慮를 냈다. ○ 謨는 또한 謩로 적기도 한다.

益稷하다

〈益稷〉을 지었다.

【傳】 凡三篇[1]이라

1) 三篇 : 宋代 林之奇는 "虞나라 史官이 이미 〈堯典〉과 〈舜典〉을 기술했지만, 기재한 것에 미비한 점이 있었다. 그래서 다시 군신간에 있었던 嘉言과 善政을 서술해서 〈大禹謨〉, 〈皐陶謨〉, 〈益稷〉 3篇을 만들었으니, 〈堯典〉과 〈舜典〉의 미비한 점을 보완한 것이다." 라고 하였다. ≪尙書全解≫

모두 3편이다.

【疏】 '皐陶' 至 '益稷' ○ 正義曰 : 皐陶爲帝舜陳其謀, 禹爲帝舜陳已成所治水之功, 帝舜因其所陳, 從而重美之. 史錄其辭, 作大禹·皐陶二篇之謨, 又作益稷之篇, 凡三篇也. 篇先大禹, 序先言皐陶者, 皐陶之篇, 皐陶自先發端, 禹乃然而問之, 皐陶言在禹先, 故序先言皐陶. 其此篇以功大爲先, 故先禹也. 益稷之篇, 亦是禹之所陳, 因皐陶之言, 而禹論益稷, 在皐陶謨後, 故後其篇.

書序의 〔皐陶〕에서 〔益稷〕까지

○ 正義曰 : 皐陶는 帝舜을 위하여 謀慮를 진달하고, 禹는 帝舜을 위하여 이미 이룬 治水의 功을 진달하니, 帝舜이 그들의 진달한 바에 따라서 거듭 아름답게 여겼다. 史官이 군신간에 주고받은 말들을 기록하여 〈大禹謨〉와 〈皐陶謨〉 2편을 짓고 또 〈益稷〉편을 지었으니, 모두 3篇이다.

篇은 〈大禹謨〉가 〈皐陶謨〉의 앞에 있는데, 序에서 〈皐陶謨〉를 먼저 말한 것은 〈皐陶謨〉편은 皐陶가 먼저 말을 꺼내고 禹가 그의 말을 시인하면서 시행할 바를 물었으니, 皐陶의 말이 禹의 앞에 있다. 그러므로 序에서 皐陶를 먼저 말한 것이다. 그리고 이 篇에서는 功이 큰 것을 우선으로 삼았기 때문에 禹를 먼저 말한 것이다. 〈益稷〉편도 역시 禹가 진달한 것은 皐陶의 말로 인한 것이고, 禹가 益과 稷에 대해 논한 것은 〈皐陶謨〉의 뒤에 있기 때문에 그 篇을 뒤에 둔 것이다.

【疏】 ○ 傳'矢 陳也' ○ 正義曰 : '矢 陳', 釋詁文.

○ 傳의 〔矢 陳也〕

○ 正義曰 : 〔矢 陳〕 ≪爾雅≫ 〈釋詁〉의 글이다.

【疏】 ○ 傳'陳其成功' ○ 正義曰 : 此是謨篇[1], 禹成其功, 陳其言耳. 蒙上矢文, 故傳明之, 言陳其成功也. 序成在厥上, 傳成在下者, 序順上句, 傳從便文, 故倒也.

1) 謨篇 : 謨는 文體의 하나로 군신간에 國事를 謀議한 것을 기술한 것인데, 여기서는 大禹와 皐陶의 謨慮로 구성된 篇이란 뜻이다.

○ 傳의 〔陳其成功〕

○ 正義曰 : 이는 바로 謨篇이니, 禹가 功을 이루고 그에 대한 말을 진달한 것이다. 위에 있는 '矢'에 대한 글을 이어받았기 때문에 孔傳에서 이를 밝혀 그 공을 이룬 것을 진달한 것이라고 말하였다.

序에서는 成자를 厥자 위에 배열하고 孔傳에서는 成자를 아래에 배열한 것은, 序에서는 윗구 〈'矢厥謨'의 글자 배열을〉 따른 것이고 孔傳에서는 편의대로 문장을 쓰는 쪽을 따랐기 때문에 〈成자를 其자 아래에〉 거꾸로 배열한 것이다.

【疏】 ○ 傳'申重'至'之言' ○ 正義曰 : '申 重', 釋詁文. 大禹謨云 "帝曰 '兪, 地平天成, 時乃功.'" 又"帝曰 '皐陶, 惟玆臣庶, 罔或干予正, 時乃功, 懋哉.'" 益稷云 "迪朕德, 時乃功." 皆是重美二子之言也.

○ 傳의 〔申重〕에서 〔之言〕까지

○ 正義曰 : 〔申 重〕 ≪爾雅≫ 〈釋詁〉의 글이다.

〈大禹謨〉에 이르기를 "帝舜이 말씀하기를 '옳거니. 水土가 평탄하게 됨에 하늘이 만물을 내는 공이 이루어진 것은 바로 너의 공이니라.' 했다."라고 하였고, 또 "帝舜이 말씀하기를 '皐陶야. 지금 신하와 백성 중에 아무도 나의 正道를 干犯하는 자가 없는 것은 바로 너의 공이니 〈맡은 직무에〉 힘쓸지어다.' 했다."라고 하였으며, 〈益稷〉에 이르기를 "〈帝舜이 말씀하기를 '지금 천하가〉 짐의 德敎를 따르는 것은 바로 너의 공이다.' 했다."라고 하였으니, 모두 두 사람의 말을 거듭 아름답게 여긴 것이다.

【疏】 ○ 傳'大禹'至'九德' ○ 正義曰 : 二篇皆是謨也, 序以一謨摠二篇, 故傳明之. 大禹治水能致九功而言謨, 以其序有謨文, 故云謨也.

○ 傳의 〔大禹〕에서 〔九德〕까지

○ 正義曰 : 2篇(〈大禹謨〉와 〈皐陶謨〉)이 모두 '謨'인데, 序에서 1謨(〈大禹謨〉)를 가지고 2篇을 총괄했기 때문에 孔傳에서 이를 밝힌 것이다. 大禹가 홍수를 다스려 능히 아홉 가지 功을 이루었는데 謨라고 말한 것은 〈大禹謨〉 序에 謨에 대한 내용이 있기 때문에 謨라고 한 것이다.

【疏】 ○ 傳'凡三篇' ○ 正義曰 : 益稷亦大禹所謀, 不言謨者, 禹謀言及益稷, 非是益稷爲謀, 不得言益稷謨也. 其篇雖有夔曰, 夔言樂和, 本非謀慮, 不得謂之夔謨.

○ 傳의 〔凡三篇〕

○ 正義曰 : 〈益稷〉도 大禹가 謀慮를 내놓은 것인데 '謨'라고 말하지 않은 것은 禹의 謀慮에서 益과 稷을 언급한 것이지, 益과 稷이 謀慮를 내놓은 것이 아니므로 〈益稷謨〉라고 말할 수 없다. 그 篇에 비록 '夔曰'이 있지만, 夔는 樂和(음악의 화락함)를 말한 것이지, 본래 謀慮가 아니기 때문에 〈夔謨〉라고 말할 수 없다.

大禹謨

【傳】 禹稱大는 大其功이라 謨는 謀也라

禹에게 大자를 붙여서 칭한 것은 그 공을 크게 여긴 것이다. 謨는 謀의 뜻이다.

【疏】 傳'禹稱'至'謀也' ○ 正義曰：餘文單稱禹，而此獨加大者，故解之．禹與皐陶同爲舜謀，而禹功實大，禹與皐陶不等，史加大其功，使異於皐陶，於此獨加大字，與皐陶竝言故也．'謨 謀'，釋詁文．此三篇，皆是舜史所錄，上取堯事，下錄禹功，善於堯之知己，又美所禪得人，故包括上下，以爲虞書．其事以類相從，非由事之先後．若其不然，上篇已言舜死，於此豈死後言乎．此篇已言禪禹，下篇豈受禪後乎．明史以類聚爲文．計此三篇，禹謨最在後，以禹功大，故進之於先．孟子稱"舜薦禹於天，十有七年"，則禹攝一十七年，舜陟方乃死．不知禹征有苗，在攝幾年．史述禹之行事，不必以攝位之年，卽征苗民也．

傳의 〔禹稱〕에서 〔謀也〕까지

○ 正義曰 : 여타의 글에서는 禹라고 單稱하였는데 여기서만 유독 '大'자를 붙였기 때문에 그 점을 풀이한 것이다. 禹와 皐陶가 함께 舜임금을 위하여 謀慮를 내었으나 禹의 功이 실로 커서 禹와 皐陶가 동등하지 않으므로 史官이 그 공을 더 크게 여겨 皐陶와 다르게 하려는 의도로 여기에서 다만 大자를 붙인 것이니, 皐陶와 아울러 말했기 때문이다. 〔謨 謀〕 ≪爾雅≫ 〈釋詁〉의 글이다. 이 3篇은 모두 舜임금의 史官이 기록한 것으로 위로는 堯임금의 일을 취하고 아래로는 禹의 功을 기록하였으며, 堯임금이 자기(舜)를 알아준 점을 훌륭하게 여기고 또 禪讓에 적격한 사람(禹)을 얻은 점을 아름답게 여겼기 때문에 위아래를 포괄해서 〈虞書〉로 삼은 것이다. 그 일은 종류별로 모으고, 일의 선후를 따르지 않았다. 만일 그렇지 않다면, 上篇에서 이미 舜임금의 죽음을 말하였는데, 여기에 〈기록된 것이〉 어찌 사후의 말이겠는가? 이 篇에서 이미 禹에게 선양함을 말하였는데, 下篇의 〈기록이〉 어찌 선양을 받은 뒤의 일이겠는가? 〈이것으로 볼 때〉 분명 史官이 종류별로 모아서 글을 작성한 것이다. 이 3篇의 순서를 따지면, 禹의 謨慮가 가장 뒤에 있지만, 禹의 공이 크기 때문에 앞으로 당긴 것이다. ≪孟子≫ 〈萬章 上〉에 "舜임금이 禹를 하늘에 천거하신 지 17년 만에 〈舜임금이 서거하시자〉"라고 칭하였으니, 禹가 攝位한 지 17년 만에 舜임금이 길에 올라 남쪽 지방을 순수하다가 서거한 것이다. 禹가 有苗를 정벌한 일이 섭위한 몇 년도에 있었는지는 알 수 없으니, 史官이 禹가 행한 일을 기술하면서 섭위한 해에 곧 苗民을 정벌했다고 적을 필요는 없는 것이다.

曰若稽古는 大禹[1]시니라

1) 曰若稽古大禹 : 蔡傳에서는 '曰若'을 發語詞로 보아 '옛 大禹를 살펴보건대'라고 풀이하였다.

옛 道를 따라 상고해서 〈말씀하신 분은〉 大禹셨다.

【傳】 順考古道而言之라

옛 道를 따라 상고해서 말씀하셨다는 것이다.

曰 文命을 敷於四海하고 祗承于帝하시다

〈밖으로는〉 文德과 敎命을 四海에 펴고, 〈안으로는〉 堯임금과 舜임금을 경건하게 받드셨다.

【傳】 言其外布文德敎命하고 內則敬承堯舜이라 ○文命은 孔云 文德敎命也라하고 先儒云 文命은 禹名이라하니라

밖으로는 文德과 敎命을 펴고, 안으로는 堯임금과 舜임금을 경건하게 받든 일을 말한 것이다.

○ 文命에 대하여 孔安國은 "文德과 敎命이다."라 하고, 先儒는 "文命은 禹의 이름이다."라고 하였다.

【疏】 '曰若'至'于帝' ○ 正義曰：史將錄禹之事, 故爲題目之辭曰 "能順而考案古道[1]而言之者, 是大功之禹也." 此禹能以文德敎命布陳於四海, 又能敬承堯舜. 外布四海, 內承二帝, 言其道周備.

1) 順而考案古道：孔傳은 〈堯典〉·〈舜典〉·〈大禹謨〉에서 모두 '順考古道(옛 道를 따라 상고함)'로 풀이하였는데, 孔疏에서는 〈堯典〉에서는 '順考校古道(옛 道를 따라 상고함)'로, 〈舜典〉과 〈大禹謨〉에서는 '順而考案古道(순하게 따라서 옛 道를 상고함)'로 풀이하였다.

經의 〔曰若〕에서 〔于帝〕까지

○ 正義曰：史官이 장차 禹의 일을 기록하려고 하였기 때문에, 題目의 말을 만들어서 "능히 순하게 따라서 옛 道를 상고하여 말씀하신 분은 바로 큰 공을 세운 禹이셨다."라고 하였다. 이는 禹가 능히 文德과 敎命을 四海에 펴고, 또 능히 堯임금과 舜임금을 경건히 받든 것이다. 밖으로는 四海에 펴고, 안으로는 堯임금과 舜임금을 받들었다는 것은 그 道가 두루 갖추어짐을 말한 것이다.

【疏】 ○ 傳'順考'至'言之' ○ 正義曰：典是常行, 謨是言語, 故傳於典云'行之'[1), 於謨云'言之'[2), 皆是順考古道也.

1) 行之 : 〈堯典〉과 〈舜典〉에 나오는 "順古道而行之"의 '行之"를 말한 것이다.
2) 言之 : 〈大禹謨〉에 나오는 "順古道而言之"의 '言之'를 말한 것이다.

○ 傳의 〔順考〕에서 〔言之〕까지

○ 正義曰 : 典은 常行을 뜻하고, 謨는 言語를 뜻한다. 그러므로 孔傳에서 典에서는 '行之'라 하고, 謨에서는 '言之'라고 하였으니, 모두 옛 道를 따라 상고한 것이다.

【疏】 ○ 傳'言其'至'堯舜' ○ 正義曰：'敷於四海', 卽敷此文命, 故言'外布文德教命'也. 四海, 擧其遠地, 故傳以外內言之. 祗, 訓敬也. 禹承堯舜二帝, 故云'敬承堯舜'. 傳不訓祗而直言敬, 以易知而略之.

○ 傳의 〔言其〕에서 〔堯舜〕까지

○ 正義曰 : 〔敷於四海〕 바로 이 文命을 펴는 것이기 때문에 '밖으로는 文德과 教命을 폈다.'라고 말한 것이다. 四海는 먼 땅을 든 것이기 때문에 孔傳에서 外와 內를 가지고 말한 것이다.

祗는 敬의 뜻으로 풀이한다. 禹는 堯임금과 舜임금을 받들었기 때문에 "堯임금과 舜임금을 경건히 받들었다."라고 한 것이다. 孔傳에서 〈祗承于帝의〉 '祗'를 〈敬의 뜻이라고〉 풀이하지 않고, 곧장 〈"堯임금과 舜임금을 경건히 받들어"라고 하여〉 '敬'을 말한 것은 쉽게 알 수 있기 때문에 생략한 것이다.

曰后克艱厥后하며 臣克艱厥臣이라사 政乃乂하여 黎民이 敏德하리이다

禹가 말하였다. "임금은 임금 노릇 하는 일을 어렵게 여기고 신하는 신하 노릇 하는 일을 어렵게 여겨야 정사가 잘 다스려져서 백성들이 빨리 德을 닦을 것입니다."

【傳】 敏은 疾也라 能知爲君難하고 爲臣不易하면 則其政治하여 而衆民皆疾修德이라

敏은 疾(빠름)의 뜻이다. 임금 노릇 하기 어렵고 신하 노릇 하기 어렵다는 것을 능히 알면 그 정사가 다스려져서 백성들이 모두 빨리 德을 닦을 것이라는 말이다.

帝曰 兪라 允若茲하면 嘉言이 罔攸伏하며 野無遺賢하여 萬邦이 咸寧하리니

帝舜이 말씀하셨다. "옳거니. 진실로 이와 같이 한다면 아름다운 말이 숨겨지는 바가 없으며, 초야에 버려지는 賢人이 없어서 萬邦이 모두 편안할 것이니,

【傳】 攸는 所也라 善言無所伏은 言必用이니 如此則賢才在位하여 天下安寧이리라

攸는 所의 뜻이다. '아름다운 말이 숨겨지는 바가 없다.'는 것은 반드시 쓰임을 말한 것이니, 이와 같이 하면 어진 인재가 직위에 있어 天下가 安寧하게 될 것이다.

稽于衆하여 舍己從人하며 不虐無告하며 不廢困窮은 惟帝사 時克이러시니라

여러 사람의 말을 상고하여 자기의 생각을 버리고 남의 의견을 따르며, 호소할 곳 없는 자들을 학대하지 않으며, 곤궁한 자들을 방치하지 않는 일은 오직 帝堯만이 능하시다."

【傳】 帝는 謂堯也니 舜因嘉言無所伏하여 遂稱堯德以成其義라 考衆從人하고 矜孤愍窮은 凡人所輕이요 聖人所重이라

帝는 堯임금을 이르니, 舜임금이 '아름다운 말이 숨겨지는 바가 없다.'는 것으로 인하여 드디어 堯임금의 德을 칭송해서 그 뜻을 완성시켰다. 여러 사람의 말을 상고하여 남의 의견을 따르고, 외롭고 곤궁한 사람을 불쌍히 여기는 일은 보통 사람은 가볍게 여기는 바이고, 성인은 무겁게 여기는 바이다.

【疏】 '曰后'至'時克' ○ 正義曰：禹爲帝舜謀曰 "君能重難其爲君之事, 臣能重難其爲臣之職, 則上之政敎乃治, 則下之衆民, 皆化而疾修其德." 而帝曰 "然. 信能如此, 君臣皆能自難, 竝願善以輔己, 則下之善言無所隱伏, 在野無遺逸之賢, 賢人盡用, 則萬國皆安寧也. 爲人上者, 考於衆言, 觀其是非, 舍己之非, 從人之是, 不苛虐鰥寡孤獨無所告者, 必哀矜之, 不廢棄困苦貧窮無所依者, 必愍念之, 惟帝堯於是能爲此行, 餘人所不能." 言'克艱'之不易也.

經의 〔曰后〕에서 〔時克〕까지

○ 正義曰：禹가 帝舜을 위하여 謀慮하기를 "임금은 임금 노릇 하는 일을 매우 어렵게 여기고 신하는 신하 노릇 하는 직분을 매우 어렵게 여길 수 있다면 위에서 시행하는 政敎가 잘 다스려질 것이며, 〈政敎가 잘 다스려지면〉 아래에 있는 백성들이 모두 교화되어

빨리 그 덕을 닦을 것입니다."라고 하니, 帝舜이 말하기를 "옳소. 진실로 이와 같이 할 수 있다면 임금과 신하가 모두 스스로 어렵게 여길 것이오. 아울러 善으로써 자기를 돕기를 원한다면 아랫사람들의 善한 말이 隱伏된 바가 없고 초야에 遺逸된 현인이 없게 될 것이니, 현인들이 빠짐없이 다 쓰인다면 萬國이 모두 편안하게 될 것이다. 남의 윗자리에 앉은 자는 여러 사람의 말을 상고하여 옳고 그름을 깊이 관찰해서 자기의 그릇된 견해는 버리고 남의 옳은 견해를 따르며, 호소할 곳 없는 鰥寡와 孤獨을 가혹하게 학대하지 않고 반드시 불쌍히 여기며, 의지할 곳 없는 困苦하고 貧窮한 사람들을 방치하지 않고 반드시 가엽게 여겨야 하는데, 오직 帝堯만이 이에 능히 행할 수 있고, 여타의 사람들은 잘하지 못하는 바이다."라고 하였으니, '어렵게 여김〔克艱〕'이 쉽지 않음을 말한 것이다.

【疏】 ○ 傳'敏疾'至'修德' ○ 正義曰 : 許愼說文云 "敏, 疾也." 是相傳爲訓. '爲君難 爲臣不易', 論語文. 能知爲君難, 爲臣不易, 則當謹愼恪勤, 求賢自輔, 故其政自然治矣. 見善則用, 知賢必進, 衆民各自擧, 則皆疾修德矣. 此經上不言禹者, 承上禹事, 以可知而略之.

○ 傳의 〔敏疾〕에서 〔修德〕까지

○ 正義曰 : 許愼의 ≪說文解字≫에 "敏은 疾(빠름)의 뜻이다."라고 하였다. 이래서 서로 전하여 그렇게 풀이한다.

〔爲君難 爲臣不易〕 ≪論語≫ 〈子路〉의 글이다. 능히 임금 노릇 하기 어렵고 신하 노릇 하기 쉽지 않다는 것을 알면, 응당 謹愼하고 恪勤해서 어진 이를 구하여 스스로 보필하게 하기 때문에 그 政敎가 자연 다스려지는 것이다. 아름다운 말을 들으면 사용하고 어진 사람인 줄 알면 반드시 진출시킨다면 백성들이 각자 천거할 것이니, 그렇다면 모두 빨리 덕을 닦을 것이다. 이 經文에서 위에 禹를 말하지 않은 것은 위에 있는 禹의 일을 이어받아서 알 수 있기 때문에 생략한 것이다.

【疏】 ○ 傳'攸所'至'下安〔寧〕[1)]' ○ 正義曰 : '攸 所', 釋言文. '善言無所伏'者, 言其必用之也. 言之善者, 必出賢人之口, 但言之易, 行之難. 或有人不賢而言可用也, 故嘉言與賢異其文也. 如此用善言, 任賢才在位, 則天下安.

1) 〔寧〕 : 저본에는 없으나, 孔安國의 傳文에 의거하여 '寧'을 보충하였다.

○ 傳의 〔攸所〕에서 〔下安寧〕까지

○ 正義曰 : 〔攸 所〕 ≪爾雅≫ 〈釋言〉의 글이다.

〔善言無所伏〕 반드시 받아들여 시행함을 말한 것이다. 착한 말은 반드시 어진 이의 입에서 나오는 것인데, 다만 말하기는 쉬워도 행하기는 어려울 뿐이다. 혹 사람은 어질지 못해도 말은 쓸 만한 것이 있다. 그러므로 '嘉言'과 '賢'으로 그 글을 다르게 쓴 것이다. 이와 같이 착한 말을 받아들여 시행하고 어진 인재를 임용하여 직위에 있게 한다면 천하가 편안해질 것이다.

【疏】 ○傳'帝謂'至'所重' ○正義曰：舜稱爲帝, 故知'帝謂堯也.' 舜因嘉言無所伏, 以爲堯乃能然, 故遂稱堯德以成其義. 此禹言之義, 以堯之聖智, 無所不能, 惟言其'考衆從人, 矜孤愍窮', 以爲堯之美者, 此是'凡人所輕, 聖人所重.' '不虐'·'不廢', 皆謂矜撫愍念之, 互相通也. 王制云"少而無父謂之孤, 老而無子謂之獨, 老而無妻謂之鰥, 老而無夫謂之寡. 此四者, 天民之窮而無告者." 故此'無告' 是彼四者. 彼四者而此惟言孤者, 四者皆孤也, 言'孤'足以摠之. 言'困窮', 謂貧無資財也.

○傳의 〔帝謂〕에서 〔所重〕까지

○正義曰：舜임금이 '帝'라고 칭했기 때문에 '帝가 堯임금을 이른 것'임을 안 것이다. 舜임금이 '아름다운 말이 숨겨지는 바가 없다.'는 것으로 인하여 '堯임금만이 그렇게 할 수 있다.'고 여겼기 때문에, 드디어 堯임금의 德을 칭송해서 그 뜻을 완성시킨 것이다. 여기서 禹가 말한 뜻은 堯임금의 성스러움과 지혜로는 능하지 못한 바가 없는데, 오직 여러 사람의 말을 상고하여 남의 의견을 따르며, 외롭고 곤궁한 사람을 불쌍히 여기는 일만을 말하여 堯임금의 아름다운 점으로 삼았으니, 이것이 바로 '보통 사람은 가볍게 여기는 바이고, 성인은 무겁게 여기는 바'라는 것이다. '不虐'과 '不廢'는 모두 불쌍히 여겨 위무하고, 안타깝게 여겨 염려함을 이르니, 서로서로 통한다.

≪禮記≫ 〈王制〉에 "어리면서 아버지가 없는 것을 '孤'라 이르고, 늙었으면서 자식이 없는 것을 '獨'이라 이르며, 늙었으면서 아내가 없는 것을 '鰥'이라 이르고, 늙었으면서 지아비가 없는 것을 '寡'라 이른다. 이 네 부류의 사람들은 天民 중에 곤궁하여 호소할 곳 없는 사람들이다."라고 하였다. 그러므로 여기의 '無告'는 바로 저 네 부류의 사람들이다. 그러나 저기에서는 네 부류를 다 들었는데, 여기에서는 오직 孤만을 말한 것은 네 부류가 모두 孤이므로 孤만 말해도 충분히 총괄할 수 있기 때문이다. '困窮'이라고 말한 것은 가난해서 資財가 없음을 이른다.

益曰 都라 帝德이 廣運하사 乃聖乃神하시며 乃武乃文[1)]하신대

1) 乃武乃文 : 蔡傳에서는 "그 위엄이 두렵게 할 수 있는 측면에서 말하면 '武'라 이르고, 그 英華가 밖으로 드러나는 측면에서 말하면 '文'이라 이른다.〔自其威之可畏而言 則謂之武 自其英華發外而言 則謂之文〕"라고 풀이하였다.

益이 말하였다. "아, 훌륭하신 말씀입니다. 帝堯의 德은 광대하고 지속적으로 운행하여 성스럽고 신비스러우며, 武는 禍亂을 平定하시고 文은 天地를 經緯하셨으므로,

【傳】 益因舜言하여 又美堯也라 廣은 謂所覆者大요 運은 謂所及者遠이라 聖無所不通하고 神妙無方[1]하며 文經天地하고 武定禍亂이라

1) 神妙無方 : ≪周易≫ 〈繫辭傳 上〉에 "神은 일정한 방소가 없고 易은 일정한 體가 없다.〔神无方而易无體〕"라는 말이 보인다. '方'을 ≪周易正義≫에서는 '방소'로 풀이하였는데, ≪尙書正義≫에서는 '비교'로 풀이하고 있다. 여기서는 ≪尙書正義≫의 풀이에 의거하여 번역하였다.

益이 舜의 말로 인하여 또 堯임금을 讚美하였다. 廣은 덮는 바가 큼을 이르고, 運은 미치는 바가 멂을 이른다. 성스러워 통하지 않는 바가 없고 神妙하여 비교〔方〕할 것이 없으며, 文은 天地를 經緯하고 武는 禍亂을 平定하였다.

皇天이 眷命하시니 奄有四海하사 爲天下君[1]하소서

1) 奄有四海 爲天下君 : 蔡傳에서는 奄을 盡의 뜻으로 보아 "하늘이 돌보아 명을 내리시어 四海를 다 소유하여 천하의 군주가 되셨습니다."라고 풀이하여 '爲天下君'을 堯임금이 천하의 군주가 된 것으로 생각하였다.

하늘이 돌보아 명을 내리셨으니, 堯임금 같이 四海를 소유하여 천하의 군주가 되십시오."

【傳】 眷은 視요 奄은 同也라 言堯有此德이라 故로 爲天所命이니 所以勉舜也라

眷은 視의 뜻이고, 奄은 同의 뜻이다. '堯임금이 이러한 德을 가졌기 때문에 하늘에게 命을 받은 것'이라고 말한 것이니, 舜임금을 권면하기 위한 것이다.

【疏】 '益曰'至'下君' ○正義曰 : 益承帝言, 歎美堯德曰 "嗚呼. 帝堯之德, 廣大運行. 乃聖而無所不通, 乃神而微妙無方, 乃武能克定禍亂, 乃文能經緯天地. 以此爲大天顧視而命之, 使同有四海之內, 爲天下之君.”

經의 〔益曰〕에서 〔下君〕까지

○ 正義曰 : 益이 帝舜의 말씀을 이어받아 堯임금의 德을 歎美하기를 “아. 帝堯의 德은 〈무한정〉 廣大하고 〈지속적으로〉 運行하였습니다. 그리고 성스러워서 통하지 않는 바가 없고 신비하고 미묘하여 비교할 것이 없으며, 武는 능히 화란을 평정하고, 文은 능히 천지를 경위하였습니다. 이 때문에 하늘이 돌보아 명을 내리셨으니, 堯임금 같이 사해의 안을 소유하여 천하의 군주가 되도록 하소서.”라고 한 것이다.

【疏】 ○ 傳‘益因’至‘禍亂’ ○ 正義曰 : 廣者闊之義, 故爲‘所覆者大’. 運者動之言, 故爲‘所及者遠’. 洪範云 “睿作聖.” 言通知衆事, 故爲‘無所不通’. 案易曰 “神者妙萬物而爲言也.” 又曰 “神妙無方.” 此言神道微妙, 無可比方, 不知其所以然. 易又云 “陰陽不測之謂神.” 謚法云 “經緯天地曰文, 克定禍亂曰武.” 經傳文·武倒者, 經取韻句, 傳以文重故也.

○ 傳의 〔益因〕에서 〔禍亂〕까지

○ 正義曰 : 廣은 闊(넓다)의 뜻이기 때문에 ‘덮는 바가 크다.’라고 한 것이고, 運은 움직임을 말하기 때문에 ‘미치는 바가 멀다.’라고 한 것이다. 〈洪範〉에서 말한 “睿作聖(슬기로우면 성인이 됨)”은 여러 일을 통투하게 앎을 말한 것이기 때문에 ‘통하지 않는 바가 없다.’라고 한 것이다. 상고하건대 ≪周易≫ 〈說卦傳〉에 이르기를 “神은 만물을 신묘하게 함을 말한 것이다.”라 하였고, 또 ≪周易≫ 〈繫辭傳 上〉에 이르기를 “神은 微妙하여 비교할 수 없다.”라고 하였다. 이것은 神道가 微妙하여 比方(비교)할 만한 것이 없으므로 그 所以然을 알지 못함을 말한다. ≪周易≫ 〈繫辭傳 上〉에 또 “陰이 되기도 陽이 되기도 하여 헤아릴 수 없는 것을 ‘神’이라 이른다.”라고 하였다. 謚法에 이르기를 “천지를 경위하는 것을 ‘文’이라 이르고, 화란을 평정하는 것을 ‘武’라 이른다.”라고 하였다. 經文과 傳文에 文과 武가 도치된 것은 經文은 韻句를 취하였고, 傳文은 文을 중시하였기 때문이다.

【疏】 ○ 傳‘眷視’至‘勉舜’ ○ 正義曰 : 詩云‘乃眷西顧’, 謂視而回首. 說文亦以眷爲視. ‘奄 同’, 釋言文. 益因帝言, 盛稱堯善者, 亦勸勉舜, 冀之必及堯也.

○ 傳의 〔眷視〕에서 〔勉舜〕까지

○ 正義曰 : ≪詩經≫ 〈大雅 皇矣〉에 ‘이에 眷然히 서쪽으로 돌아보시어’라고 한 것은

보면서 머리를 돌리는 것을 이른다. ≪說文解字≫에도 眷을 視로 여겼다.

〔奄 同〕≪爾雅≫ 〈釋言〉의 글이다. 益이 帝舜의 말로 인하여 堯임금의 善한 점을 극찬한 것은 또한 舜임금을 권면하여 반드시 堯임금에 미치기를 바라는 뜻에서였다.

禹曰 惠迪[1)]하면 吉하고 從逆하면 凶하니 猶影響이니이다

1) 惠迪 : '迪'을 孔傳이나 蔡傳에서 모두 道의 뜻으로 풀이하였다. 조선후기 洪奭周는 ≪尙書補傳≫에서 "迪에는 順의 뜻도 있고, 導의 뜻도 있고, 進의 뜻도 있고, 由의 뜻도 있다. 道와 導는 옛적에 통용했기 때문에 ≪爾雅≫에서 '迪은 道의 뜻을 가진 글자이다.'라고 하였다. 由는 蹈와 뜻이 비슷하기 때문에 또한 蹈의 뜻을 가진 글자라고 할 수 있다. 〈康誥〉의 "罔迪不適(인도하면 따르지 않는 자가 없음)"이란 '迪'과 〈咸有一德〉의 "啓迪有命(천명이 있는 자에게 길을 열어 인도함)"이란 '迪'은 모두 '導'의 뜻을 가졌고, ≪詩經≫ 〈大雅 桑柔〉의 "維此良人 不求不迪(이 선량한 사람을 구하지 않으며 進用하지 않음)"이란 '迪'은 進의 뜻을 가졌고, 〈大禹謨〉의 "惠迪吉"이란 '迪'과 〈益稷〉의 "各迪有功"이란 '迪'과 "迪朕德"이란 '迪'은 모두 順의 뜻을 가졌다. 오직 〈皐陶謨〉의 "允迪厥德"이란 '迪'만은 由와 蹈의 뜻으로 풀이할 수 있고, 또한 順의 뜻으로도 풀이할 수 있다. 그런데 蔡傳에서는 "惠迪吉"이란 '迪'에 대해서만 道의 뜻으로 풀이하고, 나머지는 대부분 蹈의 뜻으로 해석하였으니, 매우 온당하지 못한 것 같다."라고 하였다.

禹가 말하였다. "道를 따르면 吉하고 逆을 따르면 凶하니, 이는 그림자와 메아리 같습니다."

【傳】 迪은 道也라 順道吉하고 從逆凶이라 吉凶之報는 若影之隨形하고 響之應聲이니 言不虛라

迪은 道의 뜻이다. 道를 따르면 吉하고 逆을 따르면 凶하다. 吉과 凶의 보답은 마치 그림자가 형체를 따르고 메아리가 소리에 응하는 것과 같으니, 공허하지 않음을 말한 것이다.

益曰 吁라 戒哉하소서 儆戒無虞하여 罔失法度하시며

益이 말하였다. "아, 경계하소서. 헤아릴 것이 없을 때에 경계하여 법칙과 제도를 잃지 마시고,

【傳】 先吁後戒는 欲使聽者精其言이라 虞는 度(탁)也라 無億度은 謂無形이니 戒於無形은 備愼深이요 秉法守度는 言有恒이라

먼저 감탄해놓고 뒤에 경계한 것은 듣는 사람으로 하여금 그 말을 정세하게 살피도록 하기 위해서이다. 虞는 度(헤아리다)의 뜻이다. '헤아릴 것이 없다.'는 것은 형체가 드러나지 않음을 이르니, 형체가 드러나지 않을 때에 경계하는 것은 대비하고 삼감이 완벽한 것이고, 법칙과 제도를 굳게 지키는 것은 늘 그러함이 있음을 말한 것이다.

罔遊于逸하시며 罔淫于樂(낙)하시며

마냥 안일함에 놀지 마시고 즐거움에 지나치게 탐하지 마시며,

【傳】 淫은 過也니 遊逸過樂은 敗德之原이라 富貴所忽이라 故로 特以爲戒라

淫은 過(지나침)의 뜻이니, 안일함에 놀고 즐거움에 지나친 것은 德을 파괴하는 근원이다. 富貴한 사람이 소홀히 여기는 일이기 때문에 특별히 경계한 것이다.

任賢勿貳[1)]하시며 去邪勿疑하소서 疑謀를 勿成이라사 百志惟熙하리이다

1) 任賢勿貳 : 蔡傳에서는 "어진 이를 임용할 때에 소인배가 이간질하는 것을 '貳'라 이른다.〔任賢 以小人間之 謂之貳〕"라고 풀이하였다.

어진 이를 임용할 때에는 두 마음을 가지지 마시고, 사악한 자를 제거할 때에는 의혹하지 마소서. 의심스러운 謀慮를 이루지 마셔야 백 가지 생각이 확장될 것입니다.

【傳】 一意任賢하고 果於去邪하며 疑則勿行이라사 道義所存於心이 日以廣矣리라

일심으로 어진 이를 임용하고 간사한 사람을 과감하게 제거하며, 의심스러우면 행하지 말아야 마음에 보존한 道義가 날마다 넓어질 것이다.

罔違道하여 以干百姓之譽하시며

道를 어기면서 백성들의 칭찬을 구하지 마시고,

【傳】 干은 求也니 失道求名은 古人賤之라

干은 求의 뜻이니, 道를 어기면서 명예를 구하는 것은 옛사람이 천하게 여겼다.

罔咈百姓하여 以從己之欲하소서

백성들의 마음을 거스르면서 자신의 욕심을 따르지 마소서.

【傳】 咈은 戾也라 專欲難成이요 犯衆興禍라 故로 戒之니라

咈은 戾(거스름)의 뜻이다. 욕심대로 오로지하면 이루기 어렵고, 대중을 범하면 禍를 일으키기 때문에 경계한 것이다.

無怠無荒하면 四夷도 來王[1)]하리이다

1) 王 : 孔傳에서는 '往來'의 往으로 본 것 같은데 朱駿聲(淸)의 ≪說文通訓定聲≫에도 "王은 假借하여 往으로 여긴다.〔王假借爲往〕"라고 하였다. 蔡傳에는 "九州의 밖에서 한 世代에 한 번 와서 〈天子를〉 뵙는 것을 王이라 한다.〔九州之外 世一見曰王〕"라고 하여 '王'을 왕으로 받드는 것으로 보았다.

마음을 게을리 갖지 않고 일을 거칠게 하지 않으면 사방의 오랑캐들도 왕래할 것입니다."

【傳】 言天子常戒愼하여 無怠惰荒廢면 則四夷歸往之라

天子가 항상 경계하고 신중히 하여 怠惰하거나 荒廢함이 없으면 사방의 오랑캐들도 왕래할 것이란 말이다.

【疏】 '禹曰'至'來王' ○ 正義曰 : 禹因益言謀及世事, 言"人順道則吉, 從逆則凶, 吉凶之報, 惟若影之隨形, 響之應聲." 言其無不報也. 益聞禹語, 驚懼而言曰 "吁. 誠如此言, 宜誡愼之哉. 所誡者, 當儆誡其心無億度之事." 謂"忽然而有, 當誡愼之. 無失其守法度, 使行必有恒, 無違常也. 無遊縱於逸豫, 無過耽於戲樂, 當誡愼之以保己也. 任用賢人勿有二心, 逐去回邪勿有疑惑, 所疑之謀勿成用之, 如是則百種志意惟益廣也. 無違越正道以求百姓之譽, 無反戾百姓以從己心之欲. 常行此事, 無怠惰荒廢, 則四夷之國, 皆來歸往之." 此亦所以勸勉舜也.

經의 〔禹曰〕에서 〔來王〕까지

○ 正義曰 : 禹가 益이 謀慮를 말함이 세상일에 미침으로 인하여 "사람이 道를 따르면 吉하고 逆을 따르면 凶하니, 吉과 凶의 보답은 마치 그림자가 형체를 따르고 메아리가 소리에 응하는 것과 같습니다."라고 말하였으니, 그 보답하지 않음이 없음을 말한 것이

다. 益이 禹의 말을 듣고 깜짝 놀라며 "아. 참으로 이 말씀과 같다면 마땅히 경계하고 삼가야 할 일입니다. 경계해야 할 것은 응당 마음에 헤아릴 일이 없을 때에 경계해야 할 것입니다."라고 하였다. 〈또〉 "갑자기 일이 생기면 반드시 경계하고 삼가 그 법도 지키는 일을 잃지 말아서 행실에 반드시 일정함이 있어 常道를 어김이 없도록 하소서. 마냥 편안한 데에서 멋대로 놀지 말고 즐거운 데에서 지나치게 탐하지 말아서 마땅히 근신하여 몸을 보존해야 합니다. 어진 이를 임용할 때에는 의심을 갖지 말고 사악한 자를 제거할 때에는 의혹을 갖지 말며, 의심스러운 謀慮를 끝까지 시행하지 말아야 합니다. 이와 같이 한다면 백 가지 생각이 더욱 확장될 것입니다. 정도를 어기면서 백성들의 칭찬을 구하지 마시고 백성들의 마음을 거스르면서 자신의 욕심을 좇지 마소서. 항상 이 일을 행하시고 怠惰하거나 荒廢함이 없으시면 사방 오랑캐 나라도 모두 왕래할 것입니다."라고 하였으니, 이 또한 舜임금을 권면하기 위한 것이다.

【疏】 ○ 傳'迪 道也' ○ 正義曰 : 釋詁文.

○ 傳의 〔迪 道也〕

○ 正義曰 : ≪爾雅≫ 〈釋詁〉의 글이다.

【疏】 ○ 傳'先吁'至'有恒' ○ 正義曰 : 堯典傳云 "吁, 疑怪之辭." 此無可怪, 聞善驚而爲聲耳. '先吁後戒'者, 驚其言之美, 然後設戒辭, 欲使聽者精審其言. '虞 度', 釋詁文. '無億度'者, 謂不有此事, 無心億度之. 曲禮云 "凡爲人子者, 聽於無聲, 視於無形." 戒於無形見之事, 言備愼深也. 安不忘危, 治不忘亂, 是其愼無形也. 法度當執守之, 故以'秉法守度'解不失, 言有恒也.

○ 傳의 〔先吁〕에서 〔有恒〕까지

○ 正義曰 : 〈堯典〉의 傳에서는 "吁는 의심스러워 괴이하게 여기는 말이다."라고 풀이하였으나 여기서는 괴이하게 여길 만한 것이 없으니, 그저 착한 말을 듣고 놀라 소리를 낸 것일 뿐이다.

〔先吁後戒〕 그 말의 아름다움에 놀라고 그런 뒤에 경계하는 말을 한 것은 듣는 사람으로 하여금 그 말을 정세하게 살피도록 하기 위해서이다.

〔虞 度〕 ≪爾雅≫ 〈釋詁〉의 글이다.

〔無億度〕 아직 일이 발생하지 않았을 때에는 마음속으로 억탁(억측)하지 말아야 함을 이른 것이다. ≪禮記≫ 〈曲禮〉에 "자식 된 이는 소리가 없는 곳에서 〈부모의 목소리를〉

듣고, 형태가 없는 곳에서 부모의 모습을 보아야 할 것이다."라고 하였으니, 모습이 드러나지 않은 일을 경계하는 것은 대비하고 삼감이 깊음을 말한 것이다. 편안할 때에도 위태로움을 잊지 않고, 다스려질 때에도 어지러움을 잊지 않는 것이 그 모습이 드러나지 않았을 때에 삼가는 것이다. 法度는 응당 執守해야 하기 때문에 '秉法守度(법도를 굳게 지킴)'를 가지고 '不失(잃지 말라)'을 풀이하였으니, 늘 그러함이 있음을 말한 것이다.

【疏】○ 傳'淫過'至'爲戒' ○ 正義曰：淫者過度之意, 故爲過也. 逸謂縱體, 樂謂適心, 縱體在於逸遊, 適心在於淫恣, 故'遊逸過樂'爲文. 二者敗德之源, 富貴所忽, 故特以爲戒.

○ 傳의 〔淫過〕에서 〔爲戒〕까지

○ 正義曰：淫은 정도에 지나치다는 뜻이기 때문에 過로 풀이한 것이다. 逸은 몸을 풀어 놓는 것을 이르고, 樂은 마음에 맞는 것을 이르는데, 몸을 풀어 놓음은 안일하게 놂에 있고 마음에 맞음은 지나치게 방자함에 있기 때문에 '遊逸過樂'으로 문장을 지었다. 이 두 가지는 德을 파괴하는 근원인데, 富貴한 사람이 소홀하게 여기는 것이기 때문에 특별히 경계한 것이다.

【疏】○ 傳'干求'至'賤之' ○ 正義曰：'干 求', 釋言文. '失道求名', 謂曲取人情, 苟悅衆意, 古人賤之.

○ 傳의 〔干求〕에서 〔賤之〕까지

○ 正義曰：〔干 求〕 ≪爾雅≫ 〈釋言〉의 글이다.

〔失道求名〕 부당하게 사람들의 마음을 취하고 구차하게 대중의 뜻을 기쁘게 함을 이르니, 옛사람이 천하게 여겼다.

【疏】○ 傳'咈戾'至'戒之' ○ 正義曰：堯典已訓咈悉戾. 彼謂戾朋儕, 此謂戾在下, 故詳其文耳. '專欲難成 犯衆興禍', 襄十年左傳文.

○ 傳의 〔咈戾〕에서 〔戒之〕까지

○ 正義曰：〈堯典〉에서 이미 '咈'을 모두 '戾'의 뜻으로 풀이하였다. 저기에서는 同類를 거스름을 이르고 여기에서는 아랫사람을 거스름을 이르기 때문에, 그 문장을 자상하게 썼을 뿐이다.

〔專欲難成 犯衆興禍〕 ≪春秋≫ 襄公 10년 조에 있는 ≪左氏傳≫의 글이다.

禹曰 於(오)라 帝아 念哉하소서 德惟善政이요 政在養民이니이다

禹가 말하였다. "아, 황제시여. 유념하소서. 德은 정사를 잘하게 하고, 정사는 백성들을 양육하는 데에 목적이 있습니다.

【傳】 歎而言念은 重其言이라 爲政以德이면 則民懷之라

감탄하고서 "유념하소서."라고 말한 것은 그 말에 무게를 싣기 위한 것이다. 德을 가지고 정사를 하면 백성들이 사모한다.

水火金木土穀이 惟修하며

水·火·金·木·土와 곡식이 잘 다스려지게 하시며,

【傳】 言養民之本은 在先修六府라

백성을 양육하는 근본은 먼저 六府를 닦는 데에 달려있다는 말이다.

正德利用厚生이 惟和하여

德을 바르게 닦고, 용도를 이롭게 하고, 생활을 넉넉하게 하는 일들이 잘 조화를 이루도록 하셔서

【傳】 正德以率下하고 利用以阜財하고 厚生以養民이니 三者和가 所謂善政이라

자신의 德을 바르게 닦아 아랫사람들을 거느리고, 용도를 이롭게 하여 재물을 풍부하게 하고, 생활을 넉넉하게 하여 백성들을 양육할 것이니. 이 세 가지가 조화를 이루는 것이 이른바 '善政'이라는 것이다.

九功[1)]이 惟敍하여 九敍를 惟歌어든

1) 九功 : 六府(水·火·金·木·土·穀)와 三事(正德·利用·厚生)에 대한 功을 가리킨다.

아홉 가지 功이 차례대로 펼쳐져 아홉 가지 일이 차례대로 펼쳐진 것을 송축하는 노래가 울려 퍼지거든

【傳】言六府三事之功이 有次敍하여 皆可歌樂은 乃德政之致라

六府와 三事의 功이 차례대로 펼쳐져 모두 노래하며 즐길 수 있는 것은 바로 德政의 소치임을 말한 것이다.

戒之用休하시며 董之用威하시며 勸之以九歌[1)]하사 勿壞하소서

1) 九歌 : 六府와 三事의 아홉 가지 功이 이루어진 것을 송축하는 노래를 가리킨다.

아름다운 도리를 가지고 경계하시고, 위엄을 가지고 독책하시며, 九歌를 가지고 권면하여 정사를 무너뜨리지 말도록 하십시오."

【傳】休는 美요 董은 督也라 言善政之道는 美以戒之하고 威以督之하고 歌以勸之하여 使政勿壞니 在此三者而已라

休는 美의 뜻이고, 董은 督의 뜻이다. 善政을 베푸는 방법은 아름다움으로 경계하고, 위엄으로 독책하고, 노래로 권면하여 정사가 무너지지 않게 함을 말한 것이니, 이 세 가지에 달려있을 뿐이다.

帝曰 兪라 地平天成[1)]하여 六府三事允治하여 萬世永賴는 時乃功이니라

1) 天成 : 蔡傳에서는 만물이 이루어지게 되는 것으로 보았다.

帝舜이 말씀하셨다. "옳거니. 水土가 다스려짐에 하늘의 五行이 펴져 六府와 三事가 진실로 다스려져서 만세토록 〈백성들이〉 영원히 힘입을 수 있음은 바로 너의 공이니라."

【傳】水土治曰平이요 五行敍曰成이라 因禹陳九功而歎美之하고 言是汝之功이라하니 明衆臣不及이라

水土가 다스려진 것을 平이라 이르고, 五行이 펴진 것을 成이라 이른다. 禹가 아홉 가지 功을 진달한 것으로 인하여 歎美하고 "바로 너의 공이다."라고 말하였으니, 신하들이 미치지 못함을 밝힌 것이다.

【疏】'禹曰'至'乃功' ○正義曰 : 禹因益言, 又獻謀於帝曰 "嗚呼, 帝當念之哉." 言"所謂德者, 惟是善於政也. 政之所爲, 在於養民, 養民者, 使水火金木土穀此六事, 惟當修治之. 正身之德, 利民之用, 厚民之生, 此三事, 惟當諧和之. 修和六府三事, 九者皆就有功. 九功惟使皆有次敍, 九事次敍惟使皆可歌樂, 此乃德之所致. 是德能爲善政之道, 終當不得怠惰. 但人雖爲善, 或寡令終, 故當戒勅之〔念〕[1)]用美道, 使民慕美道行善, 又督察之用威罰." 言其不善當獲罪. "勸勉之以九歌之辭, 但人君善政, 先致九歌成辭, 自勸勉也. 用此事, 使此善政勿有敗壞之時." 勸帝使長爲善也. 帝答禹曰 "汝之所言爲然. 汝治水土, 使地平天成, 六府三事信皆治理, 萬代長所恃賴, 是汝之功也." 歸功于禹, 明衆臣不及.

1)〔念〕: 문의로 보아 衍字로 처리하였다.

經의 〔禹曰〕에서 〔乃功〕까지

○ 正義曰 : 禹가 益의 말로 인하여 또 帝舜에게 謀慮를 헌상하기를 "아, 황제께서는 마땅히 유념하셔야 합니다."라고 하고 나서 말하기를 "이른바 德이란 오직 정사를 잘하는 것일 뿐입니다. 정사를 하는 목적은 백성들을 잘 양육하는 데에 달려있을 뿐이니, 백성들을 양육하는 자는 水·火·金·木·土·穀 이 여섯 가지 일이 잘 다스려지도록 해야 하는 것입니다. 자신의 德을 바르게 닦고 백성들의 용도를 이롭게 하고, 백성들의 생활을 넉넉하게 하는 이 세 가지 일을 마땅히 조화롭게 해야 합니다. 六府를 다스리고 三事를 조화롭게 하면 아홉 가지가 모두 공이 이루어질 것입니다. 아홉 가지 공이 모두 차례대로 펼쳐지게 하고, 아홉 가지 일이 차례로 펼쳐져 모두 노래하며 즐거워할 수 있게 하는 것은 바로 德政의 소치입니다. 德은 善政을 잘 베푸는 방법이니, 끝내 게으름을 피울 수 없게 해야 합니다. 다만 사람이 비록 善을 하더라도 더러 끝마무리를 잘 하는 이가 적습니다. 그러므로 아름다운 도리를 가지고 경계해서 백성들로 하여금 아름다운 도리를 사모하여 善을 행하게 하고, 또 威罰을 가지고 督察해야 합니다."라고 하였으니, 착하지 못하면 당연히 죄를 얻는다는 점을 말한 것이다.

"아홉 가지 功이 이루어진 것을 송축하는 노래의 가사를 가지고 권면해야 하지만 다만 임금이 善政을 베풀되 먼저 아홉 가지 功이 이루어진 것을 송축하는 노래의 가사를 이룰 수 있도록 스스로 권면할 것입니다. 이와 같은 일을 써서 이 善政이 敗壞될 때가 없도록 하소서."라고 하였으니, 帝舜에게 장구히 善政을 베풀도록 권면한 것이다.

帝舜이 禹의 말에 답하시기를 "네가 말한 바가 옳다. 너는 水土를 다스려 水土가 평탄하게 됨에 하늘의 五行이 펴져 六府와 三事가 진실로 모두 다스려져 만세토록 백성들이 영원히 힘입을 수 있음은 바로 너의 공이니라."라고 하였으니, 功을 禹에게 돌려서 다른 신하들이 미치지 못함을 밝힌 것이다.

【疏】○傳'歎而'至'懷之' ○正義曰：於, 歎辭. 歎而言念, 自重其言, 欲使帝念之. 此史以類相從, 共爲篇耳, 非是一時之事, 不使念益言也. 禹謀以九功爲重, 知重其言者, 九功之言也.

○傳의 〔歎而〕에서 〔懷之〕까지

○正義曰：於(오)는 歎辭이다. 감탄하고서 '유념하소서.'라고 한 것은 스스로 그 말에 무게를 실어서 帝舜으로 하여금 유념하도록 한 것이다. 이것은 史官이 종류별로 모아서 함께 篇을 만들었을 뿐이니, 한때의 일이 아니라면 益의 말을 유념하게 할 수 없다. 禹의 謀慮는 九功을 중요하게 여겼으니, '그 말에 무게를 싣기 위한 것'이란 九功에 대한 말임을 알 수 있다.

【疏】○傳'言養'至'六府' ○正義曰：下文帝言'六府', 卽此經六物也. 六者, 民之所資, 民非此不生, 故言'養民之本, 在先修六府'也. 府者藏財之處, 六者貨財所聚, 故稱六府. 襄二十七年左傳云"天生五材, 民竝用之." 卽是水火金木土, 民用此自資也. 彼惟五材, 此兼以穀爲六府者, 穀之於民尤急, 穀是土之所生, 故於土下言之也. 此言五行, 與洪範之次不同者, 洪範以生數爲次, 此以相刻爲次, 便文耳. 六府是民之急, 先有六府, 乃可施敎, 故先言六府, 後言三事也.

○傳의 〔言養〕에서 〔六府〕까지

○正義曰：下文에 帝舜이 말한 '六府'는 이 經文의 여섯 가지 물건(火·水·金·木·土·穀)이다. 여섯 가지는 백성들이 〈살아가기 위해〉 의지하는 것이니, 백성은 이것이 아니면 살지 못하기 때문에 "백성을 양육하는 근본은 먼저 六府를 닦는 데에 달려있다는 말이다."라고 말한 것이다. 府는 재물을 저장하는 곳이고, 여섯 가지는 貨財가 모인 것이기 때문에 '六府'라고 칭한 것이다. ≪春秋≫ 襄公 27년 조의 ≪左氏傳≫에 "하늘이 다섯 가지 資材를 냄에 백성이 모두 그것을 쓴다."라고 한 것은 바로 이 水·火·金·木·土이니, 백성들은 이것을 써서 스스로 생계를 도모한다. 저기에서는 오직 다섯 가지 資材만을 말하고, 여기에서는 穀(곡식)을 겸하여 '六府'라고 한 것은, 곡식이 백성에게 더욱 급한 것이고, 곡식은 흙에서 나오는 바이기 때문에 土의 아래에서 말한 것이다. 여기에서

말한 '五行'의 차례가 〈洪範〉에 나오는 五行의 차례와 같지 않은 것은, 〈洪範〉에서는 生數를 가지고 차례하였고 여기에서는 상극을 가지고 차례하여 편의대로 문장을 썼을 뿐이다. 六府는 백성들의 급한 문제이므로 먼저 六府를 두어야 가르침을 베풀 수 있기 때문에 먼저 六府를 말하고 뒤에 三事를 말한 것이다.

【疏】○傳'正德'至'善政' ○正義曰：'正德'者, 自正其德. 居上位者, 正己以治民, 故所以率下人. '利用'者, 謂在上節儉, 不爲縻費, 以利而用, 使財物殷阜. 利民之用, 爲民興利除害, 使不匱乏, 故所以阜財. '阜財', 謂財豐大也. '厚生', 謂薄征徭, 輕賦稅, 不奪農時, 令民生計溫厚, 衣食豐足, 故所以養民也. '三者和', 謂德行正・財用利・生資厚. 立君所以養民, 人君若能如此, 則爲君之道備矣. 故謂'善政', 結上'德惟善政'之言. 此三者之次, 人君自正, 乃能正下, 故以'正德'爲先, 利用然後厚生, 故後言'厚生'. '厚生', 謂財用足, 禮讓行也.

○傳의 〔正德〕에서 〔善政〕까지

○正義曰：〔正德〕 스스로 그 德을 바르게 닦는 것이다. 上位에 거하는 이가 몸을 바르게 닦아서 백성을 다스리기 때문에 아랫사람을 거느릴 수 있는 것이다.

〔利用〕 위에서 근검절약하여 마구 허비하지 않고 이로운 방향으로 써서 재물을 풍부하게 함을 이른다. 백성들의 용도를 이롭게 함은 백성들을 위하여 이익이 될 일은 일으키고 해가 될 일은 제거하여 재물이 고갈되지 않게 하기 때문에 재물이 풍부할 수 있는 것이다.

〔阜財〕 재물이 豐大함을 이른다.

〔厚生〕 征徭를 박하게 하고 賦稅를 경감하며 농번기에 부역을 시켜 농사짓는 시기를 빼앗지 않음을 이르니, 백성들로 하여금 生計가 溫厚하고 衣食이 豐足하게 하기 때문에 백성들을 양육할 수 있는 것이다.

〔三者和〕 德行이 바르고, 財用이 유리하고, 생활자산이 넉넉함을 이른다. 임금을 세운 목적은 백성들을 양육하기 위한 것이니, 임금이 만일 이와 같이 할 수 있다면 임금이 되는 도리가 갖추어질 것이다. 그러므로 '善政'이라 이른 것이니, 위에 있는 '德惟善政'이란 말을 매듭지은 것이다. 이 세 가지의 차례는 임금이 스스로 바르게 해야 아랫사람을 바르게 할 수 있기 때문에 正德을 먼저 말하였고, 용도를 이롭게 한 연후에야 생활을 넉넉하게 할 수 있기 때문에 뒤에 厚生을 말한 것이다. 厚生은 財用이 풍족하고 禮讓이 행해짐을 이른다.

【疏】 ○ 傳'言六'至'之致' ○ 正義曰：上六下三[1)], 卽是'六府三事'. 此總云'九功', 知六府三事之功爲九功. '惟敍'者, 卽上'惟修'·'惟和'爲次序. 事皆有敍, 民必歌樂君德, 故九敍皆可歌樂, 乃人君德政之致也. 言下民必有歌樂, 乃爲善政之驗, 所謂和樂興而頌聲作也.

1) 上六下三：上六은 水·火·金·木·土·穀, 下三은 正德·利用·厚生을 가리킨다.

○ 傳의 〔言六〕에서 〔之致〕까지

○ 正義曰：위의 여섯 가지와 아래의 세 가지가 바로 六府와 三事이다. 이를 총칭해서 '九功'이라 이르니, 六府와 三事의 功이 九功임을 알 수 있다.

〔惟敍〕 곧 위의 惟修·惟和가 차례대로 펼쳐지는 것이다. 일이 모두 차례대로 펼쳐짐이 있으면 백성들이 반드시 임금의 德을 노래 부르며 즐거워한다. 그러므로 아홉 가지 일이 차례대로 펼쳐진 것을 모두 노래 부르며 즐거워할 수 있는 것은 바로 임금이 德政을 펼친 소치이다. 백성들이 반드시 노래 부르며 즐거워함이 있어야 善政의 징험이 됨을 말한 것이니, 이른바 '화평의 음악 소리 어우러지고 송축의 노래 소리 울려 퍼진다.'라는 것이다.

【疏】 ○ 傳'休美'至'而已' ○ 正義曰：'休 美', 釋詁文. 又云"董·督, 正也." 是董爲督也. 此'戒之'·'董之'·'勸之', 皆謂人君自戒勸, 欲使善政勿壞, 在此三事而已. 文七年左傳云"晉郤缺言於趙宣子, 引此一經, 乃言'九功之德皆可歌也, 謂之九歌. 若吾子之德莫可歌也, 其誰來之, 盍使睦者歌吾子乎.'" 言'九功之德皆可歌'者, 若水能灌漑, 火能烹飪, 金能斷割, 木能興作, 土能生殖, 穀能養育. 古之歌詠, 各述其功, 猶如漢魏已來樂府之歌(事)〔詞〕[1)], 歌其功用, 是舊有成辭. 人君修治六府以自勸勉, 使民歌詠之, 三事亦然.

1) (事)〔詞〕：저본에는 '事'로 되어 있으나, 淸代 沈廷芳의 ≪十三經注疏正字≫에 "'事'는 아마 '詞'자의 誤字인 듯하다.〔事 疑詞字誤〕"라고 한 것에 의거하여 '詞'로 바로잡았다.

○ 傳의 〔休美〕에서 〔而已〕까지

○ 正義曰：〔休 美〕 ≪爾雅≫ 〈釋詁〉의 글이다. 〈釋詁〉에 또 "董과 督은 正의 뜻이다."라고 하였기 때문에 董을 督이라고 한 것이다. 여기의 戒之·董之·勸之는 모두 임금이 스스로 경계하고 권면하는 것을 이르니, 善政을 무너뜨리지 않게 하려는 방법은 이 세 가지 일에 달려있을 뿐이다.

≪春秋≫ 文公 7년 조의 ≪左氏傳≫에 "晉나라 郤缺(극결)이 趙宣子에게 말할 때에 여

기의 한 經文을 인용하여 말하기를 '九功의 德이 모두 노래로 불릴 만한 것을 九歌라고 이릅니다. 만일 당신의 德이 노래로 불릴 만한 점이 없다고 한다면 그 누가 와서 복종하겠습니까. 어찌 화목해진 〈衛나라로〉 하여금 당신의 덕을 노래 부르게 하지 않으십니까.' 했다."라고 하였다. '九功의 德이 모두 노래로 불릴 만하다.'라고 말한 것은, 물은 灌漑할 수 있고, 불은 烹飪할 수 있고, 쇠는 斷割할 수 있고, 나무는 興作할 수 있고, 흙은 生殖할 수 있고, 곡식은 養育할 수 있는 것과 같다. 옛날의 歌詠은 각각 그 功을 서술하여 漢・魏 이래 樂府의 歌詞처럼 功用을 노래하였으니, 예전에 이루어진 가사가 있던 것이다. 임금이 六府를 다스려서 스스로 권면하여 백성들로 하여금 노래를 부르게 하고, 三事도 마찬가지로 그렇게 하는 것이다.

【疏】 ○ 傳'水土'至'不及' ○ 正義曰：釋詁云 "平, 成也." 是平・成義同, 天・地文異而分之耳. 天之不成, 由地之不平, 故先言'地平', 本之於地以及天也. 禹平水土, 故'水土治曰平'. 五行之神, 佐天治物, 繫之於天, 故'五行敍曰成'. 洪範云 "鯀陻洪水, 汨陳其五行, 彝倫攸斁, 禹治洪水, 彝倫攸敍." 是禹(命)〔令〕[1]五行敍也. 帝因禹陳九功而歎美之, 指言是汝之功, 明衆臣不及.

1) (命)〔令〕: 저본에는 '命'으로 되어 있으나, 문의로 보아 '令'으로 바로잡았다.

○ 傳의 〔水土〕에서 〔不及〕까지

○ 正義曰：≪爾雅≫ 〈釋詁〉에 "平은 成의 뜻이다."라고 하였으니, 平과 成은 뜻이 같지만, 天과 地가 글이 달라서 나눈 것일 뿐이다. 하늘이 이루어지지 못함은 땅이 평정되지 않았기 때문이다. 그러므로 먼저 地平을 말한 것이니, 땅에서 시작하여 하늘로 미쳐간 것이다. 禹가 水土를 평정했기 때문에 "水土가 다스려진 것을 '平'이라 한다."고 한 것이다. 五行의 神이 하늘을 도와 만물을 다스리는 일이 하늘에 달렸기 때문에 "五行이 펴진 것을 '成'이라 한다."고 한 것이다. 〈洪範〉에 "鯀이 홍수를 잘못 막아 그 五行의 배열을 어지럽히자 彝倫이 무너져버렸고, 禹가 홍수를 다스리자 彝倫이 펼쳐졌다."라고 하였으니, 禹가 五行을 펼쳐지도록 한 것이다. 帝舜은 禹가 九功을 진달한 것으로 인하여 歎美하고 나서 "바로 너의 功이다."라고 지목해 말하였으니, 여러 신하들이 미치지 못함을 밝힌 것이다.

帝曰 格하라 **汝禹**아 **朕**이 **宅帝位 三十有三載**어니 **耄期**하여 **倦于勤**하노라 **汝惟不**

怠하니 總朕師하라

帝舜이 말씀하셨다. "가까이 오라. 너 禹야, 朕이 제위에 있은 지 33년이다 보니, 늙어서 勤勞해야 할 일을 게을리한다. 너는 게을리하지 않으니 朕의 백성들을 통솔하도록 하라."

【傳】八十九十曰耄요 百年曰期頤라 言己年老하여 厭倦萬機라 汝不懈怠於位하니 稱總我衆은 欲使攝이라

80세에서 90세까지를 耄라 하고, 100세를 期頤라고 한다. "나는 연로하여 모든 일에 권태를 느낀다. 너만이 官位에서 게을리하지 않으니, 나의 백성들을 통솔할 만하다."라고 말한 것은 섭정을 시키고 싶어 한 것이다.

禹曰 朕德이 罔克이라 民不依어니와 皐陶는 邁種德[1]이라 德乃降(강)하여 黎民이 懷之[2]하나니

1) 邁種德 : 蔡傳에서 孔傳을 따라 種을 布의 뜻으로 본 점에 대하여, 조선시대 吳熙常은 ≪老洲集≫ 〈讀書隨記〉에서 "자세히 살펴보건대 種은 마땅히 植의 뜻으로 풀이해야 하니, 거리낌 없이 나가 힘써 행하여 스스로 자신의 德을 세워 德이 백성들에게 내려갔음을 말한 것이다. 이것은 대체로 本末을 들어 일컬은 것이다. 蔡傳에서는 '種'을 '布'의 뜻으로 풀이하여 '그 德을 펴서 德이 백성에게 내려갔다.'라고 일렀으니, 곡절이 부족하여 맛이 적은 듯싶다."라고 하였다.

2) 懷之 : 蔡傳에서는 '그리워하고 심복하다.〔懷服之〕'로 풀이하였다.

禹가 말하였다. "저는 德이 능한 바가 없는지라 백성들이 의지하지 않지만, 皐陶는 힘써 德을 편지라 德이 백성들에게 내려가 백성들이 그를 그리워합니다.

【傳】邁는 行이요 種은 布요 降은 下요 懷는 歸也라 言己無德이라 民所不能依어니와 皐陶布行其德이라 下(治)〔洽〕[1]於民하여 民歸服之라

1) (治)〔洽〕: 저본에 '治'로 되어 있으나, 아래 經文의 '好生之德 洽于民心'에 의거하여 '洽'으로 바로잡았다.

邁는 行의 뜻이요, 種은 布의 뜻이요, 降은 下의 뜻이요, 懷는 歸의 뜻이다. 자기는 德이 없는지라 백성들이 의지할 수 없는 바이지만, 皐陶는 그 德을 펴 행한지라 德이 백성

들에게 스며들어 백성들이 몰려와 복종한다는 말이다.

帝念哉하소서 念茲在茲하며 釋茲在茲[1)]하며

1) 念茲在茲 釋茲在茲 : 蔡傳에서는 釋을 舍(놓다)의 뜻으로 보아 "생각하여 잊지 않음도 변함없이 고요에게 있고, 고요를 놓고 다른 데 구해 봐도 오직 고요에게 있다.〔念之而不忘 固在於皐陶 舍之而他求 亦惟在於皐陶〕"라고 풀이하였다.

황제께서는 유념하소서. 이 사람을 愛念하는 것은 이 공로에 있고, 이 사람을 폐기하는 것은 이 죄벌에 있습니다.

【傳】 茲는 此요 釋은 廢也라 念此人在此功이요 廢此人在此罪니 言不可誣라

茲는 此의 뜻이요, 釋은 廢의 뜻이다. '이 사람을 愛念하는 것은 이 공로에 있으므로 〈공로가 있음을 알면 등용해야 할 것이고,〉 이 사람을 폐기하는 것은 이 죄벌에 있으므로 〈죄벌이 있음을 알면 폐기해야 할 것이다.〉'라고 한 것이니, 〈사람을 등용하고 사람을 폐기함에 있어서〉 속일 수 없음을 말한 것이다.

名言茲在茲하며 允出茲在茲[1)]니 惟帝念功하소서

1) 名言茲在茲 允出茲在茲 : 蔡傳에서는 "이름을 입에 올려 말함도 진실로 고요에게 있고, 진심에서 우러나오는 생각도 오직 고요에게 있습니다. 반복해서 생각해 봐도 끝내 고요와 바꿀만한 자가 있지 않다.〔名言於口 固在於皐陶 誠發於心 亦惟在於皐陶也 蓋反覆思之 而卒無有易於皐陶者〕"라고 풀이하였다.

이 일을 이름하여 말함은 이 의리에 역점을 두는 것이고, 믿음이 이 마음에서 우러나옴도 이 의리에 역점을 두는 것이니, 오직 황제께서는 그의 공을 유념하소서."

【傳】 名言此事는 必在此義요 信出此心도 亦在此義라 言皐陶之德은 以義爲主니 所宜念之라

이 일을 이름하여 말함은 반드시 이 의리에 역점을 두는 것이고, 믿음이 이 마음에서 우러나옴도 이 의리에 역점을 두는 것이다. 皐陶의 德은 의리를 위주로 하니 마땅히 유념해야 할 바임을 말한 것이다.

【疏】‘帝曰格’至‘念功’ ○ 正義曰：此舜言. 將禪禹, 帝呼禹曰“來, 汝禹. 我居帝位已三十有三載, 在耄·期之間, 厭倦於勤勞. 汝惟在官不懈怠, 可代我居帝位, 總領我衆.” 禹讓之曰“我德實無所能, 民必不依就我也.” 言己不堪總衆也. “皐陶行布於德, 德乃下洽於民, 衆皆歸服之, 可令皐陶攝也. 我所言者, 帝當念之哉. 凡念愛此人, 在此功勞, 知有功乃用之. 釋廢此人, 在此罪釁, 知有罪乃廢之.” 言進人退人不可誣也. “名目言談此事, 必在此事之義而名言之, 若信實出見此心, 必在此心之義而出見之.” 言己名言其口, 出見其心, 以擧皐陶, 皆在此義, 不有虛妄. “帝當念錄其功以禪之.” 言皐陶堪攝位也.

經의 〔帝曰格〕에서 〔念功〕까지

○ 正義曰：이는 舜임금의 말씀이다. 장차 禹에게 帝位를 선양하려고 하면서 帝舜이 禹를 불러 말씀하기를 “가까이 오라. 너 禹야, 朕이 제위에 있은 지 이미 33년이다 보니, 耄年과 期年 사이에 놓여서 勤勞해야 할 일에 게으르다. 너는 관직에 있어서 게을리하지 않아 나를 대신해서 帝位에 거할 만하니, 나의 백성들을 거느리도록 하라.”고 하시니, 禹가 사양하기를 “저는 德이 실로 능한 바가 없는지라 백성들이 반드시 저를 의지하지 않을 것입니다.”라고 한 것은 자신이 민중을 거느리는 일을 감당할 수 없음을 말한 것이다. “皐陶는 덕을 펴서 덕이 내려가 백성들에게 스며들었으므로 백성이 모두 몰려와 복종하니, 皐陶로 하여금 攝位하게 해야 합니다. 제가 말씀드린 것은 황제께서 응당 유념하셔야 합니다. 무릇 이 사람을 念愛함은 이 공로에 있는 것이니 공로가 있음을 알면 곧 쓰셔야 합니다. 이 사람을 폐기함은 이 罪釁에 있는 것이니, 罪가 있음을 알면 곧 폐기해야 합니다.”라고 한 것은 사람을 등용시키거나 퇴출시키는 일은 속일 수 없음을 말한 것이다.

“이 일을 이름하여 말함은 반드시 이 일의 의리에 역점을 두어 이름하여 말하는 것이고, 믿음이 이 마음에서 우러나옴도 이 마음의 의리에 역점을 두어 우러나오는 것이다.”라고 한 것은 자기가 이름을 입에 올려 말하고 또 마음에서 우러나와 皐陶를 천거하는 것은 모두 이 의리에 역점을 두는 것이니, 허망함이 있지 않다는 점을 말한 것이다.

“황제께서는 마땅히 그 공을 유념하고 기억하여 선양하셔야 한다.”라는 것은 皐陶가 攝位를 감당할 수 있음을 말한 것이다.

【疏】○ 傳‘八十’至‘使攝’ ○ 正義曰：‘八十九十曰耄 百年曰期頤’, 曲禮文也. 如舜典之傳, 計舜年六十三卽政[1], 至今九十五矣. 年在耄·期之間, 故竝言之. 鄭云“期, 要也. 頤, 養也. 不知衣服食味, 孝子要盡養之道而已.” 孔意當然.

1) 六十三卽政 : 〈舜典〉 "五十歲 方乃死"의 孔疏에는 62세에 즉위한 것으로 되어 있다.

○ 傳의 〔八十〕에서 〔使攝〕까지

○ 正義曰 : 〔八十九十曰耄 百年曰期頤〕 ≪禮記≫ 〈曲禮〉의 글이다. 〈舜典〉의 傳에서 舜임금의 나이 63세에 卽位한 것으로 계산하면 지금 95세이다. 나이가 耄年과 期年의 사이에 놓였기 때문에 아울러 말한 것이다. 鄭玄은 "期는 要의 뜻이요, 頤는 養의 뜻이다. 衣服과 음식 맛을 모르는 나이이니, 孝子는 요컨대 봉양의 도리를 다할 뿐이다."라고 하였다. 孔安國의 뜻도 응당 그럴 것이다.

【疏】 ○ 傳'邁行'至'服之' ○ 正義曰 : '邁 行' '降 下', 釋言文. 又云 "懷, 來也." 來亦歸也. 種物必布於地, 故爲布也.

○ 傳의 〔邁行〕에서 〔服之〕까지

○ 正義曰 : 〔邁 行〕 〔降 下〕 ≪爾雅≫ 〈釋言〉의 글이다. 〈釋言〉에 또 이르기를 "懷는 來의 뜻이다."라고 하였으니, 來 또한 歸의 뜻이다. 식물을 심으면 반드시 땅에 퍼지기 때문에 〈種을〉 布의 뜻으로 풀이한 것이다.

【疏】 ○ 傳'玆此'至'可誣' ○ 正義曰 : '玆 此', 釋詁文. 釋爲舍義, 故爲廢也. 禹之此意, 欲令帝念皐陶. 下云 '惟帝念功', 念是念功, 知廢是廢罪. 言念・廢, 必依其實, 不可誣罔也.

○ 傳의 〔玆此〕에서 〔可誣〕까지

○ 正義曰 : 〔玆 此〕 ≪爾雅≫ 〈釋詁〉의 글이다. 釋은 舍(놓음)의 뜻이기 때문에 廢로 풀이한 것이다. 禹의 이와 같은 생각은 帝舜으로 하여금 皐陶를 유념하게 하고자 해서이다. 아래에서 "오직 황제께서는 그의 공을 유념하소서."라고 하였는데, 念은 바로 공을 유념하는 것이니, 廢가 바로 廢罪임을 알 수 있다. 念과 廢는 반드시 그 사실에 의거하므로 속일 수 없다는 점을 말한 것이다.

【疏】 ○ 傳'名言'至'念之' ○ 正義曰 : '名言'謂已發於口, '信出'謂始發於心, 皆據欲擧皐陶, 必先念慮於心, 而後宣之於口. 先言'名言'者, 已對帝讓皐陶, 卽是名言之事, 故先言其意. 然後本其心, 故後言'信出'. '以義爲主'者, 言已讓皐陶, 事非虛妄, 以義爲尙.

○ 傳의 〔名言〕에서 〔念之〕까지

○ 正義曰 : '名言'은 자기가 입으로 발설한 것을 이르고, '信出'은 마음에서 비로소 우러나온 것을 이르니, 모두 皐陶를 천거하려고 하면서 반드시 먼저 마음에 생각해보고 그런 뒤에 입에 발설한 것이다. 먼저 名言을 말한 것은 자기가 帝舜을 대하여 皐陶에게 양보하였으니, 곧 이것이 名言의 일이기 때문에 먼저 그 뜻을 말한 것이다. 그러고 나서 그 마음을 근본으로 하기 때문에 뒤에 信出을 말한 것이다.

〔以義爲主〕 자기가 皐陶에게 양보한 것은 일이 虛妄한 것이 아니고, 義를 숭상한 것임을 말한 것이다.

帝曰 皐陶아 惟茲臣庶 罔或干予正[1]은

1) 正 : 蔡傳은 政法의 '政'으로 보았다.

帝舜이 말씀하셨다. "皐陶야. 지금 신하와 백성 중에 아무도 나의 正道를 干犯하는 자가 있지 않은 것은

【傳】 或은 有也라 無有干我正은 言順命이라

或은 有(있다)의 뜻이다. '나의 正道를 干犯하는 자가 있지 않다.'는 것은 명령을 따름을 말한 것이다.

汝作士라 明于五刑하여 以(刑)〔弼〕[1]五敎하여 期于予治[2]일새니라

1) (刑)〔弼〕 : 저본에는 '刑'으로 되어 있으나, 孔傳에 의거하여 '弼'로 바로잡았다.

2) 期于予治 : 蔡傳에서는 期를 期必의 뜻으로 보아 "나를 至治의 경지에 이르게 하고야 말 것이란 각오를 했기 때문이다.〔期我以至於治〕"라고 풀이하였다.

네가 士(士師)가 되어 五刑을 밝혀 五品의 가르침이 잘 펴질 수 있도록 도와서 나의 治體에 합당하게 하였기 때문이다.

【傳】 弼은 輔요 期는 當也라 歎其能以刑輔敎하여 當於治體라

弼은 輔의 뜻이고, 期는 當의 뜻이다. 능히 五刑으로 五敎를 보필하여 治體에 합당하게 함을 탄미한 것이다.

刑期于無刑하여 民協于中이 時乃功이니 懋哉어다

형벌은 어디까지나 〈죄인이 없어서〉 형벌을 쓸 곳이 없게 하기를 기약하여 백성들이 중용의 도리에 합하게 만든 것은 너의 공이니, 〈맡은 직무에〉 힘쓸지어다.”

【傳】 雖或行刑이나 以殺止殺하여 終無犯者니 刑期於無所刑하여 民皆(命)〔合〕[1]於大中之道는 是汝之功이니 勉之니라

1) (命)〔合〕: 저본에는 '命'으로 되어 있으나, 四庫本에 의거하여 '合'으로 바로잡았다.

비록 더러 형벌을 시행하더라도 단 한 번 사형을 집행하여 엄벌을 보임으로써 사형 같은 형벌을 영영 폐지시켜 끝내 범법자가 없게 하였으니, 형벌은 형벌을 쓸 곳이 없게 하기를 기약하여 백성들이 모두 大中의 道에 합하게 만든 것은 바로 너의 공이니, 더욱 힘쓰도록 하라고 한 것이다.

皐陶曰 帝德이 罔愆하사 臨下以簡하시고 御衆以寬하시며

皐陶가 말하였다. "황제의 덕이 과오가 없으셔서 아랫사람에 대해서는 간편한 방법을 가지고 임하시고 백성들에 대해서는 너그러운 마음을 가지고 다스리시며,

【傳】 愆은 過也라 善則歸君은 人臣之義라

愆은 過(허물)의 뜻이다. 善을 임금에게 돌리는 것은 신하된 의리이다.

罰弗及嗣하시고 賞延于世하시며

罰은 아들에게 미쳐가지 않게 하고 賞은 아들에게 미쳐가게 하시며,

【傳】 嗣亦世니 俱謂子라 延은 及也라 父子罪不相及하고 而及其賞이 道德之政이라

嗣 또한 世의 뜻이니, 모두 아들을 이른다. 延은 及(미쳐감)의 뜻이다. 아버지와 아들 사이에 죄는 서로 미치지 않게 하고 賞은 서로 미치게 하는 것이 道德의 정치이다.

宥過無大하시고 刑故無小하시며

과오로 지은 죄는 아무리 큰 죄라도 용서하고 고의로 지은 죄는 아무리 작은 죄라도 처벌하시며,

【傳】過誤所犯은 雖大必宥요 不忌故犯은 雖小必刑이라

과오로 죄를 범한 경우에는 비록 큰 죄라도 반드시 용서하고, 거리낌 없이 고의로 죄를 범한 경우에는 비록 작은 죄라도 반드시 형벌에 처하는 것이다.

罪疑는 惟輕하시고 功疑는 惟重하시며

罪가 의심스러운 것은 가벼운 쪽으로 처벌하고 功이 의심스러운 것은 후한 쪽으로 상을 주시며,

【傳】刑疑附輕하고 賞疑從重은 忠厚之至라

형벌을 〈어느 조항을 적용해야 할까〉 의심되는 경우에는 가벼운 쪽으로 부과하고, 상을 〈어느 기준에 맞춰야 할까〉 의심되는 경우에는 후한 쪽으로 따름은 忠厚함이 지극한 것이다.

與其殺不辜론 寧失不經이라사 好生之德이 洽于民心이라 茲用不犯于有司니이다

무죄한 사람을 죽이기보다는 차라리 정상적인 법대로 다스리지 않는 실수를 범하셔야 살리기를 좋아하시는 德이 백성들의 마음에 스며들 것입니다. 이 때문에 백성들이 有司(법관)를 범하지 않는 것입니다."

【傳】辜는 罪요 經은 常이요 司는 主也라 皐陶因帝勉己하여 遂稱帝之德은 所以明民不犯上也라 寧失不常之罪언정 不枉不辜之善이 仁愛之道라

辜는 罪의 뜻이요, 經은 常의 뜻이요, 司는 主의 뜻이다. 皐陶가 帝舜이 자기를 권면하는 기회를 이용하여 드디어 帝舜의 德을 칭송한 것은 백성들이 윗사람을 범하지 않는 점을 밝히기 위한 것이다. 차라리 정상적으로 다스리지 않는 실수를 범할지언정, 무고한 사람을 잘못 죽이는 과오를 범하지 않는 선한 점이 仁愛의 도리이다.

帝曰 俾予로 從欲以治하여 四方이 風動하니 惟乃之休일새니라

帝舜이 말씀하셨다. "나로 하여금 마음에 하고자 하는 대로 다스려서 四方이 바람을 따라 움직이듯 쏠리게 하니, 이것은 바로 〈형벌을 잘 밝힌〉 너의 아름다운 공

때문이니라."

【傳】使我從心所欲而政以治하여 民動順上命을 若草應風은 是汝能明刑之美라

나로 하여금 마음에 하고 싶은 대로 정사를 하여 잘 다스려지게 해서 백성들이 上命을 따라 움직이기를 마치 풀이 바람을 따라 움직이듯 하는 것은 바로 네가 형벌을 잘 밝힌 아름다운 공 때문이다.

【疏】'帝曰皐陶' 至 '之休' ○ 正義曰：帝以禹讓皐陶, 故述而美之. 帝呼之曰 "皐陶, 惟此群臣衆庶, 皆無敢有干犯我正道者, 由汝作士官, 明曉於五刑, 以輔成五敎, 當於我之治體. 用刑期於無刑, 以殺止殺, 使民合於中正之道, 令人每事得中, 是汝之功, 當勉之哉." 皐陶以帝美己, 歸美於君曰 "民合於中者, 由帝德純善, 無有過失, 臨臣下以簡易, 御衆庶以優寬, 罰人不及後嗣, 賞人延於來世. 宥過失者無大, 雖大亦宥之, 刑其故犯者無小, 雖小必刑之. 罪有疑者, 雖重從輕罪之. 功有疑者, 雖輕從重賞之. 與其殺不辜非罪之人, 寧失不經不常之罪. 以等枉殺無罪, 寧妄免有罪也. 由是故帝之好生之德, 下(治)〔洽〕[1]於民心, 民服帝德如此, 故用是不犯於有司." 言民之無刑, 非己力也. 帝又述之曰 "使我從心所欲而爲政以大治, 四方之民, 從我化如風之動草, 惟汝用刑之美." 言已知其有功也.

1) (治)〔洽〕: 저본에는 '治'로 되어 있으나, 四庫本에 의거하여 '洽'으로 바로잡았다.

經의 〔帝曰皐陶〕에서 〔之休〕까지

○ 正義曰：禹가 皐陶에게 양보하였기 때문에 帝舜이 술회하여 아름답게 여긴 것이다. 帝舜이 皐陶를 불러서 말씀하기를 "皐陶야. 여러 신하와 여러 백성이 모두 감히 나의 正道를 干犯하지 않는 것은 네가 士官이 되어 五刑을 환하게 밝혀서 五敎를 도와 이루어 나의 治體에 합당하게 하였기 때문이다. 형벌은 어디까지나 〈죄인이 없어서〉 형벌을 쓸 곳이 없게 하기를 기약해서 단 한 번 사형을 집행하여 엄벌을 보임으로써 〈사형 같은 형벌을 영영 폐지시킬 수 있게 하여 결국〉 백성들이 中正의 도리에 합치하는 행동을 하도록 하고, 사람들로 하여금 매사에 중용의 도리를 얻도록 한 것은 바로 너의 공이니, 〈맡은 직무에〉 힘쓸지어다."라고 하셨다.

皐陶는 帝舜이 자기를 아름답게 여기기 때문에 아름다움을 임금에게 돌리기를 "백성들이 중용의 도리에 합하게 만든 것은 황제의 덕이 순전히 善하여 과실이 없어서 신하

들에 대해서는 간편한 방법을 가지고 임하시고 백성들에 대해서는 너그러운 마음을 가지고 다스리시며, 사람에게 罰을 줌에 있어서는 자손에게 미치지 않게 하고 사람에게 賞을 줌에 있어서는 자손에게 미치게 하시며, 과오로 지은 죄를 용서함에 있어서는 크다고 여기지 않으시어 아무리 큰 죄라도 용서하고, 고의로 지은 죄를 처벌함에 있어서는 작다고 여기지 않으시어 아무리 작은 죄라도 처벌하십니다. 그리고 罪에 의심스러운 점이 있는 경우에는 비록 중범죄라도 가벼운 쪽으로 처벌하고, 功에 의심스러운 점이 있는 경우에는 비록 가벼운 공이라도 후한 쪽으로 상을 주시며, 무죄한 사람을 죽이기보다는 차라리 정상적인 법대로 다스리지 않는 실수를 범하시고, 무죄한 사람을 잘못 죽이기보다는 차라리 유죄한 사람을 잘못 면형하게 하셨습니다. 이 때문에 황제의 살리기를 좋아하시는 德이 아래로 백성들의 마음에 스며들고, 백성들이 황제의 덕에 심복함이 이와 같기 때문에 有司를 범하지 않는 것입니다."라고 하였으니, 백성들에게 형벌을 쓸 일이 없게 된 것은 자기의 공력이 아니라는 점을 말한 것이다.

帝舜이 또 술회하기를 "나로 하여금 마음에 하고자 하는 대로 정사를 하여 크게 다스려져서 사방의 백성들이 나의 교화를 따르기를 마치 바람이 풀을 움직이듯 하는 것은 바로 형벌을 적중하게 쓰는 너의 아름다운 공 때문이다."라고 하셨으니, 이미 그에게 공이 있음을 안다고 말한 것이다.

【疏】 ○ 傳'弼輔'至'治體' ○ 正義曰：書傳稱'左輔右弼', 是弼亦輔也. 期要是相當之(帝)〔言〕[1], 故爲當也. 傳言'當於治體', 言皐陶用刑, 輕重得中, 於治體與正相當也.

1) (帝)〔言〕: 저본에는 '帝'로 되어 있으나, 四庫本에 의거하여 '言'으로 바로잡았다.

○ 傳의 〔弼輔〕에서 〔治體〕까지

○ 正義曰：伏生의 ≪尙書大傳≫에서 '左輔右弼(왼쪽에서 보좌하고 오른쪽에서 보필함)'이라고 일컬었으니, 여기의 弼 또한 輔의 뜻이다. 期가 바로 서로 합당하다는 말이기 때문에 〈期를〉 當이라고 한 것이다. 孔傳에서 말한 '當於治體(治體에 합당하게 함)'는 皐陶가 형벌을 적용하는 것이 輕重이 중도를 얻었기 때문에 治體에 정말 서로 합당하게 되었다고 말한 것이다.

【疏】 ○ 傳'雖或'至'勉之' ○ 正義曰：言皐陶或行刑, 乃是以殺止殺, 爲罪必將被刑, 民終無犯者, 要使人無犯法, 是期於無所用刑, 刑無所用. 此期爲限, 與前經期義別, 而論語所謂'勝殘去殺'矣. '民皆合於大中', 言擧動每事得中, 不犯法憲, 是'合大中', 卽洪範所謂'皇極'是也.

○ 傳의 〔雖或〕에서 〔勉之〕까지

○ 正義曰 : 皐陶가 더러 형벌을 집행함은 바로 단 한 번 사형을 집행함으로써 사형 같은 형벌을 영영 없어지게 하려는 점을 말한 것이다. 죄를 지면 반드시 형벌을 받기 마련이어서 백성들이 끝내 법을 범하는 자가 없었으니, 요컨대 사람들로 하여금 법을 범하는 일이 없게 하는 것은 형벌을 쓸 곳이 없기를 기약하여 형벌이 쓰일 곳이 없게 함을 말한 것이다. 이 期자는 限자의 뜻을 가지므로 앞 經文의 期자와 뜻이 구별되니, ≪論語≫ 〈子路〉에 이른바 "잔악한 사람을 감화시켜 악한 짓을 하지 못하게 하고, 사형을 폐지시킬 수 있다."라는 것이다.

〔民皆合於大中〕 행하는 일마다 중도를 얻어 法憲을 범하지 않는 것이 '合大中'이니, 바로 〈洪範〉에 이른바 '皇極'이라는 것이 이것이다.

【疏】 ○ 傳'愆過'至'之義' ○ 正義曰 : '愆 過', 釋言文. 坊記云 "善則稱君, 過則稱己, 則民作忠." 是善則稱君, 人(君)〔臣〕[1]之義也. '臨下' 據其在上, '御衆'斥其治民. 簡易・寬大, 亦不異也. 論語云 "居敬而行簡, 以臨其民, 不亦可乎." 是臨下宜以簡也. 又曰 "寬則得衆." "居上不寬, 吾何以觀之哉." 是御衆宜以寬也.

1) (君)〔臣〕 : 저본에는 '君'으로 되어 있으나, 四庫本에 의거하여 '臣'으로 바로잡았다.

○ 傳의 〔愆過〕에서 〔之義〕까지

○ 正義曰 : 〔愆 過〕 ≪爾雅≫ 〈釋言〉의 글이다. ≪禮記≫ 〈坊記〉에 "善은 임금이 한 것으로 일컫고, 허물은 자기가 한 것으로 일컬으면 백성들이 충성된 마음을 일으킨다."라고 하였으니, 善은 임금이 한 것으로 일컫는 것은 신하된 의리이다.

'臨下'는 윗자리에 있는 사람의 입장에서 말한 것이고, '御衆'은 백성을 다스리는 입장에서 말한 것이다. 簡은 易(쉬움)의 뜻이요, 寬은 大의 뜻이라고 한 것도 다르지 않다. ≪論語≫ 〈雍也〉에 "경건하게 처신하고 일을 간소하게 처리함으로써 백성에게 임한다면 그것도 괜찮지 않겠습니까."라고 하였으니, 아랫사람에게 임할 때에는 마땅히 간편한 방법을 써야 한다는 것이다. 또 〈陽貨〉에 "너그러우면 대중의 신망을 받는다."라고 하였고, 〈八佾〉에 "윗자리에 있으면서 너그럽지 못하다면 나는 〈그 사람됨을〉 무엇으로 볼 수 있겠는가."라고 하였으니, 대중을 다스릴 때에는 마땅히 너그럽게 해야 한다는 것이다.

【疏】 ○ 傳'嗣亦'至'及也' ○ 正義曰：嗣謂繼父，世謂後胤，故'俱謂子'也．延訓長，以長及物，故延爲及也．

○ 傳의 〔嗣亦〕에서 〔及也〕까지

○ 正義曰：嗣는 아버지를 계승함을 이르고，世는 後胤(후손)을 이르기 때문에 '모두 아들을 이른다.'라고 한 것이다．延은 長의 뜻이니，길이 만물에 미치기 때문에 延을 及이라고 한 것이다．

【疏】 ○ 傳'辜罪'至'之道' ○ 正義曰：'辜 罪'，釋詁文．'經 常'，'司 主'，常訓也．'皐陶因帝勉己，遂稱帝之德，所以明民不犯上'者，自由帝化使然，非己力也．'不常之罪'者，謂罪大，非尋常小罪也．枉殺無罪，妄免有罪，二者皆失，必不得民心．寧妄免大罪，不枉殺無罪，以好生之心故也．大罪尙赦，小罪可知．欲極言不可枉殺不辜，寧放有罪故也，故言非常大罪以對之耳．'寧失不經'與'殺不辜'相對，故爲放赦罪人，原帝之意，等殺無罪，寧放有罪．傳言帝德之善，寧失有罪，不枉殺無罪，是仁愛之道．各爲文勢，故經傳倒也．(治)〔洽〕[1)]謂沾漬優渥，(治)〔洽〕於民心，言潤澤多也．

1) (治)〔洽〕：저본에는 '治'로 되어 있으나，四庫本에 의거하여 '洽'으로 바로잡았다．아래도 같다．

○ 傳의 〔辜罪〕에서 〔之道〕까지

○ 正義曰：〔辜 罪〕 ≪爾雅≫ 〈釋詁〉의 글이다．

〔經 常〕〔司 主〕 일반적인 풀이이다．

〔皐陶因帝勉己 遂稱帝之德 所以明民不犯上〕 본래 황제의 교화가 그렇게 만들었기 때문이지，자기의 힘이 아니라는 것이다．

〔不常之罪〕 죄가 커서 심상한 작은 죄가 아님을 이른 것이다．무죄한 사람을 잘못 죽이거나 유죄한 사람을 함부로 놓아주는 이 두 가지는 다 잘못된 일이니，반드시 민심을 얻지 못한다．차라리 큰 죄인을 함부로 놓아줄지언정 무죄한 사람을 잘못 죽이지 않는 것은 살리기를 좋아하는 마음 때문이다．큰 죄인도 오히려 놓아주었으니，작은 죄인은 말하지 않아도 알 수 있는 일이다．무고한 사람을 잘못 죽일 수 없다는 것을 극도로 말하기 위해서 차라리 유죄한 사람을 놓아주겠다고 한 것이다．그러므로 비상한 큰 죄를 말해서 대를 맞춘 것이다．'寧失不經'과 '殺不辜'가 서로 대가 되기 때문에 죄인을 놓아주겠다고 한 것이니，帝舜의 뜻을 찾아보면 무죄한 사람을 죽이는 것보다는 차라리 유죄한 사람을

놓아주겠다는 것이다. 孔傳에서 帝舜의 德 가운데 좋은 점을 말하면서 차라리 유죄한 사람을 놓아주는 실수를 범할지언정 무죄한 사람을 잘못 죽이는 과오를 범하지 않는 점이 仁愛의 도리라고 하였다. 각각 文勢를 살렸기 때문에 經文과 傳文의 문장구성이 도치된 것이다. '洽'은 스며들어 푹 젖음을 이르니, 〈經文의〉 '洽於民心'은 潤澤함이 많은 점을 말한 것이다.

帝曰 來하라 禹아 降水儆予[1)]어늘 成允成功[2)]하니 惟汝賢이며

1) 降水儆予 : 傳에서는 "홍수가 나를 경계하게(불안에 떨게) 하였다."라고 하였는데, 孔疏에서는 "禹가 홍수를 다스리는 일을 가지고 나를 경계하였다." 라고 하였다.
2) 成允成功 : 蔡傳에서는 "禹가 말을 아뢰고서 그 말을 잘 실천하고 일에 시험하여 공을 이루었으니, 이른바 '믿음을 이루고 공을 이루었다.'란 것이다.〔禹奏言而能踐其言 試功而能有其功 所謂成允成功也〕"라고 풀이하였다.

帝舜이 말씀하셨다. "가까이 오라. 禹야. 홍수가 나를 경계하게(불안에 떨게) 하였으되, 〈威聲과 文敎의〉 믿음을 이루고 〈治水의〉 공을 이루었으니, 이것이 너의 어진 점이며,

【傳】 水性은 流下라 故曰下水라 儆은 戒也라 能成聲敎之信하고 成治水之功은 言禹最賢하여 重美之라

물의 성질은 흘러내려가는 것이다. 그러므로 '下水'라고 한 것이다. 儆은 戒의 뜻이다. 능히 威聲과 文敎의 믿음을 이루고 治水의 공을 이루었다는 것은 禹의 가장 어진 점을 말하여 거듭 아름답게 여긴 것이다.

克勤于邦하고 克儉于家하여 不自滿假[1)]하니 惟汝賢이니라

1) 不自滿假 : 假에 대하여 孔傳에서 大의 뜻으로 풀이하였는데, 조선후기 洪奭周는 ≪尙書補傳≫에서 孔安國의 견해에 동조하여 다음과 같이 말했다. "사람은 자족해 한 연후에야 태만한 마음이 생기고, 또한 자족해 한 연후에야 사치한 마음이 생기는데, 성인의 마음은 겸손하여 항상 스스로 부족해 하니, 이래서 근검할 수 있는 것이다. 그러니 응당 孔傳을 따르는 것이 옳다."라고 하였다.

나라 일에는 부지런하고 가정에서는 검소하여 스스로 자만하거나 뽐내지 않았으

니 이것이 너의 어진 점이다.

【傳】滿謂盈實이요 假는 大也라 言禹惡衣薄食하고 卑其宮室하여 而盡力爲民하고 執心謙沖하여 不自盈大라

滿은 가득 찬 것을 이르고, 假는 大의 뜻이다. 禹는 惡衣에 薄食을 하고 거처하는 宮室도 낮게 지어 〈自奉하는 일은 최대한 절약하고 오직〉 백성을 위하는 일에만 힘을 기울였으며, 마음을 겸손하게 가져 스스로 자만하고 자랑하지 않았다고 말한 것이다.

汝惟不矜하나 天下莫與汝爭能하며 汝惟不伐하나 天下莫與汝爭功하나니

네가 뽐내지 않아도 천하에는 너와 재능을 다툴 자가 없으며, 네가 과시하지 않아도 천하에는 너와 공을 겨룰 자가 없으니,

【傳】自賢曰矜이요 自功曰伐이라 言禹推善讓人而不失其能하고 不有其勞而不失其功이 所以能絶衆人이라

스스로 어질다 뽐내는 것을 矜이라 하고, 스스로 공이 있다 과시하는 것을 伐이라 이른다. 禹는 착한 점을 미루어 남에게 양보해도 그 능함을 잃지 않았고, 공로가 있다고 하지 않아도 그 공을 잃지 않은 것이 여러 사람들보다 월등히 뛰어난 점임을 말한 것이다.

予懋乃德하며 嘉乃丕績하노니 天之歷數 在汝躬이라 汝終陟元后하리라

나는 너의 덕을 성대하게 여기며 너의 큰 공적을 가상하게 여기노라. 하늘의 歷數가 너의 몸에 있으니, 네가 결국 元后(군주)의 자리에 오를 것이다.

【傳】丕는 大也요 歷數는 謂天道요 元은 大也요 大君은 天子라 舜善禹有治水之大功하여 言天道在汝身하니 汝終當升爲天子라

丕는 크다는 뜻이고, 歷數는 天道를 이르며, 元은 크다는 뜻이고, 大君은 天子이다. 舜임금이 禹에게 홍수를 다스린 큰 공이 있음을 아름답게 여기어, 天道가 네 몸에 있으니 너는 결국 〈지위에〉 올라 天子가 되어야 한다고 말한 것이다.

人心은 惟危하고 道心은 惟微하니 惟精惟一하여야 允執厥中하리라

人心은 위태로운 것이고 道心은 은미한 것이니, 정밀하게 하고 전일하게 하여야만 진실로 그 中正의 도리를 가질 수 있을 것이다.

【傳】危則難安이요 微則難明이라 故로 戒以精一하여야 信執其中이라

위태로우면 편안하기 어렵고 은미하면 밝히기 어렵다. 그러므로 '정하게 하고 전일하게 하여야만 진실로 그 中正의 도리를 가질 수 있다.'라는 말을 가지고 경계한 것이다.

無稽之言을 勿聽하며 弗詢之謀를 勿庸하라

상고하지 않은 말을 들어주지 말며, 물어보지 않은 謀慮를 쓰지 말라.

【傳】無考는 無信驗이요 不詢은 專獨이니 終必無成이라 故로 戒勿聽用이라

상고하지 않은 것은 믿을 만한 증험이 없는 것이고, 물어보지 않은 것은 독단으로 처리하는 것이니, 끝내 반드시 이루어짐이 없을 것이다. 그러므로 들어주지 말고 쓰지 말라고 경계한 것이다.

可愛는 非君이며 可畏는 非民가 衆非元后면 何戴며 后非衆이면 罔與守邦하리니

사랑할 만한 대상은 군주가 아니겠으며, 두려워할 만한 대상은 백성들이 아니겠는가. 백성들은 元后(군주)가 아니면 누구를 떠받들겠으며, 원후는 백성들이 아니면 함께 나라를 지킬 수 없을 것이니,

【傳】民以君爲命이라 故可愛라 君失道면 民叛之라 故可畏라 言衆戴君以自存이요 君恃衆以守國이니 相須而立이라

백성은 임금을 命으로 삼기 때문에 사랑할 만한 것이다. 임금이 道를 잃으면 백성이 배반하기 때문에 두려워할 만한 것이다. 백성들은 임금을 추대하여 스스로 보존하고, 임금은 백성들을 믿어 나라를 지키니, 서로 의지해서 성립하게 된다는 점을 말한 것이다.

欽哉하여 愼乃有位하여 敬修其可願하라 四海困窮하면 天祿이 永終[1]하리라

1) 四海困窮 天祿永終 : 蔡傳에서는 "사해의 백성들이 곤궁에 빠지게 되면 하늘이 내린 군주의 福祿이 완전히 끊어져서 다시 이어지지 못할 것이다.〔四海之民 至於困窮 則君之天祿 一絶

而不復續]"라고 풀이하였다.

경건한 마음을 가지고 네가 소유할 임금의 자리를 신중히 지켜서 백성들이 원하는 것을 공경히 닦도록 하라. 四海의 곤궁한 자들을 〈양육하면〉 하늘의 祿籍이 네 몸에서 길이 마치리라.

【傳】有位는 天子位라 可願은 謂道德之美요 困窮은 謂天民之無告者라 言爲天子勤此三者면 則天之祿籍이 長終汝身이라

有位는 天子의 자리이다. 可願은 道德의 아름다움을 이르고, 困窮은 天民 가운데 호소할 데 없는 자를 이른다. 천자가 되어 이 세 가지를 부지런히 하면 하늘의 祿籍이 네 몸에서 길이 마칠 것이라는 말이다.

惟口는 出好하며 興戎하나니 朕言은 不再하리라

입은 좋은 일을 내기도 하며 전쟁을 일으키기도 하니, 朕은 두 번 다시 말하지 않겠노라."

【傳】好는 謂賞善이요 戎은 謂伐惡이라 言口는 榮辱之主니 慮而宣之하여 成於一也라

好는 착한 자에게 상을 줌을 이르고, 戎은 악한 자를 침을 이른다. 입은 榮·辱의 주체이니, 깊이 생각해서 말하여 단 한 번에 마침을 말한 것이다.

【疏】'帝曰來'至'不再' ○正義曰：帝不許禹讓, 呼之曰"來, 禹. 下流之水儆戒於我, 我恐不能治之. 汝能成聲教之信, 能成治水之功, 惟汝之賢. 汝能勤勞於國, 謂盡力於溝洫. 能節儉於家, 謂薄飮食, 卑宮室. 常執謙沖, 不自滿溢誇大, 惟汝之賢也." 又申美之, "汝惟不自矜誇, 故天下莫敢與汝爭能. 汝惟不自稱伐, 故天下莫敢與汝爭功. 美功之大也. 我今勉汝之德, 善汝大功, 天之歷運之數帝位當在汝身, 汝終當升此大君之位, 宜代我爲天子." 因戒以爲君之法, "民心惟甚危險, 道心惟甚幽微. 危則難安, 微則難明, 汝當精心, 惟當一意, 信執其中正之道, 乃得人安而道明耳. 又爲人君, 不當妄受用人語, 無可考驗之言, 勿聽受之, 不是詢衆之謀, 勿信用之." 言"民所愛者, 豈非人君乎. 民以君爲命, 故愛君也." 言"君可畏者, 豈非民乎. 君失道則民叛之, 故畏民也." 衆非大君, 而何所奉戴. 無君則民亂, 故愛君也. 君非衆人, 無以守國. 無人則國亡, 故畏民也. "君民相須如此, 當宜敬之哉. 謹愼汝所有之位, 守天子之位, 勿使失也. 敬修其可願之事, 謂道德之美, 人所願也. 養彼四海困窮之民, 使皆得存立, 則天之祿籍長終汝身矣." 又告禹 "惟口之所言, 出好事, 興戎兵, 非善思慮, 無以出口. 我言不可再發." 令禹受其言也.

經의 〔帝曰來〕에서 〔不再〕까지

○ 正義曰 : 帝舜은 禹의 양보를 허락하지 않고 그를 불러 말씀하기를 "가까이 오라. 禹야. 아래로 흘러가는 물이 나를 불안에 떨게 하므로 나는 행여 잘 다스리지 못할까 무척 두려워하였노라. 그런데 네가 능히 威聲과 文敎의 믿음을 이루고 능히 治水의 공을 이루었으니, 너의 어짊 때문이었다. 네가 나라 일에는 부지런하였으니 溝洫에 힘을 다 쏟음을 이르고, 가정생활에는 검소하였으니 음식을 박하게 먹고 궁실을 낮게 지은 일을 이른다. 항상 겸손한 마음을 가지고 자만하거나 자랑하지 않았으니 이는 너의 어진 점이다."라고 하셨다.

또 거듭 아름답게 여기기를 "네가 스스로 뽐내지 않기 때문에 천하에 너와 재능을 다툴 자가 없으며, 네가 스스로 과시하지 않기 때문에 천하에 너와 공을 겨룰 자가 없으니, 공의 큼을 아름답게 여긴다. 나는 지금 너의 덕을 권면하고 너의 큰 공적을 가상하게 여기노라. 하늘의 歷數인 帝位가 응당 너의 몸에 있으므로 네가 결국 이 大君의 자리에 오를 것이니, 나를 대신하여 천자가 되도록 하라."라고 하셨다.

이어서 임금으로서 해야 할 방법을 가지고 경계하기를 "民心은 매우 위험하고 道心은 매우 은미하다. 위험하면 편안하기 어렵고 은미하면 밝히기 어려우니, 너는 마땅히 마음을 정밀하게 살피고 뜻을 전일하게 지켜야만 진실로 그 中正의 도리를 가질 수 있으니, 그래야 인류가 편안하고 도리가 밝아질 것이다. 또 임금이 되면 남의 말을 함부로 받아들여 쓰지 말아야 하니, 考驗하지 않은 말을 받아들이지 말고, 여러 사람에게 물어보지 않은 謀慮를 믿고 쓰지 말라."고 하셨다.

"백성이 사랑할 만한 대상은 군주가 아니겠는가. 백성은 임금을 命으로 삼기 때문에 임금을 사랑하는 것이다."라 하고, "두려워할 대상은 백성이 아니겠는가. 임금이 도리를 잃으면 백성이 배반하기 때문에 백성을 두려워하는 것이다."라고 하였다. 백성들은 大君이 아니면 누구를 떠받들겠는가. 임금이 없으면 백성들이 혼란하기 때문에 임금을 사랑하는 것이다. 임금은 백성들이 아니면 나라를 지킬 수 없다. 백성이 없으면 나라가 망하기 때문에 백성을 두려워하는 것이다.

"임금과 백성이 서로 필요로 하는 것이 이와 같으니, 마땅히 공경해야 한다. 네가 소유할 자리를 근신하여 천자의 자리를 지켜 잃지 않게 해야 한다. 백성들이 원하는 것을 공경히 닦아야 하니, 도덕의 아름다움으로서 사람들이 원하는 것을 이른다. 저 四海의 곤궁한 백성들을 양육하여 모두 존립할 수 있도록 한다면 하늘의 祿籍이 너의 몸에서 길이 마치리라."고 하신 것이다.

또 禹에게 고하시기를 "입으로 한 말은 좋은 일을 내기도 하고 전쟁을 일으키기도 하니, 잘 思慮하지 않은 말은 입에서 내뱉지 말도록 하라. 나는 두 번 다시 말하지 않겠노라."라고 하셨으니, 禹로 하여금 그 말을 깊이 새겨듣도록 당부하신 것이다.

【疏】 ○ 傳'水性'至'美之' ○ 正義曰 : 降水, 洪水也. 水性下流, 故曰下水. 禹以治水之事, 儆戒於予. 益稷云 "予創若時, 娶于塗山, 辛壬癸甲, 啓呱呱而泣, 予弗子, 惟荒度(탁)土功之事." 雖文在下篇, 實是欲禪前事, 故帝述而言之. 禹貢言治水功成云 "朔南暨聲教." 故知'成允'是'成聲教之信', '成功'是'成治水之功'也. 前已言地平天成是汝功, 今復說治水之事, '言禹最賢, 重美之'也. 禹實聖人, 美其賢者, 其性爲聖, 其功爲賢, 猶易繫辭云 "可久則賢人之德, 可大則賢人之業." 亦是聖人之事.

○ 傳의 〔水性〕에서 〔美之〕까지

○ 正義曰 : 降水는 洪水이다. 물의 성질은 아래로 흘러내려가는 것이기 때문에 '下水'라고 한 것이다. 禹가 홍수를 다스리는 일을 가지고 나를 경계하였다는 것이다. 〈益稷〉에 이르기를 "저는 일찍이 이와 같은 것을 경계하였고, 塗山氏의 딸에게 장가들고서 겨우 辛·壬·癸·甲 4일밖에 집에 못 있었고, 啓가 앙앙 울었으나 저는 자식의 이름을 지을 겨를도 없이 오직 水土의 일을 크게 다스려"라고 하였다. 이 글이 비록 下篇에 있지만 실은 禪位하고자 한 이전의 일이기 때문에 帝舜이 술회하여 말씀하신 것이다. 〈禹貢〉에서 홍수를 다스려 공이 이루어진 데 대하여 말하기를 "북쪽의 끝까지, 남쪽의 끝까지 〈天子의〉 威聲과 文教를 듣고 〈때에 맞추어 와서 朝見했다.〉"라고 하였기 때문에 成允은 '威聲과 文教의 믿음을 이룬 것'이고, 成功은 '治水의 공을 이룬 것'이란 점을 안 것이다. 앞에서 이미 "水土가 평탄하게 됨에 하늘의 五行이 펴져 공이 이루어진 것은 바로 너의 공이니라."고 하셨고, 지금 다시 홍수를 다스린 일을 말씀하셨기 때문에 "禹의 가장 어진 점을 말하여 거듭 아름답게 여긴 것이다."라고 한 것이다.

禹는 실제로 聖人인데, "그 어짊을 아름답게 여겼다."는 것은 그 性品 면에서는 성인이고, 功績 면에서는 현인이니, 그것은 마치 ≪周易≫ 〈繫辭傳〉에 "오래할 수 있으면 賢人의 德이요, 크게 할 수 있으면 賢人의 業이다."라는 것과 같으니, 역시 聖人의 일이다.

【疏】 ○ 傳'滿謂'至'盈大' ○ 正義曰：滿以器喩, 故爲盈實也. '假 大', 釋詁文. 言己無所不知, 是爲自滿. 言己無所不能, 是爲自大. 禹實不自滿大, 故爲賢也. 論語美禹之功德云 "惡衣服, 菲飮食, 卑宮室, 而盡力乎溝洫." 故傳引彼. 惡衣・薄食・卑其宮室, 是'儉於家', 盡力爲民, 是'勤於邦', 上言其功, 此言其德, 故再云 "惟汝賢."

○ 傳의 〔滿謂〕에서 〔盈大〕까지

○ 正義曰：滿은 그릇을 가지고 비유했기 때문에 '盈實'이라고 한 것이다.

〔假 大〕 ≪爾雅≫ 〈釋詁〉의 글이다.

'자기는 모르는 바가 없다.'라고 말하는 것이 '自滿'이고, '자기는 능하지 못한 바가 없다.'라고 말하는 것이 '自大(뽐냄)'이다. 禹는 실제로 자만하거나 뽐내지 않았기 때문에 賢이 된 것이다. ≪論語≫ 〈泰伯〉에서 禹의 功德을 아름답게 여기기를 "의복을 허름하게 입고 음식을 검소하게 먹고 궁실을 낮게 지으면서 밭도랑을 파는 데는 힘을 다하셨다."라고 하였기 때문에 孔傳에서 그 글을 인용한 것이다. 의복을 허름하게 입고 음식을 검소하게 먹고 궁실을 낮게 지은 것이 '가정생활에는 검소했다.'라는 것이고, 힘을 다해 백성을 위한 것이 '나라 일에는 부지런했다.'라는 것이다. 위에서는 그 功을 말하고 여기서는 그 德을 말했기 때문에 두 번이나 "너의 어진 점이다."라고 한 것이다.

【疏】 ○ 傳'自賢'至'衆人' ○ 正義曰：自言己賢曰矜, 自言己功曰伐. 論語云 "願無伐善." 詩云 "矜其車甲." 矜與伐, 俱是誇義. 以經有爭能・爭功, 故別解之耳. 弗矜莫與汝爭能, 卽矜者矜其能也. 賢・能大同小異, 故自賢解矜. 老子云 "夫惟不爭, 故天下莫能與之爭." 是故不矜伐而不失其功能, 此所以能絶異於衆人也.

○ 傳의 〔自賢〕에서 〔衆人〕까지

○ 正義曰：자기의 어짊을 스스로 말하는 것을 '矜'이라 하고, 자기의 공을 스스로 말하는 것을 '伐'이라 한다. ≪論語≫ 〈公冶長〉에 "자신이 잘한 일을 자랑하지 않기를 원한다."라 하고, ≪詩經≫ 〈秦風 小戎〉 毛序에 "그 수레와 갑옷을 자랑한다."라고 하였으니, 矜과 伐은 모두 자랑의 뜻이다. 經文에 爭能과 爭功이 있기 때문에 별도로 풀이했을 뿐이다. "뽐내지 않아도 너와 재능을 다툴 자가 없다."라고 하였으니, 곧 矜은 그 재능을 과시하는 것이다. '賢'과 '能'은 大同小異하기 때문에 '自賢'을 가지고 矜자를 풀이한 것이다. ≪老子≫ 23장에 "〈성인은〉 오직 다투지 않기 때문에 천하에서 그와 겨룰 수 있는 자가 없다."라고 하였다. 이 때문에 뽐내거나 과시하지 않아도 그 공적과 재능을 잃지 않는

것이니, 이것이 재능이 여러 사람보다 월등하게 뛰어난 점이다.

【疏】 ○ 傳‘丕大’至‘天子’ ○ 正義曰：‘丕 大’, 釋詁文. ‘歷數’, 謂天歷運之數, 帝王易姓而興, 故言“歷數謂天道.” 鄭玄以歷數在汝身, 謂有圖籙之名, 孔無讖緯之說, 義必不然, 當以大功旣立, 衆望歸之, 卽是天道在身. 釋詁‘元’訓爲首, 首是體之大也. 易曰“大君有命.” 是‘大君’謂天子也.

○ 傳의 〔丕大〕에서 〔天子〕까지

○ 正義曰：〔丕 大〕 ≪爾雅≫ 〈釋詁〉의 글이다.

〔歷數〕 天歷이 운행하는 數를 이르니, 帝王이 易姓하여 일어나기 때문에 “歷數는 天道를 이른다.”라고 말한 것이다. 鄭玄은 “歷數가 네 몸에 있다.”라는 것을 圖籙의 이름이 있는 것으로 여겼지만, 孔安國은 讖緯에 대한 말을 하지 않았으니, 뜻이 반드시 그렇지 않았을 것이고, 응당 큰 공이 이미 세워져서 백성들의 신망이 몰려왔을 것이니, 곧 이것이 天道가 몸에 있는 것이다. 〈釋詁〉에 元을 首의 뜻으로 풀이하였으니, 首는 몸의 큰 부위이다. ≪周易≫ 師卦 上六爻辭에 “大君이 命을 두어”라고 하였으니, 大君은 天子를 이른다.

【疏】 ○ 傳‘危則’至‘其中’ ○ 正義曰：居位則治民, 治民必須明道, 故戒之以‘人心惟危 道心惟微’. 道者經也, 物所從之路也. 因言人心, 遂云道心. 人心惟萬慮之主, 道心爲衆道之本. 立君所以安人, 人心危則難安. 安民必須明道, 道心微則難明. 將欲明道, 必須精心, 將欲安民, 必須一意, 故以戒精心一意. 又當信執其中, 然後可得明道以安民耳.

○ 傳의 〔危則〕에서 〔其中〕까지

○ 正義曰：王位에 있으면 백성을 다스리게 되고 백성을 다스리면 반드시 道를 밝혀야 한다. 그러므로 ‘人心惟危 道心惟微’를 가지고 경계한 것이다. 道는 經(길)의 뜻이니, 만물이 따라가는 길이다. 따라서 ‘人心’이라 이르고 결국 ‘道心’이라 일렀다. 人心은 온갖 思慮의 주체요, 道心은 모든 道의 근본이다. 임금을 세운 목적은 백성들을 편안케 하기 위한 것인데, 人心이 위태하면 편안하기 어렵다. 백성들을 편안케 하려면 반드시 道를 밝혀야 하는데, 道心이 은미하면 밝히기 어렵다. 장차 道를 밝히려 한다면 반드시 마음을 정세하게 살펴야 하고, 장차 백성들을 편안케 하려면 반드시 뜻을 전일하게 해야 하기

때문에 마음을 정세하게 살피고 뜻을 전일하게 하도록 경계한 것이다. 또 마땅히 진실로 그 中正의 도리를 가진 연후에야 道를 밝혀 백성들을 편안케 할 수 있는 것이다.

【疏】○ 傳'無考'至'聽用' ○ 正義曰：爲人之君, 不當妄用人言, 故又戒之. "無可考校之言, 謂無信驗, 不詢於衆人之謀, 謂專獨用意." 言無信驗, 是虛妄之言, 獨爲謀慮, 是偏見之說, 二者終必無成, 故戒令勿聽用也. '言'謂率意爲語, '謀'謂豫計前事, 故互文也.

○ 傳의 〔無考〕에서 〔聽用〕까지

○ 正義曰 : 임금이 되면 남의 말을 함부로 쓰지 않아야 한다. 그러므로 또 경계한 것이다. "상고함이 없는 말이란 信驗이 없음을 이르고, 여러 사람에게 물어보지 않은 謀慮란 단독으로 생각해서 결정함을 이른다."라고 하였으니, 信驗이 없는 말은 虛妄한 말이고, 독단으로 한 謀慮는 偏見의 說이니, 두 가지가 끝내 반드시 이루어짐이 없기 때문에 듣거나 쓰지 말라고 경계하신 것이다. 言은 뜻에 따라 말을 함을 이르고, 謀는 앞일을 미리 계획함을 이르기 때문에 互文으로 쓴 것이다.

【疏】○ 傳'民以'至'而立' ○ 正義曰：百(人)〔姓〕[1]無主, 不散則亂, 故'民以君爲命'. 君尊民畏之, 嫌其不愛, 故言愛也. 民賤君忽之, 嫌其不畏, 故言畏也.

1) (人)〔姓〕: 저본에는 '人'으로 되어 있으나, "毛本에 '姓'으로 되어 있다."라고 한 阮元의 校勘記에 의거하여 '姓'으로 바로잡았다.

○ 傳의 〔民以〕에서 〔而立〕까지

○ 正義曰 : 백성은 임금이 없을 경우, 흩어지지 않으면 혼란을 일으키기 때문에 '백성은 임금을 命으로 삼는 것'이다. 임금은 워낙 지위가 높은 분이라 백성이 두려워하므로 행여 임금을 사랑하지 않을까 혐의스럽기 때문에 愛자를 말한 것이다. 백성은 워낙 천한 존재라 임금이 경홀히 여기므로 행여 백성을 두려워하지 않을까 혐의스럽기 때문에 畏자를 말한 것이다.

【疏】○ 傳'有位'至'汝身' ○ 正義曰：上云 "汝終陟元后." 命升天位, 知其愼汝有位, 愼天子位也. 道德, 人之可願, 知可願者, 是道德之美也. 惟言'四海困窮', 不結言民之意, 必謂四海之內困窮之民, 令天子撫育之. 故知如王制所云'孤獨鰥寡'. 此四者, 天民之窮而無告者, 此是困窮者也. 言爲天子, 當愼天位, 修道德, 養窮民, 勤此三者, 則天之祿籍, 長終汝身. 祿謂福祿, 籍謂名籍, 言享大福, 保大名也.

○ 傳의 〔有位〕에서 〔汝身〕까지

○ 正義曰 : 위에서 "네가 결국 元后의 자리에 오를 것이다."라는 것은 天位에 오르도록 명한 것이니, '네가 소유할 임금의 자리를 신중히 지켜서'라고 한 것이 天子의 자리를 삼가는 것임을 안 것이다. 道德은 사람들이 원할 만한 것이니, 원할 만한 것이 道德의 아름다운 것임을 안 것이다. 오직 '四海困窮'만을 말하고 백성을 말한 뜻에 대해서는 매듭짓지 않았으며, 반드시 '사해 안의 곤궁한 백성'이라고 말해서 천자로 하여금 撫育하도록 하였다. 그러므로 ≪禮記≫ 〈王制〉에서 말한 '孤獨鰥寡'와 같은 이 네 부류가 天民 가운데 곤궁해서 호소할 데 없는 자들임을 아니, 이것이 곤궁한 자들이다. 天子가 되면 마땅히 天位를 삼가고, 道德을 닦고, 窮民을 양육해야 하니, 이 세 가지를 부지런히 하면 하늘의 祿籍이 네 몸에서 길이 마치리라고 말한 것이다. 祿은 福祿을 이르고, 籍은 名籍을 이르니, 큰 복을 누리고 큰 이름을 보전할 것이라고 말한 것이다.

【疏】 ○ 傳'好謂'至'於一' ○ 正義曰 : 昭二十八年左傳云"慶賞刑威曰君." 君出言有賞有刑. '出好', 謂愛人而出好言, 故爲賞善. '興戎', 謂疾人而動甲兵, 故謂伐惡. 易繫辭曰"言語[1]者, 君子之樞機, 樞機之發, 榮辱之主." 必當慮之於心, 然後宣之於口, 故成之於一而不可再. 帝言'我命汝升天位'者, 是慮而宣之, 此言故不可再.

1) 言語 : ≪周易≫에는 '言行'으로 되어 있다.

○ 傳의 〔好謂〕에서 〔於一〕까지

○ 正義曰 : ≪春秋≫ 昭公 28년 조의 ≪左氏傳≫에 "경사스러운 일에는 상을 주고, 형벌로 위엄을 보이는 것을 임금이라 한다."라고 하였으니, 임금이 발언을 함에 賞을 줄 경우도 있고 형벌을 줄 경우도 있다.

〔出好〕 사람을 사랑함에 좋은 말을 하기 때문에 '賞善'이라 이른 것이다.

〔興戎〕 사람을 미워함에 甲兵을 움직이기 때문에 '伐惡'이라 이른 것이다. ≪周易≫ 〈繫辭傳 上〉에 "言語는 君子의 樞機(중용한 부분)이니, 추기인 言語를 어떻게 발하느냐 하는 것이 榮·辱의 주체이다."라고 하였으니, 반드시 마음에 깊이 생각한 연후에 입에서 내놓아야 한다. 그러므로 단 한 번에 이루어지기 때문에 두 번 말할 필요가 없는 것이다. 帝舜이 '내가 너에게 天位에 오르도록 명한다.'라고 말한 것은 깊이 생각해서 말씀하신 것이니, 이렇게 말씀하셨기 때문에 더 말씀하지 않겠다는 것이다.

禹曰 枚卜功臣하사 **惟吉之從**하소서

禹가 말하였다. "功臣들을 일일이 거북점을 쳐보시고 결과가 좋은 사람 쪽을 따라서 〈帝位에 앉히소서.〉"

【傳】 枚는 謂歷卜之而從其吉이니 此禹讓之志라

枚는 〈여러 사람을〉 하나하나 거북점을 쳐보고 그 중 吉한 사람 쪽을 따르는 것을 이르니, 이는 禹가 사양하기 위한 뜻에서 한 말이다.

帝曰 禹아 **官占**은 **惟先蔽志**하고서 **昆命于元龜**하나니

帝舜이 말씀하셨다. "禹야. 官占은 먼저 뜻을 정하고 뒤에 큰 거북에게 명하는(물어보는) 것이니,

【傳】 帝王立卜占之官이라 故曰官占이라 蔽는 斷이요 昆은 後也라 官占之法은 先斷人志하고 後命於元龜니 言志定然後卜이라

帝王이 卜占을 치는 벼슬아치를 세웠기 때문에 '官占'이라고 한 것이다. 蔽는 斷의 뜻이요, 昆은 後의 뜻이다. 官占을 치는 방법은 먼저 사람의 뜻을 정하고 뒤에 큰 거북에게 吉凶을 물으니, 뜻이 정해진 연후에 거북점을 친다는 말이다.

朕志先定이어니와 **詢謀僉同**하며 **鬼神**이 **其依**하여 **龜筮協從**하니 **卜不習吉**이니라

짐의 뜻이 먼저 정해졌거니와, 사람들에게 의논하였더니 모두 의견이 같았으며, 귀신들도 〈짐의 뜻에〉 순종하여 거북점과 시초점이 똑같이 따랐으니, 점치는 법은 결과가 좋은 것을 거듭 점치지 않는 법이다."

【傳】 習은 因也라 然이나 已謀之於心하고 謀及卜筮하여 四者合從이니 卜不因吉이라 無所枚卜이라

習은 因의 뜻이다. 그러나 이미 마음에 계획이 정해져 있고 그 계획이 卜筮에까지 미쳐가서 네 가지가 모두 따랐으니, 점치는 법은 吉한 것을 거듭 점치지 않는 법이기 때문에 일일이 점칠 것이 없다.

禹拜稽首하여 固辭한대

禹가 절을 하고 나서 머리를 조아린 채 굳이 사양하자,

【傳】 再辭曰固라

재차 사양하는 것을 '固'라고 한다.

帝曰 毋하라 惟汝아 諧니라

帝舜이 말씀하셨다. "그러지 말라. 오직 너만이 〈제왕의 직임에〉 잘 어울린다."

【傳】 言毋는 所以禁其辭라 禹有大功德이라 故로 能諧和元后之任이라

毋라고 말함은 그의 固辭를 금지하기 위한 것이다. 禹에게 큰 功德이 있기 때문에 元后의 직임에 잘 어울린다는 것이다.

【疏】 '禹曰'至'汝諧' ○正義曰：禹以讓而不許, 更請帝曰 "每以一枚歷卜功臣, 惟吉之人, 從而受之." 帝曰 "禹, 卜官之占, 惟能先斷人志, 後乃命其大龜. 我授汝之志, 先以定矣, 又詢於衆人, 其謀又皆同美矣. 我後謀及鬼神, 加之卜筮, 鬼神其依我矣, 龜筮復合從矣. 卜法, 不得因前之吉更復卜之, 不須復卜也." 禹猶拜而後稽首, 固辭. 帝曰 "毋." 毋者, 禁止其辭也. "惟汝能諧和此元后之任, 汝宜受之."

經의 〔禹曰〕에서 〔汝諧〕까지

○正義曰：禹가 사양했는데도 허락을 얻지 못하자, 다시 帝舜에게 청하기를 "매양 하나하나 두루 功臣들을 점쳐 보시고 오직 결과가 좋은 사람 쪽을 따라서 받아들여 〈帝位에 앉히〉소서."라고 하니, 帝舜이 말씀하기를 "禹야. 卜官의 점은 먼저 사람의 뜻을 정하고 나서 곧 큰 거북에게 명하는 것이다. 내가 너에게 줄 뜻이 먼저 정해졌거니와, 또 사람들에게 의논하였더니 그들의 의견도 모두 일치하였다. 나는 뒤에 귀신들에까지도 상의하고 거북점과 시초점을 쳐보았는데, 귀신들도 나를 따르고 거북점과 시초점도 다시 모두 나를 따랐느니라. 점치는 법은 결과가 좋은 것을 거듭하여 다시 점치지 않는 법이니, 다시 점을 칠 필요가 없다."라고 하셨다.

禹는 그래도 절을 하고 나서 머리를 조아리며 굳이 사양하였다. 그러자 帝舜은 "그러지 말라."라고 하였으니, 그러지 말라는 것은 사양을 금지시킨 것이다. 또 "오직 너만이

이 元后(제왕)의 직임에 잘 어울리니, 네가 마땅히 받아야 한다."라고 하셨다.

【疏】○傳'枚謂'至'之志' ○正義曰：周禮有銜枚氏, 所銜之物, 狀如箸. 今人數物云一枚・兩枚, 則枚是籌之名也. '枚卜', 謂人人以次歷申卜之, 似(老)〔若〕[1]枚數然. 然請卜不請筮者, 擧(動)〔重〕[2]也.

1) (老)〔若〕: 저본에는 '老'로 되어 있으나, 福建本・汲古閣本・武英殿本・薈要本에 의거하여 '若'으로 바로잡았다.

2) (動)〔重〕: 저본에는 '動'으로 되어 있으나, 福建本・汲古閣本・武英殿本・薈要本에 의거하여 '重'으로 바로잡았다.

○傳의 〔枚謂〕에서 〔之志〕까지

○正義曰：≪周禮≫ 〈秋官 司寇〉에 '銜枚氏'란 것이 있으니, 입에 무는 물건인데 모양이 젓가락과 같다. 오늘날 사람들이 물건을 셀 때 '한 매', '두 매'하고 세는데, '枚'는 바로 산가지의 이름이다.

〔枚卜〕 사람들을 차례대로 하나하나 거듭 점치는 것을 마치 산가지로 셈하듯이 함을 이른다. 그러나 거북점 치기를 청하고 시초점 치기를 청하지 않은 것은 중요한 쪽을 든 것이다.

【疏】○傳'帝王'至'後卜' ○正義曰：占是卜人之占, 而云'官占'者, 帝王立卜筮之官, 故曰'官占'. 洪範稽疑云"擇建立卜筮人." 是帝王立卜筮之官. 周禮司寇斷獄爲蔽獄, 是蔽爲斷也. '昆 後', 釋言文. '官占之法 先斷人志 後命元龜', 言志定然後卜也. 洪範云"汝則有大疑, 謀及乃心, 謀乃卿士, 謀及庶人." 是先斷人志, 乃云"謀及卜筮." 是後命元龜. 元龜, 謂大龜也.

○傳의 〔帝王〕에서 〔後卜〕까지

○正義曰：占은 바로 卜人의 占인데, '官占'이라 한 것은 帝王이 卜筮의 관원을 세웠기 때문에 官占이라 한 것이다. 〈洪範〉의 稽疑에 "거북점과 시초점 치는 사람을 골라 세운다."라고 하였으니, 이는 帝王이 卜筮의 관원을 세운 것이다. ≪周禮≫ 〈秋官 士師〉에 司寇가 斷獄하는 것을 蔽獄이라고 하였기 때문에 여기의 蔽가 斷의 뜻을 가지게 된 것이다.

〔昆 後〕 ≪爾雅≫ 〈釋言〉의 글이다.

〔官占之法 先斷人志 後命元龜〕 뜻이 정해진 연후에 거북점을 치는 것을 말한다. 〈洪

範〉에 "당신에게 큰 의문이 있거든 당신의 마음에 물어보고 당신의 卿士에게 물어보고 여러 사람에게 물어보시오."라고 한 것은 '先斷人志(먼저 사람의 뜻을 정한다.)'이고, "거북점과 시초점을 치십시오."라고 한 것은 '後命元龜(뒤에 원귀에게 물어본다.)'이다. 元龜는 큰 거북을 이른다.

【疏】○傳'習因'至'枚(上)〔卜〕[1)]' ○正義曰：表記云 "卜筮不相襲." 鄭云 "襲, 因也." 然則習與襲同. 重衣謂之襲. 習是後因前, 故爲因也. '朕志先定', 言已謀之於心. '龜筮協從', 是謀及卜筮. 經言'詢謀僉同', 謀及卿士・庶人, 謀皆同心. '鬼神其依', 卽是龜筮之事. 卜筮通鬼神之意, 故言'鬼神其依, 龜筮協從', 謂卜得吉, 是依從也. 志先定也, 謀僉同也, 鬼神依也, 龜筮從也, 四者合從, 然後命汝. 卜法不得因吉, 無所復枚卜也. 如帝此言, 旣謀旣卜, 方始命禹, 仍請枚卜者, 帝與朝臣私謀私卜, 將欲命禹. 禹不預謀, 故不在, 更請卜也.

1) (上)〔卜〕: 저본에는 '上'으로 되어 있으나, 孔安國의 傳文에 의거하여 '卜'으로 바로잡았다.

○ 傳의 〔習因〕에서 〔枚卜〕까지

○ 正義曰 : ≪禮記≫ 〈表記〉에 "거북점과 시초점은 서로 중복해서 치지 않는다."라고 하였는데, 鄭玄은 "襲은 因의 뜻이다."라고 하였다. 그렇다면 習은 襲과 같은 글자이다. 옷을 껴입는 것을 '襲'이라 한다. 習은 뒤의 것이 앞의 것을 따른다는 뜻을 가졌기 때문에 因의 뜻이 된다.

'朕志先定'은 이미 마음에 물어본 것을 말한다. '龜筮協從'은 거북점과 시초점에 물어본 것이다. 經文에서 말한 '詢謀僉同'은 卿士와 庶人에게 의논하니 의견이 모두 동일하였다는 것이다. '鬼神其依'는 곧 거북점과 시초점을 치는 일이다. 거북점과 시초점이 귀신의 뜻에 통했기 때문에 '鬼神其依 龜筮協從(귀신들도 〈짐의 뜻에〉 순종하여 거북점과 시초점이 똑같이 따랐다.)'이라고 말한 것이니, 점쳐서 길한 점괘를 얻은 것을 '순종했다', '따랐다'고 이른 것이다. 뜻이 먼저 정해졌고, 의견이 모두 동일했고, 귀신이 순종했고, 거북점과 시초점이 따랐으니, 네 가지가 모두 따른 연후에 너에게 명한 것이다. 점치는 법은 결과가 좋은 것을 거듭 점치지 않는 법이니, 다시 枚卜할 것이 없다.

帝舜의 이 말씀과 같다면 이미 의논을 하고 이미 거북점을 쳐서 〈좋은 결과에 따라〉 비로소 禹에게 명한 것이건만, 그런데도 禹가 枚卜을 청한 것은 帝舜과 朝臣들이 사적으로 의논하고 사적으로 거북점을 쳐서 장차 禹에게 명하려고 하였기 때문이다. 禹가 그 의논에 참여하지 못했기 때문에 그 자리에 없었으므로 다시 거북점을 쳐보기를 청한 것이다.

【疏】 ○ 傳'言毋'至'之任' ○ 正義曰：說文云"毋, 止之也." 其字從女, 內有一畫, 象有姦之者, 禁止令勿姦也. 古人言毋, 猶今人言莫. 是言毋者, 所以禁其辭, 令勿辭.

○ 傳의 〔言毋〕에서 〔之任〕까지

○ 正義曰：≪說文解字≫에 "毋는 금지함이다."라고 하였다. 그 글자가 女로 이루어지고 안에 한 획이 있어 姦이 있는 모양이니 금지하여 간사한 짓을 하지 말도록 한다는 뜻이 담겨있다. 옛날 사람이 '毋'라고 말한 것은 오늘날 사람이 '莫'이라고 말하는 것과 같다. 毋라고 말한 것은 그의 固辭를 금지하기 위한 것이니, 사양하지 말도록 한 것이다.

正月朔旦에 受命于神宗하사

正月 초하루 아침에 神宗의 사당에서 명을 받아

【傳】 受舜終事之命이라 神宗은 文祖之宗廟니 言神은 尊之라

舜임금의 일을 마무리하는 命을 받은 것이다. 神宗은 文祖의 宗廟이니 '神'이라 말함은 높인 것이다.

率百官하시되 若帝之初[1)]하시다

1) 若帝之初：蔡傳에서는 若을 如(같음)의 뜻으로 보아 "그 禮를 한결같이 帝舜이 처음 帝堯가 끝마친 帝位을 받았을 때 했던 일들과 같이 한 것이다.〔其禮一如帝舜受終之初等事〕"라고 풀이하였다.

百官을 통솔하시되 帝舜이 처음 제왕의 일을 맡으실 적 고사를 따르셨다.

【傳】 順舜初攝帝位故事하여 奉行之라

舜임금이 처음에 帝位를 섭행한 故事를 따라 奉行하였다는 것이다.

【疏】 '正月'至'之初' ○ 正義曰：舜卽政三十三年, 命禹代己, 禹辭不獲免. 乃以明年正月朔旦, 受終事之命於舜神靈之宗廟, 總率百官. '順帝之初攝故事', 言與舜受禪之初, 其事悉皆同也. 此年舜卽政三十四年, 九十六也.

經의 〔正月〕에서 〔之初〕까지

○ 正義曰 : 舜임금이 卽政(卽位)하신 지 33년 만에 禹에게 명하여 자기를 대신하도록 하시니, 禹는 아무리 사양해도 모면할 수 없었다. 그래서 명년 정월 초하루 아침에 일을 마무리하는 命을 舜임금의 神靈을 모신 宗廟에서 받아, 百官을 모두 거느리셨다.

〔順帝之初攝故事〕 舜임금이 禪讓을 받은 초기와 그 일이 모두 동일하였음을 말한 것이다. 이 해는 舜임금이 卽政하신 지 34년만이고, 96세셨다.

【疏】 ○ 傳'受舜'至'尊之' ○ 正義曰 : 舜典說舜之初受終于文祖, 此言'若帝之初', 知受命卽是'〔受〕[1)]舜終事之命'也. 神宗猶彼文祖, 故云'文祖之宗廟'. '文祖'言祖有文德, '神宗'言神而尊之, 名異而實同. 神宗當〔爲〕[2)]舜之始祖. 案帝(嚳)〔繫〕[3)]云 "黃帝生昌意, 昌意生顓頊, 顓頊生窮蟬, 窮蟬生敬康, 敬康生句芒, 句芒生蟜牛, 蟜牛生瞽瞍, 瞽瞍生舜." 卽是舜有七廟, 黃帝爲始祖, 其顓頊與窮蟬爲二祧, 敬康・句芒・蟜牛・瞽瞍爲親廟, 則文祖爲黃帝顓頊之等也.

1) 〔受〕: 저본에는 없으나, 孔安國의 傳文에 의거하여 보충하였다.
2) 〔爲〕: 저본에는 없으나, 文義에 의거하여 보충하였다.
3) (嚳)〔繫〕: 저본에는 '嚳'으로 되어 있으나, 福建本・汲古閣本・武英殿本・薈要本에 의거하여 '繫'로 바로잡았다.

○ 傳의 〔受舜〕에서 〔尊之〕까지

○ 正義曰 : 〈舜典〉에서 舜임금이 처음에 〈堯임금이〉 마무리한 帝位를 文祖에서 인수받았음을 설명하였고, 여기에서 "帝舜이 처음 제왕의 일을 맡으실 적 고사를 따르셨다."라고 말하였으니, '受命'이 곧 '舜이 일을 마무리한 命을 받았다.'라는 점을 안 것이다. 神宗은 저기의 文祖와 같기 때문에 '文祖의 宗廟'라고 한 것이다.

'文祖'는 文德이 있는 조상을 말하고 '神宗'은 신이하여 존중함을 말하니, 이름은 다르나 실상은 동일하다. 神宗은 응당 舜임금의 始祖일 것이다. 살펴보면 ≪大戴禮≫ 〈帝繫〉에 "黃帝는 昌意를 낳고, 昌意는 顓頊을 낳고, 顓頊은 窮蟬을 낳고, 窮蟬은 敬康을 낳고, 敬康은 句芒을 낳고, 句芒은 蟜牛를 낳고, 蟜牛는 瞽瞍를 낳고, 瞽瞍는 舜을 낳았다."라고 하였다. 곧 舜임금에게는 7廟가 있으니, 黃帝는 始祖가 되고, 그 중 顓頊과 窮

蟬은 2祧가 되며, 敬康·句芒·蟜牛·瞽瞍는 親廟가 되니, 文祖는 黃帝와 顓頊 등이 될 것이다.

【疏】 ○ 傳'順舜'至'行之' ○ 正義曰 : '若', 不得爲如也. 舜典巡守之事, 言如初者, 皆言如, 不言若, 知此若爲順也. 順舜初攝帝位故事而(盡)〔奉〕[1]行之, 其奉行者, 當如舜典在璿璣以下, 班瑞群后以上也. 其巡守非率百官之事, 舜尙自爲陟方, 禹攝帝位, 未得巡守. 此是舜史所錄, 以爲虞書, 故言順帝之初, 奉行帝之(事故)〔故事〕[2], 自美禪之得人也.

1) (盡)〔奉〕 : 저본에는 '盡'으로 되어 있으나, 福建本·汲古閣本·武英殿本·薈要本에 의거하여 '奉'으로 바로잡았다.
2) (事故)〔故事〕 : 저본에는 '事故'로 되어 있으나, "浦鏜이 '故事가 잘못 도치되었다.'라고 하였다." 한 阮元의 校勘記에 의거하여 '故事'로 바로잡았다.

○ 傳의 〔順舜〕에서 〔行之〕까지

○ 正義曰 : '若'은 如의 뜻이 될 수 없다. 〈舜典〉에서 巡守의 일에 대하여 '如初(처음에 행한 禮와 동일하게 하였다.)'라고 말할 경우는 모두 如자를 말하고, 若자를 말하지 않았으니, 여기서 若자가 順자의 뜻임을 알 수 있다. 舜임금이 처음에 帝位를 섭행하던 故事를 따라 奉行하였으니, 봉행한 것은 당연히 〈舜典〉의 '在璿璣(선기를 살펴보다.)' 이하, '班瑞群后(瑞玉을 여러 제후에게 돌려주셨다.)' 이상과 같은 일이었을 것이다. 巡守는 百官을 거느리는 일이 아니니, 舜임금이 오히려 스스로 길에 올라 〈남방을 巡守하였고〉 禹는 帝位를 섭행하느라, 巡守할 수 없었을 것이다. 이것은 舜임금의 史官이 기록한 바로서 〈虞書〉를 삼았기 때문에 帝舜이 처음 제왕의 일을 맡았을 때를 따라 帝舜의 故事를 奉行한 것을 말하여 스스로 선양에 적격한 사람을 얻은 일을 아름답게 여긴 것이다.

帝曰 咨禹아 惟時有苗弗率하나니 汝徂征[1]하라

1) 帝曰……汝徂征 : 林之奇는 ≪尙書全解≫에서 "堯임금이 늙어서 舜이 섭정한 기간이 28년이었고, 舜임금이 늙어서 禹가 섭정한 기간이 17년이었는데, 섭정의 자리에 앉아서 정치상의 모든 일들을 대신하여 총괄하였지만, 堯와 舜은 여전히 天子였다. 그러므로 국가에 대사가 있을 경우에는 아직도 堯와 舜에게 여쭈었던 것이다. 禹가 有苗를 정벌한 시기는 대개 섭위한 뒤인데도 舜에게 여쭈었고, 禹가 감히 자기 마음대로 하지 못하였으니, 有苗를 정벌한 일로 미루어 보면 舜이 四凶을 주벌할 때에도 반드시 堯에게 여쭈었으리라는

것은 의심할 나위가 없다."라고 하였다.

帝舜이 말씀하셨다. "아, 禹야. 오직 이 有苗만이 따르지 않고 있으니, 너는 가서 그들을 정벌하라."

【傳】 三苗之民이 數(삭)干王(誅)〔法〕[1]이라 率은 循이요 徂는 往也라 不循(帝)〔常〕[2]道는 言亂逆이니 命禹討之라

1) (誅)〔法〕: 저본에는 '誅'로 되어 있으나, 四庫本에 의거하여 '法'으로 바로잡았다.
2) (帝)〔常〕: 저본에는 '帝'로 되어 있으나, 四庫本에 의거하여 '常'으로 바로잡았다.

三苗의 백성이 자주 王法을 범하였다. 率은 循의 뜻이요, 徂는 往의 뜻이다. 常道를 따르지 않음은 亂逆을 말하니, 禹에게 명하여 토벌하게 하신 것이다.

禹乃會群后하여 **誓于師曰 濟濟有衆**아 **咸聽朕命**하라

禹가 곧 여러 제후를 모아놓고 군사들에게 맹세하였다. "여러 장사들아. 모두 나의 명령을 들어라.

【傳】 會諸侯共伐有苗라 軍旅曰誓라 濟濟는 衆盛之貌라

諸侯를 모아 함께 有苗를 토벌하였다. 軍旅에게 맹세하는 것을 '誓'라고 한다. 濟濟는 많은 모양이다.

蠢茲有苗 昏迷不恭하여

무지한 有苗의 君長은 혼미하고 불공하여

【傳】 蠢은 動이요 昏은 暗也라 言其所以宜討之라

蠢은 動의 뜻이요, 昏은 暗의 뜻이다. 마땅히 토벌해야 할 이유를 말한 것이다.

侮慢自賢하며 **反道敗德**하여

先王을 업신여기고 典教를 경홀히 하고 스스로 현명한 체하며, 道를 어기고 德을 무너뜨려

【傳】狎侮先王하고 輕慢典教하며 反正道하고 敗德義라

先王을 업신여기고 典教를 경홀히 하며 正道를 뒤집고 德義를 패망하였다.

君子在野하고 小人在位라

군자는 초야에 묻혀있고 소인은 높은 자리에 올라 있다.

【傳】廢仁賢하고 任姦佞이라

仁賢한 사람을 폐하고 姦佞한 사람을 임용하였다.

民棄不保하니 天降之咎[1]하실새

1) 民棄不保 天降之咎 : 蔡傳에서는 두 句를 묶어서 '民怨天怒(백성이 원망하고 하늘이 노여워함)'라고만 풀이하였다.

백성들은 〈君長을〉 버리고 〈군장은〉 백성들을 보호하지 않으니, 하늘이 재앙을 내리셨기 때문에,

【傳】言民叛하니 天災之라

백성이 배반하니 하늘이 재앙을 내렸다고 말한 것이다.

肆予以爾衆士로 奉辭(罰)〔伐〕[1]罪하노니

1) (罰)〔伐〕 : 저본에는 '罰'로 되어 있으나, 四庫本에 의거하여 '伐'로 바로잡았다.

그러므로 내가 너희 여러 장사와 함께 〈황제의 말씀을〉 받들어 죄인을 정벌하려 하노니,

【傳】肆는 故也라 辭는 謂不恭이요 罪는 謂侮慢以下事라

肆는 故(그러므로)의 뜻이다. 辭는 不恭을 이르고, 罪는 '侮慢' 이하의 일들을 이른다.

爾尙[1]一乃心力하야 其克有勳하라

1) 尙 : 당부하거나 기대하는 뜻으로 쓰인 경우는 孔傳과 孔疏에서 모두 庶幾로 풀이하였다.

너희들은 부디 너희 마음과 힘을 하나로 뭉쳐 승리의 공을 세우도록 하라."

【傳】 尙은 庶幾라 一汝心力하여 以從我命이라

尙은 庶幾(부디)의 뜻이다. 너희 마음과 힘을 하나로 뭉쳐 나의 명을 따르라는 것이다.

【疏】 '帝曰咨' 至 '有勳' ○ 正義曰 : 史言 "禹雖攝位, 帝尊如故, 時有苗國不順, 帝曰 '咨嗟, 汝禹. 惟時有苗之國不循帝道, 汝往征之.' 禹得帝命, 乃會群臣諸侯, 告誓於衆曰 '濟濟美盛之有衆, 皆聽從我命. 今蠢蠢然動而不遜者, 是此有苗之君. 昏闇迷惑, 不恭敬王命, 侮慢衆常, 自以爲賢, 反戾正道, 敗壞德義, 君子在野, 小人在位. 由此民棄叛之, 不保其有衆, 上天降之殃咎. 故我以爾衆士, 奉此譴責之辭, 伐彼有罪之國, 汝等庶幾同心盡力, 以從我命, 其必能有大功勳, 不可懈惰.'"

經의 〔帝曰咨〕에서 〔有勳〕까지

○ 正義曰 : 史官이 다음과 같이 말하였다. "禹가 비록 攝位했지만, 帝舜의 지존은 여전했기 때문에 이 有苗國이 순종하지 않자, 帝舜이 말씀하기를 '아, 너 禹야. 오직 이 有苗國만이 帝道를 따르지 않고 있으니, 너는 가서 그들을 정벌하라.'고 하셨다. 禹가 帝舜의 명을 받아 이에 群臣과 諸侯를 모아놓고 군사들에게 고하여 맹세하기를 '훌륭한 여러 장사들은 모두 나의 명령을 들어라. 지금 준동하여 불손하게 구는 자는 바로 有苗의 군장이다. 그는 昏闇하고 迷惑하여 王命을 공경하지 않고 여러 典常을 업신여기고 스스로 어진 체하며, 正道를 뒤집고 德義를 무너뜨려, 군자는 초야에 묻혀있고 소인은 높은 자리에 올라 있다. 이로 말미암아 백성들은 그 군장을 버려 배반하고 군장은 그 백성들을 보호하지 않으니, 하늘이 재앙을 내리셨다. 그러므로 내가 너희 여러 장사와 함께 황제의 譴責하신 말씀을 받들어 저 유죄한 나라를 정벌하려 하노니, 너희들은 부디 마음을 합하고 힘을 다하여 나의 명령을 따라 반드시 큰 공훈을 차지하되 게을리해서는 안 된다.'라고 하셨다."

【疏】 ○ 傳 '三苗' 至 '討之' ○ 正義曰 : 呂刑稱 '苗民作五虐之刑, 皇帝遏絶苗民, 無世在下.' 謂堯初誅三苗. 舜典云 "竄三苗于三危." 謂舜居攝之時投竄之也. 舜典又云 "庶績咸熙, 分北(배)三苗." 謂舜卽位之後, 往徙三苗也. 今復不率命, 命禹徂征, 是三苗之民, 數(삭)干王(誅)〔法〕[1]之事. 禹率衆征之, 猶尙逆命. 卽三苗是諸侯之君, 而謂之民者, 以

其頑愚, 號之爲民. 呂刑云 '苗民弗用靈', 是謂爲民也. 呂刑稱堯誅三苗云 "無世在下." 而得有苗國歷代常存者, '無世在下', 謂誅叛者, 絶後世耳. 蓋不滅其國, 又立其近親, 紹其先祖. 鯀旣殛死於羽山, 禹乃代爲崇伯, 三苗亦竄其身而存其國. 故舜時有被宥者, 復不從化, 更分北流之. 下傳云 "三苗之國, 左洞庭, 右彭蠡." 其國在南方. 蓋分北之時, 使爲南國君, 今復不率帝道. '率 循'・'徂 往', 皆釋詁文. 不循常道, 言其亂逆, 以其亂逆, 故命禹討之. 案舜典 皆言舜受終之後, 萬事皆舜主之. 舜自巡守, 不稟堯命. 此言'若帝之初', 其事亦應同矣, 而此言命禹征苗, 舜復陟方乃死, 與舜受堯禪事不同者, 以題曰虞書, 卽舜史所錄, 明其詳於舜事, 略於堯・禹也.

1) (誅)〔法〕: 저본에는 '誅'로 되어 있으나, 孔安國의 傳文에 의거하여 '法'으로 바로잡았다.

○ 傳의 〔三苗〕에서 〔討之〕까지

○ 正義曰 : 〈呂刑〉에서 칭한 '苗民이 다섯 종류의 포학한 형벌을 만들〈어 무고한 자들을 해치〉자, 皇帝(堯)께서 苗民(苗君)을 멸절하여 지위를 세습하여 下國에 있지 못하게 하셨느니라."고 함은 堯임금이 처음 三苗를 誅伐했던 일을 이른 것이다. 〈舜典〉에서 "三苗를 三危에 竄配했다."라고 함은 舜이 攝政할 때 投竄한 것을 이른다. 〈舜典〉에서 또 "여러 공적이 넓어졌는데, 三苗를 구분해서 유배시키셨다."라고 함은 舜이 즉위한 뒤에 가서 三苗를 이주시킨 일을 이른 것이다. 지금 다시 〈三苗가〉 명을 따르지 않으므로 禹에게 명하여 가서 정벌하도록 하였으니, 三苗의 백성이 자주 王法을 범한 일들이다. 禹가 군사를 거느리고 가서 정벌하였으나 아직도 여전히 명을 거역하고 있었다.

三苗는 바로 諸侯로서 임금인데 '백성'이라 이른 것은 그가 미련하고 어리석기 때문에 그를 불러 백성이라 한 것이다. 〈呂刑〉에 '苗民弗用靈(苗民(苗君)이 좋은 제도를 써서 刑法을 만들지 않고)'이라고 하였으니, 〈임금을〉 '백성'이라 이른 것이다. 〈呂刑〉에서 堯임금이 三苗를 誅伐한 일을 일컬어 "지위를 세습하여 下國에 있지 못하게 했다."라고 하였으나 有苗國은 역대로 항상 존재하였으니, '지위를 세습하여 下國에 있지 못하게 했다.'는 것은 반란자만을 주벌하여 후세를 잘라버렸을 뿐임을 이른 것이다. 아마 그 나라는 없애버리지 않고 또다시 그 近親을 세워서 그 先祖를 계승시켰던 것이리라. 鯀을 羽山에서 殛死한 뒤에 禹를 곧 대신해서 崇伯으로 삼았으니, 三苗 또한 그 당사자만 竄配하고 그 나라는 존치시켰던 것이다. 그러므로 舜임금 때에 용서받은 자가 있었는데, 그가 다시 교화를 따르지 않으므로 또다시 구분해서 유배시켰던 것이다.

뒷부분의 孔傳에서 "三苗國은 洞庭이 왼쪽에 있고, 彭蠡가 오른쪽에 있다."라고 하였으니, 그 나라가 남방에 자리 잡고 있었을 것이다. 아마 구분해서 유배시킬 때에 그로 하여금 南國의 임금이 되게 하였는데, 지금 다시 帝道를 따르지 않은 것이리라.

〔率 循〕·〔徂 往〕 모두 ≪爾雅≫ 〈釋詁〉의 글이다. 常道를 따르지 않음은 그들이 亂逆함을 말하니, 그들이 亂逆하기 때문에 禹에게 명하여 토벌하게 한 것이다.

살펴보면 〈舜典〉에서 모두 舜이 〈堯임금이〉 마무리한 帝位를 받은 뒤에는 모든 일을 다 舜이 주관한 것으로 말하였으니, 舜이 스스로 巡守를 하고, 堯의 명을 받지 않았다. 여기서 "帝舜이 처음 제왕의 일을 맡으실 적 고사를 따르셨다."라고 말하였으니, 그 일이 또한 응당 동일하였을 터인데, 여기서는 '禹에게 명하여 苗를 정벌하게 했다.'라 하고, "舜이 다시 巡守 길에 올라 〈蒼梧에서〉 작고하셨다."라고 하여 舜이 堯임금에게 선양을 받은 일과 동일하지 않은 것은, 제목이 '虞書'이니 곧 舜의 史官이 기록한 바로서 舜의 일에는 자상하게, 堯와 禹의 일에는 소략하게 함을 분명하게 하였기 때문이다.

【疏】 ○ 傳'會諸' 至'之貌' ○ 正義曰 : '軍衆曰誓', 曲禮文[1]也. 隱八年穀梁傳曰 "誥誓[2]不及五帝[3], 盟詛不及三王[4], 交質不及二伯(패)." 二伯, 謂齊桓公·晉文公也. '不及'者, 言於時未有也. 據此文[5], 五帝之世有誓, 周禮立司盟之官, 三王之世有盟也. 左傳云 "平王與鄭交質." 二伯之前有質也. 穀梁傳漢初始作, 不見經文, 妄言之耳. 美軍衆而言濟濟, 知是衆盛之貌.

1) 軍衆曰誓 曲禮文 : ≪禮記≫ 〈曲禮 下〉에 "말로써 믿음을 약속하는 것을 '誓'라 하고, 牲에 임하는 것을 '盟'이라 한다.〔約信曰誓 涖牲曰盟〕"라고 하였다.
2) 誥誓 : ≪尙書≫의 六誓(甘誓·湯誓·牧誓·泰誓·費誓·秦誓)와 七誥(湯誥·大誥·康誥·酒誥·召誥·洛誥·康王之誥)를 가리킨다.
3) 五帝 : 孔安國은 少昊·顓頊·高辛·堯·舜을, 鄭玄은 黃帝·顓頊·高辛·堯·舜을 꼽았다.
4) 三王 : 夏·殷·周를 가리킨다. 夏后 때에는 鈞臺享, 商 湯王 때에는 景亳命, 周 武王 때에는 盟津會가 있었으나 모두 믿었기 때문에 盟詛하지 않았다.
5) 此文 : ≪春秋穀梁傳≫의 말을 가리킨다.

○ 傳의 〔會諸〕에서 〔之貌〕까지

○ 正義曰 : 軍衆에게 맹세함을 '誓'라고 한 것은 ≪禮記≫ 〈曲禮〉의 글이다. ≪春秋≫ 隱公 8년 조의 ≪穀梁傳≫에 "誥誓하는 일이 五帝시대에는 없었고, 盟詛하는 일이 三王

시대에는 없었고, 交質(아들을 볼모잡는 일)하는 일이 二伯 시대에는 없었다."라고 하였다. '二伯'는 齊 桓公과 晉 文公을 이른다. '不及'은 그 시대에 있지 않았음을 말한 것이다. 이 글에 의거하면 五帝의 세대에 맹세하는 일이 있었고, ≪周禮≫에 盟約을 맡은 벼슬아치를 세웠으니, 三王 세대에 맹약하는 일이 있었다. 그리고 ≪春秋左氏傳≫에 "平王이 鄭나라와 서로 아들을 볼모잡았다."라고 하였으니, 二伯 이전에 아들을 볼모잡은 일이 있었다. ≪春秋穀梁傳≫은 漢初에 비로소 나왔고, 經文에 보이지 않으니, 妄言일 뿐이다. 軍衆을 아름답게 여기어 '濟濟'라고 말하였기 때문에 濟濟가 衆盛의 모양임을 안 것이다.

【疏】 ○ 傳'蠢動'至'討之' ○ 正義曰 : '蠢 動', 釋詁文. 釋訓云 "蠢, 不遜也." 郭璞云 "蠢動爲惡, 不謙遜也." 日入爲昏, 是爲闇也. 動爲惡而闇於事, 言其所以宜討之.

○ 傳의 〔蠢動〕에서 〔討之〕까지

○ 正義曰 : 〔蠢 動〕 ≪爾雅≫ 〈釋詁〉의 글이다. 〈釋訓〉에 "蠢은 不遜의 뜻이다."라 하였고, 郭璞은 "함부로 날뛰며 악한 짓을 하므로 겸손하지 않은 것이다."라고 하였다. 해가 지면 어둡기 때문에 '闇'이라고 한 것이다. 동요하여 악한 짓을 하고 일에 혼암했기 때문에 '마땅히 토벌해야 할 이유를 말한 것'이라고 한 것이다.

【疏】 ○ 傳'狎侮'至'德義' ○ 正義曰 : 侮謂輕人身, 慢謂忽言語, 故爲"狎侮先王, 輕慢(興)〔典〕[1]敎." 侮・慢義同, 因有二字而分釋之. 論語云 "狎大人, 侮聖人之言." 則狎・侮爲異. 旅獒云 "狎侮君子." 則狎・侮意亦同. 鄭玄云 "狎, 慣忽也." 慣見而忽之, 是侮之義. 傳取狎・侮連言之. 慢先王(興)〔典〕敎, 自謂己賢, 不知先王訓敎. 道者, 物所由之路, 德謂自得於心. 反正道, 從邪徑, 敗德義, 毁正行也.

1) (興)〔典〕 : 저본에는 '興'으로 되어 있으나, 四庫本에 의거하여 '典'으로 바로잡았다. 아래도 같다.

○ 傳의 〔狎侮〕에서 〔德義〕까지

○ 正義曰 : 侮는 人身을 경멸함을 이르고, 慢은 言語를 경홀히 함을 이르기 때문에 "先王을 업신여기고 典敎를 경홀히 했다."라고 한 것이다. 侮와 慢은 뜻이 같으나 두 글자가 있음으로 인하여 나누어서 해석한 것이다. ≪論語≫ 〈季氏〉에는 "대인을 가벼이 여기며, 성인의 말씀을 업신여긴다."라고 하였으니, 狎과 侮가 다른 뜻으로 쓰였고, 〈旅獒〉에는 "君子를 狎侮한다."라고 하였으니, 狎과 侮가 또한 동일한 뜻으로 쓰였다. 鄭玄은 "狎은

慣忽(임의롭게 보아 존경하지 않고 경홀히 대함)의 뜻이다."라고 하였으니, 임의롭게 보아 경홀히 하는 것이 侮의 뜻이다. 傳에서는 狎과 侮의 뜻을 취해서 연달아 말한 것이다. 先王의 典敎를 경홀히 하고 스스로 자기가 어질다고 생각하니, 先王의 訓敎를 모르는 것이다. 道는 만물이 경유하는 길이고, 德은 스스로 마음에 얻음을 이른다. 正道를 배반하고 邪徑을 따르며, 德義를 패괴하고 正行을 훼멸하는 것이다.

【疏】○傳'廢仁賢 任姦佞' ○正義曰：雖則下愚之君, 皆云好賢疾佞, 非知賢而廢之, 知佞而任之. 但愚人所好, 必同於民, 賢求其心, 佞從其欲, 以賢爲惡, 謂佞爲善, 故仁賢見廢, 姦佞被任, 此則昏迷之狀也.

○傳의〔廢仁賢 任姦佞〕

○正義曰：아무리 어리석은 임금이라도 모두 어진 사람을 좋아하고 아첨하는 사람을 미워한다고 하니, 어진 줄 알면서 폐기하고 아첨하는 줄 알면서 임용하는 것은 아니다. 다만 어리석은 사람이 좋아하는 것은 꼭 일반 백성과 같아서, 어진 이는 그 마음을 구하고 아첨하는 사람은 그 욕심을 따를 경우, 어진 이를 악하다 하고 아첨하는 사람을 착하다고 여기기 때문에 仁賢한 사람이 폐기 당하고 姦佞한 사람이 임용되니, 이는 昏迷한 현상이다.

【疏】○傳'肆故'至'下事' ○正義曰：'肆 故', 釋詁文. 所奉之辭, 卽所伐之罪, 但天子責其不恭, 數其身罪, 因其文異而分之.

○傳의〔肆故〕에서〔下事〕까지

○正義曰：〔肆 故〕≪爾雅≫〈釋詁〉의 글이다. 받든 바의 말은 바로 정벌할 죄에 대한 것인데, 다만 天子가 그 不恭을 나무라고 그 당사자의 죄를 열거하였으니, 그 글이 다름으로 인하여 나누었을 뿐이다.

【疏】○傳'尙庶'至'我命' ○正義曰：釋言云"庶幾, 尙也." 反以相解, 故尙爲庶幾.

○傳의〔尙庶〕에서〔我命〕까지

○正義曰：≪爾雅≫〈釋言〉에서 "庶幾는 尙의 뜻이다."라고 하였는데, 뒤집어서 서로 풀이하였기 때문에 尙을 庶幾의 뜻이라고 한 것이다.

三旬을 苗民이 逆命이어늘

30일 동안 苗民이 명을 거역하자,

【傳】 旬은 十日也라 以師臨之에 一月不服하니 責舜不先有文誥之命과 威讓之辭하고 而便憚之以威하고 脅之以兵이 所以生辭[1)]라

1) 生辭 : 夏僎의 ≪尙書詳解≫에는 '生亂'으로 되어 있다.

旬은 10일이다. 군사를 이끌고 쳐들어갔으나 한 달이 지나도 〈苗民이〉 불복하자, 舜 임금이 먼저 文誥의 命과 威讓(嚴責)의 말을 하지 않고 문득 위엄으로 떨게 하고 군사로 위협한 것이 〈불복의〉 구실거리를 만들어내게 한 점이라고 책망한 것이다.

益이 贊于禹曰 惟德이 動天하여 無遠弗屆하나니

益이 禹를 보좌하는 뜻에서 말하였다. "오직 德만이 하늘을 감동시킬 수 있어 아무리 먼 곳이라 하더라도 이르지 않는 곳이 없습니다.

【傳】 贊은 佐요 屆는 至也라 益以此義佐禹하여 欲其修德致遠이라

贊은 佐의 뜻이요, 屆는 至의 뜻이다. 益이 이런 뜻을 가지고 禹를 도와서 德을 닦아 멀리 파급되게 하려고 한 것이다.

滿招損하고 謙受益이 時乃天道니이다

스스로 만족해하는 자는 덞을 부르고 스스로 겸허해하는 자는 보탬을 받는 것, 이것이 바로 하늘의 常道입니다.

【傳】 自滿者는 人損之하고 自謙者는 人益之하니 是天之常道라

스스로 만족해하는 자는 사람이 덜어내고, 스스로 겸허해하는 자는 사람이 보태주니, 이것이 하늘의 常道이다.

帝初于歷山에 往于田하사 日號泣于旻天과 于父母하사

황제께서 처음 歷山에서 농사지을 때에 밭에 가서 매일 旻天과 父母를 부르며 목 놓아 우시어,

【傳】仁覆愍下를 謂之旻天이라 言舜初耕于歷山之時에 爲父母所疾일새 日號泣于旻天及父母하니 克己自責하고 不責於人이라 ○ 田은 本或作畋이라

仁으로 덮어주어 下民을 가엽게 여기는 것을 旻天이라 한다. 舜이 처음에 歷山에서 농사지을 때 父母에게 미움을 받았기 때문에 날마다 旻天과 父母를 부르며 울었으니, 자기를 극복하여 스스로를 꾸짖고 남을 꾸짖지 않았다는 말이다.

○ 田은 어떤 本에 畋으로 되어 있다.

負罪引慝하사 祗載見(현)瞽瞍하되 夔夔齋慄하신대 瞽亦允若하니

죄를 떠맡고 잘못을 자신에게 돌려가면서, 자식 된 직분을 경건하게 수행하여 아버지인 瞽瞍를 뵙되 송구하고 엄숙한 모습을 하시니, 瞽瞍 또한 믿고 따랐습니다.

【傳】慝은 惡이요 載는 事也라 夔夔는 悚懼之貌라 言舜負罪引惡하여 敬以事見于父하되 悚懼齋莊한대 父亦信順之니 言能以至誠感頑父라

慝은 惡의 뜻이요, 載는 事(일)의 뜻이다. 夔夔는 송구해 하는 모습이다. 舜이 죄를 떠맡고 잘못을 자신에게 돌려가면서 경건하게 일에 대한 것을 가지고 아버지를 찾아뵙되 悚懼하고 齋莊한 태도를 지음에 아버지 또한 〈舜을〉 믿고 따랐다고 말하였으니, 능히 지성으로 미련한 아버지를 감화시켰음을 말한 것이다.

至諴은 感神이온 矧茲有苗이릿가

지극한 정성은 天神도 감동시키거늘 하물며 이 苗民쯤이야 말할 것 있겠습니까."

【傳】諴은 和요 矧은 況也라 至和感神이온 況有苗乎아 言易感이라

諴은 和의 뜻이요, 矧은 況의 뜻이다. 지극한 정성은 天神도 감화시키는데, 하물며 有苗이겠는가. 감화시키기 쉬움을 말한 것이다.

禹拜昌言曰 兪라 班師振旅어늘

禹가 온당한 말에 절을 하고서 "옳은 말씀이외다." 하고는 군대를 돌려 병사들을 정돈하여 돌아왔다.

【傳】 昌은 當也라 以益言爲當이라 故로 拜受而然之하고 遂還(선)師라 兵入曰振旅니 言整衆이라

昌은 當(온당)의 뜻이다. 益의 말을 온당하다고 생각했기 때문에 절을 하고 받아들여 옳게 여기고 드디어 군대를 돌이켰다. 군대가 돌아오는 것을 振旅라 하니, 병사들을 정돈함을 말한다.

帝乃誕敷文德하사

帝舜이 이에 文德을 크게 베푸시어

【傳】 遠人不服하니 大布文德以來之라

먼 데 있는 사람들이 굴복하지 않자, 文德을 크게 펴서 그들을 오게 한 것이다.

舞干羽于兩階러니

방패와 깃을 들고 두 섬돌 사이에서 춤을 추니,

【傳】 干은 楯이요 羽는 翳也니 皆舞者所執이라 修闡文教하고 舞文舞于賓主階間하여 抑武事라

干은 楯의 뜻이요, 羽는 翳의 뜻이니, 모두 춤추는 사람이 잡는 것이다. 文教를 닦아 밝히고 賓主의 섬돌 사이에서 文舞를 추어 武事를 억제하였다.

七旬에 有苗格하니라

70일 만에 有苗가 〈스스로 복종하여〉 이르렀다.

【傳】 討而不服하고 不討自來하니 明御之者必有道라 三苗之國은 左洞庭하고 右彭蠡하니 在荒服之例하여 去京師二千五百里也라

토벌할 때에는 굴복하지 않고 토벌하지 않자 저절로 왔으니, 어거(통솔)하는 데에는 반드시 방법이 있음을 밝힌 것이다. 三苗國은 洞庭이 왼쪽에 있고 彭蠡가 오른쪽에 있으니, 荒服의 例에 있어서 京師와 거리가 2,500리이다.

【疏】'三旬'至'苗格' ○ 正義曰：禹既誓於衆, 而以師臨苗, 經三旬, 苗民逆帝命, 不肯服罪. 益乃進謀以佐於禹曰 "惟是有德, 能動上天, 苟能修德, 無有遠而不至." 因言行德之事, "自滿者招其損, 謙虛者受其益, 是乃天之常道." 欲禹修德, 謙虛以來苗. 旣說其理, 又言其驗, "帝乃初耕於歷山之時, 爲父母所疾, 往至于田, 日號泣于旻天於父母, 乃自負其罪, 自引其惡, 恭敬以事, 見父瞽瞍, 夔夔然悚懼, 齋莊戰慄, 不敢言己無罪. 舜謙如此, 雖瞽瞍之頑愚, 亦能信順. 帝至和之德, 尙能感于冥神, 況此有苗乎." 言其苗易感於瞽瞍. 禹拜益受之當言, 曰 "然." 然益語也. 遂還(선)師整衆而歸. 帝舜乃大布文德, 舞干羽于兩階之間, 七旬而有苗自服來至. 言主聖臣賢, 御之有道也.

經의 〔三旬〕에서 〔苗格〕까지

○ 正義曰：禹가 이미 軍衆에게 맹세하고 나서 군대를 이끌고 苗國에 쳐들어갔는데, 30일이 지나도 苗民이 帝命을 거역하고 죄를 자복하려 하지 않았다. 그러자 益이 謀慮를 바쳐 禹를 돕기를 "오직 덕이 있는 사람만이 하늘을 감동시킬 수 있으니, 진실로 능히 덕을 닦는다면 아무리 거리가 멀어도 와서 항복하지 않을 자가 없습니다."라 하고 나서, 이내 덕을 행할 일을 말하기를 "스스로 만족해하는 자는 덞을 부르고 겸허해하는 자는 보탬을 받는 것, 이것이 바로 하늘의 常道입니다."라고 하였으니 禹가 德을 닦아 겸허한 마음으로 有苗를 오게 하려는 것이었다. 그 이치를 말하고 나서 또 그 증험을 말하기를 "황제께서 처음 歷山에서 농사지을 때에 부모에게 미움을 받았으므로 밭에 가서 날마다 旻天과 부모를 부르며 울어 〈부모에 대하여〉 스스로 그 죄를 떠맡고 잘못을 자신에게 돌려가면서, 경건하게 일에 대한 것을 가지고 아버지인 瞽瞍를 뵙되 송구하고 엄숙한 모습을 하시고 감히 자기에게 죄가 없음을 말하지 않았습니다. 舜임금의 겸허함이 이와 같았으므로 미련한 瞽瞍 또한 믿고 따를 수 있었던 것입니다. 帝舜의 지극히 온화한 덕은 冥神도 감동시키거늘 하물며 이 有苗쯤이겠습니까."라고 하였으니, 有苗가 瞽瞍보다 감동시키기 쉬움을 말한 것이다.

禹가 益에게 절하여 온당한 말로 받아들이고 "옳습니다."라고 하였으니, 益의 말을 옳게 여기신 것이다. 드디어 군대를 돌려 병사들을 정돈하여 돌아왔다. 帝舜이 이에 文德을 크게 베푸시어 방패와 깃을 들고 두 섬돌 사이에서 춤을 추니, 70일 만에 有苗가 스스로 복종하여 이르렀다. 임금은 성스럽고 신하는 어질어서 그들을 어거함에 방법이 있었음을 말한 것이다.

【疏】○傳'旬十'至'生辭' ○正義曰：堯典云'三百有六旬', 是知'旬十日'也. 以師臨之, 一月不服者, 責舜不先有文告之命·威讓之辭, 而便憚之以威, 脅之以兵, 所以有苗得生辭也. 傳知然者, 昭十三年左傳論征伐之事云"告之以文辭, 董之以武師." 是用兵者先告, 不服然後伐之. 今經無先告之文, 而有逆命之事, 故知責舜不先有文告之命, 而卽脅之以兵. 其'文告之命 威讓之辭', 國語亦有其事.[1] 夫以大舜足達用兵之道, 而不爲文告之命, 使之得生辭者, 有苗數干王誅, 逆者難以言服, 故憚之以威武, 任其生辭, 待其有辭, 爲之振旅. 彼若師退而服, 我復更有何求. 爲退而又不降, 復往必無辭說. 不恭而征之, 有辭而捨之, 正是柔服之道也. 若先告以辭, 未必卽得從命. 不從而後行師, 必將大加殺戮. 不以文誥, 感德自來, 固是大聖之遠謀也.[2]

1) 國語亦有其事：≪國語≫〈周語 上〉에 "有刑罰之辟 有攻伐之兵 有征討之備 有威讓之令 有文告之辭"라고 보인다.

2) 夫以大舜足達用兵之道……固是大聖之遠謀也：林之奇는 ≪尙書全解≫에서 "이 말을 사실이라고 믿는다면 이는 舜·禹·益의 용병술은 모두 권모술수의 謀慮에서 나온 것인데, 성인이 이런 얕은 수를 쓸 것이라고 어찌 생각이나 했겠는가. 요컨대 苗民이 명을 거역한 것은 다만 昏迷해서 공순하지 못했을 뿐이리라.〔信斯言也 則是舜禹益 用師進退 皆出於權譎變詐之謀 何期聖人之淺邪 要之苗民逆命 但是昏迷不恭耳〕"라고 하였다.

○傳의 〔旬十〕에서 〔生辭〕까지

○正義曰：〈堯典〉에서 '三百有六旬'이라고 하였기 때문에 '旬'이 10일임을 안 것이다. "군사를 이끌고 쳐들어갔으나 한 달이 지나도 〈苗民이〉 불복한 것은, 舜임금이 먼저 文辭로 타이르는 命과 위엄을 세워 꾸짖는 말을 하지 않고 문득 위엄을 가지고 떨게 하고 군사를 가지고 위협하여 〈불복의〉 구실거리를 만들어내게 한 것이라고 책망한 것이다." 하였는데, 孔傳에서 그러함을 알게 된 것은 ≪春秋≫ 昭公 13년 조의 ≪左氏傳≫에서 정벌한 일을 논하기를 "文辭를 가지고 고하고 武師를 가지고 감독했다."라고 하였으니, 군사를 부리는 자는 먼저 〈상대방에게 문사를 가지고〉 고해주고 〈상대방이〉 불복한 연후에 〈군사를 내어〉 정벌하는 것이다. 그런데 지금 經文에 먼저 고해준 글은 없고 命을 어긴 일은 있기 때문에 舜임금이 먼저 글로 고한 명이 없이 즉시 병력으로써 위협했다고 책망한 것임을 알 수 있다.

文辭로 타이르는 命과 위엄을 세워 꾸짖는 말은 ≪國語≫〈周語〉에도 이런 일이 있다. 大舜은 군사를 브리는 방법에 달통하였는데 文辭로 타이르는 명을 하지 않아 그들로 하여금 구실거리를 만들어내게 한 것은 有苗처럼 자주 王誅(王法)를 범하여 거역하는 자는 말로 복종시키기 어렵기 때문에 威武를 가지고 떨게 해서 그들이 구실거리를 만들어내도록 맡겨두고, 그들이 구실거리를 만들어내기를 기다려서 군사를 정돈하여 돌아왔다. 저들이 만일 〈우리가〉 군사를 물렸을 때 복종하였다면 우리가 다시 무엇을 구하겠는가. 군사를 물렸으나 또 항복하지 않았으니, 다시 〈군사를 일으켜〉 가면 반드시 구실 삼을 말이 없을 것이다. 불공하면 정벌하고 구실 삼는 말을 하면 놓아두는 것이 바로 유화적으로 복종시키는 방법이다. 먼저 문사를 가지고 타이른다 하더라도 반드시 즉각 명을 따르지는 않는다. 명을 따르지 않은 뒤에 군사를 일으킨다면 반드시 장차 크게 살육을 가하게 될 것이다. 그러니 文辭로 타이르지 않고 德에 감화되어 스스로 오게 하는 것이 진실로 大聖人의 원대한 모려이다.

【疏】○ 傳'贊佐'至'致遠' ○ 正義曰：禮有贊佐，是助祭之人，故贊爲佐也. "屆 至也" 釋詁文. 經云'惟德動天'，天遠而難動，德能動遠. 又言'無遠不屆'，乃據人言"德動遠人，無不至也." 益以此義佐禹，欲脩德致遠，使有苗自來也. 德之動天，經傳多矣. 禮運云 "聖人順民，天不愛其道也，地不愛其寶，故天降膏露，地出醴泉." 如此之類，皆德動之也.

○ 傳의〔贊佐〕에서〔致遠〕까지

○ 正義曰：≪儀禮≫〈特牲饋食禮〉에 "贊은 佐이다."란 말이 있는데, 제사를 돕는 사람이다. 그러므로 贊을 佐의 뜻으로 본 것이다.

〔屆 至也〕≪爾雅≫〈釋詁〉의 글이다. 經文에서 말한 '오직 德만이 하늘을 감동시킨다.'라는 것은 하늘은 멀리 있어서 감동시키기 어렵지만, 德이 있는 사람만이 먼 하늘을 감동시킬 수 있다는 것이다. 또 '아무리 먼 곳이라 하더라도 이르러가지 않는 곳이 없다.'라고 말한 것은 바로 사람에 의거해서 "德은 먼 데 사람을 감동시켜 이르지 않는 곳이 없다."라고 말한 것이다. 益은 이런 뜻을 가지고 禹를 도와서 德을 닦아 멀리까지 파급하여 有苗로 하여금 저절로 오게 하려고 한 것이다. 德이 하늘을 감동시킨다는 말은 經傳에 많이 보인다. ≪禮記≫〈禮運〉에 "성인이 민심을 순히 따르면, 하늘은 그 道를 아끼지 않고 땅은 그 보배를 아끼지 않기 때문에 하늘이 기름 같은 이슬을 내리고 땅이 단술 같은 샘물을 내보낸다."라고 하였으니, 이와 같은 따위는 모두 德이 감동시킨 것이다.

【疏】○ 傳'自滿'至'常道' ○ 正義曰：自以爲滿，人必損之，自謙受物，人必益之. 易謙卦彖曰 "天道虧盈而益謙，地道變盈而流謙，鬼神害盈而福謙，人道惡盈而好謙." 是滿招損，謙受益，爲天道之常也. 益言此者，欲令禹脩德息師，持謙以待有苗.

○ 傳의 〔自滿〕에서 〔常道〕까지

○ 正義曰 : 스스로 만족하다고 여기는 자는 사람이 반드시 덜어내고, 스스로 겸손하여 남의 의견을 받아들이는 자는 사람이 반드시 보태준다. ≪周易≫ 謙卦 〈彖傳〉에 "하늘의 道는 가득 찬 것을 덜어내 겸허한 것에 더해주고, 땅의 도는 가득 찬 것을 기울여 謙卑한 곳으로 흐르게 하며, 귀신은 가득 찬 것을 해치고 겸허한 것에 복을 주며, 사람의 도는 가득 찬 것을 미워하고 겸허한 것을 좋아한다."라고 하였으니, 스스로 만족해하는 자는 덞을 부르고 스스로 겸허해하는 자는 보탬을 받는 것이 天道의 떳떳한 것이다. 益이 이 점을 말한 것은 禹로 하여금 덕을 닦고 군사를 止息시키며 겸손함을 가지고 有苗를 대하게 하고자 해서였다.

【疏】 ○ 傳'仁覆'至'責於人' ○ 正義曰 : '仁覆愍下 謂之旻天'. 詩毛傳文也. 旻, 愍也. 求天愍己, 故呼曰旻天. 書傳言"舜耕於歷山." 鄭玄云 "歷山在河東." 是耕於歷山之時, 爲父母所疾, 故往於田, 日號泣于旻天. 何爲然也. 孟子曰 "怨慕也. 長息問於公明高曰 '舜往于田, 則予旣聞命矣, 號泣于旻天及父母, 則吾不知矣.' 公明高曰 '非爾所知也.' 我竭力耕田, 供爲子職而已, 父母不愛我, 何哉. 大孝終身慕父母, 五十而慕者, 予於大舜見之矣." 言舜之號泣怨慕者, 克己自責, 不責於人也.

○ 傳의 〔仁覆〕에서 〔責於人〕까지

○ 正義曰 : 〔仁覆愍下 謂之旻天〕 ≪詩經≫ 毛傳의 글이다. 旻은 愍의 뜻이다. 하늘에게 자기를 가엽게 여겨주기를 요구하기 때문에 '旻天이시여.'라고 부른 것이다. ≪尙書≫의 孔傳에서는 "舜이 歷山에서 농사지었다."라 하고, 鄭玄은 "歷山은 河東에 자리 잡고 있다."라고 하였으니, 歷山에서 농사지을 때에 부모에게 미움을 받았기 때문에 밭에 가서 날마다 旻天을 부르짖으며 울었다.

왜 그렇게 부르짖으며 울었을까. ≪孟子≫ 〈萬章 上〉에 "맹자가 말씀하기를 '원망하고 사모하신 것이다.'라고 하였다. 長息이 公明高에게 묻기를 '舜이 밭에 가신 이유에 대해서는 제가 이미 선생님의 가르침을 들었거니와, 旻天과 父母를 부르며 우신 이유는 제가 잘 모르겠습니다.' 하자, 公明高가 말하기를 '네가 알 바 아니니라.'라고 하였다. 舜은 '나는 힘을 다해 농사지어 자식 된 직분을 할 따름인데, 부모께서 나를 사랑하지 않으신 것은 나에게 무슨 죄가 있어서인가.'라고 여긴 것이다. 大孝는 종신토록 부모를 사모하나니, 50세가 되어서도 부모를 사모한 이를 나는 大舜에게서 보았노라."라고 하였으니, 舜이 울부짖으며 원망하고 사모하신 것은 자기를 극복하며 스스로 책망하고, 남을 책망하지 않았음을 말한 것이다.

【疏】 ○ 傳 '慝惡' 至 '頑父' ○ 正義曰：慝之爲惡, 常訓耳. 舜典已訓載爲事, 以非常訓, 故詳其文. '夔夔'與'齋慄'共文, 故爲'悚懼之貌.' 自負其罪, 引惡歸己, 事(瞽)〔勢〕[1]同耳, 丁寧深言之. '敬以事見於父'者, 謂恭敬, 自因事務須見父, 恭敬以見. 夔夔然悚懼齋慄, 是見時之貌. '父亦信順之'者, 謂當以事見之時, 順帝意不悖怒也. '言能以至誠感頑父'者, 言感使當時暫以順耳, 不能使每事信順, 變爲善人. 故孟子說舜既被堯徵用, 堯妻之以二女, 瞽瞍猶與象欲謀殺舜而分其財物, 是下愚之性, 終不可改. 但舜善養之, 使不至于姦惡而已.

1) (瞽)〔勢〕: 저본에는 '瞽'로 되어 있으나, "宋本에는 '瞽'가 '勢'로 되어 있으니, 옳다."라고 한 阮元의 校勘記에 의거하여 '勢'로 바로잡았다.

○ 傳〔慝惡〕에서〔頑父〕까지

○ 正義曰：慝이 惡의 뜻이란 것은 일반적인 풀이일 뿐이다. 〈舜典〉에서 이미 載를 事의 뜻으로 풀이했지만, 일반적인 풀이가 아니기 때문에 그 글을 자상하게 적은 것이다. 夔夔와 齋慄은 같은 글이기 때문에 '송구해하는 모습이다.'라고 한 것이다. 스스로 그 죄를 떠맡고 惡을 끌어 자기에게 돌린 것은 사세가 동일할 뿐이니, 정녕코 깊이 말한 것이다.

〔敬以事見於父〕 공경함을 이르니, 스스로 사무로 인하여 아버지를 뵐 때 공경스런 모습으로 뵌 것이다. 夔夔然히 悚懼하고 齋慄한 것은 뵐 때의 모습이다.

〔父亦信順之〕 일을 가지고 아버지를 뵈었을 때에 아버지가 帝舜의 뜻에 따르고 悖怒하지 않았음을 이른다.

〔言能以至誠感頑父〕 感은 당시 잠깐 순종하게 했을 뿐, 능히 매사를 믿고 순종하여 착한 사람이 되게 하지는 못했음을 말한 것이다. 그러므로 孟子가 舜에 대한 설명에서 "舜은 堯임금의 徵用을 받은 뒤에 堯임금이 자기의 두 딸을 舜에게 아내로 삼아준 처지였는데도 瞽瞍는 오히려 象과 함께 舜을 죽이고 그 재물을 나눌 것을 도모하려고 했다."는 식으로 말하였으니, 이는 下愚의 성품이라 끝내 고칠 수 없기 때문이다. 다만 舜은 그를 잘 봉양하여 姦惡에 이르지 않게 했을 뿐이다.

【疏】 ○ 傳 '諴和' 至 '易感' ○ 正義曰：'諴', 亦咸也. 咸訓爲皆, 皆能相從, 亦和之義也. '矧 況', 釋言文. 上言德能動天, 次言帝能感瞽. 天以玄遠難感, 瞽以頑愚難感. 言苗民近於天而智於瞽, 故言感天感瞽以況之. 天是神也. 覆動上天[1). 言至和尙能感天神, 而況於有苗乎. 言有苗易感. (神)〔祇〕[2)覆動天而不覆言瞽者, 以瞽雖愚, 猶是人類, 天神事與人隔, 感天難於感瞽, 故擧難者以見之. 其實天與瞽, 俱言難感, 以況有苗易於彼二者.

1) 覆動上天 : 阮元의 校勘記에 "許宗彦은 '「覆上動天」이라고 해야 한다.' 하였다."라고 하였으나, 역시 해석이 잘 안되니, 誤脫字가 있거나 아니면 衍文인 듯하다.

2) (神)〔祇〕: 저본에는 '神'으로 되어 있으나, "살펴보건대 '神'은 마땅히 '祇'가 되어야 한다."라고 한 阮元의 校勘記에 의거하여 '祇'로 바로잡았다.

○ 傳의 〔諴和〕에서 〔易感〕까지

○ 正義曰 : '諴' 또한 咸의 뜻이다. 咸은 皆의 뜻으로 풀이하니 모두 능히 서로 따르는 것이니, 또한 和의 뜻이다.

〔矧 況〕 ≪爾雅≫ 〈釋言〉의 글이다.

위에서는 德만이 하늘을 감동시킬 수 있음을 말하고, 그 다음 帝舜이 능히 瞽瞍를 감동시킨 것을 말하였다. 하늘은 워낙 멀기 때문에 감동시키기 어렵고, 瞽瞍는 워낙 頑愚하기 때문에 감동시키기 어렵다. 苗民은 하늘보다 가깝고 瞽瞍보다 지혜롭기 때문에 하늘을 감동시키고 고수를 감동시킴을 말해서 비유한 것이다.

天은 神이니, "지극한 정성은 오히려 天神을 감동시킬 수 있거늘 하물며 有苗임에랴." 라고 말한 것은 有苗는 감동시키기 쉬움을 말한 것이다. 다만 天神을 감동함은 말하고 瞽瞍를 감동함을 말하지 않은 것은 瞽瞍는 아무리 어리석다 하더라도 오히려 인류이고 天神의 일은 인간과 격리된 것이니, 하늘을 감동시키는 것이 瞽瞍를 감동시키는 것보다 어려운 일이기 때문에 어려운 일을 들어서 보인 것이다. 그러나 실은 하늘과 瞽瞍가 모두 감동시키기 어려움을 말해서 有苗는 저 하늘과 瞽瞍보다 〈감동시키기〉 쉽다는 점을 비유한 것이다.

【疏】 ○ 傳'昌當'至'整衆' ○ 正義曰 : '昌 當也', 釋詁文. 禹以益言爲當, 拜(舜)〔受〕[1) 而已卽還. 還不請者, 春秋襄十九年"晉士匄(개)帥(솔)師侵齊, 聞齊侯卒, 乃還." 公羊傳曰 "大夫〔○〕[2)以君命出, 進退在大夫." 是言進退由將, 不須請也. 或可當時請帝乃還, 文不具耳. '兵入曰振旅', 釋天文. 與春秋二傳, 皆有此文. '振 整也', 言整衆而還.

1) (舜)〔受〕: 저본에는 '舜'으로 되어 있으나, 孔傳의 '拜受而然之'에 의거하여 '受'로 바로잡았다.

2) 〔○〕: 저본에는 '○'이 있으나, 福建本 · 汲古閣本 · 武英殿本에 의거하여 삭제하였다.

○ 傳의 〔昌當〕에서 〔整衆〕까지

○ 正義曰 : 〔昌 當也〕 ≪爾雅≫ 〈釋詁〉의 글이다. 禹는 益의 말을 온당한 것으로 여겨 절하여 받아들이고 즉시 회군하였다. 회군하기를 〈황제에게〉 청하지 않은 것은 ≪春秋≫ 襄公 19년 조에 "晉나라 士匄가 군대를 이끌고 齊나라를 침범했다가 齊나라 임금이 죽었다는 소식을 듣고 곧 회군했다."라고 하였다. 이에 대하여 ≪公羊傳≫에서는 "大夫가 임금의 명령을 받고 일단 나갔으면 진퇴문제는 大夫에게 달려있는 것이다."라고 하였으니, 진퇴문제는 장수에게 달려있으니 청할 필요가 없음을 말한 것이다. 혹은 당시에 황제에게 청해서 회군하였으나 글이 갖추어지지 않았을 수도 있다.

〔兵入曰振旅〕 ≪爾雅≫ 〈釋天〉의 글이다. ≪春秋≫의 두 傳에 모두 이 글이 있다.

〔振 整〕 군대를 정돈해서 돌아옴을 말한다.

【疏】 ○ 傳'遠人'至'來之' ○ 正義曰 : '遠人不服 文德以來之', 論語文也. 益贊於禹, 使脩德, 而帝自誕敷者, 言君臣同心. '大布'者, 多設文德之敎, 君臣共行之也.

○ 傳의 〔遠人〕에서 〔來之〕까지

○ 正義曰 : 〔遠人不服 文德以來之〕 ≪論語≫ 〈季氏〉의 글이다. 益이 禹를 도와서 德을 닦게 하였는데, 帝舜이 스스로 '〈文德을〉 크게 베푼 것'은 임금과 신하가 마음을 함께 했음을 말한 것이다.

〔大布〕 文德의 가르침을 많이 베푼 것이니, 임금과 신하가 함께 행한 것이다.

【疏】 ○ 傳'干楯'至'武事' ○ 正義曰 : 釋言云 "干, 扞也." 孫炎曰 "干楯, 自蔽扞也." 以楯爲人扞[1]. 通以干爲楯名, 故干爲楯. 釋言又云 "纛, 翳也." 郭璞云 "舞者持以自蔽翳也." 故明堂位云 "朱干玉戚以舞大武." 戚, 斧也, 是武舞執斧執楯. 詩云 "左手執籥, 右手秉翟." 是文舞執籥. 故干羽皆舞者所執. 修闡文敎, 不復征伐, 故舞文德之舞於賓主階間, 言帝抑武事也. 經云'舞干羽', 卽亦舞武也. 傳惟言舞文者, 以據器言之, 則有武有文, 俱用以爲舞, 而不用於敵, 故敎爲文也.

1) 人扞 : ≪春秋公羊傳注疏≫에 "干謂楯也 能爲人扞難 而不使害人"이란 말이 보인다.

○ 傳의 〔干楯〕에서 〔武事〕까지

○ 正義曰 : ≪爾雅≫ 〈釋言〉에 이르기를 "干은 扞의 뜻이다."라 하고, 孫炎이 말하기를 "干은 楯이니, 스스로 가려서 막는 것이다."라고 하였다. 楯은 사람이 〈해를〉 막는 것

이기 때문에 통틀어 干을 楯의 이름으로 삼았다. 그러므로 干을 楯이라고 한 것이다. 〈釋言〉에 또 이르기를 "纛은 翳의 뜻이다."라 하였고, 郭璞은 이르기를 "춤추는 사람이 가지고 스스로 가리는 것이다."라고 하였다. 그러므로 ≪禮記≫ 〈明堂位〉에 이르기를 "朱干과 玉戚을 쥐고 大武를 춤추었다."라고 하였다. 戚은 斧의 뜻이니, 武舞를 출 때에 도끼와 방패를 쥔 것이다. ≪詩經≫ 〈邶風 簡兮〉에 "왼손으로 피리를 쥐고 오른손으로 꿩 깃을 가졌노라."고 하였으니, 文舞를 출 때에 피리를 쥔 것이다. 그러므로 방패와 깃은 모두 춤추는 사람이 가지는 것이다.

文敎를 닦아 드러내고 다시 정벌을 하지 않기 때문에 文德舞를 賓主의 섬돌 사이에서 춘 것이니, 帝舜이 武를 억제한 일을 말한 것이다. 經文에 '방패와 깃을 쥐고 춤을 추었다.'라고 한 것은 곧 또한 武舞를 춘 것이다. 그런데 傳에서 오직 文舞를 춘 것만을 말한 것은 악기에 의거해서 말한 것이니, 武舞든 文舞든 모두 방패와 깃을 이용해서 춤을 추고 敵에게 사용하지 않았기 때문에 가르침을 文으로 한 것이다.

【疏】 ○ 傳'討而'至'百里' ○ 正義曰：'御之必有道'者, 不恭而往征, 得辭而振旅, 而御之以道. 史記吳起對魏武侯云 "昔三苗氏左洞庭, 右彭蠡, 德義不修, 而禹滅之." 此言來服, 則是不滅. 吳起言滅者, 以武侯恃險, 言滅以懼之. 辯士之說, 不必皆依實也. 知'在荒服之例'者, 以其地驗之爲然. 禹貢五服, 甸・侯・綏・要・荒. 荒最在外, 王畿面五百里, 其外四服, 又每服五百里, 是去京師爲二千五百里.

○ 傳의 〔討而〕에서 〔百里〕까지

○ 正義曰：〔御之必有道〕 불공했을 때에 가서 정벌하고, 구실삼는 말을 했을 때에 군대를 정돈해서 돌아왔으니, 도리로써 그들을 어거한 것이다. ≪史記≫에 의하면 吳起가 魏 武侯에게 대답하기를 "옛날 三苗氏는 洞庭이 왼쪽에 있고, 彭蠡가 오른쪽에 있었으나, 德義를 닦지 않아 禹가 멸망시켰습니다."라고 하였는데, 여기에 '와서 복종했다.'라고 말하였으니, 이는 멸망시키지 않은 것이다. 吳起가 멸망시켰다고 말한 것은 武侯가 험고함을 믿었기 때문에 멸망을 말해서 두렵게 한 것이다. 辯士의 말은 반드시 모두 사실에 의거하지는 않는다.

〔在荒服之例〕 그 땅을 가지고 징험해서 그렇다고 여긴 것이다. 〈禹貢〉의 五服은 甸服・侯服・綏服・要服・荒服인데, 荒服이 가장 밖에 있다. 〈甸服은〉 王畿에서 四面이 面別로 500里요, 그 밖의 4服이 또 服마다 500里이니, 이래서 京師와의 거리가 2,500里가 된다.

皐陶謨 第四

皐陶謨

【傳】 謨는 謀也라 皐陶爲帝舜謀라

謨는 謀의 뜻이다. 皐陶가 帝舜을 위하여 謀慮를 낸 것이다.

【疏】 ○ 傳'謨謀'至'舜謀' ○ 正義曰：孔以此篇惟與禹言, 嫌其不對帝舜, 故言'爲帝舜謀.' 將言爲帝舜謀, 故又訓謨爲謀, 以詳其文.

○ 傳의 〔謨謀〕에서 〔舜謀〕까지

○ 正義曰 : 孔氏가 이 篇은 오직 〈皐陶가〉 禹하고만 말하고 행여라도 帝舜은 상대하지 않았다고 혐의할까 염려하였다. 그러므로 '帝舜을 위하여 謀慮를 낸 것'이라고 말한 것이다. 장차 帝舜을 위해 모려한 것임을 말하려고 하였기 때문에 또 謨를 謀의 뜻으로 풀이하여 그 글을 자상하게 하였다.

曰若稽古[1]는 皐陶시니라

1) 曰若稽古 : 蔡傳에서는 '曰若'을 發語詞로 보아 "옛적의 皐陶를 살펴보건대"로 풀이하였다.

옛 道를 따라 상고해서 〈말씀하신 분은〉 皐陶셨다.

【傳】 亦順考古道以言之라 夫典謨는 聖帝所以立治之本이니 皆師法古道하여 以成不易之則(칙)이라

역시 옛 道를 따라 상고해서 말한 것이다. 무릇 典과 謨는 聖帝가 治法을 세우는 근본이니, 모두 옛 道를 스승으로 본받아서 바꿀 수 없는 법칙을 이룬 것이다.

曰 允迪厥德하고 謨明弼諧[1]하리이다

1) 允迪厥德謨明弼諧 : 蔡傳에서는 "임금이 되어 진실로 그 덕을 이행하면 신하들의 계획하는 바가 밝지 않음이 없을 것이고 보필하는 자가 화합하지 않음이 없다.〔爲君而信蹈其德 則臣之所謀者 無不明 所弼者 無不諧也〕"라고 풀이하였다. 조선시대 朴世堂(1629~1703)은 ≪思辨錄≫에서 "모두 본뜻을 잃은 듯하다. 이는 바로 皐陶가 禹에게 이 道를 잘 이행하도록 바란 것이다. '謨明'은 본디 아랫사람이 하는 일이 아니고, '弼諧' 또한 윗사람이 하는 일이다."라고 하였다.

"신실하게 그 德을 이행하고 謀慮로 총명을 넓혀서 그 정사를 도와야 할 것입니다."라고 하자,

【傳】 迪은 蹈요 厥은 其也니 其는 古人也라 言人君當信蹈行古人之德하고 謀廣聰明하여 以輔諧其政이라

迪은 蹈의 뜻이요, 厥은 其의 뜻이니, 其는 古人이다. 임금은 마땅히 신실하게 옛사람의 德을 이행하고 謀慮로 총명을 넓혀서 그 정사를 도와야 함을 말한 것이다.

禹曰 兪라 如何오

禹가 말하기를 "옳거니. 어떻게 행해야 하는가?"라고 하시니,

【傳】 然其言하고 問所以行이라

그 말을 옳게 여기고 행할 바를 물은 것이다.

皐陶曰 都라 愼厥身修하여 思永[1)]하며

1) 愼厥身修思永 : 蔡傳에서는 '몸을 닦기를 신중하게 할 것이며 생각하기를 심원하게 할 것이며'라고 풀이하였다.

皐陶가 말하기를 "아, 훌륭한 질문이십니다. 그 몸을 신중히 닦아 길이 지속할 것을 생각하며,

【傳】 歎美之重也라 愼修其身하여 思爲長久之道라 ○ 身修에 絶句라

단단히 탄미한 말이다. 그 몸을 신중히 닦아 장구히 지속할 방법을 생각하는 것이다. ○ '身修'에서 句를 끊는다.

惇敍九族하면 **庶明**이 **勵翼**[1)]하리니 **邇可遠**이 **在茲**하니이다

1) 庶明勵翼 : 淸代 兪樾은 '明'자는 '萌'자와 통하고 '萌'자는 '氓'자와 통한 것으로 보아 "서민이 면려하여 윗사람을 돕는 일을 말한 것이다."라고 풀이하였다. ≪群經平議≫

九族과 관계를 돈독히 펴나가면 여러 명철한 이가 힘써 보필할 것이니, 가까운 데서 미루어 먼 데 이르는 것은 바로 이 道에 달려있습니다."라고 하였다.

【傳】 言愼修其身하고 厚次敍九族하면 則衆庶皆明其教하여 而自勉勵翼戴上命하리니 近可推而遠者는 在此道니라

그 몸을 신중하게 닦고 九族에게 도탑게 차례로 펴나가면, 여러 사람이 모두 그 가르침을 밝게 깨달아서, 스스로 면려하여 윗사람의 命을 도와 떠받들 것이니, 가까운 데에서 미루어 멀리 이르는 것은 이 道에 달려있다는 말이다.

禹拜昌言曰 兪라

禹가 온당한 말에 절을 하며 "옳은 말이구려."라고 하였다.

【傳】 以皐陶言爲當이라 故로 拜受而然之라

皐陶의 말을 온당하게 여겼기 때문에 절하고 받아들여 옳은 말이라고 한 것이다.

【疏】 '曰若'至'曰兪' ○ 正義曰 : 史將言皐陶之能謀, 故爲題目之辭曰, "能順而考案古道而言之者, 是皐陶也." 其爲帝謀曰 "爲人君者, 當信實蹈行古人之德, 而謀廣其聰明之性, 以輔諧已之政事, 則善矣." 禹曰 "然." 然其謀是也. "此當如何行之." 皐陶曰 "嗚呼." 重其事而歎美之. "行上謀者, 當謹愼其己身, 而修治人之事, 思爲久長之道. 又厚次敍九族之親而不遺棄, 則衆人皆明曉上意, 而各自勉勵翼戴上命, 行之於近, 而可推而至遠者, 在此道也." 禹乃拜受其當理之言曰 "然." 美其言而拜受之.

經의 〔曰若〕에서 〔曰兪〕까지

○ 正義曰 : 史官이 장차 皐陶의 유능한 謀慮를 말하려고 하였기 때문에 題目의 말을 만들어서 "능히 따라서 옛 道를 상고하여 말씀하신 분은 바로 皐陶셨다."라 하였다. 그는 帝舜을 위해 謀慮를 내기를 "임금이 되신 분은 마땅히 신실하게 옛사람의 德을 이행하고 謀慮로 총명을 넓혀서 그 정사를 도와야 좋을 것입니다."라고 하자, 禹가 말하기를 "옳소

이다.”라고 하였으니, 그 謀慮의 옳은 점을 옳게 여긴 것이다. 〈禹가〉 “이것은 어떻게 행해야 하오?”라고 하자, 皐陶가 말하기를 “아.”라고 하였으니, 그 일을 중히 여겨 탄미한 것이다. 〈皐陶가〉 “최상의 謀慮를 행하는 분은 마땅히 자기 몸을 근신하고 남을 다스리는 일을 닦아 장구히 지속할 방법을 생각해야 합니다. 그리고 또 九族의 친족 관계를 도탑게 차례로 펼쳐나가 유기하지 않는다면, 여러 사람이 모두 윗사람의 뜻을 밝게 깨달아서, 각자 면려하여 윗사람의 命을 떠받들 것이니, 가까운 데서 미루어 멀리 이르는 것은 이 道에 달려있습니다.”라고 하자, 禹가 곧 절하여 그 온당한 말을 받아들이면서 말하기를 “옳소이다.”라고 하였으니, 그 말을 아름답게 여겨 절하며 받아들인 것이다.

【疏】 ○傳‘亦順’至‘之則’ ○正義曰：二謨其目正同, 故云 “亦順考古道以言”也. 堯舜考古以行謂之爲典, 大禹皐陶考古以言謂之爲謨. 典・謨之文不同, 其目皆云考古, 故傳明言其意, “夫典・謨, 聖帝所以立治之本.” 雖言行有異, 皆是考法古道以成不易之則, 故史皆以稽古爲端目. 但君則行之, 臣則言之, 以尊卑不同, 故典・謨名異. 禹亦爲君而云‘謨’者, 禹在舜時未爲君也. 顧氏亦同此解. 皐陶德劣於禹, 皆是考古以言, 故得同其題目. 但禹能敷于四海, 祇承于帝, 皐陶不能然, 故此下更無別辭耳.

○傳의 〔亦順〕에서 〔之則〕까지

○正義曰：二謨(〈大禹謨〉와 〈皐陶謨〉)는 그 제목이 똑같기 때문에 〈孔傳에서〉 “역시 옛 道를 따라 상고해서 말했다.”라고 한 것이다. 堯와 舜은 옛 道를 상고해서 이행했기 때문에 ‘典’이라 이르고, 大禹와 皐陶는 옛 道를 상고해서 말만 했기 때문에 ‘謨’라 이른 것이다. 典과 謨의 글이 같지 않은데, 그 제목에서 모두 ‘考古’라고 했기 때문에 孔傳에서 그 뜻을 분명하게 말하여 “무릇 典과 謨는 聖帝가 治法을 세우는 근본이다.”라고 하였다. 비록 말과 행동에 차이가 있으나 모두 옛 道를 상고해 법으로 삼아서 바꿀 수 없는 법칙을 이루었기 때문에 史官이 모두 ‘稽古’를 가지고 제목을 삼았다. 다만 임금은 이행을 하고 신하는 말로만 함은 신분의 차이가 다르기 때문이다. 그러므로 典과 謨의 이름을 다르게 한 것이다. 禹 또한 임금이 되었는데 謨라고 한 것은 禹가 舜의 시대에는 아직 임금이 되지 못하였기 때문이다. 顧氏(顧彪) 또한 이 해석과 동일하다. 皐陶는 德이 禹만 못했는데도 모두 옛 道를 상고해서 말했기 때문에 그 제목을 같게 할 수 있었던 것이다. 다만 禹는 능히 文命(文敎)을 四海에 펼쳐 경건하게 帝舜을 받들었고 皐陶는 능히 그렇게 하지 못했기 때문에, 이 아래에 다시 별도의 말이 없을 뿐이다.

【疏】 ○ 傳'迪蹈'至'其政' ○ 正義曰：釋詁云"迪, 道也." 聲借爲導, 導音與蹈同, 故迪又爲蹈也. 其德卽其上稽古, 故曰"其, 古人也." 而臣爲君謀, 故云"言人君當信蹈行古人之德." 謂蹈履依行之也. '謀廣聰明', '聰明'者, 自是已性, 又當受納人言, 使多所聞見, 以博大此聰明, 以輔弼和諧其政. 經惟言明, 傳亦有聰者, 以耳目同是所用, 故以聰明言之. 此曰上不言皐陶, 猶大禹(爲謀)〔謨〕[1], 曰上不言禹. 鄭玄云 "以皐陶下屬爲句." 則稽古之下無人名, 與上三篇不類甚矣.

1) (爲謀)〔謨〕: 저본에 '爲謀'로 되어 있으나, 盧文弨(淸)의 ≪群書拾補≫에 '謀'는 '謨'의 誤字, '爲'는 衍文으로 본 것에 의거하여 바로잡았다.

○ 傳의 〔迪蹈〕에서 〔其政〕까지

○ 正義曰 : ≪爾雅≫ 〈釋詁〉에 이르기를 "迪은 道의 뜻이다."라고 하였다. 〈道는〉 소리를 차용하여 導가 되고, 導는 音이 蹈와 같기 때문에 迪이 또 蹈가 된다. 그 德은 곧 위의 '옛 道를 상고한 것'이기 때문에 "其는 古人을 가리킨다."라고 하였고, 신하는 임금을 위해 謀慮하기 때문에 "임금은 마땅히 옛사람의 德을 신실하게 이행해야 함을 말한다."라고 하였으니, 〈임금은〉 이행하고 〈신하는〉 그에 의거하여 행함을 이른 것이다.

〔謀廣聰明〕 聰明은 고유한 자기의 성품이기 때문에 또 마땅히 남의 말을 받아들여 보고 듣기를 많이 하여 이 聰明을 넓히고 확대하여 그 정사를 돕도록 한 것이다. 經에서는 오직 明자만을 말하였는데, 孔傳에서 또한 聰자를 둔 것은 귀와 눈이 함께 쓰이기 때문에 聰明으로 말한 것이다. 이 '曰'자 위에서 皐陶를 말하지 않은 것은 〈大禹謨〉에서 '曰'자 위에 禹를 말하지 않은 것과 같다. 鄭玄은 "皐陶를 아래로 붙여서 句를 만들어야 한다."고 하였으니, '稽古'의 아래에 人名이 없어져서 이상의 3篇과 달라도 너무 달라진다.

【疏】 ○ 傳'歎美'至'之道' ○ 正義曰：案傳之言, 以修爲上讀, 顧氏亦同也.

○ 傳의 〔歎美〕에서 〔之道〕까지

○ 正義曰 : 孔傳의 말을 살펴보면, 修자를 위로 올려서 읽었는데, 顧氏(顧彪) 또한 같았다.

【疏】 ○ 傳'言愼'至'此道' ○ 正義曰：自身以外, 九族爲近, 故愼修其身, 又厚次敍九族, 猶堯之爲政, 先以親九族也. 人君旣能如此, 則衆庶皆明其敎, 而各自勉勵翼戴上命. 昭九年左傳說晉叔向言'翼戴天子', 故以爲'翼戴上命', 言如鳥之羽翼而奉戴之. 王者率己以化物, 親親以及遠, 故從近可推而至于遠者, 在修己身・親九族之道. 王肅云 "以衆賢明爲砥礪, 爲羽翼." 鄭云 "厲, 作也. 以衆賢明作輔翼之臣." 與孔不同.

○ 傳의 〔言愼〕에서 〔此道〕까지

○ 正義曰 : 자기 몸 이외에는 九族이 가까운 친족이 되기 때문에 자기 몸을 신중하게 닦고 또 九族에게 차례로 돈독하게 펴나가야 하니, 堯임금이 정사를 할 때 맨 먼저 九族을 친애한 것처럼 해야 한다. 임금이 이미 능히 이와 같이 하면 여러 사람이 모두 그 가르침을 밝게 깨달아서, 각자 면려하여 윗사람의 命을 도와 떠받들 것이다. ≪春秋≫ 昭公 9년 조의 ≪左氏傳≫에서 "晉나라 叔向이 〈韓起에게 '晉 文公이 霸者가 되었을 때에 어찌 문물제도를 고친 일이 있었던가.〉 天子를 보좌하고 추대하였다.'고 말했다."라고 설명했기 때문에 "윗사람의 命을 보좌하고 추대하는 것이다."라고 한 것이니, 마치 새가 날개로 감싸듯이 받들어 추대함을 말한 것이다. 王者는 자신이 솔선하여 사물을 교화하되 친족부터 친근히 해서 멀리 미쳐가기 때문에 가까운 데서 미루어 먼 데 이르는 것은 자신을 닦고 九族을 친애하는 道에 달려있는 것이다. 王肅은 "여러 현명한 이가 砥礪가 되고 羽翼이 된다."라 하고, 鄭玄은 "厲는 作의 뜻이다. 여러 현명한 이를 輔翼하는 신하로 삼는다."라고 하였으니, 孔氏와는 해석이 같지 않다.

皐陶曰 都라 在知人하며 在安民하니이다

皐陶가 말하기를 "아, 훌륭한 말씀입니다. 〈정사를 잘 하는 것은〉 사람을 올바로 알아보는 데 달려있으며 백성들을 편안하게 해주는 데 달려있습니다."라고 하니,

【傳】 歎修身親親之道는 在知人所信任이요 在能安民이라

몸을 닦고 친족을 친애하는 방법은 사람을 알아보아 믿고 맡김에 달려있고, 능히 백성을 편안하게 함에 달려있음을 탄미한 것이다.

禹曰 吁[1]라 咸若時는 惟帝[2]도 其難之러시니

1) 禹曰吁 : 蔡傳에서는 "禹가 '吁'라고 하신 것은 탄식하여 깊이 시인하지 않는 말씀이다.〔禹曰吁者 歎而未深然之辭也〕"라고 풀이하였다. 洪奭周는 ≪尙書補傳≫에서 "'吁'는 그 어려움을 깊이 탄식한 말이다. 治道가 사람을 올바로 알아보고 백성들을 편안하게 해주는 데 달려있음은 바꿀 수 없는 大經인데, 어떻게 깊이 인정하지 않을 수 있겠는가."라고 하였다.

2) 惟帝 : 帝를 孔傳과 蔡傳에서 모두 堯로 보았는데, 朴世堂은 ≪思辨錄≫에서 舜으로 보아

"蔡傳에서는 帝를 堯로 보았으니, 아마 禹와 皐陶가 舜의 앞에서 서로 문답하면서 응당 면전에서 그 임금을 칭찬하여 아첨에 가까운 짓을 하지 않았을 것이라고 생각한 것이다. 그러나 驩兜를 내치고 三苗를 옮긴 것은 바로 舜이 한 일이었고, 더구나 이것은 또 그 어려운 점을 말하고 그 아름다움을 칭찬하였을 뿐만이 아닌데 무엇이 혐의쩍어서 피했겠는가." 라고 하였다.

禹가 말하기를 "아, 그럴 수 있을까. 다 이와 같이 하는 것은 帝堯도 어렵게 여기셨으니,

【傳】 言帝堯도 亦以知人安民爲難이라 故曰吁라

帝堯도 사람을 알아보고 백성을 편안하게 함을 어렵게 여겼기 때문에 '吁'라고 했다고 말한 것이다.

知人則哲이라 能官人하며 安民則惠라 黎民이 懷之하리니

사람을 알아보면 명철한 것이므로 적임자를 벼슬시킬 수 있을 것이며, 백성을 편안하게 하면 은혜로운 것이므로 백성들이 그리워할 것이니,

【傳】 哲은 智也라 無所不知라 故로 能官人이라 惠는 愛也라 愛則民歸之라

哲은 智의 뜻이다. 모르는 것이 없기 때문에 적임자를 벼슬시킬 수 있는 것이다. 惠는 愛의 뜻이다. 사랑하면 백성들이 귀의하는 것이다.

能哲而惠면 何憂乎驩兜며

임금이 명철하고 은혜롭다면 驩兜 같은 자를 어찌 걱정하겠으며,

【傳】 佞人亂(眞)〔德〕[1]하니 堯憂其敗政이라 故로 流放之라

1) (眞)〔德〕: 저본에는 '眞'으로 되어 있으나, 四庫本에 의거하여 '德'으로 바로잡았다.

아첨하는 사람은 德을 어지럽히니, 堯임금은 그가 정사를 망칠까 걱정하였다. 그러므로 그를 귀양 보낸 것이다.

何遷乎有苗며 何畏乎巧言令色孔壬[1]이리오

1) 壬 : 孔傳에서는 '佞'의 뜻으로 보고, 蔡傳에서는 '흉악한 마음을 품은 것'으로 해석하였는데, 洪奭周는 ≪尙書補傳≫에서 "옛글자는 대부분 서로 비슷한 것을 가지고 통용하였으니, 이를테면 辟은 僻이 되고, 孫은 遜이 됨과 같은 것이 이것이다. 壬도 마땅히 '色厲內荏(외모는 위엄이 있지만 내심은 유약함)'과 '荏染柔木(연약한 부드러운 나무)'의 荏처럼 柔弱으로 풀이해야 한다. 임금이 마땅히 두려워해야 할 대상은 剛嚴한 신하가 아니고 바로 柔弱한 사람이다. 李林甫와 秦檜가 왕명을 마음대로 한 것이나, 田常과 王莽이 나라를 훔친 것은, 그 시초에는 모두 柔弱으로 진출하지 않은 자가 없었으니, 참으로 두려워할 만하다." 라고 하였다.

有苗의 군장을 어찌 귀양 보내겠으며, 말을 듣기 좋게 늘어놓고 얼굴빛을 보기 좋게 잘 꾸며 매우 간사한 자를 어찌 두려워하겠는가."라고 하셨다.

【傳】 孔은 甚也라 巧言은 靜言庸違요 令色은 象恭滔天이라 禹言有苗驩兜之徒는 甚佞如此하니 堯畏其亂政이라 故로 遷放之라

孔은 甚의 뜻이다. 巧言은 바로 '靜言庸違(말은 곧잘 하지만 행동은 말과 위배됨)'하는 것이고, 令色은 바로 '象恭滔天(용모는 공손하나 마음은 오만함)'하는 것이다. 禹가 "有苗와 驩兜의 무리는 매우 간사한 것이 이와 같으니,그들이 정사를 어지럽힐까 두려워했기 때문에 堯임금이 귀양 보냈다."라고 말한 것이다.

【疏】 '皐陶曰都在'至'孔壬' ○ 正義曰 : 皐陶以禹然其言, 更述修身親親之道, 歎而言曰 "人君行此道者, 在於知人善惡, 擇善而信任之, 在於能安下民, 爲政以安定之也." 禹聞此言, 乃驚而言曰 "吁. 人君皆如是, 能知人, 能安民, 惟帝堯猶其難之, 況餘人乎. 知人善惡, 則爲大智, 能用官, 得其人矣, 能安下民, 則爲惠政, 衆民皆歸之矣, 此甚不易也. 若帝堯能智而惠, 則當朝無姦佞, 何憂懼於驩兜之佞而流放之, 何須遷徙於有苗之君, 何所畏懼於彼巧言令色爲甚佞之人." 三凶見惡, 帝堯方始去之, 是知人之難.

經의 〔皐陶曰都在〕에서 〔孔壬〕까지

○ 正義曰 : 皐陶는 禹가 자신의 말을 옳다고 인정하였기 때문에 다시 몸을 닦고 친족을 친애하는 방법을 서술하고는 한탄하면서 말하기를 "임금이 이 방법을 행하는 것은 사람의 착함과 악함을 파악하여 착한 사람을 골라서 믿고 맡기는 데에 달려있고 능히 백성을 편안하게 하는 데에 달려있으니, 정사를 잘 해서 안정시켜야 합니다."라고 하였다. 禹가 이 말을 듣고 깜짝 놀라며 말하기를 "아, 그럴 수 있을까. 임금이 다 이와 같이 능히

사람을 알아보고 능히 백성을 편안하게 하는 일은 帝堯도 오히려 그것을 어렵게 여겼는데, 하물며 여타 사람이야 말할 것이 있겠는가. 사람의 선함과 악함을 알아보면 크게 지혜로운 것이므로 관직에 임용할 때 적임자를 얻을 수 있고, 능히 백성을 편안하게 하면 은혜로운 정치를 하는 것이므로 백성들이 모두 돌아올 것이니, 이는 매우 쉽지 않은 일이다. 만일 帝堯가 능히 지혜롭고 은혜로웠다면 당시 조정에 간사하고 아첨한 사람이 없었을 것인데, 어찌 驩兜의 아첨을 두려워하여 귀양을 보내겠으며, 어찌 有苗의 군장을 귀양 보낼 필요가 있겠으며, 어찌 말을 듣기 좋게 늘어놓고 얼굴빛을 보기 좋게 잘 꾸며 매우 간사한 자를 두려워하겠는가."라고 하였다. 세 흉인이 악을 드러내자 帝堯가 비로소 그들을 제거하였으니, 이것이 사람을 알아보기 어려운 점이다.

【疏】 ○ 傳'哲智'至'歸之' ○ 正義曰 : '哲 智', 釋言文. 舍人曰 "哲, 大智也." 無所不知, 知人之善惡, 是能官人. '惠 愛', 釋詁文. 君愛民則民歸之.

○ 傳의 〔哲智〕에서 〔歸之〕까지

○ 正義曰 : 〔哲 智〕 ≪爾雅≫ 〈釋言〉의 글이다. 舍人이 말하기를 "哲은 큰 지혜이다." 라고 하였으니, 모르는 바가 없어서 사람의 선함과 악함을 알아보는 것이 적임자를 벼슬시킬 수 있는 것이다.

〔惠 愛〕 〈釋詁〉의 글이다. 임금이 백성을 사랑하면 백성이 귀의하는 것이다.

【疏】 ○ 傳'孔甚'至'放之' ○ 正義曰 : '孔 甚', 釋(詁)〔言〕[1]文. 上句既言驩兜·有苗, 則此'巧言令色', 共工之行也, 故以堯典共工之事解之. "巧言, 靜言庸違"也, "令色, 象恭滔天"也. '孔壬'之文, 在三人之下, 總上三人皆甚佞也. '苗'言其名, '巧言令色'言其行, 令其文首尾互相見, 故傳通言之. '禹言有苗驩兜之徒甚佞如此 堯畏其亂政 故遷放之.' 傳不言共工, 故云'之徒'以包之. 遷與憂·畏, 亦互相承言, 畏之而憂, 乃遷之也. 四凶惟言三者, 馬融云 "禹爲父隱, 故不言鯀也."

1) (詁)〔言〕 : 저본에는 '詁'로 되어 있으나, ≪爾雅≫에 의거하여 '言'으로 바로잡았다.

○ 傳의 〔孔甚〕에서 〔放之〕까지

○ 正義曰 : 〔孔 甚〕 ≪爾雅≫ 〈釋言〉의 글이다. 上句에서 이미 驩兜와 有苗를 말하였으니, 여기의 '巧言令色'은 共工의 행동이다. 그러므로 〈堯典〉에 있는 共工의 일을 가지고 해석하여 "巧言은 靜言庸違이다.(말을 곧잘 하지만 행동은 말과 위배됨)"라 하고, "令色은

象恭滔天(용모는 공손하나 마음은 오만함)이다."라고 하였다. '孔壬'이란 글이 세 사람의 아래에 있으니 위의 세 사람이 다 매우 간사함을 총괄한 것이다. '苗'는 그 이름을 말한 것이고, '巧言令色'은 그 행동을 말한 것이니, 그 글이 首尾가 서로 나타나게 하려고 하였기 때문에 傳에서 통틀어 말한 것이다.

〔禹言有苗驩兜之徒甚佞如此 堯畏其亂政 故遷放之〕傳에서 共工을 말하지 않았기 때문에 '之徒'를 붙여서 포괄한 것이다. 遷은 憂·畏와 함께 또한 서로 이어받아 말한 것이니, 두려워하고 걱정하기 때문에 이에 귀양 보낸 것이다. 四凶에서 셋만 말한 것에 대하여 馬融은 "禹가 아버지를 위해 숨겼기 때문에 鯀을 말하지 않은 것이다."라고 하였다.

皐陶曰 都라 亦[1)]行有九德하니

1) 亦 : 蔡傳에서는 '總'의 뜻으로 보았다.

皐陶가 말하였다. "아, 훌륭한 말씀입니다. 또한 행실에 아홉 가지 德이 있으니,

【傳】 言人性은 行有九德하니 以考察眞僞則可知라

사람의 성품은 실행에 아홉 가지 德이 있으니, 眞僞를 고찰하면 알 수 있을 것이란 말이다.

亦言其人有德엔 乃言曰載采采니이다

또한 그 사람이 가지고 있는 덕을 말할 때에는 그가 행한 것이 어떠어떠한 일이라고 말해야 될 것입니다."

【傳】 載는 行이요 采는 事也라 稱其人有德엔 必言其所行某事某事以爲驗이라

載는 行의 뜻이요, 采는 事의 뜻이다. 그 사람이 가지고 있는 덕을 말할 때에는 반드시 그가 행한 것이 어떠어떠한 일임을 말해서 징험하는 것이다.

【疏】 '皐陶'至'采采' ○ 正義曰 : 禹旣言知人爲難, 皐陶又言行之有術, 故言曰 "嗚呼. 人性雖則難知, 亦當考察其所行有九種之德. 人欲稱薦人者, 不直言可用而已, 亦當言其人有德. 問其德之狀, 乃言曰其德之所行某事某事. 以所行之事爲九德之驗, 如此則可知也."

經의 〔皐陶〕에서 〔采采〕까지

○ 正義曰 : 禹가 이미 사람을 알아보기 어려운 점을 말했고, 皐陶가 또 행하는 데에 방법이 있음을 말하였다. 그러므로 "아. 사람의 성품은 비록 알기 어려우나 또한 마땅히 그가 행한 바에 아홉 가지 德이 있는가를 고찰해야 한다. 남에게 사람을 추천하고자 하는 사람은 다만 쓸 만한 사람이라고만 말해서는 안 되니, 또한 마땅히 그 사람이 가지고 있는 德을 말해야 한다. 그 德의 실상을 묻거든 곧 '그 德 중에 행한 것은 어떤 일 어떤 일이다.'라고 말해서 〈그 사람이〉 행한 일을 아홉 가지 德의 징험으로 삼아야 한다. 이와 같이 하면 〈그 사람의 됨됨이를〉 알 수 있다."라고 한 것이다.

【疏】 ○ 傳'言人'至'可知' ○ 正義曰 : '言人性行有九德', 下文所云是也. 如此九者, 考察其眞僞, 則人之善惡皆可知矣. 然則皐陶之賢不及帝堯遠矣. 皐陶知有此術, 帝堯無容不知, 而有四凶在朝, 禹言帝難之者. 堯朝之有四凶, 晦迹以顯舜爾. 禹言惟帝難之, 說彼甚佞, 因其成敗以示敎法, 欲開皐陶之志, 故擧大事以爲戒, 非是此實甚佞, 堯不能知也. 顧氏亦云 "堯實不以此爲難. 今云難者, 俯同流俗之稱也."

○ 傳의 〔言人〕에서 〔可知〕까지

○ 正義曰 : 〔言人性行有九德〕 下文에서 말한 것이 이것이다. 이와 같은 아홉 가지에 대하여 그 진위를 고찰한다면 사람의 선악을 모두 알 수 있을 것이다. 그렇다면 皐陶의 어짊이 帝堯에 매우 미치지 못할 것이다. 皐陶는 이 방법이 있는 것을 알았고 帝堯는 아예 모르는 게 없었을 것인데도 四凶이 그 조정에 있었기 때문에 禹가 "帝堯도 어렵게 여기셨다."라고 한 것이다. 그러나 堯임금 조정에 있는 四凶은 자취를 숨겨 舜을 드러냈을 뿐이다. 禹가 "帝堯도 어렵게 여기셨다."라고 말한 것은 저 四凶이 몹시 아첨하는 것을 말함에 그 성패로 인하여 敎法을 보여 皐陶의 뜻을 열어주려 하였기 때문에 큰일을 들어 경계한 것이지, 四凶이 실제로 매우 간사했는데 堯가 능히 알지 못한 것은 아니다. 顧氏(顧彪)도 "堯는 실제로 이것을 어렵게 여기지 않았다. 지금 '어렵다'고 이른 것은 아래로 流俗과 같이함을 일컫는 것이다."라고 하였다.

【疏】 ○ 傳'載行'至'爲驗' ○ 正義曰 : 載者, 運行之義, 故爲行也. 此謂薦擧人者, 稱其人有德, 欲使在上用之, 必須言其所行之事, 云見此人, 常行其某事某事, 由此所行之事, 以爲有德之驗. 論語云 "如有所譽者, 其有所試矣." 是言試之於事, 乃可知其德.

○ 傳의 〔載行〕에서 〔爲驗〕까지

○ 正義曰 : 載는 運行의 뜻이기 때문에 行이라고 한 것이다. 이는 "사람을 천거하는 자는 그 사람이 가지고 있는 德을 일컬어서 위에 있는 사람으로 하여금 그를 임용하게 하려는 것이니, 반드시 모름지기 그 사람이 행한 일을 말하되 '이 사람을 보면 항상 어떤 일 어떤 일을 행한다.'고 해서, 그가 행한 일을 그가 가지고 있는 德의 징험으로 삼아야 한다."라고 한 것이다. ≪論語≫ 〈衛靈公〉에 "〈내가〉 만일 칭찬해준 사람이 있다면 아마도 〈내가 그 사람을〉 시험해본 바가 있기 때문이다."라고 하였으니, 이는 일에 시험해서 그 德을 알 수 있음을 말한 것이다.

禹曰 何오

禹가 "무엇을 말하는가?"라고 하자,

【傳】 問九德品例라

아홉 가지 德의 品例를 물은 것이다.

皐陶曰 寬而栗하며

皐陶가 말하였다. "너그러우면서도 장엄하며,

【傳】 性寬弘而能莊栗이라

성품이 寬弘하면서도 능히 장엄한 것이다.

柔而立하며

부드러우면서도 확립하며,

【傳】 和柔而能立事라

和柔하면서도 능히 일을 확립하는 것이다.

愿而恭하며

정성스러우면서도 공손하며,

【傳】 愨愿而恭恪이라

정성스러우면서도 공손한 것이다.

亂而敬하며

잘 다스리면서도 공경하며,

【傳】 亂은 治也라 有治而能謹敬이라

亂은 治의 뜻이다. 잘 다스리면서도 능히 삼가고 공경하는 것이다.

擾而毅하며

온순하면서도 굳세며,

【傳】 擾는 順也요 致果爲毅라

擾는 順(馴)의 뜻이요, 과감하게 수행하는 것을 毅라고 한다.

直而溫하며

곧으면서도 온화하며,

【傳】 行正直而氣溫和라

행실이 정직하면서도 기품이 온화한 것이다.

簡而廉하며

簡大하면서도 모가 나며,

【傳】 性簡大而有廉隅라

성품이 簡大하면서도 廉隅가 있는 것이다.

剛而塞하며

剛斷하면서도 충실하며,

【傳】 剛斷而實塞이라

剛斷하면서도 속이 충실한 것이다.

彊而義니

강하면서도 의로운 것이니,

【傳】 無所屈撓요 動必合義라

굽히는 바가 없고, 움직이면 반드시 義에 합하는 것이다.

彰厥有常이면 吉哉[1)]니이다

1) 彰厥有常 吉哉 : 蔡傳에서는 彰을 著의 뜻으로 보아 "成德이 몸에 드러나고 또 처음부터 끝까지 일정하게 소유하는 자가 아름다운 선비이다.〔成德著之於身 而又始終有常 其吉士矣哉〕"라고 풀이하였다. 조선시대 吳熙常은 ≪老洲集≫ 〈讀書隨記〉에서 "彰厥有常의 常은 마땅히 典常의 常으로 보아야 하는데,……蔡傳에서는 始終을 가지고 有常을 해석하였으니, 뜻에 부족할 듯싶다."라고 하였고, 洪奭周는 ≪尙書補傳≫에서 "彰은 顯用의 뜻이니, 〈畢命〉에서 말한 '착한 사람에게는 표창을 하고 악한 사람에게는 불이익을 준다.'는 것과 ≪孟子≫ 〈告子 下〉에서 말한 '어진 이를 존중하고 인재를 육성하여 德을 가진 사람을 표창하라.'는 것이 이것이다. 실제로 이 德을 가진 자는 반드시 항구불변한 법이니, 德을 가지고 있더라도 능히 항구적으로 보유하지 않으면 實德이 아니다. 그러므로 '彰厥有常'이라 한 것이니, 반드시 그 常德을 가진 자를 임용함을 말한 것이다. 蔡傳에서 '이것들을 몸에 뚜렷이 드러내고 또 처음부터 끝까지 일정하게 소유한다.'라고 한 것은, 뜻은 또한 통할 수 있으나 '厥'字의 해석에 순조롭지 못한 듯싶다."라고 하였다.

그 常道를 밝게 알면 정사가 잘 될 것입니다.

【傳】 彰은 明이요 吉은 善也라 明九德之常하여 以擇人而官之면 則政之善이라

彰은 明의 뜻이요, 吉은 善의 뜻이다. 아홉 가지 德의 常道를 밝게 알아서 사람을 택하여 벼슬을 시키면 정사가 잘 된다는 것이다.

【疏】'禹曰'至'吉哉' ○ 正義曰：皐陶旣言其九德, 禹乃問其品例曰"何謂也." 皐陶曰"人性有寬弘而能莊栗也, 和柔而能立事也, 慤愿而能恭恪也, 治理而能謹敬也, 和順而能果毅也, 正直而能溫和也, 簡大而有廉隅也, 剛斷而能實塞也, 强勁而合道義也. 人性不同, 有此九德. 人君明其九德所有之常, 以此擇人而官之, 則爲政之善哉."

經의 〔禹曰〕에서 〔吉哉〕까지

○ 正義曰：皐陶가 이미 그 아홉 가지 德을 말하자, 禹가 곧 그 品例를 묻기를 "무엇을 말하는가?"라고 하니, 皐陶가 말하기를 "사람의 성품은 "너그러우면서도 장엄할 수 있으며, 부드러우면서도 확립할 수 있으며, 정성스러우면서도 공손할 수 있으며, 잘 다스리면서도 경건할 수 있으며, 온순하면서도 굳셀 수 있으며, 곧으면서도 온화할 수 있으며, 簡大하면서도 모가 날 수 있으며, 剛斷하면서도 충실할 수 있으며, 강하면서도 道義에 합할 수 있는 것입니다. 사람의 성품은 동일하지 않으니 이 아홉 가지 덕이 있는 것입니다. 임금이, 사람이 가지고 있는 아홉 가지 덕의 常道를 밝게 알아서 이것을 가지고 사람을 골라 벼슬을 시킨다면 정치가 잘 될 것입니다."라고 한 것이다.

【疏】○ 傳'性寬'至'莊栗' ○ 正義曰：此九德之文, 舜典云"寬而栗, 直而溫."[1] 與此正同. 彼云"剛而無虐, 簡而無傲." 與此小異. 彼言'剛失(之)〔入〕[2]虐.' 此言'剛斷而能實塞.' '實塞'亦是不爲虐. 彼言'簡失(之)〔入〕傲.' 此言'簡大而有廉隅.' '廉隅'亦是不爲傲也. 九德皆人性也. 鄭玄云"凡人之性有異, 有其上者, 不必有下, 有其下者, 不必有上, 上下[3]相協, 乃成其德." 是言上下以相對, 各令以相對, 兼而有之, 乃爲一德. 此二者, 雖是本性, 亦可以長短自矯. 寬弘者, 失於緩慢, 故性寬弘而能矜莊嚴栗, 乃成一德. 九者皆然也.

1) 寬而栗 直而溫：〈舜典〉에는 '直而溫 寬而栗'로 되어 있다.
2) (之)〔入〕：저본에는 '之'로 되어 있으나, 四庫本에 의거하여 '入'으로 바로잡았다. 아래도 같다.
3) 上下：여기의 上과 下는, 예를 들어 '寬而栗'의 경우 上은 寬을 가리키고 下는 栗을 가리킨다. 즉 上은 柔性이고 下는 剛性이다.

○ 傳의 〔性寬〕에서 〔莊栗〕까지

○ 正義曰：이 아홉 가지 덕에 관한 글은, 〈舜典〉에서 말한 "너그러우면서 엄격하고 정직하면서 온화하다."라는 것은 여기(〈皐陶謨〉)의 것과 똑같고, 저기(〈舜典〉)에서 말한 "강

하되 포악함이 없으며 단순하되 오만함이 없게 하라."는 것은 여기의 것과 조금 다르다. 저기의 孔傳에서는 '剛强의 失錯은 苛虐에 빠져들고'로 풀이하였고, 여기의 孔傳에서는 "剛斷하면서도 속이 충실한 것이다."로 풀이하였는데, 實塞은 역시 虐이 되지 않는다. 저기의 孔傳에서는 '簡易(간이)의 失錯은 傲慢에 빠져드니'로 풀이하였고, 여기의 孔傳에서는 '〈성품이〉 簡大하면서도 廉隅가 있는 것이다.'로 풀이하였는데, 廉隅 역시 傲가 되지 않는다. 아홉 가지 덕은 모두 사람의 성품이다.

鄭玄은 "무릇 사람의 성품에는 차이가 있으니, 강한 성품이 있는 사람은 꼭 유한 성품이 있지는 못하고 유한 성품이 있는 사람은 꼭 강한 성품이 있지는 못하다. 강한 성품과 유한 성품이 서로 타협하여야 곧 그 德을 이룬다."라고 하였다. 이는 강한 성품과 유한 성품을 말해서 서로 대를 맞춘 것이니, 각각 서로 대가 되는 것을 겸해서 소유하도록 하여야 곧 一德이 되는 것이다. 이 두 가지는 비록 本性이지만, 또한 長短을 가지고 스스로 교정할 수 있는 것이다. 寬弘한 사람은 緩慢한 데서 실착하기 때문에 성품이 寬弘하면서도 능히 矜莊하고 嚴栗하여야 곧 一德을 이루는 것이다. 아홉 가지가 다 그렇다.

【疏】○ 傳'慤愿而恭恪' ○ 正義曰：愿者, 慤謹良善之名. 謹愿者, 失於遲鈍, 貌或不恭, 故慤愿而能恭恪, 乃爲德.

○ 傳의 〔慤愿而恭恪〕

○ 正義曰：愿은 慤謹하고 良善함을 이르는 명칭이다. 謹愿한 사람은 遲鈍에서 실착하여 모습이 혹 불공하기 때문에 정성스러우면서도 능히 공손하여야 곧 德이 되는 것이다.

【疏】○ 傳'亂治'至'謹敬' ○ 正義曰：'亂 治', 釋詁文. 有能治者, 謂才高於人也, 堪撥煩理劇者也. 負才輕物, 人之常性, 故有治而能謹敬, 乃爲德也. 愿言恭, 治云敬者, 恭在貌, 敬在心. 愿者遲鈍, 外失於儀, 故言恭以表貌, 治者輕物, 內失於心, 故稱敬以顯情. 恭與敬, 其事亦通, 愿其貌恭而心敬也.

○ 傳의 〔亂治〕에서 〔謹敬〕까지

○ 正義曰：〔亂 治〕 ≪爾雅≫ 〈釋詁〉의 글이다. 잘 다스리는 사람은 재주가 여느 사람보다 뛰어남을 이르니, 번거롭고 어려운 일을 충분히 처리한다. 재주를 믿고 사물을 경시하는 것은 사람의 常性이기 때문에 능히 謹敬하여야 곧 德이 되는 것이다. 愿에 대해서

恭을 말하고, 治에 대해서 敬을 이른 것은 恭은 모습에 달려있고 敬은 마음에 달려있기 때문이다. 謹愿한 사람은 遲鈍하여 밖으로 儀表에서 실착하기 때문에 恭을 말해서 모습을 표현하였고, 다스리는 사람은 사물을 경시하여 안으로 마음에서 실착하기 때문에 敬을 칭해서 정감을 나타낸 것이다. 恭과 敬은 그 일이 또한 통하니, 愿은 그 모습이 공손하면서 마음이 경건한 것이다.

【疏】○傳'擾順'至'爲毅' ○正義曰：周禮大宰云"以擾萬民." 鄭玄云"擾, 猶馴也." 司徒云"安擾邦國." 鄭云"擾, 亦安也." 擾是安馴之義, 故爲順也. '致果爲毅', 宣二年左傳文. 彼文以殺敵爲果, 致果爲毅, 謂能致果敢殺敵之心, 是爲强(貌)〔毅〕[1]也. 和順者失於不斷, 故順而能決, 乃爲德也.

1) (貌)〔毅〕: 저본에는 '貌'로 되어 있으나, 四庫本에 의거하여 '毅'로 바로잡았다.

○ 傳의 〔擾順〕에서 〔爲毅〕까지

○ 正義曰：≪周禮≫ 〈大宰〉에 "만백성을 길들인다(순화시킨다)."라고 하였는데, 鄭玄이 "擾는 馴과 같은 뜻이다."라고 하였고, ≪周禮≫ 〈司徒〉에 "큰 나라와 작은 나라들을 편안하게 한다."라고 하였는데, 鄭玄이 "擾는 또한 安의 뜻이다."라고 하였다. 擾는 安과 馴의 뜻이기 때문에 順이라고 한 것이다.

〔致果爲毅〕 ≪春秋≫ 宣公 2년조 ≪左氏傳≫의 글이다. 저 ≪春秋左氏傳≫의 글에서는 敵을 죽이는 것을 '果'라 하였으나, 〈여기의〉 '致果爲毅'는 능히 과감하게 수행하여 감히 敵을 죽이는 마음을 이르니, 이것이 强毅가 된다. 和順한 사람은 우유부단함에서 실착하기 때문에 화순하면서도 능히 결단하여야 곧 德이 되는 것이다.

【疏】○傳'性簡'至'廉隅' ○正義曰：簡者, 寬大率略之名. 志遠者遺近, 務大者輕細, 弘大者失于不謹, 細行者不修廉隅, 故簡大而有廉隅, 乃爲德也.

○ 傳의 〔性簡〕에서 〔廉隅〕까지

○ 正義曰：簡은 寬大하고 率略함을 이르는 명칭이다. 먼 것에 뜻을 둔 사람은 가까운 것을 빠뜨리고, 큰 것을 힘쓰는 사람은 작은 것을 경시하니, 弘大(마음이 너그럽고 도량이 큼)한 사람은 不謹에 실착하고, 細行(작은 행실을 삼감)한 사람은 廉隅를 닦지 않기 때문에 簡大하면서도 廉隅가 있어야 곧 德이 되는 것이다.

【疏】○傳'剛斷'至'實塞' ○正義曰：塞, 訓實也. 剛而能斷, 失於空疎, 必性剛正而內充實, 乃爲德也.

○ 傳의 〔剛斷〕에서 〔實塞〕까지

○ 正義曰 : 塞은 實의 뜻으로 풀이하였다. 剛하면서 능히 결단하면 空疎에서 실착하게 되니, 반드시 성품이 剛正하면서 속이 充實하여야 곧 德이 되는 것이다.

【疏】 ○ 傳'無所'至'合義' ○ 正義曰 : 强直自立, 無所屈撓, 或任情違理, 失於事宜, 動合道義, 乃爲德也. 鄭注論語云 "剛謂强, 志不屈撓." 卽剛・强義同, 此剛・强異者, 剛是性也, 强是志也. 當官而行, 無所避忌, 剛也. 執己所是, 不爲衆撓, 强也. 剛・强相近, 鄭連言之. 寬謂度量寬弘, 柔謂性行和柔, 擾謂事理擾順, 三者相類, 卽洪範云'柔克'也. 愿謂容貌恭正, 亂謂剛柔治理, 直謂身行正直, 三者相類, 卽洪範云'正直'也. 簡謂器量凝簡, 剛謂事理剛斷, 强謂性行堅强, 三者相類, 卽洪範云'剛克'也. 而九德之次, 從柔而至剛也. 惟擾而毅, 在愿・亂之下耳. 其洪範三德, 先人事而後天地, 與此不同.

○ 傳의 〔無所〕에서 〔合義〕까지

○ 正義曰 : 强直하게 自立하면 흔들리는 바가 없으나 혹 마음 내키는 대로 행동하여 이치를 어기면 事宜에 실착하게 되니, 행동이 道義에 합하게 하여야 곧 德이 되는 것이다. 鄭玄이 ≪論語≫에 주를 달기를 "剛은 强을 이르니, 뜻이 굽히거나 흔들리지 않는 것이다."라고 하였다. 곧 剛과 强(彊)은 뜻이 동일하나 여기의 剛과 强이 다른 것은 剛은 性을 뜻하고, 强은 志를 뜻하기 때문이다. 관직에 있으면서 행동할 때에 피하거나 꺼리는 바가 없는 것은 剛에 해당하고, 자기의 소신을 고집하여 대중 앞에 흔들리지 않는 것은 强에 해당한다. 剛과 强은 서로 비슷한 성질의 것이기 때문에 鄭玄이 연달아서 말한 것이다.

寬은 度量이 寬弘함을 이르고, 柔는 性行이 和柔함을 이르고, 擾는 事理가 擾順함을 이르니, 이 세 가지는 서로 비슷한 성질의 것으로서, 곧 〈洪範〉에서 말한 '柔克(유순한 방법으로 다스림)'이다. 愿은 容貌가 恭正함을 이르고, 亂은 剛柔가 다스려짐을 이르고, 直은 행동이 정직함을 이르니, 이 세 가지는 서로 비슷한 성질의 것으로서, 곧 〈洪範〉에서 말한 '正直(정직한 방법으로 다스림)'이다. 簡은 器量이 凝簡(장중하고 질박)함을 이르고, 剛은 事理가 剛斷함을 이르고, 强은 性行이 堅强함을 이르니, 이 세 가지는 서로 비슷한 성질의 것으로서, 곧 〈洪範〉에서 말한 '剛克(강경한 방법으로 다스림)'이다. 아홉 가지 德의 차례는 柔를 좇아서 剛에 이른다. 오직 '擾而毅'만이 愿과 亂의 아래에 있을 뿐이다. 〈洪範〉의 세 가지 德은 人事에 관한 것을 먼저 다루고 天地에 관한 것을 뒤에 다루었으니, 여기와는 같지 않다.

【疏】 ○ 傳'彰明'至'之善' ○ 正義曰 : '彰 明'·'吉 善', 常訓也. 此句言用人之義. 所言九德, 謂彼人常能然者. 若暫能爲之, 未成爲德. 故人君取士, 必明其九德之常, 知其人常能行之, 然後以此九者之法, 擇人而官之, 則爲政之善也. 明謂人君明知之. 王肅云"明其有常則善也, 言有德當有恒也." 其意亦言彼能有常, 人君能明之也. 鄭云"人能明其德, 所行使有常, 則成善人矣." 其意謂彼人自明之, 與孔異也.

○ 傳의 〔彰明〕에서 〔之善〕까지

○ 正義曰 : 〔彰 明〕〔吉 善〕 일반적인 풀이이다. 이 문구는 사람을 임용하는 뜻을 말하였다. 여기서 말한 '아홉 가지 덕'은 저 사람(임용대상자)이 항상 능히 그렇게 하는 것을 이른다. 만일 잠시만 능히 그렇게 한다면 德을 이루지 못한다. 그러므로 임금이 관직에 임용할 사람을 취할 때에는 반드시 그 아홉 가지 덕의 常道를 밝게 알아서 그 사람이 항상 능히 행하는 것을 알고 난 뒤에 이 아홉 가지 법을 가지고 사람을 택하여 벼슬을 시킨다면 정사가 잘 될 것이다. 明은 임금이 밝게 아는 것을 이른다.

王肅은 "'그 常道를 밝게 알면 정사가 잘 될 것이다.'라고 한 것은 가지고 있는 덕을 항구적으로 가져야 함을 말한 것이다."라고 하였으니, 그 뜻은 또한 저 사람이 능히 〈덕을〉 항구적으로 가진 것을 임금이 능히 밝게 알아야 함을 말한 것이다. 鄭玄은 "사람이 능히 그 덕을 밝혔을 경우, 행하는 바에 항구적으로 있게 하면 착한 사람을 이룰 것이다."라고 하였으니, 그 뜻은 저 사람이 스스로 밝힘을 이른 것이니, 孔氏(孔安國)의 풀이와 다르다.

日宣三德하되 夙夜라가 浚明하면 有家[1)]하리며

1) 日宣三德……浚明有家 : 蔡傳에서는 浚을 治의 뜻으로 보아 '나날이 세 가지 德을 밝힐 자격을 가진 사람은 밤낮으로 소유한 집을 다스려 밝힐 것이며'라고 풀이하였다.

나날이 세 가지 德을 펴서 행하되 밤새도록 생각했다가 날이 밝기를 기다려서 행하면 卿大夫가 될 수 있을 것이며,

【傳】 三德은 九德之中에 有其三이라 宣은 布요 夙은 早요 浚은 須也라 卿大夫를 稱家라 言能日日布行三德하되 早夜思之라가 須明行之면 可以爲卿大夫라 ○ 浚은 馬云 大也라하니라

三德은 아홉 가지 德 가운데 그 세 가지가 있는 것이다. 宣은 布의 뜻이요, 夙은 早의 뜻이요, 浚은 須(기다림)의 뜻이다. 卿大夫를 家라고 칭한다. 능히 날마다 세 가지 德을 펴서 행하되 밤새도록 생각했다가 날이 밝기를 기다려서 행하면 卿大夫가 될 수 있다고 말한 것이다.

○ 浚은 馬融이 "大의 뜻이다."라고 하였다.

日嚴祗하고 敬六德하여 亮采면 有邦[1)]하리니

1) 日嚴祗……有邦 : 蔡傳에서는 亮采를 나라의 정사가 밝게 다스려지는 뜻을 말한 것으로 보아 '나날이 엄격히 여섯 가지 德을 공경할 자격을 가진 사람은 소유한 나라의 일을 밝힐 것이니'라고 풀이하였다.

날마다 몸을 엄하고 경건하게 가지고, 여섯 가지 德을 경건하게 행하여 진실로 정사를 다스리면 諸侯가 될 것이니,

【傳】 有國은 諸侯라 日日嚴敬其身하고 敬行六德하여 以信治政事면 則可以爲諸侯라

有國은 諸侯이다. 날마다 그 몸을 엄하고 경건하게 가지고, 여섯 가지 德을 경건하게 행하여 진실로 정사를 다스리면 諸侯가 될 수 있다는 것이다.

翕受敷施하고 九德咸事라 俊乂[1)]在官하여

1) 俊乂 : 蔡傳에서는 馬融과 鄭玄 등을 따라 '俊'은 천 명 중에 뛰어난 인재, '乂'는 백 명 중에 뛰어난 인재로 보았다.

이들을 모두 수용하여 政敎를 布施하고 아홉 가지 德을 가진 사람들이 모두 일을 할 수 있게 할 것입니다. 준수한 덕을 가지고 잘 다스릴 인사들이 각각 관직에 포진해 있어서

【傳】 翕은 (和)〔合〕[1)]也라 能合受三六之德而用之하여 以布施政敎하고 使九德之人으로 皆用事라 謂天子如此면 則俊德治能之士가 竝在官이라 ○ 俊乂는 馬曰 千人曰俊이요 百人曰乂라하니라

1) (和)〔合〕: 저본에는 '和'로 되어 있으나, 孔疏 및 汲古閣本에 의거하여 '合'으로 바로잡았다.

翕은 合의 뜻이다. 능히 〈경대부와 제후의〉 세 가지 德과 여섯 가지 德을 가진 사람들을 모두 수용하여 써서 政教를 布施하고 아홉 가지 德을 가진 사람들로 하여금 모두 用事하게 하는 것이다. 天子가 이와 같이 하면 준수한 덕을 가지고 잘 다스릴 인사들이 아울러 관직에 있게 됨을 이른 것이다.

○ 俊乂에 대하여 馬融은 "1,000명에 뛰어난 사람을 '俊'이라 하고, 100명에 뛰어난 사람을 '乂'라 한다."라고 하였다.

百僚師師하고 百工惟時[1)]하면

1) 百工惟時 : 蔡傳에서는 '百工이 모두 때맞추어 일에 달려가는 것이다.〔百工皆及時以趨事也〕'라고 풀이하였다.

百僚가 서로 스승으로 삼고 百工이 모두 옳은 일을 하면

【傳】 僚와 工은 皆官也라 師師는 相師法이요 百官皆是는 言政無非라 ○ 僚는 本又作寮라

僚와 工은 모두 관원이다. 師師는 서로 스승으로 받들어 본받는 것이다. 百官이 모두 옳은 일을 하는 것은 정사에 잘못됨이 없음을 말한 것이다.

○ '僚'는 어떤 本에 또 '寮'로 되어 있다.

撫于五辰(신)[1)]하여 庶績이 其凝하리이다

1) 撫于五辰(신) : 天時에 따라 人事를 수행하므로 木에 속한 봄의 경우는 은덕을 펼침으로써 木의 성질을 따르고, 火에 속한 여름의 경우는 백성에게 농사를 권장함으로써 火의 성질을 따르고, 金에 속한 가을의 경우는 暴慢을 禁誅함으로써 金의 성질을 따르고, 水에 속한 겨울의 경우는 거두어 저장함으로써 水의 성질을 따르며, 土는 四時에 붙여 왕성한 것이니, 사시의 일을 종합적으로 닦음으로써 土의 성질을 따르는 것이다.

〈百官이〉 五辰(五行)의 때를 순히 따르게 되어 모든 공적이 이루어질 것입니다.

【傳】 凝은 成也라 言百官皆撫順五行之時하여 衆功皆成이라 ○ 凝은 馬云 定也라하니라

凝은 成의 뜻이다. 百官이 모두 五行의 때를 순히 따르게 되어 모든 공이 다 이루어짐

을 말한 것이다.

○ 凝은 馬融이 "定의 뜻이다."라고 하였다.

【疏】'日宣'至'其凝' ○ 正義曰：臯陶旣陳人有九德, 宜擇而官之, 此又言官之所宜 "若人能日日宣布三德, 早夜思念而須明行之, 此人可以爲卿大夫, 使有家也. 若日日嚴敬其身, 又能敬行六德, 信能治理其事, 此人可以爲諸侯, 使有國也. 然後撫以天子之任, 合受有家有國三六之德而用之, 布施政教, 使九德之人皆得用事, 事各盡其能, 無所遺棄, 則天下俊德治能之士竝在官矣. 皆隨賢才任職, 百官各師其師, 轉相教誨, 則百官惟皆是矣, 無有非者. 以此撫順五行之時, 以化天下之民, 則衆功其皆成矣." 結上知人安民之意.

經의 〔日宣〕에서 〔其凝〕까지

○ 正義曰：臯陶는 이미 "사람에게 아홉 가지 德이 있으므로 마땅히 골라서 벼슬을 시켜야 한다."고 진달하였고, 여기서 또 벼슬아치로서 마땅히 해야 할 바를 말하기를 "만일 사람이 날마다 세 가지 덕을 펼치고 밤새도록 생각했다가 날이 밝기를 기다려서 행한다면 이 사람은 卿大夫가 될 만한 자격이 있으니 집을 소유하게 해야 한다. 만일 날마다 그 몸을 엄하고 경건하게 가지며, 또 능히 여섯 가지 덕을 경건히 행하여 진실로 능히 그 일을 다스린다면 이 사람은 諸侯가 될 만한 자격이 있으니 나라를 소유하게 해야 한다. 그런 연후에 天子의 책임을 가지고 어루만져주는 동시에 집을 소유하고 나라를 소유한 자들의 세 가지 덕과 여섯 가지 덕을 종합해서 받아가지고 써서 政敎를 펼쳐야 하며, 따라서 아홉 가지 덕을 가진 사람들로 하여금 모두 用事할 수 있게 해서 일들이 각각 그 기능을 다하여 유기된 바가 없도록 한다면 천하에 준수한 덕을 가지고 잘 다스릴 인사들이 모두 벼슬에 배치될 것이다. 이리하여 모두 덕과 재주의 정도에 따라 직사를 맡겨서 百官이 각각 〈서로〉 스승으로 받들고 서로들 가르친다면 百官이 모두 옳은 일을 하고 그른 일을 함이 없을 것이다. 이로써 五行의 때를 잘 따라 천하의 백성들을 교화한다면 모든 事功이 빠짐없이 이루어질 것이다."라고 하여, 위의 사람을 알아보고 백성을 편안하게 한다는 뜻을 매듭지었다.

【疏】○ 傳'三德'至'大夫' ○ 正義曰：此文承九德之下, 故知三德是九德之內課有其三也. 周語云 "宣布哲人之令德." 宣以布義, 故爲布也. "夙 早", 釋詁文. 又云 "須, 待也." 此經之意, 謂夜思之, 明旦行之, 須爲待之意, 故浚爲須也. 大夫受采邑, 賜氏族,立宗廟, 世不絶祀, 故稱家. 位不虛受, 非賢臣不可, 言能日日布行三德, 早夜思之, 待明行之, 如此念德不懈怠者, 乃可以爲大夫也. 以士卑, 故言不及也. 計有一德二德, 卽可以爲士也. 鄭以三德・六德, 皆亂而敬以下之文, 經無此意也.

○ 傳의 〔三德〕에서 〔大夫〕까지

○ 正義曰 : 이 문단은 '九德'의 아래를 이어받았기 때문에 세 가지 덕은 바로 아홉 가지 덕 중에 그 세 가지가 있다는 점을 안 것이다. ≪國語≫ 〈周語〉에 "哲人의 훌륭한 德을 널리 폈다."라고 하였으니, 宣이 布의 뜻이기 때문에 〈宣을〉 布라고 한 것이다.

〔夙 早〕 ≪爾雅≫ 〈釋詁〉의 글이다. 또 "須는 待의 뜻이다."라고 하였다. 이 經文의 뜻은 밤새도록 생각했다가 다음날 아침에 행하는 것을 이르니, 須가 待의 뜻이 된다. 그러므로 浚을 須라고 한 것이다. 大夫는 采邑을 받고 氏族을 하사받아 宗廟를 세우니, 대대로 제사가 끊어지지 않는다. 그러므로 '家'라고 칭한 것이다. 位는 헛되이 받는 것이 아니라 어진 신하가 아니면 불가하므로 "능히 날마다 세 가지 德을 펴서 행하되 밤새도록 생각했다가 날이 밝기를 기다려서 행한다."라고 말하였으니, 이와 같이 德을 생각하여 게으름을 부리지 않는 사람이라야 곧 大夫가 될 수 있는 것이다. 士는 신분이 낮기 때문에 언급하지 않았다. 그러나 계산상 한 가지 덕이나 두 가지 덕이 있으면 곧 士가 될 수 있다.

鄭玄은 세 가지 덕과 여섯 가지 덕을 모두 '亂而敬' 이하의 글로 보았는데, 經에 이런 뜻이 없다.

【疏】 ○ 傳'有國'至'諸侯' ○ 正義曰 : 天子分地建國, 諸侯專爲己有, 故有國謂諸侯也. 祗, 亦爲敬. 敬有二文, 上謂敬身, 下謂敬德, 嚴則敬之狀也. 故言"日日嚴敬其身, 敬行六德, 以信治政事, 則可以爲諸侯也." 諸侯大夫皆言日日者, 言人之行德, 不可暫時捨也. 臣當行君之令, 故早夜思之. 君是出令者, 故言敬身行德. 此文以小至大, 總以天子之事, 故先大夫而後諸侯.

○ 傳의 〔有國〕에서 〔諸侯〕까지

○ 正義曰 : 天子가 땅을 나누어 나라를 세우면 諸侯가 오로지 자기의 소유로 삼기 때문에 有國을 諸侯라 이른 것이다. 祗 또한 敬의 뜻이다. 敬에는 두 가지 형태의 글이 있으니, 위로는 敬身을 이르고, 아래로는 敬德을 이르니, 엄격하게 하면 敬의 상태이다. 그러므로 "날마다 그 몸을 엄하고 경건하게 가지고, 여섯 가지 德을 경건하게 행하여 진실

로 정사를 다스리면 諸侯가 될 수 있다."라고 말한 것이다. 諸侯와 大夫에 대하여 모두 '日日'을 말한 것은 사람이 덕을 행하는 일을 잠시도 그만둘 수 없음을 말한 것이다. 신하는 응당 임금의 명령을 행해야 하기 때문에 밤새도록 생각하는 것이다. 임금은 명령을 내는 분이기 때문에 敬身과 行德을 말한 것이다. 이 글은 작은 것으로써 큰 것에 이르렀는데, 모두 天子의 일이기 때문에 大夫를 먼저 다루고 諸侯를 뒤에 다룬 것이다.

【疏】 ○傳'翕合'至'在官' ○正義曰 : '翕 合', 釋詁文. 以文承三德·六德之下, 故言'合受三六之德而用之.' 以此人爲官, 令其布施政敎, 使此九德之人, 皆居官用事, 謂天子(也)〔各〕[1]任(之)〔其〕[2]所能. 大夫所行三德, 或在諸侯六德之內, 但竝此三六之德, 旣充九數, 故言九德. '皆用事', 謂用爲大夫, 用爲諸侯, 使之治民事也. 大夫諸侯當身自行之, 故言日宣·日嚴. 天子當任人使行之, 故言合受·而用之. 其實天子亦備九德, 故能任用三德·六德也, 則俊德治能之士竝在官矣. 乂訓爲治, 故云'治能.' 馬·王·鄭皆云"才德過千人爲俊, 百人爲乂."

1) (也)〔各〕: 저본에는 '也'로 되어 있으나, 四庫本에 의거하여 '各'으로 바로잡았다.
2) (之)〔其〕: 저본에는 '之'로 되어 있으나, 四庫本에 의거하여 '其'로 바로잡았다.

○傳의 〔翕合〕에서 〔在官〕까지

○正義曰 : 〔翕 合〕 ≪爾雅≫ 〈釋詁〉의 글이다. 글이 '三德'과 '六德'의 아래를 이어받았기 때문에 "세 가지 덕과 여섯 가지 덕을 가진 사람들을 모두 수용하여 쓴다."라고 말한 것이다. 이와 같은 사람을 벼슬을 시켜 政敎를 펴도록 하고, 아홉 가지 덕을 가진 사람으로 하여금 모두 관직에 있어 용사하게 했으니, 天子가 각각 유능한 사람을 임용했음을 이른 것이다. 大夫가 행하는 세 가지 덕이 혹 諸侯가 행하는 여섯 가지 덕 안에 들어있기도 하나, 다만 세 가지 덕과 여섯 가지 덕을 아울러서 이미 아홉이란 숫자를 채웠기 때문에 '아홉 가지 덕'이라고 말한 것이다. '皆用事'는 임용하여 大夫를 삼고 임용하여 諸侯를 삼아서 그들로 하여금 백성의 일을 다스리게 함을 이른다. 大夫와 諸侯는 본인들이 스스로 행하기 때문에 '날마다 〈세 가지 德을〉 펴서 행한다.', '날마다 〈몸을〉 엄하〈고 경건하〉게 가진다.'라고 말한 것이다. 天子는 마땅히 사람을 임용하여 행하게 해야 하기 때문에 '모두 수용해서 쓴다.'라고 말하였으나, 실은 天子도 아홉 가지 덕을 갖추어야 하기 때문에 능히 세 가지 덕을 가진 사람과 여섯 가지 덕을 가진 사람을 임용하면 준수한 덕을 가지고 잘 다스릴 인사들이 모두 관직에 포진해 있게 된다는 것이다. 乂는 治로 풀이하기

때문에 '治能'이라 한 것이다. 馬融・王肅・鄭玄은 모두 "才德이 1,000명 중에 뛰어난 사람을 俊, 100명 중에 뛰어난 사람을 乂라 한다."라고 하였다.

【疏】○傳'僚工'至'無非' ○正義曰：'僚 官', 釋詁文. '工 官', 常訓也. '師師' 謂相師法也.

○ 傳의 〔僚工〕에서 〔無非〕까지

○ 正義曰：〔僚 官〕 ≪爾雅≫ 〈釋詁〉의 글이다.

〔工 官〕 일반적인 풀이이다.

〔師師〕 서로 스승으로 받들어 본받음을 이른다.

【疏】○傳'凝成'至'皆成' ○正義曰：鄭玄亦云 "凝, 成也." 王肅云 "凝猶定也." 皆以意訓耳. 文承百工之下, '撫于五辰', 還是百工撫之. 故云 "百官皆撫順五行之時, 則衆功皆成."也. '五行之時', 卽四時也. 禮運曰 "播五行於四時." 土寄王四季[1), 故爲'五行之時'也. 所撫順者, 卽堯典'敬授民時'・'平秩東作'之類是也.

1) 土寄王四季：'王'은 陰陽家에서 '旺'과 통용한다. 1년 360일 중에서 木氣는 立春 뒤 72일 동안 왕성하고, 火氣는 立夏 뒤 72일 동안 왕성하고, 金氣는 立秋 뒤 72일 동안 왕성하고, 水氣는 立冬 뒤 72일 동안 왕성하며, 季春인 3월 중순 이후부터 立夏 전까지의 18일 동안과 季夏인 6월 중순 이후부터 立秋 전까지의 18일 동안과 季秋인 9월 중순 이후부터 立冬 전까지의 18일 동안과 季冬인 12월 중순 이후부터 立春 전까지의 18일 동안은 土氣가 四時에 붙어 왕성하기 때문에 이렇게 말한 것이다. ≪蔡邕月令注 等≫

○ 傳의 〔凝成〕에서 〔皆成〕까지

○ 正義曰：鄭玄도 "凝은 成의 뜻이다."라 하고, 王肅은 "凝은 定과 같다."라고 하였으니, 모두 뜻을 가지고 풀이했을 뿐이다. 글이 '百工'의 아래를 이어받았기 때문에 '撫于五辰(오행에 순응함)'은 바로 百工이 순히 따르는 것이다. 그러므로 "百官이 모두 五行의 때를 순히 따라 모든 공이 다 이루어진다."라고 한 것이다.

〔五行之時〕 곧 四時이다. ≪禮記≫ 〈禮運〉에 "五行을 四時에 분배한다."라고 하였다. 土氣가 四季에 붙어서 왕성하기 때문에 '五行의 때'라고 한 것이다. 이른바 '撫順'이란 것은 곧 〈堯典〉의 "농민이 경작하는 농사철을 경건하게 알려주도록 하였다."와 "고루 차서에 따라 농사짓는 일을 도와 농사에 힘쓰게 하였다."라는 따위가 이것이다.

無教逸欲有邦[1)]이니

1) 無教逸欲有邦 : 蔡傳에서는 '有邦'을 諸侯로 보아 "天子는 마땅히 부지런함과 검소함을 가지고 諸侯를 거느려야지, 안일과 탐욕을 가지고 인도해서는 안 된다는 점을 말한 것이다.〔言天子當以勤儉率諸侯 不可以逸欲導之也〕"라고 풀이하였다.

안일과 탐욕을 가르치지 않는 것이 나라를 소유한 자의 常道이니,

【傳】 不爲逸豫貪欲之敎가 是有國者之常이라

逸豫와 貪欲을 가르치지 않는 것이 나라를 소유한 자의 常道란 것이다.

兢兢業業하소서 一日二日에 萬幾이니다

경계하고 두려워하소서. 하루 이틀 사이에도 만 가지 일의 기미가 생기는 것입니다.

【傳】 兢兢은 戒愼이요 業業은 危懼요 幾는 微也라 言當戒懼萬事之微라

兢兢은 戒愼의 뜻이고, 業業은 危懼의 뜻이고, 幾는 微의 뜻이다. 마땅히 만 가지 일의 기미를 경계하고 두려워해야 함을 말한 것이다.

無曠庶官이니 天工[1)]을 人其代之이니다

1) 工 : 蔡傳에서는 事(일)의 뜻으로 보았다.

모든 관직을 空官으로 만들어서는 안 되니, 하늘의 관직을 사람이 대신하는 것입니다.

【傳】 曠은 空也라 位非其人이면 爲空官이라 言人代天理官이니 不可以天官私非其才라

曠은 空의 뜻이다. 官位에 있는 사람이 적임자가 아니면 空官이 되는 것이다. 사람이 하늘을 대신해서 관직을 맡아 다스리는 것이니, 하늘의 관직을 인재가 아닌 사람에게 사적으로 주어서는 안 된다는 점을 말한 것이다.

天敍有典하시니 勅我五典하사 五를 惇哉하시며

하늘이 〈사람의 常性을〉 차례로 펴서 典(分義)을 정해 두셨으니, 우리 五典을 바로잡아 다섯 가지를 각각 도탑게 하시고,

【傳】 天次敍人之常性하여 各有分義하니 當勅正我五常之敍하여 使合于五厚하여 厚天下라 ○ 有典은 馬本에 作五典이라

하늘이 사람의 常性을 차례로 펴서 각각 分義를 정해 두었으니, 마땅히 우리 五常이 펴지는 것을 바로잡아서 다섯 가지 도타움에 합하여 天下를 도탑게 해야 한다는 것이다. ○ 有典은 馬本에 五典으로 되어 있다.

天秩有禮하시니 自我五禮[1)]하사 有庸哉[2)]하소서

1) 五禮 : 蔡傳에서는 五倫에 관한 다섯 가지 禮로 보았다.
2) 有庸哉 : 蔡傳에서는 馬本에 따라 五庸으로 보아 "다섯 가지가 일정한 법도를 따르게 하소서."라고 풀이하였다.

하늘이 차례로 펴서 禮를 정해두셨으니, 우리 〈公·侯·伯·子·男〉 5등의 禮를 써서 常道가 있게 하소서.

【傳】 庸은 常이요 自는 用也라 天次秩有禮하니 當用我公侯伯子男五等之禮以接之하여 使有常이라 ○ 有庸은 馬本에 作五庸이라

庸은 常의 뜻이요, 自는 用의 뜻이다. 하늘이 질서에 따라 禮를 정해두었으니, 마땅히 우리의 公·侯·伯·子·男 5등의 禮를 써서 접하여 常道가 있게 해야 한다는 것이다. ○ 有庸은 馬本에 五庸으로 되어 있다.

同寅協恭하사 和衷[1)]哉하소서

1) 衷 : 蔡傳에서는 〈湯誥〉의 "有皇上帝 降衷于下民(훌륭하신 上帝께서 모든 사람에게 中正한 이치를 내려주다.)"이란 衷으로 보아 "곧 이른바 典과 禮이다.〔卽所謂典禮也〕"라고 풀이하였다.

다 함께 공경해서 착한 마음을 화합하도록 하소서.

【傳】 衷은 善也라 以五禮正諸侯하여 使同敬合恭而和善이라 ○ 衷音中이라

衷은 善(착한 마음)의 뜻이다. 五禮를 가지고 諸侯를 바로잡아 다 함께 공경해서 착한

마음을 화합하도록 하라는 것이다.

○'衷'은 音이 '中'이다.

天命有德五服이어시든 五章哉[1]하시며

1) 天命有德五服 五章哉 : 蔡傳에서는 "하늘이 덕 있는 이를 명하시거든 다섯 가지 옷으로 다섯 가지 등급을 표장하시고〔天命有德之人 則五等之服 以彰顯之〕'로 풀이하였다.

하늘이 덕이 있는 이를 다섯 가지 옷으로 명하시거든 다섯 가지 복장을 〈합당하게 쓰시며〉

【傳】 五服은 天子諸侯卿大夫士之服也라 尊卑彩章各異는 所以命有德이라

五服은 天子·諸侯·卿·大夫·士의 옷이다. 尊·卑의 彩章이 각각 다른 것은 德이 있는 사람을 명하기 위함이란 것이다.

天討有罪五刑이어시든 五用哉[1]하사

1) 天討有罪五刑五用哉 : 蔡傳에서는 "하늘이 죄 있는 자를 토벌하시거든 다섯 가지 형벌로 다섯 가지 등급을 써서 징계하사〔天討有罪之人 則五等之刑 以懲戒之〕"로 풀이하였다.

하늘이 죄가 있는 이를 다섯 가지 형벌로 誅罰하시거든 다섯 가지 형벌을 〈합당하게〉 쓰셔서

【傳】 言天以五刑討(五)〔有〕[1]罪어든 用五刑宜必當이라

1) (五)〔有〕: 저본에는 '五'로 되어 있으나, 福建本·汲古閣本·武英殿本·薈要本 등에 의거하여 '有'로 바로잡았다.

하늘이 다섯 가지 형벌을 가지고 죄가 있는 이를 討罰하거든 다섯 가지 형벌을 쓰기를 반드시 합당하게 해야 한다는 말이다.

政事를 懋哉懋哉하소서

정사를 힘쓰고 힘쓰소서.

【傳】 言敍典秩禮와 命德討罰은 無非天意者라 故로 人君居天官하여 聽政治事를 不可以

不自勉이라

敍典과 秩禮와 命德과 討罰은 하늘의 뜻 아닌 것이 없다. 그러므로 임금이 天官에 거하여 정무를 보고 일을 다스림을 스스로 힘쓰지 않을 수 없음을 말한 것이다.

【疏】'無教'至'懋哉' ○ 正義曰：皐陶既言用人之法, 又戒以居官之事, "上之所爲, 下必效之, 無教在下爲逸豫貪欲之事, 是有國之常道也. 爲人君當兢兢然戒愼, 業業然危懼." 言當戒愼. "一日二日之間而有萬種幾微之事, 皆須親自知之, 不得自爲逸豫也. 萬幾事多, 不可獨治, 當立官以佐己, 無得空廢衆官, 使才非其任. 此官乃是天官, 人其代天治之, 不可以天之官而用非其人." 又言"典禮德刑皆從天出, 天次敍人倫, 使有常性, 故人君爲政, 當勅正我父・母・兄・弟・子五常之教教之, 使五者皆惇厚哉. 天又次敍爵命, 使有禮法, 故人君爲政, 當奉用我公・侯・伯・子・男五等之禮接之, 使五者皆有常哉. 接以常禮, 當使同敬合恭而和善哉. 天又命用有九德, 使之居官, 當承天意爲五等之服, 使五者尊卑彰明哉. 天又討治有罪, 使之絶惡, 當承天意爲五等之刑, 使五者輕重用法哉. 典禮德刑, 無非天意, 人君居天官, 聽治政事, 當須勉之哉."

經의 〔無教〕에서 〔懋哉〕까지

○ 正義曰：皐陶가 사람을 쓰는 법을 말한 뒤에 또 벼슬살이하는 일을 가지고 경계하기를 "윗사람이 하는 일은 아랫사람이 반드시 본받는 법이니, 아랫자리에 있는 자가 안일하고 탐욕스러운 일을 하도록 가르치지 않는 것이 나라를 소유한 자의 常道입니다. 임금이 된 분은 마땅히 경계하고 근신하며 위험을 느끼고 두렵게 여겨야 합니다."라고 하였으니, 마땅히 경계하고 근신해야 함을 말한 것이다.

"하루 이틀 사이에도 만 가지나 되는 기미의 일이 있으니, 모두 모름지기 친히 알아서 안일한 일을 하지 않아야 됩니다. 만 가지나 되는 기미의 일이 너무도 많아 혼자 다스릴 수 없으니, 마땅히 관직을 두어서 자기를 보좌하게 해야 하고, 여러 관직을 비워두거나 적임자가 아닌 자에 맡기는 일이 없어야 합니다. 이 벼슬은 바로 하늘의 벼슬이라 사람이 하늘을 대신해서 다스리는 것이니, 하늘의 관직에 부적격한 사람을 임용해서는 안 됩니다."라고 하였다.

〈皐陶가〉 또 말하기를 "敍典과 秩禮와 命德과 刑罰은 모두 하늘로부터 나오는 것이니, 하늘이 人倫을 차례로 펴서 常性이 있도록 하였기 때문에 임금이 정사를 함에 있어서는 마땅히 우리 아버지 ・어머니・형・아우・아들 등 五常의 가르침을 바로잡아 가르쳐서 다섯 가지가 모두 돈후하게 해야 합니다. 하늘이 또 爵命을 차례로 펴서 禮法이 있게 하였기 때문에 임금은 정사를 함에 있어서 마땅히 우리 公・侯・伯・子・男 등 다섯 등급의 예를 써서 접하여 다섯 가지가 모두 일정하도록 해야 하고, 常禮를 가지고 접하여 마땅히 다 함께 공경해서 착한 마음을 화합하도록 해야 합니다. 하늘이 또 아홉 가지 덕을 가진 사람을 써서 그들이 벼슬살이를 할 수 있도록 하였으니, 마땅히 하늘의 뜻을 받들어 다섯 등급의 옷을 만들어 다섯 가지 등급으로 尊卑가 밝게 드러나도록 해야 합니다. 하늘이 또 유죄인을 다스려 惡을 끊도록 하였으니, 마땅히 하늘의 뜻을 받들어 다섯 가지 등급의 형벌을 만들어 다섯 가지 등급으로 輕重에 따라 법을 적용해야 합니다. 敍典과 秩禮와 命德과 刑罰은 하늘의 뜻이 아닌 게 없으니, 임금은 하늘의 관직에 거하여 정사를 다스림을 마땅히 모름지기 힘써야 합니다."라고 하였다.

【疏】 ○ 傳'不爲'至'之常' ○ 正義曰 : 毋者, 禁戒之辭. 人君身爲逸欲, 下則效之, 是以禁人君使不自爲耳. 不爲逸豫貪欲之教, 是有國者之常也. 此文主於天子, 天子謂天下爲國, 詩云'生此王國'之類是也.

○ 傳의 〔不爲〕에서 〔之常〕까지

○ 正義曰 : 毋는 禁戒하는 말이다. 임금이 몸소 안일하고 탐욕스러우면 아랫사람이 본받으니, 이 때문에 임금은 스스로 하지 않도록 금해야 한다. 안일과 탐욕을 가르치지 않는 것이 나라를 소유한 자의 常道이다. 이 글은 天子를 위주로 하고, 天子는 천하를 나라로 삼는 이를 이르니, ≪詩經≫ 〈大雅 文王〉에서 '이 王國에 태어났도다.'란 따위가 이것이다.

【疏】 ○ 傳'兢兢'至'之微' ○ 正義曰 : 釋訓云 "兢兢, 戒也. 業業, 危也." 戒必愼, 危必懼, 傳言愼・懼以足之. 易繫辭云 "幾者動之微." 故幾爲微也. 一日二日之間, 微者乃有萬事, 言當戒愼萬事之微. 微者尙有萬, 則大事必多矣. 且微者難察, 察則勞神, 以言不可逸耳. 馬・王皆云 "一日二日, 猶日日也."

○ 傳의 〔兢兢〕에서 〔之微〕까지

○ 正義曰 : ≪爾雅≫ 〈釋訓〉에 이르기를 "兢兢은 戒의 뜻이고, 業業은 危의 뜻이다."라고 하였다. 경계하면 반드시 근신하고, 위험하면 반드시 두려워하니, 孔傳에서 愼과 懼를 말해서 충족시켰다. ≪周易≫ 〈繫辭傳 下〉에 이르기를 "幾는 처음 발동할 때의 미세한 움직임이다."라고 하였기 때문에 幾를 微라고 한 것이다. 하루 이틀 사이에 은미한

것이 만 가지 일이나 있으므로 마땅히 만 가지 일의 기미를 경계하고 근신해야 한다고 말한 것이다. 은미한 것도 오히려 만 가지가 있으니, 큰일은 반드시 더 많을 것이다. 더구나 은미한 것은 살피기 어려우므로 살피자면 정신을 바짝 써야 하니, 안일해서는 안 된다는 점을 말한 것이다. 馬融과 王肅은 다 이르기를 "'一日二日'은 日日과 같은 것이다."라고 하였다.

【疏】 ○ 傳'曠空'至'其才' ○ 正義曰：曠之爲空, 常訓也. 位非其人, 所職不治, 是爲空官. 天不自治, 立君乃治之. 君不獨治, 爲臣以佐之. 下典·禮·德·刑, 無非天意者. 天意旣然, 人君當順天, 是言人當代天治官. 官則天之官, 居天之官, 代天爲治, 苟非其人, 不堪此任, 人不可以天之官而私非其才. 王肅云"天不自下治之, 故人代天居之, 不可不得其人也."

○ 傳의 〔曠空〕에서 〔其才〕까지

○ 正義曰：曠이 空의 뜻이라는 것은 일반적인 풀이이다. 官位에 있는 사람이 적임자가 아니면 맡은 직책이 다스려지지 않으니, 이것을 '空官'이라 한다. 하늘은 스스로 다스리지 못하므로 임금을 세워서 다스린다. 임금은 혼자 다스리지 못하므로 신하를 두어 보좌하게 한다. 아래의 敍典과 秩禮와 命德과 刑罰은 하늘의 뜻 아닌 게 없다. 하늘의 뜻이 이미 그러하다면 임금은 마땅히 하늘에 순종해야 하니, 이는 사람이 마땅히 하늘을 대신해서 관직을 다스려야 함을 말한 것이다. 벼슬은 하늘의 관직이니, 하늘의 관직에 거하여 하늘을 대신해 다스리므로 만일 적임자가 아니라면 그 직임을 감당할 수 없으니, 사람은 하늘의 관직을 적임자가 아닌 자에게 사적으로 주어서는 안 된다. 王肅이 이르기를 "하늘이 아래를 다스리지 못하기 때문에 사람이 하늘을 대신해서 그 자리에 거하게 되니, 적임자를 얻지 않아서는 안 된다."라고 하였다.

【疏】 ○ 傳'天次'至'天下' ○ 正義曰：天敍有典, 有此五典, 卽父義·母慈·兄友·弟恭·子孝是也. 五者, 人之常性, 自然而有, 但人性有多少耳. 天次敍人之常性, 使之各有分義. 義, 宜也. 今此義·慈·友·恭·孝各有定分, 合於事宜. 此皆出天然, 是爲天次敍之. 天意旣然, 人君當順天之意, 勑正我五常之敎, 使合於五者皆厚, 以敎天下之民也. 五常之敎, 人君爲之, 故言我也. 五敎徧於海內, 故以天下言之.

○ 傳의 〔天次〕에서 〔天下〕까지

○ 正義曰 :〔天敍有典〕이 다섯 가지 典常이 있으니, 곧 父義・母慈・兄友・弟恭・子孝가 이것이다. 다섯 가지는 사람의 常性이므로 자연 소유하게 된 것인데, 다만 사람의 성품에 많고 적음이 있을 뿐이다. 하늘이 사람의 常性을 차례로 펴서 각각 分義가 있도록 하였다. 義는 宜의 뜻이니, 지금 이 義・慈・友・恭・孝에 각각 정해진 분수가 있어 事宜에 합하는 것이다. 이는 모두 천연에서 나오는 것이니, 이것이 하늘이 차례로 펴는 것이다. 하늘의 뜻이 이미 그러하므로 임금이 마땅히 하늘의 뜻에 순종하여 우리 五常의 가르침을 바로잡아 다섯 가지에 합하는 것이 모두 두려워지게 하여 천하의 백성들을 가르쳐야 한다. 五常의 가르침은 임금이 하는 것이기 때문에 '우리'라고 말하였고 五敎는 海內에 두루 펼쳐지기 때문에 '천하'를 가지고 말한 것이다.

【疏】○ 傳'庸常'至'有常' ○ 正義曰 : '庸 常', 釋詁文. 又云"由, 自也." 由是用, 故自爲用也. '天次敍有禮', 謂使賤事貴, 卑承尊, 是天道使之然也. 天意旣然, 人君當順天意, 用我公・侯・伯・子・男五等之禮以接之, 使之貴賤有常也. 此文主於天子, 天子至於諸侯, 車旗衣服・國家禮儀・饗食燕好・饔餼飧牢, 禮各有次秩以接之. 上言天敍, 此云天秩者, 敍謂定其倫次, 秩謂制其差等, 義亦相通. 上云勅我, 此言自我者, 五等以敎下民, 須勅戒之, 五禮以接諸侯, 當用我意, 故文不同也. 上言五惇, 此言五庸者, 五典施於近親, 欲其恩厚, 五禮施于臣下, 欲其有常, 故文異也. 王肅云"五禮謂王・公・卿・大夫・士." 鄭玄云"五禮, 天子也・諸侯也・卿大夫也・士也・庶民也." 此無文可據, 各以意說耳.

○ 傳의〔庸常〕에서〔有常〕까지

○ 正義曰 :〔庸 常〕≪爾雅≫〈釋詁〉의 글이다. 또 "由는 自의 뜻이다."라고 하였으니, 由가 바로 用의 뜻이기 때문에 自를 用이라고 한 것이다.

〔天次敍有禮〕賤者는 貴者를 섬기고, 卑者는 尊者를 받들게 함을 이르니, 이는 天道가 그렇게 하도록 한 것이다. 하늘의 뜻이 이미 그러한즉 임금은 마땅히 하늘의 뜻을 순종해야 하니, 우리 公・侯・伯・子・男 다섯 등급의 禮를 써서 접하여 그들로 하여금 貴賤에 常道가 있게 하는 것이다. 이 글은 天子를 위주로 한 것이니, 天子에서 諸侯에 이르기까지 車旗와 衣服, 國家의 禮儀, 饗食과 燕好, 饔餼와 飧牢에 대하여 禮에 각각 次秩을 두어서 접하는 것이다. 위에서는 '天敍'라 말하고 여기서는 '天秩'이라 말한 것은 敍는 그 倫次를 정함을 이르고, 秩은 그 差等을 제정함을 이르니, 뜻이 또한 서로 통한다.

위에서는 '勑我'라 하고, 여기서는 '自我'라 말한 것은 다섯 등급으로 백성을 가르치되 모름지기 경계하여 五禮로 諸侯를 접할 때 마땅히 우리 뜻을 써야 하기 때문에 글이 동일하지 않은 것이다. 위에서는 '五惇'이라 말하고 여기서는 '五庸'이라 말한 것은, 五典이 가까운 친족에게 베풀어져서 그 은혜가 돈후하게 되기를 바란 것이고, 五禮가 신하에게 베풀어져서 그 常道가 있게 되기를 바란 것이기 때문에 글이 다른 것이다. 王肅은 "五禮는 王·公·卿·大夫·士를 이른다."라고 하였고, 鄭玄은 "五禮는 天子·諸侯·卿大夫·士·庶民이다."라고 하였는데, 이것은 근거할 만한 글이 없으니 각각 의견을 가지고 말한 것일 뿐이다.

【疏】 ○ 傳'衷善'至'和善' ○ 正義曰：衷之爲善, 常訓也. 故左傳云 "天誘其衷." 說者皆以衷爲善. 此文承五禮之下, 禮尙恭敬, 故以五禮正諸侯, 使同敬合恭而和善也. 鄭玄以爲'竝上(之)〔典〕[1]禮共有此事.' 五典室家之內, 務在相親, 非復言以恭敬. 恭敬惟爲五禮而已, 孔言是也.

1) (之)〔典〕: 저본에는 '之'로 되어 있으나, 武英殿本과 盧文弨의 ≪群書拾補≫에 의거하여 '典'으로 바로잡았다.

○ 傳의 〔衷善〕에서 〔和善〕까지

○ 正義曰 : 衷이 善의 뜻이란 것은 일반적인 풀이이다. 그러므로 ≪春秋左氏傳≫에 "하늘이 우리의 착한 마음을 도왔다."라고 하였으니, 說者는 모두 衷을 善의 뜻으로 여긴다. 이 글이 '五禮'의 아래를 이어받았고, 禮는 恭敬을 숭상하기 때문에 五禮를 가지고 諸侯를 바로잡아 다 함께 공경하여 착한 마음을 화합하도록 한 것이다. 鄭玄은 "위의 典禮와 아울러 이 일을 공유한다."라고 하였다. 五典은 室家의 안에 해당한 것으로 힘쓸 일이 서로 친애함에 달려있으니, 〈五禮 외에〉 다시 '恭敬'을 말한 것이 아니라 공경히 五禮를 행할 따름이니, 孔安國의 말이 옳다.

【疏】 ○ 傳'五服'至'有德' ○ 正義曰 : 益稷云 "以五采彰施於五色, 作服, 汝明." 是天子·諸侯·卿·大夫·士之服也. 其'尊卑彩章各異', 於彼傳具之. 天命有德, 使之居位. 命有貴賤之倫, 位有上下之異, 不得不立名, 以此等之, 象物以彰之. 先王制爲五服, 所以表貴賤也. 服有等差, 所以別尊卑也.

○ 傳의 〔五服〕에서 〔有德〕까지

○ 正義曰 : 〈益稷〉에서 "다섯 가지 채색을 다섯 가지 색깔의 옷감에 선명하게 입혀 옷을 만들려 하거든 너는 〈그 大小와 尊卑의 차등을〉 밝혀주며"라고 한 것은 天子·諸侯·卿·大夫·士의 옷이다. '尊卑彩章各異(尊·卑의 彩章이 각각 다른 것)'는 저 〈〈益稷〉의〉 孔傳에서 자세하게 설명하였다. 하늘이 덕을 가진 사람에게 명하여 직위에 거하도록 하였다. 命에는 貴賤의 차서가 있고, 位에는 上下의 다름이 있으므로 이름을 세우지 않을 수 없으니, 이것으로 등급을 정해서 물상으로 드러냈다. 先王이 五服을 제정함은 貴賤을 표시하기 위한 것이고, 옷에 차등을 둠은 尊卑를 구별하기 위한 것이다.

天聰明은 自我民聰明하며

하늘이 듣고 보시는 것은 우리 백성들을 통해서 듣고 보시고,

【傳】 言天因民而降之福하니 民所歸者에 天命之라 天視聽人君之行은 用民爲聰明이라

하늘은 백성으로 인하여 福을 내리니, 백성(민심)이 돌아가는 자에게 하늘이 명을 한다. 하늘이 임금의 행동을 보고 들음은 백성을 통해 듣고 봄을 말한 것이다.

天明畏[1)]도 自我民明威라

1) 明畏 : 蔡傳에서는 "明은 착한 자를 드러내는 것이고, 畏는 악한 자를 위협하는 것이다.〔明者 顯其善 畏者 威其惡〕"라고 풀이하였다.

하늘이 위엄을 밝히는 것도 우리 백성들을 통해서 위엄을 밝히셨다.

【傳】 天明可畏도 亦用民成其威라 民所叛者는 天討之니 是天明可畏之效라 ○ 畏는 如字니 馬本엔 作威라

하늘이 위엄을 밝히는 것도 역시 백성들을 통해서 그 위엄을 이룬다. 백성들이 배반하는 자는 하늘이 토벌하니, 이는 하늘이 위엄을 밝힌 효험이다.

○ 畏는 본래의 음대로 읽는데, 馬本에는 威로 되어 있다.

達于上下[1)]하니 敬哉어다 有土아

1) 達于上下 : 蔡傳에서는 上下를 上天下民으로 보아 "하늘과 사람은 한 이치인지라 통하여 간격이 없다.〔天人一理 通達無間〕"라고 풀이하였다.

상하를 〈가리지 않고〉 통용하는 것이니, 공경해야 합니다. 땅을 소유한 분들이시여."

【傳】 言天所賞罰은 惟善惡所在요 不避貴賤이니 有土之君은 不可不敬懼라

하늘이 賞과 罰을 주는 일은 오직 善과 惡의 소재만을 따르고 貴와 賤을 피하지 않으니, 국토를 소유한 임금은 공경하고 두려워하지 않을 수 없음을 말한 것이다.

皐陶曰 朕言惠[1]하여 可厎(지)行이리이다

1) 惠 : 蔡傳에서는 '理를 따른 것이어서〔順於理〕'로 풀이하였다.

皐陶가 말하였다. "제 말은 옛 道를 따른 것이어서 실행에 옮길 만한 것입니다."

【傳】 其所陳九德以下之言은 順於古道하여 可致行이라

진달한 '九德' 이하의 말들은 옛 道를 따른 것이어서 실행에 옮길 만하다는 것이다.

禹曰 兪라 乃言이 厎可績[1]이로다

1) 乃言 厎可績 : 蔡傳에서 "禹가 그 말을 시인하며 말하기를 '실행에 옮기면 참으로 공이 있을 것이다.' 했다.〔禹然其言 以爲致之於行 信可有功〕"라고 풀이하였다. 그러나 조선 중기 金長生(1548~1631)은 ≪經書辨疑≫ 〈書傳〉에서 "栗谷(李珥)은 '너의 말이 장차 공적을 이룰 수 있겠다.'라고 해석하여 蔡註와 다르다. 그러나 本經에 있어서 문리가 매우 순하니 뜻을 잘 풀이한 것 같다."라고 하였다.

禹가 말하였다. "옳거니. 너의 말이 실행에 옮겨지면 공을 세울 수 있을 것이다."

【傳】 然其所陳하고 從而美之曰 用汝言하면 致可以立功이라하니라

그 진달한 바를 옳게 여기고 따라서 아름답게 여겨 말하기를 "네 말을 쓰면 공을 세울 수 있겠다."라고 하였다.

皐陶曰 予未有知思하고 曰贊贊襄哉[1]하노이다

1) 予未有知思 曰贊贊襄哉 : 蔡傳에서는 '予未有知 思曰贊贊襄哉'로 구두를 떼고 曰을 日로 보아 "저는 아는 것은 없지만, 나날이 帝王을 돕고 도와서 다스리는 일을 이루기만을 생각

할 뿐입니다.〔我未有所知 惟思日贊助於帝 以成其治而已〕"라고 풀이하였다. 蘇軾・張載・林之奇 등 諸儒들이 거의 曰을 日로 보았는데, 유독 元代의 王充耘만은 ≪讀書管見≫에서 "傳者들이 '思曰의 曰은 日로 보아야 한다.'고 주장한 것은 〈益稷〉에 '思日孜孜'란 말이 있기 때문이다. 그러나 曰로 본 것이 옳고 日로 본 것은 잘못이다. 아마 皐陶는 순수한 신하였기 때문에 스스로 말하기를 '공이 있다는 것은 내가 어찌 감당하겠는가. 내가 생각하는 것은 또한 임금을 도와 공을 이루는 것일 뿐이다.'라고 한 것이리라. 만일 '날마다 부지런히 일할 것을 생각했을 따름입니다.'라고 한다면 문리를 이루지 못하고 또한 아무런 의의도 없다."라고 하였다.

皐陶가 말하였다. "저는 아는 바가 있지 못하여 능히 善에 이를 것은 생각지 못하고, 상고시대에 행한 일만을 贊奏해 말씀드릴 뿐입니다."

【傳】 言我未有所知하여 未能思致於善이요 徒亦贊奏上古行事而言之라 因禹美之하여 承以謙辭니 言之序라 ○ 襄은 馬云 因也라 案爾雅에 作儴이니 因也라

저는 아는 바가 있지 못하여 능히 善에 이를 것은 생각지 못하고, 한갓 또한 상고시대에 행한 일만을 贊奏해서 말씀드릴 뿐이라고 말한 것이다. 禹가 아름답게 여긴 것을 이어서 謙辭로 받았으니, 〈一揚一抑은〉 말의 차서인 것이다.

○ 襄은 馬融이 "因의 뜻이다."라고 하였다. 살펴보면 ≪爾雅≫에 '儴'으로 되어 있으니, 因의 뜻이다.

【疏】 '天聰'至'襄哉' ○ 正義曰：此承上懋哉以下, 言所勉之者. 以天之聰明視聽, 觀人有德, 用我民以爲耳目之聰明. 察人言善者, 天意歸賞之. 又天之明德可畏, 天威者, 用我民言惡 而叛之[1], 因討而伐之, 成其明威. 天所賞罰, 達於上下, 不避貴賤, 故須敬哉, 有土之君. 皐陶旣陳此戒, 欲其言入之, 故曰"我之此言, 順於古道, 可致行, 不可忽也." 禹卽受之曰"然. 汝言用而致可以立功." 重其言以深戒帝. 皐陶乃承之以謙曰"我未有所知, 未能思致於善, 我所言曰徒贊奏上古所行而言之哉. 非己知思而所自能." 是其謙也.

1) 又天之……而叛之：문맥이 통하지 않는 것으로 보아 문장이 뒤섞이거나 誤脫字가 있는 것 같다. 우선 현 상태대로 번역해둔다.

經의 〔天聰〕에서 〔襄哉〕까지

○ 正義曰：이는 위의 '懋哉' 이하를 이어서 힘쓸 바를 말한 것이다. 하늘의 聰明과 視

聽으로써 사람에게 德이 있음을 살피되 우리 백성들을 통해서 耳目의 聰明을 삼는다. 그래서 사람들이 착하다고 말하는 자를 살필 경우, 하늘의 뜻이 그에게 돌아가서 포상을 한다. 또 하늘이 위엄한 덕을 밝히는 것이나 하늘의 위엄도 우리 백성들이 악하다고 말하는 것을 통해서 하고, 배반하면 따라서 토벌하여 그 위엄을 밝히는 것을 이룬다는 것이다.

하늘이 상을 주고 벌을 주는 일은 상하를 〈가리지 않고〉 통용하고 〈신분의〉 귀천을 불문하기 때문에 "모름지기 공경해야 합니다. 땅을 소유한 분들이시여."라고 한 것이다. 皐陶는 이미 이와 같은 경계를 진달하였고 그 말이 받아들여지게 하려고 하였기 때문에 "저의 이 말은 옛 道를 따른 것이어서 실행에 옮길 만하니 소홀히 해서는 안 됩니다."라고 한 것이다. 禹가 즉시 그 말을 받아들여 "옳거니. 너의 말을 사용하면 공을 세울 만함에 이를 것이다."라고 하였으니, 그 말을 거듭하여 帝舜을 깊이 경계한 것이다. 皐陶는 곧 이어서 겸사하기를 "저는 아는 바가 있지 못하여 능히 善에 이를 것은 생각할 수 없고, 제가 말씀드린 바는 한갓 상고시대에 행한 일만을 贊奏해서 말씀드린 것일 뿐, 몸소 알고 생각해서 스스로 능한 바가 아닙니다."라고 하였으니, 바로 겸사이다.

【疏】 ○ 傳'言天'至'聰明' ○ 正義曰：皇天無心, 以百姓之心爲心. 此經大意, 言民之所欲, 天必從之. 聰明, 謂聞見也. 天之所聞見, 用民之所聞見也. 然則聰明, 直是見聞之義, 其言未有善惡. 以下言明威, 是天降之禍, 知此聰明, 是天降之福. 此卽泰誓所云"天聽自我民聽, 天視自我民視." 故"民所歸者, 天命之." 大而言之, 民所歸就, 天命之爲天子也. 小而言之, 雖公卿大夫之任, 亦爲民所歸向, 乃得居之. 此文主於天子, 故言"天視聽人君之行, 用民爲聰明." 戒天子使順民心, 受天之福也.

○ 傳의 〔言天〕에서 〔聰明〕까지

○ 正義曰：하늘은 무심하여 백성의 마음으로 마음을 삼는다. 이 經文의 대의는 백성이 원하는 것을 하늘이 반드시 따라줌을 말한 것이다. '聰明'은 듣고 봄을 이른다. 하늘이 듣고 봄은 백성을 통해서 듣고 본다. 그렇다면 聰明은 다만 보고 듣는다는 뜻일 뿐이니, 아직 善과 惡이 있지 않음을 말한 것이다. 이하에서 말한 '明威'는 하늘이 내린 재앙이니, 이 聰明은 하늘이 내린 福이란 것을 알 수 있다. 이는 곧 〈泰誓〉에 이른바 "하늘의 들음은 우리 백성을 통해서 듣고 하늘의 봄은 우리 백성을 통해서 듣는다."라는 것이다. 그러므로 〈孔傳에서〉 "백성(민심)이 돌아가는 자에게 하늘이 명을 한다."라고 한 것이다. 크게 말하면 민심이 돌아간 바에 하늘이 명하여 천자를 삼고, 작게 말하면 비록 公·卿·大夫의 직임이라 하더라도 또한 민심이 돌아간 바가 되어야 곧 그 직위에 거할 수 있는 것이

다. 이 글은 천자를 위주로 하였기 때문에 "하늘이 임금의 행동을 보고 들음은 백성을 통해 듣고 본다."라고 한 것이니, 천자를 경계하여 민심을 순종해서 하늘의 복을 받도록 한 것이다.

【疏】○傳'言天'至'敬懼' ○正義曰：上句有賞罰, 故言"天所賞罰, 不避貴賤." 此之'達於上下', 言天子亦不免也. 喪服鄭玄注云 "天子諸侯及卿大夫有地者皆曰君." 卽此'有土' 可兼大夫以上. 但此文本意, 實主於天子, 戒天子不可不敬懼也.

○傳의 〔言天〕에서 〔敬懼〕까지

○正義曰：上句에 賞罰 관계가 있기 때문에 "하늘이 賞과 罰을 주는 일은 〈오직 善과 惡의 소재만을 따르고〉 貴와 賤을 피하지 않는다."라고 말한 것이다. 여기의 '達於上下'는 天子도 면할 수 없음을 말한 것이다. ≪儀禮注疏≫ 〈喪服〉에 있는 鄭玄의 注에 "天子와 諸侯 및 卿·大夫 등 땅을 소유한 자는 모두 '君'이라 한다."라고 하였으니, 곧 여기의 '有土'는 大夫 이상을 겸할 수 있는 것이다. 다만 이 글의 본뜻이 실은 天子를 위주로 했기 때문에 천자는 경건하고 두려워하지 않을 수 없음을 경계한 것이다.

【疏】○傳'言我'至'之序' ○正義曰：皐陶自言可致行. 禹言致可績. 此承而爲謙, 知其自言未有所知, 未能思致於善也. 思字屬上句. 王肅云 "贊贊, 猶贊奏也." 顧氏云 "襄, 上也, 謂贊奏上古行事而言之也." 經云曰者, 謂我上之所言也. 傳不訓襄爲上, 已從襄陵而釋之, 故二劉竝以襄爲因. 若必爲因, 孔傳無容不訓其意. 言進習上古行事, 因贊成其辭而言之也. 傳雖不訓襄字, 其義當如王說. 皐陶慮忽之, 自云'言順可行'. 因禹美之, 卽承謙辭, 一揚一抑, 言之次序也. 鄭玄云 "贊, 明也. 襄之言暢, 言我未有所知, 所思徒贊明帝德, 暢我忠言而已, 謙也."

○傳의 〔言我〕에서 〔之序〕까지

○正義曰：皐陶는 스스로 실행에 옮길 만하다고 말하였고, 禹는 실행에 옮겨지면 공을 세울 만함에 이를 것이라고 말하였다. 이는 이어서 겸사를 한 것이니, 그것이 "아는 바가 있지 못하여 능히 善에 이를 것은 생각지 못한다."라고 스스로 말한 것임을 안 것이다. '思'字는 上句에 속한다. 王肅은 "贊贊은 贊奏와 같다."라 하고, 顧氏(顧彪)는 "襄은 上의 뜻이니, 上古 시대에 행한 일을 贊奏해서 말한 것임을 이른다."라고 하였다. 經에서 말한 '曰'은 내가 올려 말한 것을 이른다. 孔傳에서 襄을 上의 뜻으로 풀이하지 않은 것은

이미 〈〈堯典〉의〉 '襄陵'에서 풀이했기 때문에, 두 劉氏(劉焯·劉炫)가 모두 襄을 因의 뜻으로 본 것이다. 만일 〈襄이〉 꼭 因의 뜻이라면 孔傳에서 그 뜻을 풀이하지 않을 수 없었을 것이다. 상고시대에 행한 일을 익히고 따라서 그 말을 도와 이루어 말했음을 이른 것이다. 孔傳에서 비록 襄자를 풀이하지 않았지만 그 뜻은 응당 王肅의 말과 같았을 것이다. 皐陶가 소홀히 여길까 염려해서 스스로 '제 말은 〈옛 道를〉 따른 것이어서 실행에 옮길 만한 것입니다.'라고 하자, 이어서 禹가 아름답게 여겨 곧 謙辭로 이어받았으니, 一揚一抑은 말을 해나가는 次序이다. 鄭玄은 "贊은 明의 뜻이다. 襄은 暢과 같은 말이니, '저는 아는 바가 있지 못하여 생각하는 것이라고는 한갓 帝德을 도와 밝히고 저의 忠言을 드러내는 것일 따름입니다.'라고 하였으니, 겸사이다."라고 하였다.

益稷 第五

益稷

【傳】 禹稱其人이라 因以名篇이라

禹가 그 사람을 일컬었기 때문에 편명으로 삼은 것이다.

【疏】 傳‘禹稱’至‘名篇’ ○ 正義曰：禹言‘暨益’·‘暨稷’, 是禹稱其二人, 二人佐禹有功, 因以此二人名篇. 旣美大禹, 亦所以彰此二人之功也. 禹先言‘暨益’, 故益在稷上. 馬·鄭·王所據書序, 此篇名爲棄稷. 棄稷一人, 不宜言名又言官, 是彼誤耳. 又合此篇於皐陶(謀)〔謨〕[1], 謂其別有棄稷之篇, 皆由不見古文, 妄爲說耳.

1) (謀)〔謨〕: 저본에는 ‘謀’로 되어 있으나, 汲古閣本·武英殿本·薈要本에 의거하여 ‘謨’로 바로잡았다.

傳의 〔禹稱〕에서 〔名篇〕까지

○ 正義曰：禹가 말한 ‘暨益’·‘暨稷’은 禹가 그 두 사람을 일컬은 것이니, 두 사람이 禹를 도와 공을 세웠기 때문에 이 두 사람〈의 이름〉을 가지고 편명으로 삼은 것이다. 이미 大禹를 아름답게 여겼고, 또한 이 두 사람의 공을 밝힌 것이다. 禹가 ‘暨益’을 먼저 말했기 때문에 益이 稷 위에 놓이게 된 것이다. 馬融·鄭玄·王肅이 의거한 〈書序〉에는 이 篇의 이름이 ‘棄稷’으로 되어 있다. 棄稷은 한 사람이므로 이름을 말하고 또 벼슬을 말하는 것은 마땅치 않으니, 저 〈書序〉가 잘못되었을 뿐이다. 또 이 〈益稷〉편을 〈皐陶謨〉에 합치고 따로 〈棄稷〉이 있는 것으로 일렀으니, 모두 ≪古文尙書≫를 보지 못하였기 때문에 망령되이 말했을 뿐이다.

帝曰 來하라 禹아 汝亦昌言하라

帝舜이 말씀하기를 “가까이 오라. 禹야. 너도 온당한 말을 해보라.”고 하자,

【傳】因皐陶謨九德이라 故로 呼禹使亦陳當言이라 ○ 當은 本亦作讜이니 李登聲類云 讜言은 善言也라하니라

皐陶가 九德을 謨慮하였기 때문에 禹를 불러서 또한 온당한 말을 진달하게 한 것이다. ○ 當은 어떤 本에 또한 '讜'으로도 되어 있으니, 李登의 ≪聲類≫에 "讜言은 善言이다."라고 하였다.

禹拜曰 都라 帝아 予何言하리잇가 予思日孜孜하노이다

禹가 절하고 나서 말하기를 "아, 皇帝시여. 제가 무슨 말씀을 아뢰겠습니까. 저는 날마다 부지런히 일할 것을 생각할 따름입니다."라고 하였다.

【傳】拜而歎하고 辭不言은 欲使帝重皐陶所陳이라 言己思日孜孜不怠하여 奉承臣功而已라

절하고 나서 탄식하고 사양하며 말하지 않는 것은 帝舜으로 하여금 皐陶가 진달한 말을 소중하게 여기도록 하기 위함이다. 자기는 날마다 게으름 부리지 않고 부지런히 일하여 신하의 직책을 遵行하기를 생각했을 뿐이라고 말한 것이다.

皐陶曰 吁라 如何오

皐陶가 말하기를 "그래. 〈부지런히 일했다는 것은〉 무엇인가?"라고 하니,

【傳】問所以孜孜之事라

부지런히 했던 일에 대해 물은 것이다.

禹曰 洪水滔天하여 浩浩懷山襄陵하여 下民昏墊이어늘

禹가 말하기를 "홍수가 하늘에 닿을 듯이 불어서, 질펀한 물이 산을 삼키고 언덕을 타고 넘으니, 백성들이 미혹되고 물에 잠겨서 〈어찌할 바를 모르고〉 있었는데,

【傳】言天下民이 昏瞀墊溺하여 皆困水災라 ○ 瞀는 本或作務라

천하의 백성들이 미혹되고 물에 잠겨서 모두 水災에 곤혹을 겪었다고 말한 것이다. ○ 瞀는 어떤 本에 務로 되어 있기도 하다.

予乘四載하여 隨山刊木하고

저는 네 가지의 탈것을 타고서 산을 돌며 나무를 베었고,

【傳】所載者四는 謂水乘舟하고 陸乘車하고 泥乘輴하고 山乘樏라 隨行九州之山林하여 刊槎其木하여 開通道路以治水也라 ○ 輴은 漢書作橇하니 如淳音蕝이니 蕝[1]은 以板置泥上이라 服虔云 木橇는 形如木箕하여 擿行泥上이라하고 尸子云 澤行乘蕝이라하니라 樏는 史記作橋하고 漢書作梮이라 槎는 說文云 衺斫이라하니라

1) 蕝 : 저본에는 없으나, 汲古閣本·武英殿本에 의거하여 '蕝'을 보충하였다.

타는 것 네 가지는 물에서는 배를 타고, 육지에서는 수레를 타고, 진흙에서는 널배를 타고, 산에서는 直轅車를 탄 것을 이른다. 九州의 山林을 돌며 나무를 베어 길을 내면서 홍수를 다스렸다.

○ 輴은 ≪漢書≫에 橇로 되어 있는데, 如淳은 음이 蕝이라고 하였으니, 蕝은 판목을 진흙 위에 놓는 것이다. 服虔은 "木橇는 모양이 木箕와 같은 것으로서 진흙 위를 썰매처럼 타고 다닌다."라고 하였고, ≪尸子≫에는 "늪 가운데를 다닐 때에는 널배를 탄다."라고 하였다. 樏는 ≪史記≫에 橋로 되어 있고, ≪漢書≫에 梮으로 되어 있다. 槎는 ≪說文解字≫에 "衺斫이다.(비스듬하게 찍다)"라고 하였다.

暨益으로 奏庶鮮食하며

益과 함께 〈나무를 베다가 갓 잡은〉 여러 가지 새와 짐승 같은 먹을거리를 백성들에게 가져다 먹였으며,

【傳】奏謂進於民이라 鳥獸新殺曰鮮이라 與益槎木이라가 獲鳥獸하면 民以進食이라 ○ 馬云 鮮은 生也라하니라

奏는 백성들에게 갖다 주는 것을 이른다. 새나 짐승이 갓 죽은 것을 鮮이라 한다. 益과 함께 나무를 베다가 새나 짐승을 잡으면 백성들에게 가져다가 먹였다는 것이다.

○ 馬融은 "鮮은 生의 뜻이다."라고 하였다.

予決九川하여 距四海하며 濬畎澮하여 距川하고

제가 九州의 강물을 터서 四海로 흘러들어가게 하고, 밭도랑과 봇도랑을 깊이 파서 물이 강으로 흘러들어가게 하였고,

【傳】 距는 至也라 決九州名川하여 通之至海라 一畎之間이 廣尺深尺曰畎이라하고 方百里之間이 廣二尋深二仞曰澮라 澮畎深之至川하고 亦入海라

距는 至의 뜻이다. 九州의 이름난 하천들을 터서 소통시켜 바다에 이르게 한 것이다. 한 밭도랑 사이의 너비가 1尺에 깊이가 1尺인 것을 '畎'이라 하고, 사방 100리 사이의 너비가 2尋에 깊이가 2仞인 것을 '澮'라 한다. 봇도랑과 밭도랑을 깊이 파서 물이 내로 흘러들어가고, 또한 바다로 흘러들어가게 하였다는 것이다.

暨稷으로 播하여 奏庶艱食[1]하고 鮮食[2]하며

1) 艱食 : 蔡傳에서는 "홍수가 다스려졌지만 파종하는 초기에 백성들이 아직도 먹고 살기 어려웠다.〔水平播種之初 民尙艱食〕"라고 풀이하였다.
2) 暨稷……鮮食 : 이 문단의 풀이는 孔傳과 蔡傳이 모두 석연치 않다. 여기서는 孔疏에 의해 번역하였다.

稷과 함께 播種해서 먹을거리를 얻기 어려운 곳 백성들에게 갖다 주었고, 〈물을 틀 때에〉 얻은 魚鼈로 먹을거리를 삼게 하였으며,

【傳】 艱은 難也라 衆難得食處는 則與稷教民播種之하고 決川有魚鱉이면 使民鮮食之라 ○ 艱은 馬本作根하고 云 根生之食이니 謂百穀이라하니라

艱은 難의 뜻이다. 백성들이 먹을거리를 얻기 어려운 곳에는 稷과 더불어 백성들에게 播種하는 일을 가르쳤고, 하천을 틀 때에 魚鱉을 잡으면 백성들로 하여금 먹을거리로 삼게 하였다.

○ 艱은 馬本에 根으로 되어 있고, 이르기를 "뿌리에서 나는 먹을거리이니, '百穀'을 이른다."라고 하였다.

懋遷有無하여 化居[1]하니

1) 化居 : 蔡傳에서는 "쌓인 재화를 交易하여 유통시키는 것이다.〔交易變化其所居積之貨〕"라고 풀이하였다.

힘써 있는 곳에서 없는 곳으로 옮겨서 쌓여 있는 물건들을 교역하도록 하였으니,

【傳】 化는 易也요 居는 謂所宜居積者라 勉勸天下하여 徙有之無호되 魚鹽徙山하고 林木徙川澤하여 交易其所居積이라

化는 易(교역)의 뜻이요, 居는 쌓아둔 것을 이른다. 천하 사람들을 권면하여 있는 곳에서 옮겨 없는 데로 가져가되 魚鹽은 山으로 옮기고, 林木은 川澤으로 옮겨 그 쌓아둔 것들을 交易하게 한 것이다.

烝民乃粒하고 萬邦作乂하니이다

여러 백성들은 쌀밥을 먹게 되었고, 萬邦은 잘 다스려지게 되었습니다."라고 하자,

【傳】 米食曰粒이라 言天下由此爲治本이라

쌀밥을 粒이라 한다. 온 천하가 이로 말미암아 다스려지는 근본이 되었다고 말한 것이다.

皐陶曰 兪라 師汝의 昌言하노라

皐陶가 말하기를 "옳거니. 너의 온당한 말을 師法으로 삼겠다."라고 하였다.

【傳】 言禹功甚當하니 可師法이라

禹의 功이 매우 온당하니 師法으로 삼을 만하다고 말한 것이다.

【疏】 '帝曰來' 至 '汝昌言' ○ 正義曰：皐陶旣爲帝謀, 帝又呼禹進之, 曰 "來, 禹, 汝亦宜陳其當言." 禹拜曰 "嗚乎. 帝, 皐陶之言, 旣已美矣, 我更何所言. 我之所思者, 每日孜孜勤於臣職而已." 皐陶怪禹不言, 故謂之曰'吁'. 問其所以孜孜之事如何. 禹曰 "往者洪水漫天, 浩浩然盛大, 包山上陵, 下民昏惑沈溺, 皆困水災. 我乘舟車輴樏等四種之載, 隨其所往之山, 槎木通道而治之. 與益所進於人者, 惟有槎木所獲衆鳥獸鮮肉爲食也. 我又通決九州名川, 通之至於四海. 深其畎澮, 以至於川, 水漸除矣. 與稷播種五穀, 進於衆人難得食處, 乃決水所得魚鼈鮮肉爲食也. 人旣皆得食矣, 又勸勉天下徙有之無, 交易其所居積. 於是天下衆人, 乃皆得米粒之食, 萬國由此爲治理之政. 我所言孜孜者, 在此也." 皐陶曰 "然. 可以爲師法者, 是汝之當言."

經의 〔帝曰來〕에서 〔汝昌言〕까지

○ 正義曰 : 皐陶가 이미 帝舜을 위하여 謀慮를 내놓았는데, 帝舜이 또 禹를 불러 앞으로 오도록 하며 말씀하기를 "가까이 오라. 禹야. 너도 온당한 말을 해보라."고 하자, 禹가 절하고 말하기를 "아. 皇帝시여. 皐陶의 말이 이미 아름다운데, 제가 다시 무슨 말씀을 아뢰겠습니까. 제가 생각하는 것은 매일 신하의 직책을 부지런히 하는 것일 따름입니다."라고 하였다.

皐陶가 禹가 말하지 않는 것을 괴이하게 여겼으므로 '그래〔吁〕'라고 한 것이다. 부지런히 한 일이 무엇인지 묻자, 禹가 말하기를 "지난번 홍수가 하늘에 닿을 듯이 불어서, 질펀한 물이 산을 삼키고 언덕을 타고 넘으니, 백성들이 미혹되고 물에 잠겨서 모두 水災에 곤혹을 겪었습니다. 저는 배·수레·널배·直轅車 등 네 종류의 탈것을 타고 산을 돌며 나무를 베어 길을 내면서 〈홍수를〉 다스렸습니다. 益과 함께 백성들에게 가져다 먹인 것은 나무를 벨 때에 잡은 여러 새와 짐승 같은 신선한 먹을거리였습니다. 저는 또 九州의 이름 있는 하천들을 터서 소통시켜 四海로 흘러들게 하고, 밭도랑과 봇도랑을 깊이 파서 물이 하천으로 흘러들게 하니, 水害가 점점 제거되었습니다. 稷과 함께 백성들에게 오곡을 파종하는 일을 가르쳤고, 먹을거리를 얻기 어려운 곳의 많은 사람들에게 가져다 준 것은 물을 틀 때에 물고기와 자라 같은 신선한 먹을거리였습니다. 사람들이 모두 먹을 수 있게 된 뒤에 또 천하 사람들을 권면하여 있는 곳에서 없는 데로 옮겨서 쌓아둔 것들을 交易하게 하였습니다. 이에 천하의 백성들이 모두 쌀밥을 먹을 수 있었고, 萬國이 이로 말미암아 잘 다스려지게 되었습니다. 제가 말한 '부지런히 일했다.'는 것은 이것들입니다."라고 하였다.

그러자 皐陶가 말하기를 "옳거니. 師法으로 삼을 수 있는 것은 너의 온당한 말이다."라고 하였다.

【疏】 ○ 傳'因皐'至'當言' ○ 正義曰 : 上篇皐陶謀九德, 此帝呼禹, 令亦陳當言. 亦者, 亦皐陶[1]也. 明上篇皐陶雖與益[2]相應, 其言亦對帝也. 上傳云 "皐陶爲帝舜謀"者, 以此而知也.

1) 皐陶 : 저본에는 '皐陶'로 되어 있으나, 전후 문맥을 살펴 '禹'로 번역하였다.

2) 益 : 저본에는 '益'으로 되어 있으나, 전후 문맥을 살펴 '禹'로 번역하였다.

○ 傳의 〔因皐〕에서 〔當言〕까지

○ 正義曰 : 上篇에서 皐陶가 九德에 대한 謀慮를 진달하자, 여기서 帝舜이 禹를 불러서 또한 온당한 말을 진달하게 한 것이다. 亦은 "또한 禹도 말해보라."는 뜻으로 쓰였다. 上篇에서 皐陶가 비록 禹와 더불어 서로 응대하였으나 그 말 또한 帝舜을 대해서 한 것이다. 위의 孔傳에서 "皐陶가 帝舜을 위해 謀慮한 것이다."라고 한 것은 이것을 가지고 안 것이다.

【疏】 ○ 傳'拜而'至'而已' ○ 正義曰 : 旣已拜而歎, 必有所美, 復辭而不言, 是知欲使帝重皐陶所陳, 言己無以加也. 王肅云 "帝在上, 皐陶陳謀於下, 已備矣, 我復何所言乎." 是也. 旣無所言, 故言己思惟日孜孜, 不敢怠惰, 奉成臣職而已. 孜孜者, 勉功不怠之意.

○ 傳의 〔拜而〕에서 〔而已〕까지

○ 正義曰 : 이미 절하고 나서 탄식만 하였고, 반드시 아름다운 謀慮가 있었을 터인데도 다시 사양하고 말하지 않았으니, 이는 帝舜으로 하여금 皐陶가 진달한 말을 소중히 여기도록 하기 위하여 자기는 더 할 것이 없다고 말한 것임을 알 수 있다. 王肅이 "황제는 위에 계시고 皐陶는 아래에서 謀慮를 진달하여 이미 〈모든 것을〉 갖추었는데, 제가 다시 무슨 말씀을 올리겠습니까."라고 한 것이 이것이다. 이미 말할 것이 없기 때문에 자기는 날마다 부지런히 하여 감히 게으름 부리지 않고 신하의 직책을 받들어 이룰 것을 생각했을 뿐이라고 말한 것이다. '孜孜'는 일에 근면하고 게으름 부리지 않는다는 뜻이다.

【疏】 ○ 傳'言天下'至'水災' ○ 正義曰 : 瞀者, 眩惑之意, 故言'昏瞀'. 墊是下濕之名, 故爲溺也. 言天下之人, 遭此大水, 精神昏瞀迷(或)〔惑〕[1], 無有所知, 又苦沈溺, 皆困此水災也. 鄭云 "昏, 沒也. 墊, 陷也. 禹言洪水之時, 人有沒陷之害."

1) (或)〔惑〕 : 저본에는 '或'으로 되어 있으나, 四庫本에 의거하여 '惑'으로 바로잡았다.

○ 傳의 〔言天下〕에서 〔水災〕까지

○ 正義曰 : 瞀는 眩惑의 뜻이기 때문에 '昏瞀'라고 말한 것이다. 墊은 下濕한 것을 이르는 명칭이기 때문에 '溺'이라 한 것이다. 온 천하 사람들이 홍수를 만나서 정신이 혼몽하고 미혹하여 어찌할 바를 몰랐고, 또 물에 잠겨서 고생하였으니, 모두 이 水災에 곤혹을 당한 것이다. 鄭玄은 "昏은 沒의 뜻이요, 墊은 陷의 뜻이다. 禹가 洪水 때 사람들에게

沒陷된 피해가 있었음을 말한 것이다."라고 하였다.

【疏】○傳'所載'至'治水' ○正義曰：史記河渠書云"夏書曰'禹湮洪水十三年, 三過家不入門. 陸行載車, 水行載舟, 泥行蹈毳, 山行卽橋.'" 徐廣曰"橋一作輂(국), 輂, 直轅車也." 尸子云"山行乘樏, 泥行乘蕝." 漢書溝洫志云"泥行乘毳, 山行則梮." 毳(行)〔形〕[1]如箕, 擿行泥上. 如淳云"毳謂以板置泥上, 以通行路也." 愼子云"爲毳者, 患塗之泥也." 應劭云"梮, 或作樏, 爲人所牽引也." 如淳云"梮, 謂以鐵如錐, 頭長半寸, 施之履下, 以上山不蹉跌也." 韋昭云"梮, 木器也. 如今轝床, 人轝以行也." 此經惟言四載, 傳言所載者四, 同彼史記之說. 古書尸子・愼子之徒, 有此言也. 輴與毳爲一, 樏與梮・轝爲一, 古篆變形, 字體改易, 說者不同, 未知孰是. 禹之施功, 本爲治水, 此經乃云"隨山刊木." 刊木爲治水, 治水徧於九州, 故云"隨行九州之山林." 襄二十五年左傳云"井堙木刊." 刊是除木之義也. 毛傳云"除木曰槎." 故曰"刊槎其木, 開通道路以治水."

1) (行)〔形〕: 저본에는 '行'으로 되어 있으나, ≪漢書≫ 〈溝洫志〉 '泥行乘毳'에 대한 孟康의 注에 "毳形如箕"라고 한 것에 의거하여 '形'으로 바로잡았다.

○ 傳의 〔所載〕에서 〔治水〕까지

○ 正義曰：≪史記≫ 〈河渠書〉에 "〈夏書〉에 '禹가 홍수를 다스리는 13년 동안은 자기 집 앞을 세 번이나 지나면서도 문에 들어가지 않았다. 육지를 다닐 적에는 수레를 타고 물을 다닐 적에는 배를 타고 진흙땅을 다닐 적에는 널배를 타고 산을 다닐 적에는 橋를 탔다.'"라고 하였다. 徐廣은 "橋가 어떤 本에는 輂으로 되어 있는데, 輂은 直轅車이다."라고 하였다. ≪尸子≫에 "산을 다닐 적에는 直轅車를 타고 진흙땅을 다닐 적에는 널배를 탔다."라고 하였다. ≪漢書≫ 〈溝洫志〉에는 "진흙땅을 다닐 적에는 널배를 타고 산을 다닐 적에는 直轅車를 탔다."라고 하였는데, 〈孟康의 注에〉 "널배는 모양이 키와 같아서 진흙 위를 더듬으며 다닌다."라고 하였다. 如淳은 "毳는 판자를 진흙 위에 놓고서 길을 통행하였다."라고 하였다. ≪愼子≫에서는 "毳를 만든 목적은 진흙길을 염려했기 때문이다."라고 하였다. 應劭는 "梮은 樏로 되어 있기도 하는데, 사람을 끌어당기는 것이다."라 하였고, 如淳은 "梮은 쇠를 송곳처럼 만들되 끝부분을 반 치 가량 길게 해서 신 밑에 대고 산을 올라가면 미끄러지지 않는다."라 하였고, 韋昭는 "梮은 나무로 만든 기구이다. 지금의 轝床과 같은 것인데 사람이 타고 다녔다."라고 하였다.

이 經文에서는 '四載'라고만 말했을 뿐인데, 孔傳에서는 "타는 것이 넷이다."라고 하여 저 ≪史記≫의 말과 같게 하였다. 古書인 ≪尸子≫와 ≪愼子≫ 등에도 이 말이 있다. 輴과 毳는 동일한 것이고, 檋와 梮과 欙는 동일한 것인데, 古篆이 변형되고 字體가 개역되어서, 說者들이 동일하게 해설하지 않고 있으니, 누가 옳은지 모르겠다.

禹가 한 일은 본래 홍수를 다스린 것인데, 이 經文에서 "산을 돌며 나무를 베었다."라 하였으니, 나무를 벤 것은 홍수를 다스리는 일이고, 홍수를 다스리는 일은 九州에 두루 미쳤기 때문에 〈孔傳에서〉 "九州의 山林을 돌아다녔다."라고 한 것이다. ≪春秋≫ 襄公 25년 조의 ≪左氏傳≫에 "우물을 메우고 나무를 베었다.〔井堙木刊〕"라고 하였으니, 刊은 나무를 베었다는 뜻이다. 毛傳에 "나무를 벤 것을 '槎'라 한다.〔除木曰槎〕"라고 했기 때문에 〈孔傳에서〉 "그 나무를 베어 길을 내면서 홍수를 다스렸다.〔刊槎其木 開通道路以治水〕"라고 한 것이다.

【疏】 ○傳'奏謂'至'進食' ○正義曰：黎民阻飢, 爲人治水, 故知奏謂進食於人也. 禮有鮮魚腊, 以其新殺鮮淨, 故名爲鮮. 是鳥獸新殺曰鮮, 魚鱉新殺亦曰鮮也. 此承山下, 故爲鳥獸, 下承水後, 故爲魚鱉, 其新殺之意同也. 旣言刊木乃進鮮食, 食是除木所得, 故言"與益槎木, 獲鳥獸, 人以進食."

○傳의 〔奏謂〕에서 〔進食〕까지

○正義曰：백성들이 굶주림에 시달리고 있었기 때문에 백성들을 위하여 홍수를 다스린 것이다. 그러므로 '奏'가 먹을거리를 백성들에게 갖다 줌을 이른 것임을 안 것이다. 禮書에 '鮮魚腊(생선포)'이란 말이 있으니, 갓 죽은 생선이 정결하기 때문에 이름을 '鮮'이라고 한 것이다. 이는 鳥獸가 갓 죽은 것을 鮮이라 하고, 魚鱉이 갓 죽은 것도 鮮이라고 하는데, 여기서는 산의 아래를 이어받았기 때문에 鳥獸라 하였고, 아래는 물의 뒤를 이어받았기 때문에 魚鱉이라고 한 것인데, 갓 죽었다는 뜻은 동일하다. 이미 나무를 베고 나서 鮮食을 갖다 주었음을 말하였으니, 鮮食은 바로 나무를 베고 얻은 것이기 때문에 "益과 함께 나무를 베다가 새나 짐승을 잡으면 백성들에게 가져다가 먹였다."라고 말한 것이다.

【疏】 ○傳'距至'至'入海' ○正義曰：距者, 相抵之名, 故爲至也. 非是名川, 不能至海, 故'決九州之名川, 通之至海'也. 考工記云"匠人爲溝洫. 耜廣五寸, 二耜爲耦. 一耦之伐, 廣尺・深尺謂之畎. 田首倍之, 廣二尺・深二尺謂之遂. 九夫爲井, 井間廣四尺・深四尺謂之溝. 方十里爲成, 成間廣八尺・深八尺謂之洫. 方百里爲同, 同間廣二尋・深二仞謂之澮." 是畎・遂・溝・洫・澮皆通水之道也. 以小注大, 故從畎・遂・溝・洫乃以入澮, 澮入於川, 川入於海, 是畎內之水, 亦入海也. 惟言畎・澮, 擧大小而略其餘也. 先言決川至海, 後言濬畎至川者, 川旣入海, 然後澮得入川, 故先言川也.

○ 傳의 〔距至〕에서 〔入海〕까지

○ 正義曰 : 距는 서로 맞닥뜨리는 것을 이르는 명칭이기 때문에 至라고 한 것이다. 이름난 하천이 아니면 바다에 이를 수 없기 때문에, '九州의 이름난 하천들을 터서 소통시켜 바다에 이르게 한 것이다.'라고 하였다. ≪周禮≫ 〈考工記〉에 "匠人은 〈田地 사이의〉 溝洫(용수로)을 만든다. 보습의 너비는 5치이고, 2개의 보습의 너비를 耦로 삼는다. 1耦로 땅을 갈아서 일으킨 너비가 1자에 깊이도 1자인 수로를 '畎'이라고 한다. 밭두렁의 양끝과 반대 방향으로 너비가 2자에 깊이도 2자인 수로를 '遂'라고 한다. 9夫(1夫는 100畝이다.)를 井으로 삼고, 井 사이의 너비가 4자에 깊이도 4자인 수로를 '溝'라고 한다. 사방 10리를 成으로 삼고, 成 사이의 너비가 8자에 깊이도 8자인 수로를 '洫'이라고 한다. 사방 100리를 同으로 삼고, 同 사이의 너비가 16자에 깊이도 16자인 수로를 '澮'라고 한다."라고 하였다. 여기의 畎・遂・溝・洫・澮는 모두 물을 통하게 하는 길이다. 작은 것을 큰 것에 흘러들어가게 했기 때문에 畎・遂・溝・洫을 거쳐서 澮로 들어가고, 澮는 하천으로 들어가며 하천은 바다로 들어가니, 畎 안에 있는 물도 역시 바다로 들어간다. 畎과 澮만을 말한 것은 큰 것과 작은 것을 들고 그 나머지는 생략한 것이다. 먼저 하천을 터서 바다에 이르게 한 것을 말하고, 뒤에 畎의 수로를 파서 하천에 이르게 한 것을 말한 것은 하천이 이미 바다로 들어간 연후에 澮의 물이 하천으로 들어갈 수 있기 때문에 먼저 하천을 말한 것이다.

【疏】 ○ 傳'艱難'至'鮮食之' ○ 正義曰 : '艱 難也', 釋詁文. 禹主治水, 稷主敎播種, 水害漸除, 則有可耕之地, 難得食處, 先須敎導以救之. 故云"衆難得食處, 則與稷敎人播種之." 易得食處, 人必自能得之, 意在救人艱危之厄, 故擧難得食處以言之. 於時雖漸播種, 得穀猶少, 人食未足. 故決川有魚鼈, 使人鮮食之, 言食魚以助穀也. 鄭玄云"與稷敎人種澤物菜蔬艱厄之食." 稷功在於種穀, 不主種菜蔬也. 言后稷種菜蔬艱厄之食, 傳記未有此言也.

○ 傳의 〔艱難〕에서 〔鮮食之〕까지

○ 正義曰 : 〔艱 難也〕 ≪爾雅≫ 〈釋詁〉의 글이다. 禹는 治水를 위주로 하고, 稷은 播種을 가르치는 것을 위주로 하였으니, 水害가 점점 제거되면 경작할 만한 땅이 있기 때문에 먹을거리를 얻기 어려운 곳을 먼저 모름지기 敎導해서 구제해야 한다. 그러므로 "백성들이 먹을거리를 얻기 어려운 곳은 稷과 더불어 백성들에게 播種하는 일을 가르쳤다." 라고 한 것이다. 먹을거리를 쉽게 얻을 수 있는 곳은 사람들이 필시 스스로 얻을 수 있으니, 사람들의 어렵고 위험한 災厄을 구제하는 일에 목적이 있었기 때문에 먹을거리를 얻기 어려운 곳을 들어서 말한 것이다. 이때에 비록 점점 파종은 했지만, 곡식의 수확이 아직 적어서 사람들의 먹을거리가 부족하였다. 그러므로 하천을 소통시킬 때에 魚鱉이 있으면 사람들로 하여금 먹을거리로 삼게 하였으니, 물고기를 먹음으로써 부족한 곡식을 보조하게 하였음을 말한 것이다. 鄭玄은 "稷과 더불어 사람들에게 澤物(川澤에서 자랄 수 있는 식물)과 채소 등 艱厄을 극복할 수 있는 식자재를 심는 방법을 가르친 것이다."라고 하였다. 그러나 稷의 공은 곡식을 심는 데 있고 채소를 심는 데 주력하지 않았다. 〈그런데 鄭玄은〉 "后稷이 채소 등 艱厄을 극복할 수 있는 식자재를 심었다."라고 하였지만, 傳記에는 이런 말이 없다.

【疏】 ○ 傳'化易'至'居積' ○ 正義曰 : 變化是改易之義. 故化爲易也. '居謂所宜居積者', 近水者居魚鹽, 近山者居林木也. '勉勸天下 徙有之無'者, 謂徙我所有, 往彼無鄕, 取彼所有, 以濟我之所無. 魚鹽徙山, 林木徙川澤, 交易其所宜居積, 言此遷者, 謂將物去, 不得空取彼物也. 王肅云 "易居者, 不得空去, 當滿而去, 當滿而來也."

○ 傳의 〔化易〕에서 〔居積〕까지

○ 正義曰 : 變化는 改易의 뜻을 담고 있다. 그러므로 化를 易이라고 한 것이다.

〔居謂所宜居積者〕 물 근처에 사는 사람들은 魚鹽을 쌓아두기 마련이고, 산 근처에 사는 사람들은 林木을 쌓아두기 마련이다.

〔勉勸天下 徙有之無〕 내가 가지고 있는 것을 옮겨 저 없는 곳으로 가져가서 거기에 있는 것을 취하여 나에게 없는 것을 마련함을 이른 것이다. 魚鹽은 山으로 옮기고, 林木은 川澤으로 옮겨 당연히 쌓아 놓을 수 있는 것을 교역하게 하였으니, 여기서 '옮긴다.'라고 말한 것은 물건을 가지고 가는 것이고, 저기의 물건을 거저 취하지 않는다는 점을 이른 것이다. 王肅은 "쌓아둔 것을 교역하는 자는 빈손으로 가지 않고 가득 가지고 가서 〈교역하여〉 가득 가져와야 한다."라고 하였다.

【疏】○ 傳'米食'至'治本' ○ 正義曰：說文云 "粒, 糂(삼)也." 今人謂飯爲米糂, 遺餘之飯, 謂之一粒・兩粒, 是米食曰粒, 言是用米爲食之名也. 人非穀不生, 政由穀而就, 言天下由此穀, 爲治政之本也. 君子之道, 以謙虛爲德, 禹盛言己功者, 爲臣之法, 當孜孜不怠. 自言己之勤苦, 所以勉勸人臣, 非自伐也.

○ 傳의 〔米食〕에서 〔治本〕까지

○ 正義曰：≪說文解字≫에 "粒은 糂(쌀알)의 뜻이다."라고 하였다. 지금 사람들은 밥을 '米糂'이라 이르고, 남은 밥을 '一粒'이니 '兩粒'이니 하고 말하는데, 이것은 쌀밥을 '粒'이라고 하는 것이며, 쌀로 밥을 짓는 것을 이르는 명칭을 말한 것이다. 사람은 곡식이 아니면 살 수 없고, 정치는 곡식으로 말미암아 성취되니, 온 천하가 이 곡식을 정치의 근본으로 삼는다는 점을 말한 것이다. 君子의 도리는 謙虛함으로 德을 삼는 법인데, 禹가 자기의 공을 성대하게 말한 것은 신하된 법도로서 응당 부지런하고 게으름 부리지 않았기 때문이다. 그러므로 자기의 勤苦를 스스로 말한 것은 남의 신하된 자들을 권면하기 위함이고 자신의 공을 과시하기 위한 것이 아니다.

禹曰 都라 帝아 愼乃在位하소서 帝曰 兪라

禹가 말하기를 "아, 황제시여. 당신께서 자리한 〈임금님의〉 지위를 삼가소서."라고 하니, 帝舜이 말씀하기를 "옳거니."라고 하셨다.

【傳】然禹言하여 受其戒라

禹의 말을 옳게 여기어 그 경계를 받아들인 것이다.

禹曰 安汝止[1)]하사 惟幾惟康하시며 其弼直[2)]하면

1) 安汝止：蔡傳에서는 〈大學〉에 있는 '止於至善'의 '止'자처럼 보아 '임금님 마음이 그치는 바에 안정하시어'로 풀이하였다.

2) 其弼直：蔡傳에서는 '보필하는 신하들이 정직하면'으로 풀이하였다.

禹가 말하기를 "당신의 그칠 바를 안정하고, 幾微를 생각해서 그 안녕할 바를 보존하며, 보필하는 신하들도 반드시 정직한 사람을 쓰시면,

【傳】言愼在位하여 當先安好惡所止하고 念慮幾微하여 以保其安하고 其輔臣은 必用直人이라

〈당신께서〉 자리한 지위를 삼가서 마땅히 먼저 〈마음의〉 좋아하고 미워함이 그칠 바를 안정하고, 일의 幾微를 깊이 생각해서 그 〈마음의 좋아하고 미워함이〉 안녕할 바를 보존하고, 그 보필하는 신하들은 반드시 정직한 사람을 써야 한다고 말한 것이다.

惟動에 丕應徯志하리니

움직임에 〈천하가〉 크게 호응하여 〈황제의〉 뜻을 기다릴 것이니,

【傳】 徯는 待也라 帝先安所止하고 動則天下大應之하여 順命以待帝志라 ○ 應은 應對之應이라

徯는 待의 뜻이다. 皇帝가 먼저 그칠 바를 안정하고, 움직임에 천하가 크게 호응하여 命을 따라 皇帝의 뜻을 기다릴 것이다.

○ 應은 應對의 應이다.

以昭受上帝하면 天其申命用休하시리이다

上帝의 명을 밝게 받으시면 하늘이 아름다운 방법을 써서 거듭 명을 내릴 것입니다."라고 하였다.

【傳】 昭는 明也라 非但人應之라 又乃明受天之報施하면 天又重命用美라

昭는 明의 뜻이다. 단지 사람만이 호응하는 것이 아니라 또 이에 하늘의 報施를 밝게 받으면 하늘이 또 아름다운 방법을 써서 거듭 명을 내린다는 것이다.

帝曰 吁라 臣哉隣哉며 隣哉臣哉[1)]니라 禹曰 兪니이다

1) 臣哉隣哉 隣哉臣哉 : 蔡傳에서는 "隣은 좌우에서 보필하는 것이다. 臣은 사람을 가지고 말하고 隣은 직책을 가지고 말한 것이다.〔隣 左右輔弼也 臣以人言 隣以職言〕"라고 풀이하였다. 그러나 조선후기 李顯益의 ≪正菴集≫ 권8 〈書傳說〉에는 "臣哉는 地分(지위)을 가지고 말하고, 隣哉는 親近을 가지고 말한 것인데, 蔡沈의 ≪書集傳≫에서는 이런 뜻을 빠뜨렸다."라고 하였다. 蘇軾은 隣을 '조정에 있는 신하들〔在朝之臣〕'로 보았다.

帝舜이 말씀하시기를 "아, 신하가 바로 인근이고 인근이 바로 신하이다."라고 하니, 禹가 말하기를 "아, 지당한 말씀입니다."라고 하였다.

【傳】 隣은 近也라 言君臣道近하여 相須而成[1]이라

1) 隣……相須而成：林之奇는 ≪尙書全解≫에서 "〈공안국의〉 이 說은 통하지 않는다. 下文에 '欽四隣(사방 가까이에 있는 신하들은 그 직책을 경건히 닦게 하고)'이라고 한 말에 의거하면, 그 가리킨 바는 禹의 僚屬인 전후좌우에서 협력하여 임금을 섬기는 자들이다. 臣哉란 반드시 너희 신하들의 도움에 힘입을 것임을 말한 것이니, 이는 아마도 禹를 가리켜 말한 것이리라. 隣哉란 너는 또 응당 그 요속인 전후좌우의 사람들을 거느리고 나의 보좌역할을 해야 한다고 말한 것이다."라고 하였다.

隣은 近의 뜻이다. 임금과 신하의 道가 가까워서 서로 기다려(의지해서) 이루어진다는 점을 말한 것이다.

【疏】 '禹曰都'至'曰兪' ○正義曰：禹以皐陶然己，因歎而戒帝曰 "嗚呼. 帝當謹愼汝所在之位." 帝受其戒曰 "然." 禹又戒帝曰 "若欲愼汝在位，當須先安定汝心好惡所止，念慮事之微細，以保安其身，其輔弼之臣必用正直之人. 若能如此，惟帝所動，則天下大應之，以待帝志. 以明受天之報施，於[1]天其重命帝用美道也." 帝以禹言已重，乃驚而言曰 "吁. 臣哉近哉，臣當親近君也. 近哉臣哉，君當親近臣也." 言君臣當相親近，共與成政道也. 禹應帝曰 "然." 言君臣宜相親近也.

1) 於：문의로 보아 衍字인 것 같다.

經의 〔禹曰都〕에서 〔曰兪〕까지

○正義曰：禹는 皐陶가 자기를 옳게 여겼기 때문에 그로 인하여 탄식하고 帝舜을 경계하기를 "아. 황제께서는 마땅히 당신께서 자리한 지위를 근신하셔야 합니다."라고 하자, 帝舜은 그 경계를 받아들이고 말씀하시기를 "옳거니."라고 하셨다. 禹는 또 帝舜을 경계하기를 "만일 당신께서 자리한 지위를 근신하려고 하신다면 마땅히 모름지기 먼저 당신 마음의 좋아하고 미워함이 그칠 바를 안정해야 합니다. 일의 기미를 깊이 생각하여 그 몸을 保安하시고 그 보필하는 신하들은 반드시 정직한 사람을 써야 합니다. 만일 능히 이와 같이 한다면 황제께서 움직였다 하면 천하가 크게 호응하여 황제의 뜻을 기다릴 것입니다. 하늘의 布施를 밝게 받으시면 하늘이 황제에게 아름다운 방법을 써서 거듭 명을 내릴 것입니다."라고 하였다. 帝舜은 禹의 말이 워낙 소중하기 때문에 깜짝 놀라면서 말씀하시기를 "아. 신하가 바로 인근이니 신하는 응당 임금을 친근히 해야 한다. 인근이 바로 신하이니 임금은 응당 신하를 친근히 해야 한다."라고 하였으니, 임금과 신하는 마

땅히 서로 친근히 하여 함께 政道를 이루어야 함을 말씀하신 것이다. 禹는 帝舜에 응대해 말하기를 "아, 지당한 말씀입니다."라고 하였으니, 임금과 신하는 마땅히 친근히 해야 함을 말한 것이다.

【疏】 ○ 傳'言愼'至'直人' ○ 正義曰 : 此禹重戒帝, 覆上'愼乃在位'. '當先安好惡所止', 謂心之所止, 當止好不止惡, 言惡以(刑)〔形〕[1]好也. 大學云 "爲人君止於仁, 爲人臣止於敬." '好惡所止', 謂此類也. 傳意以上'惟'爲念, 下'惟'爲辭, 故云念慮幾微, 然後以保其好惡所安寧耳.

1) (刑)〔形〕: 저본에는 '刑'으로 되어 있으나, 毛本에 의거하여 '形'으로 바로잡았다.

○ 傳의 〔言愼〕에서 〔直人〕까지

○ 正義曰 : 이는 禹가 帝舜을 거듭 경계하기 위하여 上文의 "당신께서 자리한 〈임금의〉 지위를 삼가소서.〔愼乃在位〕"라는 말을 반복한 것이다.

〔當先安好惡所止〕 마음이 그칠 바는 응당 좋아함에 그치고 미워함에 그치지 않아야 함을 이르니, 미워하는 마음으로 좋아하는 체해서는 안 된다는 점을 말한 것이다. ≪禮記≫ 〈大學〉에 "임금이 되면 仁에 그치고 신하가 되면 敬에 그친다."라고 하였으니, '좋아하고 미워함이 그치는 바〔好惡所止〕'는 이러한 따위를 이른다. 孔傳의 뜻은 위의 惟는 念으로 여기고, 아래의 惟는 어조사로 여겼기 때문에 '幾微를 깊이 생각한 연후에 그 좋아하고 미워함의 안녕할 바를 보존한다.'고 한 것이다.

【疏】 ○ 傳'徯待'至'帝志' ○ 正義曰 : '徯 待', 釋詁文. 帝先能自安所止, 心之所止, 止於好事, 其有擧動, 發號出令, 則天下大應之, 順命以待帝志. 謂靜以待命, 有命則從也.

○ 傳의 〔徯待〕에서 〔帝志〕까지

○ 正義曰 : 〔徯 待〕 ≪爾雅≫ 〈釋詁〉의 글이다. 皇帝가 먼저 능히 스스로 그칠 바에 안정하면 마음의 그치는 바가 좋은 일에 그치고, '거동하며 호령을 한즉 천하가 크게 호응하여 명을 따라 황제의 뜻을 기다린다.'는 것은 조용히 명령을 기다리다가 명령을 하면 곧 따르는 것을 이른다.

【疏】 ○ 傳'昭明'至'用美' ○ 正義曰 : 堯典已訓昭爲明, 此重訓詳之. 皇天無親, 惟德是輔, 人之所欲, 天必從之. 帝若能安所止, 非但人歸之, 又乃明受天之報施. 天下太平, 祚胤長遠, 是天之報施也. '天又重命用美', 謂四時和祥瑞臻之類也. 或當前後非一, 故傳言'又'也.

○ 傳의 〔昭明〕에서 〔用美〕까지

○ 正義曰 : 〈堯典〉에서 이미 昭를 明의 뜻으로 풀이하였는데, 여기서 거듭 풀이하여 자상하게 밝혔다. 皇天은 〈일정하게〉 친함이 없고 오직 덕이 있는 사람만을 도우며, 백성들이 원하는 것을 하늘은 반드시 따른다. 황제가 만일 능히 그칠 바를 안정하면 단지 사람들이 몰려올 뿐만 아니라 또 하늘의 報施를 분명하게 받는다. 천하가 태평하면 복을 장구하게 누리게 되니, 이것이 하늘의 보시이다.

〔天又重命用美〕 四時가 화평하고 祥瑞가 이르는 따위를 이른다. 혹 앞뒤로 당한 것이 한 번뿐이 아니기 때문에 孔傳에서 '또'라고 말한 것이다.

【疏】 ○ 傳'隣近'至'而成' ○ 正義曰 : 周禮 '五家爲隣', 取相近之義, 故隣爲近也. 禹言君當好善, 帝言須得臣力. 再言隣哉, 言君臣之道, 當相須而成. 鄭玄云 "臣哉, 汝當爲我隣哉, 隣哉, 汝當爲我臣哉. 反覆言此, 欲其志心入禹[1]."

1) 欲其志心入禹 : 四庫本 ≪尙書注疏≫의 〈考證〉에 "'欲其志心入禹' 6字는 아무런 의미가 없다. 文義로 미루어보면 마땅히 '欲其忠心入告(禹로 하여금 그 충심을 들어와서 고하게 함)'가 되어야 한다."라고 하였으니, 옳은 것 같다.

○ 傳의 〔隣近〕에서 〔而成〕까지

○ 正義曰 : ≪周禮≫ 〈地官 司徒 遂人〉에 "다섯 집을 隣으로 삼는다."라고 하였으니, 서로 가까운 뜻을 취했기 때문에 隣을 近이라고 한 것이다. 禹는 "임금님은 마땅히 善을 좋아해야 한다."고 말하고, 帝舜은 "모름지기 신하의 힘을 얻어야 한다."라고 말하였다. 두 번 '隣哉'라고 말한 것은 임금과 신하의 도리는 응당 서로 의지해서 이루어진다는 점을 말한 것이다. 鄭玄은 "'臣哉'는 '너는 마땅히 나의 이웃이 되어야 한다.'는 것이고, '隣哉'는 '너는 마땅히 나의 신하가 되어야 한다.'는 것이다. 반복해서 이것을 말한 것은 〈帝舜이〉 禹로 하여금 그 충심을 들어와서 고하게 하려는 것이었다."라고 하였다.

帝曰 臣은 作朕股肱耳目이니

帝舜이 말씀하셨다. "신하는 짐의 팔과 다리와 귀와 눈의 역할을 하고 있으니,

【傳】 言大體若身이라

大體로 한 몸과 같음을 말한 것이다.

予欲左右有民이어든 汝翼하며

내가 소유한 백성들을 도우려고 하거든 너는 나를 도와주며,

【傳】 左右는 助也라 助我所有之民하여 富而敎之어든 汝翼成我하라

左右는 助의 뜻이다. 내가 소유한 백성들을 도와 부유하게 만들고서 가르치려고 하거든 너는 나를 도와 〈일을〉 이루게 하라는 것이다.

予欲宣力四方이어든 汝爲하며

내가 사방에 智力을 펴서 治政의 功을 세우려고 하거든 너는 〈그 일을〉 해주며,

【傳】 布力立治之功은 汝群臣當爲之라

智力을 펴서 治政의 功을 세우려고 하거든 너희 여러 신하들이 당연히 그 일을 해야 한다는 것이다.

予欲觀古人之象하여

내가 옛사람의 法象을 보이기 위하여

【傳】 欲觀示法象之服制라

〈옛사람〉 法象의 服制를 보이려고 한 것이다.

日月星辰山龍華蟲[1)]을

1) 華蟲 : 孔安國은 '華蟲' 하나로 보고, 顧彪는 '華'와 '蟲' 둘로 보았다.

해와 달과 별, 산과 용, 華蟲(꿩)을

【傳】 日月星이 爲三辰(신)이라 華는 象草華요 蟲은 雉也라 畫三辰山龍華蟲於衣服旌旗라

日・月・星이 三辰이다. 華는 풀꽃을 상징하고, 蟲은 꿩이다. 三辰과 山과 龍과 華蟲을 衣服과 旌旗에 그리는 것이다.

作會하고 宗彝[1)2)]하며

1) 宗彝 : 孔傳은 宗廟의 彝樽으로, 鄭玄은 범〔虎〕으로 보았고, 蔡傳은 범과 원숭이로 보아 "宗彝는 범과 원숭이니, 그 孝를 취한 것이다.〔宗彝虎蜼 取其孝也〕"라고 풀이하였다. 그러나 조선시대 金長生은 ≪經書辨疑≫에서 "宗廟의 제기로서 범과 원숭이를 그린 것인데, 범을 그린 뜻은 그 孝를 취한 것이지만, 원숭이 경우는 그 孝를 취한 증거를 찾지 못하겠다. 어떤 이는 '여기서 이른바 「그 孝를 취한 것」이란 대개 이 그릇이 본래 宗廟 祭享에 쓰이기 때문에 그렇게 말한 것이다.'라고 하는데, 그것이 옳은지 그른지는 모르겠다."라고 하였다.

2) 作會宗彝 : 四庫本 ≪尙書注疏≫의 〈考證〉에서 臣 召南은 "作會는 上文의 '日月星辰山龍華蟲'과 연해서 句를 이루고, 宗彝는 下文의 '藻火粉米黼黻絺繡'와 연해서 句를 이룬다. ……그런데 孔疏에서는 孔傳의 뜻을 잘못 이해하여 '作會宗彝'를 한 句로 만들었으니 분별하지 않을 수 없다."라고 하였다.

다섯 가지 채색으로 그림을 그리고, 宗廟의 彝樽에도 〈산과 용과 華蟲을〉 그려 넣으며,

【傳】 會는 五采也니 以五采成此畫焉이라 宗廟彝樽도 亦以山龍華蟲爲飾이라 ○ 會는 馬鄭作繪라 彝는 鄭云 宗彝니 虎也라하니라

會는 다섯 가지 채색이니, 다섯 가지 채색을 가지고 이 그림을 이룬 것이다. 宗廟의 彝樽도 또한 山과 龍과 華蟲으로 꾸몄다.

○ 會는 馬本과 鄭本에는 繪로 되어 있다. 彝는 鄭玄이 "宗彝이니 범이다."라고 하였다.

藻火粉米[1)]黼黻을 絺繡하여

1) 粉米 : 蔡傳에서는 粉米를 白米라고 하였다.

藻(마름)와 火字와 粉과 米와 黼의 무늬와 黻의 무늬를 수놓아

【傳】 藻는 水草有文者라 火爲火字요 粉若粟氷[1)]이요 米若聚米요 黼若斧形이요 黻爲兩己相背라 葛之精者曰絺요 五色備曰繡라 ○ 藻는 本又作薻라 粉米는 說文作黺糠라 白與黑謂之黼요 黑與青謂之黻이라

1) 粟冰 : 가루가 좁쌀에 있어서 그 형태가 마치 얼음과 같다는 것이다.

藻는 水草에 무늬가 있는 것이다. 火는 '火'字 형태를 만든 것이고, 粉은 粟冰 형태와 같은 것이고, 米는 쌀을 모아놓은 형태와 같은 것이고, 黼는 도끼 모양과 같은 것이고, 黻은 두 개의 '己'字가 서로 등지고 있는 형태와 같은 것이다. 葛布의 精細한 것을 絺라 하고, 五色이 구비된 것을 繡라 한다.

○ 藻는 어떤 本에 또 '薻'로 되어 있다. 粉米는 ≪說文解字≫에 黺䋛로 되어 있다. 흰색과 검은색으로 수를 놓은 것을 '黼'라 이르고, 검은색과 푸른색으로 수를 놓은 것을 '黻'이라 이른다.

以五采로 彰施于五色하여 作服이어든 汝明하며

다섯 가지 채색을 다섯 가지 색깔〈의 옷감에〉 선명하게 입혀 옷을 만들려 하거든 너는 〈그 大小와 尊卑의 차등을〉 밝혀주며,

【傳】 天子服은 日月而下요 諸侯는 自龍袞而下至黼黻이요 士服藻火요 大夫加粉米라 上得兼下나 下不得僭上이라 以五采明施于五色하여 作尊卑之服이어든 汝明制之라

天子의 옷은 日・月 이하 〈12章을〉 모두 그리고, 諸侯의 옷은 龍袞 이하부터 黼黻까지 〈8章을〉 그리고, 士의 옷은 藻와 火 〈2章을〉 그리고, 大夫의 옷은 粉과 米를 더하여 〈4章을〉 그렸다. 윗사람은 아랫사람〈의 문장〉을 겸할 수 있으나 아랫사람은 윗사람〈의 문장〉을 참람할 수 없다. 다섯 가지 채색을 다섯 가지 색깔〈의 옷감에〉 선명하게 입혀 尊卑를 〈드러내는〉 옷을 만들려 하거든 너는 〈차등을〉 밝혀서 제도화하도록 하라는 것이다.

予欲聞六律五聲八音하여 在治忽하여 以出納五言이어든 汝聽하라

내가 六律・五聲・八音을 듣고서 다스려짐과 태만함을 살피어 다섯 가지 德의 말을 출납하려 하거든 너는 나를 위하여 들어보도록 하라.

【傳】 言欲以六律로 和聲音하여 在察天下治理及忽怠者하고 又以出納仁義禮智信五德之言하여 施于民以成化어든 汝當聽審之하라

六律을 가지고 五聲과 八音을 조화시켜서 〈이 樂의 음성을 가지고〉 천하의 다스려짐

과 태만함을 살피고, 또 〈이 樂의 음성을 가지고〉 仁・義・禮・智・信 다섯 가지 德의 말을 출납하여 백성들에게 베풀어서 교화를 이루려고 하거든 너는 응당 들어 살펴야 한다고 말한 것이다.

予違어든 **汝弼**이니 **汝無面從**하고 **退有後言**하여

내가 道를 어기거든 네가 보필하여 〈바로잡아야〉 하니, 너는 〈나의 非違를 알고도〉 면전에서는 나를 따르고 물러나서는 뒤에 〈나는 보필할 수 없다고〉 말하지 말아서,

【傳】 我違道어든 汝當以義輔正我니 無得面從我違하고 而退後有言我不可弼하라

내가 道를 어기거든 너는 응당 義로써 나를 보필하여 바로잡아야 할 것이니, 〈나의 非違를 알고도〉 면전에서는 나를 따르고 물러간 뒤에는 나는 보필할 수 없다고 말하지 말라고 한 것이다.

欽四隣하고 **庶頑讒說**이 **若不在時**[1]어든

1) 欽四隣……若不在時 : 蔡傳은 欽四隣에 대해서는 "너의 이웃된 직책을 경건히 수행하지 않으면 안 된다.〔不可不敬爾隣之職也〕"로 풀이하였고, '庶頑讒說 若不在時'에 대해서는 '여러 頑愚하고 讒說을 하는 자들이 만약 이 忠直의 班列에 끼어있지 않거든'으로 풀이하였다. 그러나 陳師凱(元)가 "欽四隣에 대한 蔡傳의 말이 분명치 못하니, 마땅히 '너의 사방 이웃의 近臣이 된 직책을 경건히 수행하지 않으면 안 된다.'고 해야 한다. 또 살펴보건대 欽四隣 위아래에 빠진 글이 있는 듯하니, 朱子도 일찍이 의심하였다."라고 하였다. ≪書蔡氏傳旁通≫

사방 가까이에 있는 신하들은 〈그 직책을〉 경건히 닦게 하고, 여러 頑愚하고 讒說하는 사람들이 만약 행하는 바가 옳은 일에 있지 않거든

【傳】 四近前後左右之臣은 勅使敬其職하고 衆頑愚讒說之人이 若所行이 不在於是而爲非者어든 當察之라

사방 가까이에 있는 前・後・左・右의 신하들은 경계하여 그 직책을 경건히 닦게 하고, 여러 頑愚하고 讒說하는 사람들이 만약 행하는 바가 옳은 일에 있지 않고 그른 일일

경우에는 마땅히 살펴야 한다는 것이다.

侯以明之[1)]하고 撻以記之하며

1) 侯以明之 : 蔡傳에는 侯는 활을 쏘는 과녁으로 보아 활의 명중률로써 풀이하였고, 明은 "과연 頑愚하고 讒說하는 자인가의 여부를 밝히려고 한 것이다.〔欲明其果頑愚讒說與否〕"라고 풀이하였다.

射侯禮(천자의 大射禮)를 행하여 善惡의 가르침을 밝히고, 회초리로 때려서 잘못을 기억하게 하며,

【傳】 當行射侯之禮하여 以明善惡之敎하고 笞撻不是者하여 使記識(지)其過니라

마땅히 射侯禮를 행하여 善惡의 가르침을 밝히고, 옳지 못한 짓을 하는 자를 회초리로 때려서 그 잘못을 기억하게 해야 한다는 것이다.

書用識(지)哉하여 欲竝生哉라

장부에 〈잘못을〉 기재하여 〈뉘우쳐 깨닫게 해서 허물이 없는 사람들과〉 함께 살게 하려고 노력해야 한다.

【傳】 書識其非하여 欲使改悔하여 與共竝生이라

그 잘못을 장부에 기록하여 그들로 하여금 悔改해서 〈허물이 없는 사람들과〉 함께 살게 하려고 해서라는 것이다.

工以納言[1)]이니 時[2)]而颺之[3)]니라

1) 納言 : 蔡傳에서는 여러 頑愚하고 讒說하는 사람들이 바치는 말로 보았다.
2) 時 : 蔡傳에서는 본음으로 읽어 '수시로'라고 풀이하였다.
3) 庶頑讒說……時而颺之 : 朱子는 "당시에 이런 제도가 있었던 모양인데, 지금은 알 수 없다. 또한 억측을 해서는 안 되니 그냥 두어야 한다."라고 하였다. ≪書傳集註 小註≫

樂工은 〈詩를 읊어〉 諫言을 바치니, 그 〈詩의〉 뜻을 시정해서 잘 인도해야 한다.

【傳】 工은 樂官으로 (當)〔掌〕[1)]誦詩以納諫이니 當是正其義而颺道之라

1) (當)〔掌〕: 저본에는 '當'으로 되어 있으나, 古本·岳本·四庫本 등에 의거하여 '掌'으로 바로잡았다.

工은 樂官으로서 詩를 읊어 諫言을 바치는 일을 관장하니, 마땅히 그 〈詩의〉 뜻을 시정해서 잘 인도해야 한다는 것이다.

格則承之庸之하고 否則威之니라

〈바른 길로〉 나가면 받아들여 등용하고, 그렇지 않으면 〈형벌로써〉 위엄을 보여야 한다."

【傳】 天下人이 能至于道면 則承用之하여 任以官하고 不從教면 則以刑威之라

천하의 사람들 중에 능히 바른 길로 나가는 자가 있으면 그를 받아들여 등용해서 벼슬을 맡기고, 가르침을 따르지 않는 자가 있으면 형벌로써 위엄을 보인다는 것이다.

【疏】 '帝曰臣'至'威之' ○正義曰：帝以禹然己言, 又說須臣之事. "作我股肱耳目, - 言己動作視聽, 皆由臣也. - 我欲助我所有之人, 使之家給人足, 汝當翼贊我也. 我欲布陳智力於天下四方, 爲立治之功, 汝等當與我爲之. 我欲觀示君臣上下以古人衣服之法象, 其日·月·星辰·山·龍·華蟲, 作會合五采而畫之. 又畫山·龍·華蟲於宗廟彝罇. 其藻·火·粉·米·黼·黻於絺葛而刺繡, 以五種之彩明施於五色, 制作衣服, 汝當爲我明其差等而制度之. 我欲聞知六律, 和五聲, 播之於八音, 以此音樂察其政治與忽怠者, 其樂音又以出納五德之言, 汝當爲我聽審之. 我有違道, 汝當以義輔成我. 汝無得知我違非而對面從我, 退而後更有言云我不可輔也."

經의 〔帝曰臣〕에서 〔威之〕까지

○正義曰：帝舜은 禹가 자기의 말을 옳게 여겼기 때문에 또 신하에게 의지하는 일을 다음과 같이 말한 것이다.

"〈신하는〉 나의 팔과 다리와 귀와 눈의 역할을 하고 있으니, - 자기의 동작과 視聽을 모두 신하에게 의지한다는 점을 말한 것이다. - 내가 나의 소유한 백성들을 도와 그들로 하여금 가호가 불어나고 인구가 늘어나게 하려고 하거든 너는 마땅히 나를 도와야 한다. 내가 천하 사방에 智力을 펴서 治政의 공을 세우려고 하거든 너희들은 마땅히 나와 함께 그 일을 해야 한다. 내가 君臣과 上下에게 옛사람이 입은 의복의 법상을 보이기 위하여 해와 달

과 별, 산과 용과 華蟲을 다섯 가지 채색으로 그림을 그리고, 또 산과 용과 華蟲을 宗廟의 彝罇에 그려 넣으며, 藻와 火와 粉과 米와 黼와 黻의 무늬를 葛布에 수를 놓아 다섯 종류의 채색을 다섯 가지 색깔〈의 옷감에〉 선명하게 입혀서 의복을 제작하려고 하거든 너는 마땅히 나를 위하여 그 차등을 밝혀서 제도화해야 한다. 내가 六律을 듣고 알아서 五聲과 조화시켜 八音에 전파하고, 이 음악을 가지고 다스려짐과 태만함을 살피려고 하며, 그 樂音으로 또 五德의 말을 출납하려고 하거든 너는 마땅히 나를 위하여 듣고 살펴야 한다. 내가 도를 어기는 일이 있거든 너는 마땅히 義로써 나를 보필하여 〈바로잡아〉 성취시켜야 하니, 너는 나의 非違를 알고도 면전에서는 나를 따르고 물러난 뒤에는 다시 말을 하여 '나는 보필할 수 없다.'고 하지 말도록 하라."

【疏】 旣言其須臣之力, 乃總勑之, "敬其職事哉, 汝在我前後左右四旁隣近之臣也. 其衆類頑愚讒說之人, 若有所行不在於是而爲非者, 汝當察之以法, 行射侯之禮, 知其善惡以明別之. 行有不是者, 又撻其身以記之. 書其過者以以識. 所以撻之書之者, 冀其改悔, 欲與竝生活哉. 工樂之官以納諫言於上, 當是正其義而顯揚之, 使我自知得失也." 又總言御下之法, "天下之人有能至於道者, 則當承受而進用之, 當任以官也. 不從敎者, 則以刑罰威之, 當罪其身也. 此等皆汝臣之所爲."

이미 신하들의 힘에 의지하겠다고 말하고 나서 곧 총괄적으로 경계하기를 "그 職事를 경건히 닦게 해야 한다. 너희는 나의 前後·左右 사방 가까운 곳에 있는 신하들이다. 여러 완악하고 어리석고 참소하는 말을 하는 사람들이 만일 행하는 바가 옳은 일에 있지 않고 그른 일일 경우에는 너희는 마땅히 법으로 살펴야 하고, 射侯禮를 행하여 그들의 善惡을 알아내어 밝게 구별하도록 하라. 행동에 옳지 못한 짓을 하는 자가 있거든 또 그의 몸을 회초리로 때려서 〈그 잘못을〉 기억하게 해야 하고, 〈장부에〉 잘못을 기재하여 〈그 잘못을〉 기억하게 해야 하니, 회초리로 때리고 〈장부에〉 기재하는 목적은 그들이 悔改해서 함께 생활할 수 있도록 하기 위해서이다. 樂을 맡은 관원은 위에 諫言을 바치는 일을 관장하니, 마땅히 그 〈詩의〉 뜻을 시정하여 顯揚해서 나로 하여금 득실을 스스로 알게 해야 한다."라고 하였다.

또 총괄적으로 아랫사람을 어거하는 법을 말하기를 "천하의 사람들 중에 능히 바른 길로 나가는 자가 있으면 마땅히 받아들여 등용해서 벼슬을 맡겨야 한다. 그리고 가르침을 따르지 않는 자가 있으면 형벌로 위엄을 보여서 몸에 죄주어야 한다. 이런 일들은 모두 너희 신하들이 해야 할 몫이다."라고 하였다.

【疏】 ○ 傳'言大體若身' ○ 正義曰 : 君爲元首, 臣爲股肱耳目, 大體如一身也. 足行手取, 耳聽目視, 身雖百體, 四者爲大, 故擧以爲言. 鄭玄云 "動作視聽, 皆由臣也."

○ 傳의 〔言大體若身〕

○ 正義曰 : 임금은 머리가 되고 신하는 股肱과 耳目이 되니, 〈임금과 신하의 관계는〉 大體로 一身과 같다. 발은 다니고 손은 〈물건을〉 취하며 귀는 듣고 눈은 보니, 몸이 비록 百體라 하더라도 네 가지가 중요하기 때문에 그것을 들어서 말하였다. 鄭玄은 "동작하고 보고 듣는 일을 모두 신하에게 의지한다."라고 하였다.

【疏】 ○ 傳'左右'至'成我' ○ 正義曰 : 釋詁云 "左・右・助, (慮)〔勴〕[1]也." 同訓爲(慮)〔勴〕, 是左右得爲助也. 立君所以牧人, 人之自營生產, 人君當助救之. 論語稱孔子適衛, 欲先富民而後敎之, 故云 "助我所有之民, 欲富而敎之也." 君子施敎, 本爲養人, 故先云助人, 擧其重者. 以其爲人事重, 當須翼成, 故言'汝翼.' 次顯君施敎化, 須臣爲之, 故言'汝爲'. 次明衣服上下, 標顯尊卑, 故云'汝明'. 次云六律・五聲, 故云'汝聽'. 各隨事立文, 其實不異.

1) (慮)〔勴〕: 저본에는 '慮'로 되어 있으나, ≪爾雅注疏≫에 의거하여 '勴'로 바로잡았다. 아래도 같다.

○ 傳의 〔左右〕에서 〔成我〕까지

○ 正義曰 : ≪爾雅≫ 〈釋詁〉에 "左・右・助는 勴(돕다)의 뜻이다."라고 하였다. 다같이 勴의 뜻이기 때문에 左右가 助의 뜻이 될 수 있는 것이다. 임금을 세우는 것은 백성을 牧養하기 위해서이니, 백성이 스스로 생산을 경영하거든 임금은 응당 그들을 도와주어야 한다. ≪論語≫ 〈子路〉에 孔子께서 衛나라로 가셨을 때에 먼저 백성을 부유하게 한 뒤에 가르치고자 해야 한다고 칭하였기 때문에 "내가 소유한 백성들을 도와서 부유하게 만들고서 가르치려고 한다."고 한 것이다.

君子가 가르침을 베푸는 것은 본래 백성을 양육하기 위한 것이므로 먼저 백성을 돕는 일을 말하였으니, 중대한 일을 든 것이다. 백성을 다스리는 일이 중대하니 마땅히 도움의 손길을 기다려야 하기 때문에 "너는 나를 도우라."고 말한 것이다. 그 다음은 임금이 교화를 베풀 때 신하가 그 일을 해주어야 함을 드러내야 하기 때문에 "너는 〈그 일을〉 해주라."고 한 것이다. 그 다음은 衣服의 上下를 밝혀 尊卑를 나타내야 하기 때문에 "너는 밝히라."고 한 것이다. 그 다음은 六律과 五聲을 말했기 때문에 "너는 들어보라."고 한 것이다. 각각 일에 따라 글을 적었지만, 그 실제는 다르지 않다.

【疏】 ○ 傳'布力'至'爲之' ○ 正義曰 : 詩云 "四方于宣." 論語云 "陳力就列." 是布政用力, 故言"布力立治之功, 汝群臣當爲之."

○ 傳의 〔布力〕에서 〔爲之〕까지

○ 正義曰 : ≪詩經≫ 〈大雅 崧高〉에 "〈덕택을〉 사방에 베풀도다."라 하고, ≪論語≫ 〈季氏〉에 "능력을 펴서 지위에 나아가다."라고 하였으니, 이는 정사를 펴고 재능을 쓴 것이다. 그러므로 "智力을 펴서 治政의 功을 세우려고 하거든 너희 여러 신하들이 당연히 해야 한다."라고 하였다.

【疏】 ○ 傳'欲觀'至'服制' ○ 正義曰 : '觀示法象之服制'者, 謂欲申明古人法象之衣服, 垂示在下, 使觀之也. 易〔繫〕[1]辭云 "黃帝・堯・舜, 垂衣裳而天下治." 象物制服, 蓋因黃帝以還, 未知何代而具彩章. 舜言已欲觀古, 知在舜之前耳.

1) 〔繫〕 : 저본에는 없으나, "宋板에는 '易' 아래에 '繫'자가 있으니, 옳다."라고 한 阮元의 校勘記에 의거하여 보충하였다.

○ 傳의 〔欲觀〕에서 〔服制〕까지

○ 正義曰 : 〔觀示法象之服制〕 옛사람의 法象의 衣服을 거듭 밝혀서 아래에 있는 사람들에게 보여주어 그들로 하여금 살펴보게 하고자 한다는 점을 이른 것이다. ≪周易≫ 〈繫辭傳 下〉에 "黃帝・堯・舜은 衣裳을 드리우고 가만히 앉아 있어도 천하가 다스려졌다."라고 하였으니, 物形을 본받아 의복을 제작함은 아마 黃帝 이후일 것이나 어느 시대에 채색 문장을 구비했는지는 모르겠다. 舜임금이 자기가 옛 제도를 보고 싶다고 말하였으니, 舜임금 이전에 〈의복제도가 이미〉 있었던 것만을 알 수 있을 뿐이다.

【疏】 ○ 傳'日月'至'旌旗' ○ 正義曰 : 桓二年左傳云 "三辰(신)旂旗, 昭其明也." 三辰, 謂此日・月・星也, 故'日月星爲三辰', 辰卽時也. 三者皆是示人時節, 故竝稱辰焉. 傳言此者, 以辰在星下, 總上三事爲辰, 辰非別爲物也. 周禮大宗伯云 "實柴[1]祀日・月・星辰." 鄭玄云 "星謂五緯[2]也, 辰謂日月所會十二次也." 星・辰異者, 彼鄭以徧祭天之諸神, 十二次(也次)[3]亦當祭之, 故令辰與星別. 此云晝之於衣, 日月合宿之辰, 非有形容可晝. 且左傳云 "三辰, 卽日・月・星也." 周禮"司常掌九旗之物.[4]" 惟日月爲常, 不

言畫星, 蓋太常之上, 又畫星也. 穆天子傳稱天子葬盛姬, 畫日月七星, 蓋畫北斗也. 草木雖皆有華, 而草華爲美, 故云'華象草華'. 蟲, 雉也. 周禮司服有鷩冕, 鷩則雉焉, 雉五色, 象草華也. 月令五時皆云其蟲, 蟲是鳥獸之總名也. 下云'作服汝明'. 知畫三辰·山·龍·華蟲於衣服也.

1) 實柴 : 나무를 쌓고 그 위에 희생물을 올려놓는 일이다.
2) 五緯 : 金·木·水·火·土 다섯 緯星(行星)을 가리킨다.
3) (也次) : 저본에는 '也次'가 있으나, "毛本에는 '也次' 두 글자가 없다.[毛本無也次二字]"라고 한 阮元의 校勘記에 의거하여 '也次' 두 자를 衍字로 처리하였다.
4) 九旗之物 : 아홉 가지 깃발의 물명이다. 곧 해와 달을 그린 常, 交龍을 그린 旂, 通帛으로 만든 旜, 雜帛으로 만든 物, 곰과 호랑이를 그린 旗, 새매를 그린 旟, 거북과 뱀을 그린 旐, 全羽로 만든 旞, 析羽로 만든 旌을 가리킨다.

○ 傳의 [日月]에서 [旌旗]까지

○ 正義曰 : ≪春秋≫ 桓公 2년 조의 ≪左氏傳≫에 "三辰을 그린 기는 〈하늘의〉 밝음을 상징한 것이다."라고 하였으니, 三辰은 여기의 日·月·星을 이른다. 그러므로 日·月·星이 三辰이라고 하였으니, 辰은 곧 時의 뜻이다. 세 가지(해·달·별)는 모두 사람에게 시절을 보여주기 때문에 아울러 '辰'이라고 칭한 것이다. 孔傳에서 이것을 말할 때 辰을 星 아래에 놓은 것은 위의 세 가지 일을 총괄해서 辰이라고 한 것이지 辰이 별도의 사물이 되는 것은 아니다. ≪周禮≫ 〈大宗伯〉에 "實柴로 해와 달과 별에 제사 지낸다."라고 하였는데, 鄭玄은 "星은 다섯 緯星을 이르고, 辰은 해와 달이 만나는 열두 座次를 이른다."라고 하였다. 星과 辰이 달라지게 된 것은 저 鄭玄이 하늘의 여러 神에게 두루 제사 지내고 열두 座次에도 응당 제사를 지내야 한다고 했기 때문에 辰을 星과 구별되게 하였다.

여기서 "옷에 그림을 그린다."라고 하였으나, 해와 달이 만나는 座次인 辰은 형용하여 그릴 수 있는 것이 아니다. 또 ≪春秋左氏傳≫ 〈杜預의 注〉에 "三辰은 곧 해와 달과 별이다."라고 하였고, ≪周禮≫ 〈春官 宗伯 司常〉에 "司常은 아홉 깃발의 物名을 관장한다."라고 하면서 오직 해와 달만을 그린 것을 常이라고 하였을 뿐 별을 그렸다고는 말하지 않았으니, 아마 太常의 위에 또 별을 그렸을 것이다. ≪穆天子傳≫에 天子가 盛姬를 장사지낼 때에 해와 달과 7星을 그렸다고 칭하였으니, 아마 北斗를 그렸던 모양이다. 풀과 나무에는 모두 꽃이 있으나 풀꽃이 아름답기 때문에 "華는 풀꽃을 상징한다."라고 한 것이다. 蟲은 꿩이다. ≪周禮≫ 〈春官 宗伯 司服〉에 '鷩冕'이 있으니, 鷩이 바로 꿩인데,

꿩의 다섯 가지 색깔은 풀꽃을 상징한다.

≪禮記≫ 〈月令〉에서 '다섯 시절'에 모두 그에 해당한 蟲을 말하였으니, 蟲은 새와 짐승의 總稱이다. 아래에서 "옷을 만들려 하거든 너는 〈그 大小와 尊卑의 차등을〉 밝혀주며"라고 하였으니, 三辰과 山과 龍과 華蟲을 衣服에 그렸음을 안 것이다.

【疏】 又言'旌旗'者, 左傳言'三辰旂旗'. 周禮司常云'日月爲常'. 王者禮有沿革, 後因於前, 故知舜時三辰亦畫之於旌旗也. 下傳云'天子服日月而下', 則三辰畫之於衣服, 又畫於旌旗也. 周禮司服云"享先王則袞冕." 袞者, 卷也, 言龍首卷然. 以袞爲名, 則所畫自龍已下, 無日月星也. 郊特牲云"祭之日, 王被袞冕[1), 以象天也." 又曰"龍章而設日月, 以象天也." 鄭玄云"謂有日月星辰之章, 設日月畫於衣服旌旗也." 據此, 記文袞冕之服, 亦畫日月. 鄭注禮記, 言郊特牲所云'謂魯禮也'. 要其文稱王被服袞冕, 非魯事也. 或當二代, 天子衣上亦畫三辰, 自龍章爲首, 而使袞統名耳. 禮文殘缺, 不可得詳. 但如孔解, 舜時天子之衣畫日月耳. 鄭玄亦以爲然. 王肅以爲"舜時三辰卽畫於旌旗, 不在衣也. 天子山・龍・華蟲耳."

1) 冕 : ≪禮記≫에는 이 글자가 없다.

또 '旌旗'라고 말한 것은 ≪春秋左氏傳≫에 "三辰을 그린 기"라 하고, ≪周禮≫ 〈春官宗伯 司常〉에 "해와 달을 그린 것을 常이라 한다."라고 하였다. 王者는 禮에 沿革함이 있으니, 후대에는 전대의 禮를 답습하였기 때문에 舜임금 때에도 三辰을 旌旗에 그렸다는 점을 안 것이다. 아래 孔傳에서 "天子의 옷은 日・月 이하를 모두 그린다."라고 하였으니, 三辰을 옷에 그리고, 또 깃발에도 그렸을 것이다.

≪周禮≫ 〈司服〉에 "先王에게 제사 지낼 때에는 袞冕을 착용한다."라고 하였다. 袞은 卷의 뜻이니, 龍이 머리를 숙인 것을 말한다. 袞으로 이름을 하였다면 그림을 그린 것이 龍 이하이니, 해와 달과 별은 없었을 것이다. ≪禮記≫ 〈郊特牲〉에 "제삿날에는 王이 〈해와 달, 별과 별자리 무늬가 있는〉 袞冕을 착용하여 하늘을 상징한다."라 하고, 또 "용의 무늬에 해와 달을 그려 하늘을 상징한다."라고 하였다. 鄭玄은 "해와 달과 별과 별자리의 무늬가 있음을 이르니, 해와 달을 베풀어 옷과 깃발에 그렸다."라고 하였다. 이 ≪禮記≫의 글에 의거하면 袞冕의 옷에도 해와 달을 그렸던 것이다. 鄭玄은 ≪禮記≫에 주를 달면서 〈郊特牲〉에서 말한 "魯나라의 禮를 이른다."라고 말하였다. 그러나 그 글에 "王이 袞冕을 입었다."라고 칭한 것을 살펴보면 魯나라의 일이 아니다. 혹시 二代 적에 天子의 옷에도

三辰을 그리고 용의 무늬가 으뜸이라 하여 袞으로 통칭한 것인 듯하다. 그러나 禮文이 殘缺되어 자상하게 상고할 수 없다. 다만 孔安國의 풀이대로라면 舜임금 때에는 天子의 옷에 해와 달을 그렸을 것이다. 鄭玄도 그렇게 여겼다. 王肅은 "舜임금 때에는 三辰을 곧 깃발에 그리고 옷에는 그리지 않았다. 天子의 옷에는 산과 용과 華蟲만 그렸을 뿐이다."라고 하였다.

【疏】 ○ 傳'會五'至'爲飾' ○ 正義曰 : 會者, 合聚之名. 下云 "以五彩彰施於五色, 作服." 知會謂五色也. 禮衣畫而裳繡, 五色備謂之繡, 知畫亦備五色, 故云'以五彩成此畫焉', 謂畫之於衣. 宗彝文承作會之下, 故云 "宗廟彝樽亦以山·龍·華蟲爲飾." 知不以日·月·星爲飾者, 孔以三辰之尊, 不宜施於器物也.[1] 周禮有山罍·龍勺·鷄彝·鳥彝, 以類言之, 知彝樽以山·龍·華蟲爲飾, 亦畫之以爲飾也. 周禮彝器所云犧·象·鷄·鳥者, 鄭玄皆爲畫飾, 與孔意同也. 周禮彝器無山·龍·華蟲爲飾者, 帝王革易, 所尙不同, 故有異也.

1) 文承作會之下……不宜施於器物也 : 四庫本 ≪尙書注疏≫의 〈考證〉에서 "그 '宗廟의 彝樽에도 산·용·華蟲으로 꾸몄다.'고 한 것은 鄭玄이 '범과 원숭이로 꾸몄다.'고 말한 것과 같을 뿐이니, '作會'의 글을 이어받지 않았다. 그런데 孔疏에서는 孔傳의 뜻을 잘못 이해하고 결국 '作會宗彝'로 句를 하였으니, 변별하지 않을 수 없다.〔其言亦以山龍華蟲爲飾 猶鄭言以虎蜼爲飾耳 不蒙作會之文也 孔疏誤解傳意 遂以作會宗彝爲句 不可不辨〕"라고 지적하였다.

○ 傳의 〔會五〕에서 〔爲飾〕까지

○ 正義曰 : 會는 한데 합하여 모으는 것을 이르는 명칭이다. 아래에 "다섯 가지 채색을 다섯 가지 색깔〈의 옷감에〉 선명하게 입혀 옷을 만들려 한다."라고 하였으니, 會가 다섯 가지 색깔을 말했다는 점을 안 것이다. 禮에 衣에는 그림을 그리고 裳에는 수를 놓고, 다섯 가지 색깔이 갖추어진 것을 繡라 이르니, 그림에도 다섯 가지 색깔을 갖추었음을 알 수 있다. 그러므로 '다섯 가지 채색으로 이 그림을 이루었다.'라고 한 것은 옷에 그림을 그린 것을 이른다. '宗彝'라는 글은 '作會'의 아래를 이어받았기 때문에 "宗廟의 彝樽에도 산·용·華蟲으로 꾸몄다."라고 한 것이다. 해와 달과 별로 꾸미지 않았다는 점을 안 것은 孔安國이 三辰의 존귀함은 응당 器物에 베풀어서는 안 된다고 여겼기 때문이다. ≪周禮≫에 山罍·龍勺·鷄彝·鳥彝라는 것들이 있으니, 그 類例로 말하면 彝樽은 산과 용과 華蟲으로 꾸밈을 하되 또한 그림으로 그려서 꾸밈을 한 것을 안 것이다. ≪周禮≫

〈彝器〉에서 말한 犧·象·鷄·鳥를 鄭玄은 모두 그림으로 꾸민 것으로 여겼으니, 孔安國의 생각과 같다. ≪周禮≫ 〈彝器〉에 산과 용과 華蟲으로 꾸밈이 없는 것은 帝王이 개혁할 때 숭상한 것이 동일하지 않았기 때문에 다른 점이 있는 것이다.

【疏】 ○ 傳'藻水'至'曰黼' ○ 正義曰：詩云 "魚在在藻." 是藻爲水草. 草類多矣, 獨取此草者, 謂此草有文故也. '火爲火字', 謂刺繡爲火字也. 考工記云 "火以圜." 鄭司農云 "爲圜形似火也." 鄭玄云 "形如半環." 然記是後人所作, 何必能得其眞. 今之服章繡爲火字者, 如孔所說也. '粉若粟氷'者, 粉之在粟, 其狀如氷. '米若聚米'者, 刺繡爲文, 類聚米形也. '黼若斧形', 考工記云 "白與黑謂之黼." 釋器云 "斧謂之黼." 孫炎云 "黼文如斧形." 蓋半白半黑, 似斧刃白而身黑. '黻謂兩己相背', 謂刺繡爲己字, 兩己字相背也. 考工記云 '黑與靑謂之黻.' 刺繡爲兩己字, 以靑黑線繡也. 詩葛覃云 "爲絺爲綌." 是絺用葛也. 玉藻云 "浴用二巾, 上絺下綌." 曲禮云 "爲天子削瓜者, 副之, 巾以絺, 爲國君者, 華之, 巾以綌." 皆以絺貴而綌賤, 是絺精而綌麤, 故"葛之精者曰絺."

○ 傳의 〔藻水〕에서 〔曰黼〕까지

○ 正義曰：≪詩經≫ 〈小雅 魚藻〉에 "물고기가 마름풀에 있다.〔魚在在藻〕"라고 하였는데, 이 藻는 물에서 자라는 풀이다. 풀의 종류가 많은데도 유독 이 풀을 취한 것은 이 풀에 무늬가 있다고 생각하였기 때문이다.

〔火爲火字〕 刺繡로 '火'字를 만들었음을 이른 것이다. ≪周禮≫ 〈考工記〉에 "불은 둥그스름하게 나타낸다."라고 하였는데, 鄭司農(鄭衆)은 "원형이 불과 같음을 이른다."라 하였고, 鄭玄은 "형상이 半環과 같다."라고 하였다. 그러나 〈考工記〉는 후세 사람이 지은 것인데 어떻게 꼭 참뜻을 터득했다고 할 수 있겠는가. 지금의 옷에 '火'字를 수놓는 것은 孔安國이 말한 바와 같다.

〔粉若粟氷〕 가루가 좁쌀에 있는 그 형태가 마치 얼음과 같은 것이다.

〔米若聚米〕 刺繡로 무늬를 놓은 것이 쌀을 모아놓은 형상과 비슷한 것이다.

〔黼若斧形〕 〈考工記〉에 "흰색과 검은색을 '黼'라 이른다."라 하였고, ≪爾雅≫ 〈釋器〉에 "斧를 黼라 이른다."라고 하였는데, 孫炎이 "黼의 무늬는 도끼 형상과 같다."라고 하였으니 아마 반은 희고 반은 검은 것이 마치 도끼의 날은 희고 몸통은 검은 것과 같은 것이다.

〔黻謂兩己相背〕 刺繡로 '己'字를 놓되 두 己字가 서로 등진 것을 이른다. 〈考工記〉에

"검은색과 푸른색〈으로 선을 두르고 수를 놓은 것〉을 '黻'이라 이른다."라고 하였는데, 刺繡로 두 '己'字를 놓되, 푸른색과 검은색으로 선을 두르고 수를 놓은 것이다. ≪詩經≫ 〈周南 葛覃〉에 "정세한 갈포를 만들고 거친 갈포를 만들도다."라고 하였으니, 이 정세한 갈포는 칡을 사용한다. ≪禮記≫ 〈玉藻〉에는 "목욕할 때엔 수건 두 장을 사용하는데 몸의 상체는 정세한 갈포로 만든 수건을 쓰고, 하체는 거친 갈포로 만든 수건을 쓴다."라 하였고, 〈曲禮〉에는 "天子를 위하여 참외를 깎는 사람은 〈넷으로〉 쪼개고 〈가로로 자른 다음〉 정세한 葛布로 덮어서 올리고, 國君을 위하여 〈참외를 깎는 사람은 반으로〉 쪼개고 〈가로로 자른 다음〉 거친 갈포로 덮어서 올린다."라고 하였으니, 모두 정세한 것을 귀하게 여기고 거친 것을 천하게 여겼다. 여기서는 絺가 정세한 것이고 綌이 거친 것이기 때문에 "갈포 가운데 정세한 것을 絺라 한다."라고 한 것이다.

【疏】'五色備謂之繡', 考工記文也. 計此所陳, 皆述祭服, 祭服玄纁爲之. 後代無用絺者, 蓋於時仍質, 暑月染絺爲纁而繡之, 以爲祭服. 孔以'華象草華蟲雉', 則合華蟲爲一. 周禮鄭玄注亦然, 則以日・月・星辰・山・龍・華蟲六章畫於衣也, 藻・火・粉・米・黼・黻六章繡於裳也. 天之大數, 不過十二, 故王者製作, 皆以十二象天也. 顧氏取先儒等說, 以爲"日月星取其照臨, 山取能興雲雨, 龍取變化無方, 華取文章, 雉取耿介." 顧氏雖以華蟲爲二, 其取象則同. 又云"藻取有文, 火取炎上, 粉取絜白, 米取能養, 黼取能斷, 黻取善惡相背."

〔五色備謂之繡〕≪周禮≫ 〈考工記〉의 글이다. 여기에 진열된 것들을 살펴보면, 모두 祭服에 대한 기술이다. 祭服은 검붉은 비단으로 만들었다. 後代에 정세한 갈포를 쓰지 않은 것은 아마 당시에 그대로 질박함을 유지하면서 더운 철에 정세한 갈포를 물들여 검붉은 색으로 만들고 거기에 수를 놓아서 祭服을 만들었던 모양이다. 孔安國은 '華는 풀꽃을 상징하고 蟲은 꿩이다.'라고 하였으니, 華와 蟲을 합하여 하나로 만든 것이다. ≪周禮≫에 단 鄭玄의 注도 그렇게 하였으니, 日・月・星辰・山・龍・華蟲 6章을 衣에 그리고, 藻・火・粉・米・黼・黻 6章을 裳에 수놓은 것으로 여겼다. 하늘의 大數는 12에 불과하기 때문에 王者의 제작은 모두 12를 가지고 하늘을 상징하였다.

顧氏(顧彪)는 先儒들의 說을 취하여 "해와 달과 별은 그 照臨을 취한 것이고, 산은 능히 雲雨를 일으킴을 취한 것이고, 용은 변화무쌍함을 취한 것이고, 꽃은 무늬를 취한 것이고, 꿩은 耿介(굳게 지조를 지킴)를 취한 것이다."라고 하였다. 顧氏가 비록 華와 蟲을 둘로 여겼으나 그 象을 취함은 같았다. 또 "藻는 무늬가 있음을 취한 것이고, 火는 불꽃

이 올라감을 취한 것이고, 粉은 결백함을 취한 것이고, 米는 능히 양육함을 취한 것이고, 黼는 능히 결단함을 취한 것이고, 黻은 善과 惡이 서로 등진 점을 취한 것이다."라고 하였다.

【疏】鄭玄云"會讀爲繪. 宗彝, 謂宗廟之鬱鬯樽也. 故虞夏以上, 蓋取虎彝蜼彝而已. 粉米, 白米也. 絺讀爲黹(치), 黹, 紩也. 自日月至黼黻, 凡十二章, 天子以飾祭服. 凡畫者爲繪, 刺者爲繡. 此繡與繪各有六, 衣用繪, 裳用繡. 至周而變之, 以三辰爲旂旗, 謂龍爲袞, 宗彝爲毳, 或損益上下, 更其等差." 鄭意以華蟲爲一, 粉米爲一, 加宗彝謂虎蜼也. 周禮宗廟彝器有虎彝・蜼彝, 故以宗彝爲虎蜼也. 此經所云凡十二章, 日也・月也・星也・山也・龍也・華蟲也, 六者畫以作繪, 施於衣也. 宗彝也・藻也・火也・粉米也・黼也・黻也, 此六者紩以爲繡, 施之於裳也. 鄭玄云"至周而變易之, 損益上下, 更其等差." 周禮司服之注, 具引此文, 乃云"此古天子冕服十二章也. 王者相變, 至周而以日・月・星畫於旌旗. 冕服九章, 登龍於山, 登火於宗彝, 尊其神明也. 九章, 初一曰龍, 次二曰山, 次三曰華蟲, 次四曰火, 次五曰宗彝, 皆畫以爲繢, 次六曰藻, 次七曰粉米, 次八曰黼, 次九曰黻, 以絺爲繡. 則袞之衣五章, 裳四章, 凡九也. 鷩畫以雉, 謂華蟲也. 其衣三章, 裳四章, 凡七也. 毳畫虎蜼, 謂宗彝也. 其衣三章, 裳二章, 凡五也." 是鄭以冕服之名, 皆取章首爲義, 袞冕九章, 以龍爲首, 龍首卷然, 故以袞爲名. 鷩冕七章, 華蟲爲首, 華蟲卽鷩雉也. 毳冕五章, 虎蜼爲首, 虎蜼毛淺, 毳是亂毛, 故以毳爲名. 如鄭此解, 配文甚便, 於絺繡之義, 總爲消帖, 但解宗彝爲虎蜼, 取理太廻. 未知所說誰得經旨.

鄭玄은 "會는 繪로 읽어야 한다. 宗彝는 宗廟의 鬱鬯樽을 이른다. 그러므로 虞나라와 夏나라 이상은 아마 虎彝와 蜼彝를 취했을 뿐이다. 粉米는 白米이다. 絺는 黹로 읽어야 하니, 黹는 紩의 뜻이다. '日月'로부터 '黼黻'에 이르기까지 모두 12章(무늬)이니 天子가 그것으로 祭服을 꾸민다. 일반적으로 그림을 그리는 것을 '繪'라 하고, 수를 놓는 것을 '繡'라고 한다. 이 繡와 繪에는 각각 여섯 가지씩 있으니, 衣에는 그림을 그리고, 裳에는 수를 놓는다. 周나라에 와서 변경하여 三辰으로 깃발을 만들었는가 하면, 龍을 '袞'이라 하고 宗彝를 '毳'라고 하였으며, 더러는 덜어내기도 하고 보태기도 하고 올리기도 하고 내리기도 하여 그 등차를 변경하였다."라고 하였다. 鄭玄의 생각은 華와 蟲을 하나로 여기고, 粉과 米를 하나로 여겼으며, 宗廟의 彝樽인 '虎彝와 蜼彝'라고 이르는 것을 보태었다. ≪周禮≫

宗廟의 彝器에 虎彝와 蜼彝가 있기 때문에 宗彝를 虎彝와 蜼彝라고 한 것이다.

이 經文에서 말한 12章 중에 日・月・星・山・龍・華蟲 여섯 가지는 그림으로 그려서 衣에 베풀고, 宗彝・藻・火・粉米・黼・黻 여섯 가지는 꿰매어 수를 놓아 裳에 베푼다. 鄭玄은 "周나라에 와서 변역하여 덜어내기도 하고 보태기도 하고 올리기도 하고 내리기도 하여 그 등차를 변경했다."라고 하였는데, ≪周禮≫ 〈春官 宗伯 司服〉의 注에서 이 글을 모두 인용하고 이에 이르기를 "이것은 옛날 天子의 冕服 12章이다. 王者는 서로 변역하였고, 周나라에 와서는 해와 달과 별을 깃발에 그렸다. 冕服 9章은 龍을 山보다 올리고 火를 宗彝보다 올려서 그 神明을 높였다. 9章은 첫째는 龍, 둘째는 山, 셋째는 華蟲, 넷째는 火, 다섯째는 宗彝인데 모두 그려서 무늬를 만들고, 여섯째는 藻, 일곱째는 粉米, 여덟째는 黼, 아홉째는 黻인데, 精細한 葛布에 수를 놓았다. 袞冕服은 衣 5章과 裳 4章으로 모두 9章이다. 鷩冕服에는 꿩을 그리니 華蟲을 이른다. 〈별면복은〉 衣 3章과 裳 4章으로 모두 7章이다. 毳冕服에는 범과 원숭이를 그리니 宗彝를 이른다. 그 〈취면복은〉 衣 3章과 裳 2章으로 모두 5章이다."라고 하였으니, 鄭玄이 冕服의 이름을 가지고 모두 章의 머리를 취하여 의미를 부여한 것이다. 袞冕 9章은 龍을 으뜸으로 삼았는데, 龍이 머리를 숙였기 때문에 '袞'으로 이름을 한 것이다. 鷩冕 7章은 華蟲을 으뜸으로 삼았는데, 華蟲은 곧 꿩이다. 毳冕 5章은 범과 원숭이를 으뜸으로 삼았는데, 범과 원숭이는 털이 짧고 毳는 바로 헝클어진 털이기 때문에 毳로 이름을 한 것이다. 鄭玄의 이 풀이와 같다면 문채를 배분한 것이 매우 편리하고 수를 놓는 뜻에 있어서도 모두 소상하고 친절한데, 다만 宗彝를 범과 원숭이로 풀이하여 이치를 취한 것은 너무도 우회적이다. 설명한 것 중에 누가 經文의 뜻을 제대로 터득하였는지 모르겠다.

【疏】○傳'天子'至'制之' ○正義曰：此言"作服, 汝明." 故傳辨其等差. 天子服日月而下十二章, 諸侯自龍袞而下至黼黻八章, 再言而下, 明天子・諸侯皆至黼黻也. 士服藻火二章, 大夫加粉米四章. 孔注上篇五服, 謂"天子・諸侯・卿・大夫・士", 則卿與大夫不同, 當加之以黼黻爲六章. 孔略而不言, 孔意蓋以周禮制諸侯有三等之服, 此諸侯同八章者, 上古樸質, 諸侯俱南面之尊, 故合三爲一等. 且禮諸侯多同爲一等, 故雜記云 "天子九虞[1), 諸侯七虞." 左傳云 "天子七月而葬, 諸侯五月而葬."是也. 孔以此經上句日・月・星辰・山・龍・華蟲尊者在上, 下句藻・火・粉・米・黼・黻尊者在下, 黼黻尊於粉米, 粉米尊於藻火, 故從上以尊卑差之. 士服藻火, 大夫加以粉米, 竝藻火爲四章. 馬融不見孔傳, 其注亦以爲然, 以古有此言, 相傳爲說也. 蓋以衣在上爲陽, 陽統於上, 故所尊在先. 裳在下爲陰, 陰統於下, 故所重在後. 詩稱'玄袞及黼', 顧命云'麻冕黼裳', 當以黼爲裳, 故首擧黼以言其事, 如孔說也. 天子・諸侯, 下至黼黻, 大夫粉米兼服藻火, 是'上得兼下'也. 士不得服粉米, 大夫不得服黼黻, 是'下不得僭上'也.

1) 天子九虞 : 沈廷芳(淸)의 ≪十三經注疏正字≫에 의하면, "≪春秋公羊傳≫ 文公 2년 조 何休의 注에 보이고, ≪禮記≫ 〈雜記〉에는 이 문구가 없다."라고 하였다.

○ 傳의 〔天子〕에서 〔制之〕까지

○ 正義曰 : 여기서 "옷을 만들려 하거든 너는 〈그 大小와 尊卑의 차등을〉 밝혀주라."고 말했기 때문에 孔傳에서 그 차등을 변별한 것이다. 天子의 옷은 '日月' 이하 12章이고, 諸侯의 옷은 '龍袞' 이하부터 '黼黻'까지 8章인데, 두 번 '而下'라고 말한 것은 天子와 諸侯의 옷이 모두 '黼黻'까지라는 점을 밝히기 위한 것이다. 士의 옷은 藻와 火 2章이고, 大夫의 옷은 粉과 米를 더한 4章이다. 孔安國이 上篇의 '五服'에 주를 달기를 "〈五服은〉 天子・諸侯・卿・大夫・士〈의 옷〉이다."라고 하였으니, 卿은 大夫와 같지 않기 때문에 응당 黼와 黻을 더한 6章으로 하였다. 孔傳에서 생략하고 말하지 않았으니, 孔安國의 생각에는 아마 ≪周禮≫에서 諸侯의 옷을 제정할 때에는 세 등급의 옷을 정해 두었으나 여기에서 諸侯를 다같이 8章으로 한 것은 상고시대엔 〈풍속이〉 질박했을 뿐더러 諸侯들은 모두 南面하는 尊位이기 때문에 세 등급을 합해서 한 등급으로 했다고 여긴 것일 것이다. 또 ≪禮記≫에서 諸侯는 대부분 같은 한 등급이기 때문에 〈雜記〉에 "天子는 아홉 번 虞祭를 지내고, 諸侯는 일곱 번 虞祭를 지낸다."라 하고, ≪春秋左氏傳≫ 隱公 원년 조에 "天子는 일곱 달 만에 장사지내고, 諸侯는 다섯 달 만에 장사지낸다."라고 한 것이 이것이다. 孔安國은 이 經文의 上句의 日・月・星辰・山・龍・華蟲은 존귀한 것이 앞에 있고, 下句의 藻・火・粉・米・黼・黻은 존귀한 것이 뒤에 있으니, 黼와 黻은 粉과 米보다 높고, 粉과 米는 藻와 火보다 높기 때문에 위로부터 尊卑를 가지고 차등을 정한 것이다. 士의 옷은 藻와 火를 그리고, 大夫의 옷은 粉과 米를 더해서 藻와 火를 아울러 4章이다. 馬融은 孔傳을 보지 못했으나 그 注에 또한 그렇다고 한 것은 예전에 이런 말이 있어서 서로 전하여 〈저마다 자신의〉 설로 삼았기 때문이다.

대개 衣는 위에 있어 陽이 되고 陽은 위에서 통솔하기 때문에 존귀한 것이 앞에 있고, 裳은 아래 있어 陰이 되고 陰은 아래에서 통솔하기 때문에 소중한 것이 뒤에 있다. ≪詩經≫ 〈小雅 采菽〉에 "玄袞과 黼로다."라 하고, ≪書經≫ 〈顧命〉에 '麻冕과 黼裳 차림으로'라고 하였으니, 응당 黼를 가지고 裳을 삼아야 한다. 그러므로 첫머리에서 黼를 들어 그 일을 말하기를 마치 孔安國의 말처럼 한 것이다. 天子와 諸侯는 아래로 黼와 黻에 이르고, 大夫는 粉과 米에 藻와 火를 겸해서 입었으니, 이것이 "윗사람은 아랫사람〈의 문장〉을 겸할 수 있다."란 것이다. 士는 粉과 米를 입지 못하고, 大夫는 黼와 黻을 입지 못하니, 이것이 "아랫사람은 윗사람〈의 문장〉을 참람할 수 없다."란 것이다.

【疏】訓彰爲明, 以五種之彩, 明施於五色, 作尊卑之服, 汝當分明制之, 令其勿使僭濫也. 鄭玄云 "性曰采, 施曰色." 以本性施於繒帛, 故云'以五采施於五色'也. 鄭云 "作服者, 此十二章爲五服, 天子備有焉. 公自山龍而下, 侯伯自華蟲而下, 子男自藻火而下, 卿大夫自粉米而下." 亦是以意說也. 此云'作服', 推據衣服, 所以經有'宗彝', 及孔云'旌旗亦以山·龍·華蟲爲飾'者, 但此雖以服爲主, 上旣云'古人之象', 則法象分在器物, 皆悉明之, 非止衣服而已. 旌旗器物, 皆是彩飾, 被服以明尊卑, 故總云'作服'以結之.

彰을 明의 뜻으로 풀이해서 다섯 종류의 채색을 다섯 가지 색깔〈의 옷감에〉 선명하게 입혀 尊卑를 〈드러내는〉 옷을 만들려 하거든 너는 〈그 大小·尊卑의 차등을〉 밝혀 제도화하여 그들로 하여금 참람하지 말도록 해야 한다는 것이다. 鄭玄은 "성질을 采라 하고 입힌 것을 色이라 한다."라고 하였으니, 본래의 성질을 비단에 베풀기 때문에 "다섯 가지 채색을 다섯 가지 색깔〈의 옷감에〉 입힌다."라고 한 것이다. 鄭玄은 "옷을 만들 경우 이 12章으로 다섯 가지 복식을 만들어 天子가 갖춰두었다. 公은 山과 龍으로부터 이하를 가지고, 侯와 伯은 華蟲으로부터 이하를 가지고, 子와 男은 藻와 火로부터 이하를 가지고, 卿과 大夫는 粉과 米 이하를 가지고 만든다."라고 하였으니, 또한 뜻으로 말한 것이다. 여기서 '作服'이라고 한 것은 의복을 미루어 근거한 것인데, 經文에 '宗彝'란 것이 있고, 孔安國이 "旌旗에도 山·龍·華蟲으로 꾸몄다."라고 한 것은, 단지 여기서는 비록 옷을 위주로 하였지만, 위에서 이미 '옛사람의 法象'이라고 하였으니, 法象은 器物에 나누어져 있으므로 모두 밝히고 의복에만 국한하지 않았기 때문이다. 旌旗와 器物은 모두 채색으로 꾸민 것이지만, 옷을 입어서 尊卑를 드러내기 때문에 총괄하여 '作服'이라 해서 매듭을 지은 것이다.

【疏】○傳'言欲'至'審之' ○正義曰:此經大意, 令臣審聽樂音, 察世之治否以報君也. 金·石·絲·竹·匏·土·革·木, 八物各出其音, 謂之八音. 八音之聲, 皆有淸濁, 聖人差之以爲五品. 宮·商·角·徵·羽, 謂之五聲. 五聲高下, 各有所準則, 聖人制爲六律, 與五聲相均, 作樂者, 以律均聲, 聲從器出. 帝言我欲以六律和彼五聲八音, 以此樂之音聲, 察世之治否. 詩序云 "治世之音安以樂, 其政和, 亂世之音怨以怒, 其政乖." 此則聽聲知政之道也. 言今聽作樂, 若其音安樂和平, 則時政辨治而修理也, 若其音怨怒乖離, 則時政忽慢而怠惰也, 是用樂之聲音, 察天下治理及忽怠者也. 知其治理, 則保以修之, 知其忽怠, 則改以修之, 此治理忽怠, 人君所願聞也. 又樂之感人, 使和易調暢, 若樂云合度, 則言必得理. 以此樂音, 出納仁義禮智信五德之言, 乃君之發言, 合彼五德, 施之於人, 可以成其教化, 是出五言也. 人之五言, 合彼五德, 歸之於君, 可以成諷諫, 是納五言也. 君言可以利民, 民言可以益君, 是言之善惡, 由樂音而知也. 此言之善惡, 亦人君之所願聞也. 政之理忽, 言之善惡, 皆是上所願聞, 欲令察知以告已, 得守善而改惡, 故帝令臣, 汝當爲我聽審之也.

○ 傳의 〔言欲〕에서 〔審之〕까지

○ 正義曰 : 이 經文의 大意는 신하로 하여금 음악 소리를 살펴 듣고 세상의 다스려짐과 다스려지지 않음을 살펴서 임금에게 보고하도록 하는 것이다. 金·石·絲·竹·匏·土·革·木의 여덟 기물이 각각 그 소리를 내니, 이것을 '八音'이라 이른다. 八音의 소리에는 모두 淸音과 濁音이 있기 때문에 聖人이 차등해서 5品을 만들었다. 宮·商·角·徵·羽를 '五聲'이라 이른다. 五聲의 높낮이에는 각각 준칙이 있기 때문에 聖人이 六律을 제정하여 五聲과 서로 균형을 맞추어놓았고, 樂을 제작하는 자가 律로 소리를 고르게 하니 소리가 악기에서 흘러나왔다.

帝舜은 "나는 六律을 가지고 저 五聲과 八音을 조화시켜서 이 樂의 음성을 가지고 세상의 다스려짐과 다스려지지 않음을 살피려고 한다."라고 하였다. 그리고 〈詩序〉에는 "治世의 음악이 편안하고 즐거운 것은 그 정사가 화평하기 때문이고, 亂世의 음악이 원망하고 노여운 것은 그 정사가 괴리되기 때문이다."라고 하였다. 이것은 음악 소리를 듣고 정사를 알아보는 방법이다. 말하자면 지금 음악 소리를 들었을 때 만일 그 음악 소리가 편안하고 즐겁고 화평하면 時政이 잘 다스려지고 있다는 증거이고, 만일 그 음악 소리가 원망하고 노여워하고 괴리되면 時政이 忽慢하고 怠惰하다는 증거이니, 음악 소리를 가지고 天下의 다스려짐과 태만함을 살핀다는 것이다. 그 정사가 잘 다스려진다는 것을 알면 보존해서 닦게 되고 그 정사가 태만하다는 것을 알면 고쳐서 닦게 되므로 다스려짐과 태만함은 임금이 듣기 원하는 것이다.

또한 음악은 사람을 감동시켜 화평하고 창명하게 하기 때문에 만일 음악 소리가 법도에 맞으면 말이 반드시 이치를 얻는다. 이와 같은 음악 소리로 仁·義·禮·智·信 五德

의 말을 출납하여야 이에 임금이 하는 말이 저 五德에 합하여 사람에게 베풀면 그 교화를 이룰 수 있으니, 이것은 五言을 내는 것이요, 사람의 五言이 저 五德에 합하여 임금에게 돌아가면 諷諫을 이룰 수 있으니, 이것은 五言을 받아들이는 것이다. 임금의 말은 백성을 이롭게 할 수 있고 백성의 말은 임금을 유익하게 할 수 있으니, 말의 善惡은 음악 소리로 말미암아 알 수 있다. 이 말의 善惡은 또한 임금이 듣기 원하는 것이다. 정사의 다스려짐과 태만함, 말의 선함과 악함은 모두 윗사람이 듣기 원하는 것이니, 살펴 알아서 자기에게 보고하게 하여 선한 것은 지키고 악한 것은 고치고자 하였다. 그러므로 帝舜이 신하에게 "너는 마땅히 나를 위하여 들어 살피도록 하라."고 명령한 것이다.

【疏】 六律·六呂, 當有十二, 惟言'六律'者, 鄭玄云 "擧陽, 陰從可知也." 傳以'五言'爲'五德之言'者, 漢書律歷志稱"五聲播於五常, 則角爲仁, 商爲義, 徵爲禮, 羽爲智, 宮爲信." 志之所稱, 必有舊說也. 言五聲與五德相協, 此論樂事而云'出納五言', 知是出納五德之言也. 樂音和, 則五德之言, 得其理, 音不和, 則五德之言, 違其度, 故亦以樂音, 察五言也. 帝之此言, 自說臣之大法. 於舜所聽, 使聽韶樂也. 襄二十九年左傳吳季札見舞韶樂而歎曰 "德至矣哉. 大矣, 如天之無不幬也, 如地之無不載也." 然則韶樂盡善盡美, 有理無忽, 而竝言'忽'者, 韶樂自美, 取樂採人歌爲曲, 若(其)〔有〕[1]怠忽, 則音辭亦有焉, 故常使聽察之也.

1) (其)〔有〕: 저본에는 '其'로 되어 있으나, "毛本에는 有로 되어 있다."라고 한 阮元의 校勘記에 의거하여 '有'로 바로잡았다.

六律과 六呂는 응당 12律이 있어야 하는데도 오직 '六律'만을 말한 것은 鄭玄이 말한 "陽을 들면 陰은 따라서 알 수 있다."란 것이다. 孔傳에서 五言을 五德의 말이라 한 것은 ≪漢書≫ 〈律曆志〉에 "五聲을 五常에 분배하면 角은 仁이 되고, 商은 義가 되고, 徵는 禮가 되고, 羽는 智가 되고, 宮은 信이 된다."라고 칭하였으니, 〈律曆志〉에서 칭한 바는 반드시 舊說이 있었을 것이다. 五聲과 五德이 서로 화협함을 말한 것인데, 여기에서 음악에 대한 일을 논하면서 "다섯 가지 말로 출납하려 한다."고 하였으니, 이것으로 五德의 말을 출납한다는 점을 알 수 있다. 음악 소리가 화평하면 五德의 말이 그 이치를 얻고 음악 소리가 화평하지 않으면 五德의 말이 그 법도를 어기기 때문에 또한 음악 소리로 五言을 살폈던 것이다. 帝舜의 이 말은 스스로 신하의 大法을 설명한 것이다. 舜임금에게 듣게 한 것은 韶樂을 듣게 한 것이다. ≪春秋≫ 襄公 29년 조의 ≪左氏傳≫에 吳나라

季札이 韶樂으로 춤추는 것을 보고 탄미하기를 "德이 지극하도다. 위대함이 하늘이 〈한 가지도〉 덮어주지 않음이 없고 땅이 〈한 가지도〉 실어주지 않음이 없는 것과 같도다."라고 하였다. 그렇다면 韶樂은 진선진미한 것이어서 다스려짐은 있고 태만함은 없었을 터인데, 태만함을 아울러 말한 것은 韶樂이 본래 아름답지만, 樂을 취할 때에는 사람들의 노래를 채집하여 곡을 만드니 만일 태만함이 있다면 음조와 가사에도 〈태만함이〉 있을 것이다. 그러므로 항상 들어 살피도록 한 것이다.

【疏】 ○傳'四近'至'察之' ○正義曰：冏命云 "惟予一人無良, 實賴左右前後有位之士, 匡其不及." 知'四近'謂前後左右四者近君之臣, 勅使敬其職也. 更欲告以此下之辭, 故勅之. 衆頑愚讒說之人, 若有所行不在於是而爲非者, 當察之, 知其非, 乃撻之書之. 此與以下發端也. '庶頑讒說', 謂朝廷之臣. '格則承之', 乃謂天下之人. 舜之朝廷, 當無讒說之人, 故設爲大法, 戒愼之耳. 四近之臣, 普謂近君之臣耳, 無常人也. 鄭玄以四近爲左輔右弼, 前疑後(承)〔丞〕[1], 惟伏生書傳有此言, 文王世子云 "有師保, 有疑(承)〔丞〕." 以外經傳無此官也.

1) (承)〔丞〕: 저본에는 '承'으로 되어 있으나, ≪禮記≫ 〈文王世子〉에 의거하여 '丞'으로 바로잡았다. 아래도 같다.

○傳의 〔四近〕에서 〔察之〕까지

○正義曰：〈冏命〉에 "나 한 사람이 어질지 못하여 실로 좌우·전후에 官位를 가진 賢士들이 나의 미급한 점을 바로잡아 주는 것에 의지하고자 하노라."고 하였으니, 四近은 前·後·左·右 사방에서 임금을 가까이 모시는 신하들을 이르고, 〈欽은〉 삼가 그 직책을 경건히 닦게 하는 것임을 알 수 있다. 다시 이 아래의 말을 가지고 고하려고 하였기 때문에 경계한 것이다. 여러 頑愚하고 讒說하는 사람들이 행하는 바가 옳은 일에 있지 않고 그른 일일 경우에는 마땅히 살펴서 그른 것을 알아내면 회초리로 때리고 〈장부에〉 기록하는 것이다. 이것은 이하와 더불어 단서를 꺼낸 것이다.

여러 頑愚하고 讒說하는 사람은 朝廷의 신하를 이르고, 바른 길로 나가면 받아들이는 것은 바로 천하 사람을 이른다. 舜임금의 조정에는 당연히 讒說하는 사람이 없었을 것이다. 그러므로 大法을 가설하여 경계한 것일 뿐이다. 사방 가까이에서 모시는 신하는 보편적으로 임금을 가까이에서 모시는 신하를 이를 뿐, 일정한 사람은 없다. 鄭玄은 四近을 左輔·右弼과 前疑·後丞으로 여겼으나 오직 伏生의 ≪尙書大傳≫에만 이 말이 있고, ≪禮記≫ 〈文王世子〉에는 "師와 保를 두고, 疑와 丞을 둔다."라고 했을 뿐 이 밖의 經傳에는 이런 벼슬이 없다.

【疏】○傳'當行'至'其過' ○正義曰：禮, 射皆張侯射之, 知'侯以明之', '當行射侯之禮, 以明善惡之敎'. 射禮有序賓以賢, 詢衆擇善之義, 是可以明善惡也. '笞撻不是者 使記識其過' 謂過輕者也, 大罪刑殺之矣. 古之射侯之士, 無以言之. 案周禮司裘云"王大射則供虎侯·熊侯·豹侯, 設其鵠. 諸侯則供熊侯·豹侯, 卿大夫則供麋侯, 皆設其鵠." 鄭玄注云"虎九十弓[1), 卽方一丈八尺, 熊七十弓, 方一丈四尺, 豹·麋五十弓, 方一丈." 鄭又引梓人"爲侯, 廣與崇方, 三分其廣, 而鵠居一焉." 則丈八之侯, 鵠方六尺, 丈四之侯, 鵠方四尺六寸大半寸, 一丈之侯, 鵠方三尺三寸少半寸, 此皆大射之侯也. 射人云"王以六耦射, 三侯五正. 諸侯以四耦射, 二侯三正. 孤卿大夫以三耦射, 一侯二正. 士以三耦射(豹)〔豻〕[2)侯二正." 鄭玄注云"五正者, 五采. 中朱, 次白, 次蒼, 次黃, 玄居外. 三正者, 去玄·黃. 二正者, 去白·蒼而畫以朱·綠." 此賓射之侯也. 鄭以賓射三侯步數高廣, 與大射侯同, 正大如鵠. 司裘及射人所云諸侯者, 謂圻內諸侯. 若圻外諸侯, 則儀禮大射云"大侯九十弓, 熊侯七十弓, 豹侯五十弓." 皆以三耦, 其賓射則無文. 若天子已下之燕射, 案鄕射記云"天子熊侯, 白質, 諸侯麋侯, 赤質, 大夫布侯, 畫以虎豹, 士布侯, 畫以鹿豕." 熊侯已下同五十弓, 卽侯身高一丈, 君臣共射之.

1) 弓 : 길이의 단위로 1弓은 6尺이다.

2) (豹)〔豻〕: 저본에는 '豹'로 되어 있으나, ≪周禮≫에 의거하여 '豻'으로 바로잡았다.

○ 傳의 〔當行〕에서 〔其過〕까지

○ 正義曰：禮에 활쏘기를 할 때에는 모두 과녁을 설치하고 활을 쏘는 것으로 되어 있으므로 "〈經文의〉 '侯以明之'가 '마땅히 射侯禮를 행하여 善惡의 가르침을 밝힌 것'임을 알 수 있다.

射禮에 어짊을 가지고 賓의 서열을 정하고 여러 사람에게 물어서 착한 사람을 택하는 뜻이 있으니, 이것이 바로 善惡을 밝힐 수 있는 것이다.

〔笞撻不是者 使記識其過〕 허물이 가벼운 자를 이르니, 큰 죄는 刑殺한다. 옛날 射侯에 대한 일은 언급한 데가 없다. ≪周禮≫ 〈天官 冢宰 司裘〉를 살펴보면 "王이 大射禮를 행할 경우 虎侯·熊侯·豹侯를 설치하고 鵠(정곡)을 붙이며, 諸侯일 경우 熊侯와 豹侯를 설치하고, 卿과 大夫일 경우 麋侯를 설치하고서 모두 鵠을 붙인다."라고 하였는데, 鄭

玄의 注에 "虎侯는 〈侯道(과녁과의 거리)가〉 90弓(54丈)이니, 곧 侯의 사방이 1丈 8尺이고, 熊侯는 〈侯道가〉 70弓(42丈)이니, 侯의 사방이 1丈 4尺이고, 豹侯와 麋侯는 〈侯道가〉 50弓(30丈)이니, 侯의 사방이 1丈이다."라고 하였다. 鄭玄은 또 ≪周禮≫ 〈冬官 考工記 梓人〉에 "〈梓人이〉 과녁을 만들 적에는 〈射布의〉 너비와 높이를 균등하게 하고 〈사포의〉 너비를 3등분하여 鵠이 3분의 1을 차지하게 한다."라고 한 말을 인용하였으니, 1丈 8尺의 과녁은 鵠이 사방 6尺이고, 1丈 4尺의 과녁은 鵠이 사방 4尺 6寸 大半寸(半寸이 훨씬 넘음)이고, 1丈의 과녁은 鵠이 사방 3尺 4寸 少半寸(半寸이 조금 안 됨)이니, 이것은 모두 大射의 과녁이다.

≪周禮≫ 〈夏官 司馬 射人〉에 "王은 6耦와 활을 쏘는데 3侯(虎侯・熊侯・豹侯)에 5正이고, 諸侯는 4耦와 활을 쏘는데 2侯(熊侯・豹侯)에 3正이고, 孤卿과 大夫는 3耦와 활을 쏘는데 1侯(麋侯)에 2正이고, 士는 3耦와 활을 쏘는데 豻侯에 2正이다."라고 하였는데, 鄭玄의 注에 "5正은 다섯 가지 채색이다. 중앙은 붉은색, 그 다음은 흰색, 그 다음은 푸른색, 그 다음은 누런색이고, 검은색은 밖에 있다. 3正은 검은색과 누런색을 제외하고 2正은 흰색과 푸른색을 제외하고 붉은색과 녹색으로 그린다."라고 하였으니, 이것은 賓射의 과녁이다. 鄭玄은 賓射의 세 과녁의 步數(과녁과의 거리)와 高廣(과녁의 높이와 너비)은 大射의 과녁과 동일하고, 正의 크기는 鵠과 같다고 여겼다. 〈司裘〉 및 〈射人〉에서 말한 '諸侯'는 圻內의 諸侯를 이른다. 만일 圻外의 諸侯라면 ≪儀禮≫ 〈大射〉에서 말한 "大侯는 90弓, 熊侯는 70弓, 豹侯는 50弓이다."란 것이니 모두 3耦와 하였다. 賓射의 경우는 글이 없다. 天子 이하 燕射와 같은 경우는 〈≪儀禮≫의〉 〈鄕射記〉를 살펴보면 "天子의 熊侯는 흰 바탕이고, 諸侯의 麋侯는 붉은 바탕이고, 大夫의 布侯는 범과 표범을 그리고, 士의 布侯는 사슴과 돼지를 그린다."라고 하였다. 熊侯 이하는 다같이 50弓으로 곧 侯身의 높이가 1丈인데, 임금과 신하가 함께 쏘았다.

【疏】 ○傳'書識'至'竝生' ○正義曰：'書識其非', 亦是小過者也. '欲竝生哉', 總上三者, '侯以明之 撻以記之 書用識哉', 皆是欲其改悔, 與無過之人共竝生也.

○ 傳의 〔書識〕에서 〔竝生〕까지

○ 正義曰：〔書識其非〕 또한 작은 허물이기 때문이다.

〔欲竝生哉〕 위의 세 가지 '侯以明之 撻以記之 書用識哉'를 총괄한 것이니, 모두 그들로 하여금 회개해서 허물이 없는 사람들과 함께 살게 하려는 것이다.

【疏】 ○ 傳'工樂'至'道之' ○ 正義曰：禮通謂樂官爲工，知工是樂官，則周禮大師・瞽矇之類也. 樂官掌頌詩言以納諫，以詩之義理或微，人君聽之，若有不悟，當正其義而揚道之. 揚，擧也，擧而道向君也.

○ 傳의 〔工樂〕에서 〔道之〕까지

○ 正義曰：禮에 樂官을 통칭하여 '工'이라 하였으므로, 工이 바로 樂官임을 알았으니, ≪周禮≫의 大師와 瞽矇 따위이다. 樂官은 詩言을 읊어 간언을 바치는 일을 관장하니, 詩의 뜻이 혹 미묘하여 임금이 듣고 만일 깨닫지 못하는 점이 있으면 응당 그 뜻을 바로잡아 인도해야 한다. 揚은 擧의 뜻이니, 들어서 임금을 〈바른 쪽으로〉 인도하는 것이다.

【疏】 ○ 傳'天下'至'威之' ○ 正義曰：言'承之用之'，則此人未在官也，故言謂天下民必也. 能至於道，卽賢者，故承用之而任以官也. 否，謂不從教者，則以刑威之，而罪其身也. 臣過必小，故撻之書之. 人罪或大，故以刑威之.

○ 傳의 〔天下〕에서 〔威之〕까지

○ 正義曰：'받아들여 등용한다.'라고 말하였으니, 이 사람은 벼슬에 있지 않은 사람이다. 그러므로 천하의 백성들을 이름이 틀림없다고 말한 것이다. 능히 바른 길로 나가는 사람은 곧 賢者이기 때문에 받아들여 등용해서 벼슬을 맡기는 것이다. 否는 가르침을 따르지 않는 자를 이르니, 형벌로 위엄을 보여 그 몸을 죄주는 것이다. 신하의 허물이 반드시 작기 때문에 회초리로 때리고 잘못을 〈장부에〉 기록하는 것이요, 사람의 죄가 혹 크기 때문에 형벌로 위엄을 보이는 것이다.

禹曰 兪哉니이다 帝光[1]天之下하사 至于海隅蒼生[2]하시면

1) 光：〈堯典〉의 孔傳에서 充의 뜻으로 풀이하였다.
2) 蒼生：蔡傳은 백성들로 보았다.

禹가 말하였다. "지당한 말씀입니다. 황제께서 덕이 하늘 아래를 가득 채워 바닷가에 무성하게 풀과 나무가 자라는 곳에까지 이르게 하신다면,

【傳】 光天之下하여 至於海隅蒼蒼然生草木이니 言所及廣遠이라

"하늘 아래를 가득 채워 바닷가에 무성하게 풀과 나무가 자라는 곳에까지 이르렀으니 미친 곳이 廣遠함을 말한 것이다.

萬邦黎獻이 **共惟帝臣**하리니 **惟帝時擧**하시어 **敷納以言**하시고 **明庶以功**하시며 **車服以庸**[1)]하시면

1) 明庶以功 車服以庸 : 蔡傳에서는 '여러 사람을 밝히되 공으로써 하여 그 이룬 것을 상고하며, 유능한 이를 표창하고 덕 있는 이에게 관작을 올려주어 보답을 후하게 할 것이니〔明庶以功 而考其成 旌能命德 以厚其報〕'라고 풀이하였다.

萬邦의 많은 어진 이가 모두 황제의 신하가 될 것이니, 황제께서는 이들을 등용하시어, 〈그들로 하여금 각각 자신들의 유능한 점을 아뢰게 해서〉 그들의 말을 크게 받아들이시고, 여러 신하들을 분명하게 드러내되 功績으로써 하시며 수레와 의복으로 표창하시면

【傳】 獻은 賢也라 萬國衆賢이 共爲帝臣이리니 帝擧是而用之하여 使陳布其言하고 明之皆以功大小爲差하며 以車服旌其能用之라

獻은 賢의 뜻이다. 萬國의 많은 어진 이가 모두 皇帝의 신하가 될 것이니, 황제가 이들을 거용하여 그들로 하여금 〈자신들의 유능한 점을〉 말하게 하고, 여러 신하를 분명하게 드러내되 모두 功의 크고 작음으로써 차등을 정하며, 수레와 의복으로 그 사람의 재능과 숙련도를 표창해야 한다는 것이다.

誰敢不讓하며 **敢不敬應**하리잇가

누가 감히 〈선한 사람을〉 천거하지 않겠으며, 누가 감히 공경하게 응하지 않겠습니까.

【傳】 上惟賢是用이면 則下皆敬應上命而讓善이라 ○ 應은 應對之應이라

윗사람이 오직 어진 이만을 임용하면 아랫사람은 모두 윗사람의 命에 공경히 응하여 선한 사람에게 양보한다는 것이다.

○ 應은 應對의 應이다.

帝不時하시면 **敷同**하여 **日奏罔功**[1)]하리이다

1) 日奏罔功 : 孔傳에서는 "날로 공이 없는 쪽으로 나아간다.〔日進於無功〕"라고 하였는데, 孔

疏에서는 "날로 공이 없는 사람을 진출시킨다."라고 하였다.

황제께서 이렇게 하지 않으시면 〈먼 곳이나 가까운 곳이나 신하들이〉 같은 마음을 가진 사람을 포진하여 날로 공적이 없는 쪽으로 나아갈 것입니다.

【傳】帝用臣不是면 則遠近布同而日進於無功이리니 以賢愚竝位하고 優劣共流故라

황제가 신하를 임용하기를 이렇게 하지 않으면 먼 곳이나 가까운 곳이나 〈신하들이〉 같은 마음을 펴 날로 공이 없는 쪽으로 나아갈 것이니 어진 사람과 어리석은 사람이 지위에 나란히 서고 우수한 사람과 열등한 사람이 흐름을 같이하기 때문이다.

無若丹朱傲하소서 惟慢遊를 是好하며

丹朱처럼 오만하지 마소서. 〈丹朱는〉 오직 태만하게 노는 것만을 좋아하며,

【傳】丹朱는 堯子니 擧以戒之라 ○傲는 字又作奡라

丹朱는 堯임금의 아들이니, 그를 들어서 경계한 것이다.
○傲는 글자가 또 奡로 되어 있기도 한다.

傲虐을 是作하며 罔晝夜頟頟하며

오만하고 포악한 짓을 하며 밤낮없이 〈악한 짓을 자행하여〉 쉬지 않으며,

【傳】傲戲而爲虐하며 無晝夜히 常頟頟肆惡無休息이라

오만을 피우고 장난을 치면서 포학한 짓을 하며 밤낮없이 항상 악한 일을 자행하여 쉬지 않았다는 것이다.

罔水行舟하며 朋淫于家하여 用殄厥世하니이다

물이 없는 곳에 배를 끌고 다녔으며, 무리를 지어 집안에서 음탕하게 놀아대어, 이 때문에 그 대를 끊고 말았습니다.

【傳】朋은 群也라 丹朱習於無水陸地行舟는 言無度라 群淫於家하여 妻妾亂이라 用是絶其世하여 不得嗣라

朋은 群의 뜻이다. 丹朱는 물이 없는 육지에서 배를 끌고 다니는 일을 익혔으니, 법도가 없었음을 말한 것이다. 무리 지어 집에서 음란한 짓을 하여 妻妾이 문란하였다. 이 때문에 대를 끊어서 〈그 아버지의 뒤를〉 계승하지 못하게 되었다는 것이다.

予創若時하여 **娶于塗山**하여 **辛壬癸甲**이며

저는 이와 같은 것을 경계하여, 塗山의 나라에 장가들어 辛·壬·癸·甲 4일밖에 집에 못 있었고,

【傳】 創은 懲也라 塗山은 國名이라 懲丹朱之惡하여 辛日娶妻하여 至于甲日에 復往治水하니 不以私害公이라

創은 懲의 뜻이다. 塗山은 나라 이름이다. 丹朱의 惡을 경계하여 辛日에 아내를 맞이하고서 甲日에 이르러서 다시 가서 물을 다스렸으니, 私로 公을 해치지 않았다는 것이다.

啓呱呱而泣이나 **予弗子**[1]는 **惟荒度**(탁)**土功**하며

1) 予弗子 : 蔡傳에서는 '妻를 맞이 하고 자식을 낳는 일은 모두 顧念할 겨를이 없었고〔娶妻生子 皆有所不暇顧念〕'라고 풀이하였다.

啓가 앙앙 울었으나 저는 자식의 이름을 지을 겨를도 없었던 것은 오직 水土만을 크게 다스렸기 때문이며,

【傳】 啓는 禹子也라 禹治水에 過門不入하고 聞啓泣聲이나 不暇子名之는 以大治度(탁)水土之功故라

啓는 禹의 아들이다. 禹가 홍수를 다스릴 때에 〈자기 집〉 門前을 지나면서도 들어가지 않았고, 啓의 울음소리를 듣고도 자식의 이름을 지을 겨를이 없었던 것은 水土의 일을 크게 다스렸기 때문이다.

弼成五服[1]하되 **至于五千**하고 **州十有二師**하며

1) 弼成五服 : '弼成'을 孔傳에서는 "홍수를 다스려서 도와 이루었다.〔治洪水輔成之〕"로, 蔡傳에서는 "五服의 제도를 도와 이루게 하였다.〔輔成五服之制〕"로 풀이하였는데, 유독 蔡傳에

대하여 洪奭周는 ≪尙書補傳≫에서 "弼은 輔의 뜻으로 풀이하고, 또한 正의 뜻으로 풀이하는데, 弼成五服의 弼은 마땅히 正의 뜻으로 풀이해야 하니, 法度를 가지고 단속하고 政敎를 가지고 정제하는 것이 이른바 正이다. 그런데 蔡傳에서는 '宇內를 구획하고 다스리는 것은 신하가 독단으로 할 수 있는 것이 아니기 때문에 「도와서 이루게 하였다.」고 말한 것이다.'라고 하였는데, 迂廻를 면치 못한 듯싶다."라고 하였다.

〈홍수를 다스려〉 五服의 제도를 도와 이루되 〈땅의 넓이가〉 사방 5,000리에 이르렀고, 州마다 12師를 두었으며,

【傳】 五服은 侯甸綏要荒服也라 服五百里니 四方相距는 爲方五千里니 治洪水輔成之라 一州用三萬人功이니 九州二十七萬庸이라 ○ 至于五千은 馬云 面五千里니 爲方萬里라하고 鄭云 五服已五千이니 又弼成爲萬里라하니라 州十有二師니 二千五百人爲師라 鄭云 師는 長也라하니라

五服은 侯服・甸服・綏服・要服・荒服이다. 服마다 500리이니 사방의 相距는 사방 5,000리인데, 홍수를 다스려서 〈五服의 제도를〉 도와 이루었다. 1州에 30,000명의 인력을 사용하였으니, 9州에 270,000명을 사용한 셈이다.

○ '至于五千'에 대하여 馬融은 "1面이 5,000리이니 사방 10,000리이다."라 하였고, 鄭玄은 "五服이 이미 5,000리인데 또 도와서 10,000리를 이루었다."라고 하였다. 州는 12師인데, 2,500인이 師가 된다. 鄭玄은 "師는 長의 뜻이다."라고 하였다.

外薄四海하 咸建五長하니

밖으로는 四海에 이르기까지 모두 다섯 長을 세우니,

【傳】 薄은 迫也니 言至海라 諸侯五國에 立賢者一人爲方伯하여 謂之五長이니 以相統治하고 以奬帝室이라 ○ 五長은 衆官之長이라

薄은 迫(닿다)의 뜻이니, 바다에 이름을 말한 것이다. 諸侯의 다섯 나라에 어진 이 한 사람을 세워 方伯으로 삼아 이를 '五長'이라 이르니, 統治를 돕고 帝室을 돕게 하려고 한 것이다.

○ 五長은 여러 관원의 長이다.

各迪有功이어늘 **苗頑**하여 **弗卽工**하나니 **帝其念哉**하소서

각각 〈직무를〉 이행하여 공을 세웠건만, 오직 三苗만이 頑凶하여 관직에 취임할 수 없었으니, 황제께서는 유념하소서.”

【傳】 九州五長은 各蹈爲有功이어늘 惟三苗頑凶하여 不得就官하니 善惡分別이라

九州의 다섯 長들은 각각 직무를 이행하여 功을 세웠건만, 오직 三苗만이 頑凶하여 관직에 취임할 수 없었으니, 善과 惡이 분별된 것이다.

帝曰 迪朕德은 **時乃功惟敍**니라

帝舜이 말씀하셨다. “〈지금 천하 사람들이〉 짐의 德敎를 이행하는 것은 네가 〈홍수를 다스린〉 일에 次序가 있었기 때문이다.”

【傳】 言天下蹈行我德은 是汝治水之功이 有次序커늘 敢不念乎아

천하 사람들이 나의 德敎를 이행하는 것은 네가 홍수를 다스린 일에 차서가 있었기 때문이거늘, 감히 생각하지 않겠는가라고 말한 것이다.

【疏】 ‘禹曰’至‘惟敍’ ○ 正義曰：禹旣得帝言，乃答帝曰“然. 旣帝之任臣，又言當擇人，充滿大天之下，旁至四海之隅，蒼蒼然生草木之處，皆是帝德所及. 其內有萬國衆賢，皆共爲帝臣.” 言其可用者甚衆也. “帝當就是衆賢之內，擧而用之. 其擧用之法，各使陳布其言，納受之，以其言之所能，從其所能而驗試之. 明顯衆人所能，當以功之大小. 旣知有功，乃賜之以車服，以表其功有能用. 帝以此法用人，卽在下之人，知官不妄授，必用度才能而使之. 如此，誰敢不讓有德. 敢不敬應帝命而推先善人也. 若帝用臣不是，不宜試驗，不知臧否，則群臣遠近，徧布同心，而日進無功之人.” 旣戒帝擇人，又勸帝自勤.

經의 〔禹曰〕에서 〔惟敍〕까지

○ 正義曰：禹는 이미 帝舜의 말씀을 듣고 이에 帝舜에게 답하기를 “그렇습니다. 이미 황제께서 신하를 임용하시고, 또 마땅히 사람을 선택하여 하늘 아래에 가득 채워 널리 바닷가에 무성하게 풀과 나무가 자라는 곳까지 이르렀으니, 모두 황제의 덕이 미친 바입니

다. 그 안에는 萬國의 여러 어진 이가 있어 모두 황제의 신하가 될 것입니다."라고 하였으니, 쓸 만한 이가 매우 많음을 말한 것이다.

"황제께서는 마땅히 이들 여러 어진 이들 중에서 들어 쓰셔야 합니다. 들어 쓰는 방법은 각각 그들로 하여금 말을 하게 해서 받아들이되 그 말의 유능한 바로써 하며 그 유능한 바를 따라 시험해보아야 합니다. 그래서 여러 사람의 유능한 바를 분명하게 드러내되 마땅히 공의 크고 작음에 따라서 해야 합니다. 이미 공이 있음을 알았으면 이에 수레와 의복을 하사하여 그 공적이 능히 쓸 만함을 표창해야 합니다. 황제께서 이런 방법으로 사람을 쓰시면 곧 아래에 있는 사람들이 벼슬이 함부로 주어지지 않는다는 점을 알아 반드시 재능을 헤아려서 사역할 것입니다. 이와 같이 하신다면 누가 감히 덕이 있는 이에게 양보하지 않겠으며, 감히 공경히 황제의 명에 응하여 선한 사람에게 선두를 양보하지 않겠습니까. 만일 황제께서 신하를 임용하기를 이렇게 하지 않으시고 시험하지 않아 선한지 불선한지를 모르신다면 신하들이 먼 곳이나 가까운 곳이나 같은 마음을 가진 사람을 두루 포진하여 날마다 공이 없는 사람을 진출시킬 것입니다."라고 하였으니, 이미 帝舜에게 사람을 선택하는 일을 경계하고 또 帝舜에게 스스로 근로하도록 권면한 것이다.

【疏】"無若丹朱之傲. 惟慢褻之遊, 是其所好, 傲戲而爲虐, 是其所爲. 爲此惡事, 不問晝夜, 而頟頟然恒爲之無休息. 又無水而陸地行舟, 群朋淫泆於室家之內. 用此之故, 絶其世嗣, 不得居位. 我本創丹朱之惡若是也, 故娶於塗山之國, 歷辛・壬・癸・甲四日而卽往治水. 其後過門不入, 聞啓呱呱而泣, 我不暇入而子名之, 惟以大治度水土之功故也. 水土旣平, 乃輔成五服, 四面相距, 至于五千里. 州十有二師, 其治水之時, 所役人功, 每州用十有二師, 各用三萬人也. 自京師外迫及四海, 其間諸侯五國皆立一長, 迆相統領. 以此諸侯各蹈行所職, 竝爲有功, 惟有三苗頑凶, 不能就官. 我以供勤之故, 得使〔天〕[1]災消沒, 帝念此事哉. 不可不自勤也." 帝答禹曰 "天下之人, 皆蹈行我德, 是汝治水之功, 惟有次敍故也." 受其戒而美其功也.

1) 〔天〕: 저본에는 없으나, "毛本에는 '災' 위에 '天'자가 있다."라고 한 阮元의 校勘記에 의거하여 '天'자를 보충하였다.

"丹朱처럼 오만하지 마소서. 오직 태만하게 노는 것만을 좋아하였고, 오만하고 장난을 치며 포악한 짓을 하였습니다. 이렇게 악한 일을 하는 것을 밤낮을 따지지 않고 항상 그런 일을 쉰 적이 없었습니다. 또 물이 없는데도 육지에서 배를 끌고 다녔으며, 무리를 지어 집안에서 음탕하게 놀아댔습니다. 이 때문에 그 대를 끊어 왕위에 있을 수 없게 되었습니다. 저는 본래 丹朱의 惡이 이와 같음을 경계하였기 때문에 塗山의 나라에 장가들어 겨우 辛·壬·癸·甲 4일만 지내고 곧 가서 홍수를 다스렸습니다. 그 뒤에 저의 집 門前을 지나면서도 들어가지 않았고, 啓가 앙앙 울었으나 저는 들어가서 자식의 이름을 지을 겨를도 없었던 것은 오직 水土의 일만을 크게 다스렸기 때문입니다.

水土가 이미 평정됨에 이에 五服의 제도를 도와 이루되 사면의 相距가 5,000리에 이르렀습니다. 州마다 12師를 두었으며, 홍수를 다스릴 때에 役事를 시킨 인원이 州마다 12師를 이용하고 각각 30,000명을 사용하였습니다. 京師로부터 밖으로 四海에 이르렀고, 그 사이의 諸侯 5國에는 모두 한 명의 長을 세워 서로 統領하게 하였습니다. 이 때문에 제후들이 각각 맡은 직책을 이행하여 모두 공을 세웠건만, 오직 三苗만이 頑凶하여 관직에 취임할 수 없었습니다. 저는 혼신의 힘을 다하였기 때문에 천재를 소멸시킬 수 있었으니, 황제께서는 이 일을 유념하소서. 스스로 근로하지 않아서는 안 됩니다."라고 하였다.

帝舜이 禹의 말에 답하시기를 "천하 사람들이 모두 나의 德教를 이행하는 것은 네가 홍수를 다스리는 일에 次序가 있었기 때문이다."라고 하셨으니, 그의 경계를 받아들이고 그의 공을 아름답게 여기신 것이다.

【疏】○傳'光天'至'廣遠' ○正義曰：堯典之序，訓光爲充，卽此亦爲充，言充滿大天之下也. 據其方面，卽四隅爲遠，至于海隅. 擧極遠之處，言帝境所及廣遠，其內多賢人也.

○傳의 〔光天〕에서 〔廣遠〕까지

○正義曰：〈堯典〉의 序에서 이미 光을 充(충만)의 뜻으로 풀이하였으니, 여기의 〈光자〉 역시 充의 뜻으로, 광대한 하늘 아래에 충만함을 말한 것이다. 그 방면에 의거하면 곧 네 귀퉁이가 먼 곳이 되니 바닷가에 이르렀다(닿았다)는 것이다. 지극히 먼 곳을 든 것은 帝舜의 지경이 미쳐간 곳이 廣遠하고 그 안에 賢人이 많이 있다는 점을 말한 것이다.

【疏】○傳'獻賢'至'用之' ○正義曰：釋言云"獻，聖也." 賢是聖之次，臣德不宜言聖，故爲賢也. '萬國衆賢 共爲帝臣'，言求臣之處多也. 帝擧是衆賢而用之，使陳布其言，令其自說己之所能，聽其言而納受之，依其言而考試之，顯明衆臣，皆以功大小爲差，然後賜車服，以旌別其人功能事用，是擧賢用人之法也. 舜典云"敷奏以言，明試以功."

奏·試二字與此異者, 彼言施於諸侯, 其人見爲國君, 故令奏言試功, 此謂方始擢用, 故言納·庶. 納謂受取之, 庶謂在群衆

○ 傳의〔獻賢〕에서〔用之〕까지

○ 正義曰 : ≪爾雅≫〈釋言〉에 "獻은 聖의 뜻이다."라고 하였다. 賢은 聖의 다음 단계이고, 신하의 德은 '聖'이라 말하지 않아야 하기 때문에 '賢'이라고 한 것이다.

〔萬國衆賢 共爲帝臣〕신하를 구할 곳이 많음을 말한 것이다. '황제께서는 이 여러 현인들을 등용하시어, 그들로 하여금 각각 소견을 아뢰게 하소서.'라는 것은 그들로 하여금 스스로 자기의 유능한 점을 말하게 해서 그들의 말을 경청하여 받아들이고, 그들 말에 의거하여 시험해보며, 여러 신하를 분명하게 드러내되 모두 공의 크고 작음으로써 차등을 정한 다음 수레와 의복을 하사하여 그 사람의 재능과 숙련도를 표창하여 구별하는 것이니, 이것이 어진 이를 등용하고 사람을 쓰는 방법이다.

〈舜典〉에 "행정업무를 각각 아뢰게 하고 그 공적을 밝게 살펴보았다.〔敷奏以言 明試以功〕"라고 하였는데, 奏와 試 두 글자가 여기와 다른 점은 저기서는 제후에게 베풀어 그 사람이 國君이 됨을 말하였기 때문에 행정업무를 각각 아뢰게 하고 그 공적을 밝게 살펴보았으나, 여기서는 비로소 발탁해 임용함을 말하였기 때문에 納과 庶를 말한 것이다. 納은 받아들여서 취함을 이르고, 庶는 군중에 있음을 이른다.

【疏】○ 傳'帝用'至'流故' ○ 正義曰 : 帝用臣不是, 不以言考功, 在下知帝不分別善惡, 則無遠近徧布同心, 日日進於無功之人, 由其賢愚竝位, 優劣共流故也. 敷是布之義, 故言'遠近布同', 同心妄擧也.

○ 傳의〔帝用〕에서〔流故〕까지

○ 正義曰 : 황제가 신하를 임용하기를 이렇게 하지 않고 아뢴 말로 공적을 상고하지 아니하여, 아래에 있는 신하들이 황제가 善惡을 구분하지 않음을 안다면 먼 곳이나 가까운 곳이나 신하들이 같은 마음을 두루 펴서 날마다 공이 없는 사람을 진출시킬 것이니, 어진 사람과 어리석은 사람이 지위에 나란히 서고 우수한 사람과 열등한 사람이 흐름을 같이하기 때문이다. 敷는 布의 뜻이기 때문에 "먼 곳이나 가까운 곳이나 같은 마음을 두루 편다."라고 말하였으니, 같은 마음으로 망령되이 천거하는 것이다.

【疏】○ 傳'丹朱 堯子' ○ 正義曰 : 漢書律歷志云 "堯讓舜, 使子朱處於丹淵爲諸侯." 則朱是名, 丹是國也.

○ 傳의 〔丹朱 堯子〕

○ 正義曰 : ≪漢書≫ 〈律曆志〉에 "堯임금은 舜에게 讓位하고 아들 朱를 丹淵에 거처하게 하여 諸侯로 삼았다."라고 하였으니, 朱는 이름이고 丹은 나라이다.

【疏】 ○ 傳'傲戱'至'休息' ○ 正義曰 : 詩美衛武公云 "善戱謔兮, 不爲虐兮."[1] 丹朱反之, 故'傲戱而爲虐'也. 頟頟, 是不休息之意. 肆, 謂縱恣也. 晝夜常頟頟然縱恣爲惡, 無休息時也.

1) 善戱謔兮 不爲虐兮 : 宋代 李樗와 黃櫄이 撰한 ≪毛詩集解≫에서는 "우스갯말 속에도 妙理가 존재하여 사람들이 포학하게 여기지 않았다.〔雖戱謔之間 亦有妙理存焉 而人不以爲虐也〕"라고 하였다.

○ 傳의 〔傲戱〕에서 〔休息〕까지

○ 正義曰 : ≪詩經≫ 〈衛風 淇澳〉에서 衛 武公을 아름답게 여기기를 "우스갯말을 잘 하였으나 포학한 말(심한 말)은 하지 않았도다."라고 하였는데, 丹朱는 이와 반대로 했기 때문에 "오만하고 장난치며 포학한 짓을 하였다."라고 한 것이다. '頟頟'은 쉬지 않는다는 뜻이고, '肆'는 방자함을 이른다. 밤낮으로 항상 꾸준히 방자하게 악한 짓을 하여 쉴 때가 없었다는 것이다.

【疏】 〔○〕[1] 傳'朋群'至'得嗣' ○ 正義曰 : 朋輩與群聚義同, 故朋爲群也. 聖人作車以行陸, 作舟以行水, 丹朱乃習於無水而陸地行舟, 言其所爲惡事無節度也. 此乃稟受惡性, 習惡事也. 鄭玄云 "丹朱見洪水時人乘舟, 今水已治, 猶居舟中, 頟頟使人推行之." 案下句云, 予創若時, 乃勤治水, 則丹朱行舟之時, 水尙未除, 非效洪水之時人乘舟也. '群淫於家', 言群聚妻妾, 恣意淫之, 無男女之別, 故言'妻妾亂'也. 用是之惡, 故絶其世位, 不得嗣父也. 此用'殄厥世'一句, 禹旣見世絶, 今始言之, 以明行惡之驗. 此句非禹所創, 創之者, 創其行之惡耳.

1) 〔○〕 : 저본에는 '○'이 없으나, 福建本·汲古閣本에 의거하여 '○'을 보충하였다.

○ 傳의 〔朋群〕에서 〔得嗣〕까지

○ 正義曰 : 朋輩는 群聚와 뜻이 같기 때문에 朋을 群이라고 한 것이다. 聖人은 수레를 만들어 육지를 다니고 배를 만들어 물 위를 다녔는데, 丹朱는 물이 없는 육지에서 배를 끌고 다니는 일을 익혔으니 그가 한 악한 일에 절도가 없었음을 말한 것이다. 이것은 惡

性을 품부 받아서 악한 일을 익힌 것이다. 鄭玄은 이르기를 “丹朱는 홍수 때에 사람들이 배를 탄 것을 보았기 때문에, 지금 홍수가 이미 다스려졌는데도 오히려 배 안에 살면서 항상 사람들에게 끌고 다니게 한 것이다.”라고 하였다. 그러나 下句에서 “저는 이와 같은 것을 경계하여, 이에 열심히 홍수를 다스렸다.”라고 한 것을 살펴보면, 丹朱가 배를 타고 다닐 때에 홍수가 아직 제거되지 않았으니, 홍수가 났을 때에 사람들이 배를 타고 다니는 것을 본받은 것은 아니다.

〔群淫於家〕 妻妾을 떼로 모아놓고 멋대로 음란한 짓을 하여 男女의 구별이 없었음을 말한 것이다. 그러므로 ‘妻妾이 문란하였다.’고 말한 것이다. 이러한 악행 때문에 그 세습한 지위를 끊어 아버지를 계승하지 못하게 되었다. ‘그 대를 끊고 말았다.〔用殄厥世〕’라고 한 1句는 禹가 이미 세대가 끊어진 것을 보았으나 이제 비로소 말하여 악을 행한 징험을 밝힌 것이다. 이 句는 禹가 징계한 것이 아니고, 징계한 것은 丹朱가 행한 악한 짓을 징계한 것일 뿐이다.

【疏】 ○ 傳‘創懲’至‘害公’ ○ 正義曰 : 創與懲皆是見惡自止之意, 故云 “創, 懲也.” 哀七年左傳云 “禹會諸侯於塗山.” 杜預云 “塗山在壽春縣東北.” ‘塗山, 國名’, 蓋近彼山也. ‘娶于塗山’, 言其所娶之國耳, 非就妻家見妻也. 懲丹朱之惡, 故不可不勤, 故辛日娶妻, 至于甲日復往治水. 孔云復往, 則已嘗治水, 而輟事成昏也. 鄭玄云 “登用之年, 始娶于塗山氏, 三宿而爲帝所命治水.” 鄭意娶後始受帝命, 娶前未治水也. 然娶後始受帝命, 當云聞命卽行, 不須計辛之與甲日數多少, 當如孔說, 輟事成昏也. 此時禹父新殛, 而得爲昏者, 鯀放而未死, 不妨禹娶. 且治水四年, 兗州始畢, 禹娶不必在殛鯀之年也.

○ 傳의 〔創懲〕에서 〔害公〕까지

○ 正義曰 : 創과 懲은 모두 악한 것을 보고 스스로 그친다는 뜻이기 때문에 “創은 懲의 뜻이다.”라고 한 것이다. ≪春秋≫ 哀公 7년 조의 ≪左氏傳≫에 “禹가 諸侯들과 塗山에서 회합했다.”라고 하였는데, 杜預는 “塗山은 壽春縣 동북쪽에 있었다.”라고 하였다. 〈傳文에서〉 ‘塗山은 나라 이름이다.’라고 한 것은 아마 저산(塗山)에 가까웠기 때문일 것이다.

〔娶於塗山〕 장가간 나라를 말했을 뿐, 妻家에 가서 妻를 만나본 것은 아니다. 丹朱의 惡을 징계했기 때문에 근로하지 않을 수 없었다. 그러므로 辛日에 아내를 맞이하고 甲日

에 이르러 다시 가서 홍수를 다스린 것이다. 孔安國이 '다시 갔다.'라고 한 것은 〈禹가〉 일찍이 홍수를 다스리다가 일을 중지하고 성혼을 했기 때문이다. 鄭玄은 "등용된 해에 비로소 塗山氏에게 장가들어 사흘을 지내고 황제의 명을 받아 홍수를 다스렸다."라고 하였으니, 鄭玄은 장가든 뒤에 비로소 황제의 명을 받았고 장가들기 전에는 홍수를 다스리지 않은 것으로 여긴 모양이다. 그러나 장가든 뒤에 비로소 황제의 명을 받았다면 당연히 '명을 받고 즉시 행하였다.'라고 했어야 하고, 모름지기 辛日에서 甲日까지 일수의 다소를 계산해서는 안 되니, 孔安國의 말처럼 일을 중지하고 성혼했다고 보는 것이 타당하다. 이때에 禹의 부친이 갓 유배되었지만 〈禹가〉 성혼할 수 있었던 것은 鯀이 추방되었으나 아직 죽지 않아 禹가 장가드는 데 지장이 없었기 때문이다. 또 홍수를 다스린 지 4년 만에 兗州가 비로소 끝났으니, 禹가 장가든 때가 꼭 鯀을 유배시킨 해에 있지 않았을 것이다.

【疏】○傳'啓禹'至'功故' ○正義曰：'啓 禹子', 世本文也. 孟子稱禹治水, 三過其門而不入, 是至門而聞啓泣聲, 不暇如人父子, 名爲己子而愛念之, 以其爲大治度水土之功故也. 訓荒爲大治, 謂去其水. 度(탁)謂量其功, 故治度連言之.

○傳의 〔啓禹〕에서 〔功故〕까지

○正義曰：〔啓 禹子〕 ≪世本≫의 글이다. 孟子께서 "禹가 홍수를 다스릴 때에 세 번이나 자기 집 문 앞을 지나면서도 들어가지 않았다."라고 일컬었으니, 〈禹가〉 그 문 앞에 이르러 啓의 울음소리를 듣고도 여느 부자간처럼 자기 아들에게 이름을 지어주며 愛念할 겨를이 없었던 것은 水土의 일을 크게 다스렸기 때문이다. 荒을 大治의 뜻으로 풀이한 것은 홍수를 제거함을 이른다. 度은 그 事功을 헤아림을 이르기 때문에 治와 度을 연달아서 말한 것이다.

【疏】○傳'五服'至'萬庸' ○正義曰：據禹貢所云五服之名數, 知五服卽甸・侯・綏・要・荒服也. 彼五服每服五百里, 四面相距, 爲方五千里也. 王肅云"五千里者, 直方之數. 若其(迴)〔迴〕[1]邪委曲, 動有倍加之較." 是直路五千里也. '治洪水輔成之'者, 謂每服之內, 爲其小數, 定其差品, 各有所掌, 是禹輔成之也. 周禮大司馬法, 二千五百人爲師. 每州十有二師, 通計之, 一州用三萬人功, 總計九州用二十七萬庸. 庸亦功也. 州境旣有闊狹, 用功必有多少. 例言三萬人者, 大都通率爲然, 惟言用三萬人者, 不知用功日數多少. 治水四年乃畢, 用功蓋多矣, 不知用幾日也.

1) (逥)〔迴〕: 저본에는 '逥'으로 되어 있으나, 諸本에 의거하여 '迴'로 바로잡았다.

○ 傳의 〔五服〕에서 〔萬庸〕까지

○ 正義曰 : 〈禹貢〉에서 말한 '五服'의 名數에 의거하여 五服이 곧 甸服·侯服·綏服·要服·荒服이란 점을 안 것이다. 저기의 五服은 매 服이 500里이니, 4面의 상거는 사방 5,000里가 된다. 王肅은 "5,000里란 것은 直方의 숫자이다. 만일 경사지고 구부러진 거리를 측정한다면 왕왕 갑절로 늘어나는 숫자가 생기게 된다."라고 하였으니, 이것은 直路로 5,000里이다.

〔治洪水輔成之〕 매 服의 안에 小數의 구역을 만들어 그 差品(차등)을 정하고 각각 관장하는 바를 두었으니, 禹가 도와서 이룬 것이다. ≪周禮≫ 大司馬法에 2,500人이 師가 된다고 하였는데, 매 州가 12師였으니, 통틀어 계산하면 1州가 30,000人의 인력을 사용한 셈이고, 總計하면 9州가 270,000人의 인력을 사용한 셈이다. 庸 또한 功의 뜻이다. 州境에 이미 넓이〔闊狹〕의 차이가 있었으니, 인력을 사용함에 있어서도 반드시 다소의 차이가 있었을 것이다. 의례적으로 '30,000人이다.'라고 말할 경우는 대체적 통계가 그렇게 된 것이지만, '30,000人을 사용했다.'라고 말할 경우는 인력을 사용한 일수의 다소를 알 수가 없다. 홍수를 다스린 지 4년 만에 〈兗州가〉 끝이 났으니, 인력을 사용한 것이 아마 많았을 터이지만, 며칠을 사용하였는지는 알 수가 없다.

【疏】 鄭玄云 "輔五服而成之, 至于面方, 各五千里, 四面相距, 爲方萬里. 九州州立十二人爲諸侯師, 以佐牧. 堯初制五服, 服各五百里. 要服之內方四千里曰九州, 其外荒服曰四海, 此禹所受. 地記書曰 '崐崘山東南, 地方五千里, 名曰神州'者. 禹弼五服之殘數, 亦每服者合五百里, 故有萬里之界·萬國之封焉. 猶用要服之內爲九州, 州更方七千里. 七七四十九, 得方千里者四十九. 其一以爲圻內, 餘四十八, 八州分而各有六. 春秋傳曰 '禹朝群臣于會稽, 執玉帛者萬國.'[1] 言執玉帛者, 則九州之內諸侯也. 其制特置牧, 以諸侯賢者爲之師. 蓋百國一師, 州十有二師, 則州千二百國也. 八州凡九千六百國, 其餘四百國在圻內. 與王制之法準之, 八州通率封公侯百里之國者一, 伯七十里之國二, 子男五十里之國四, 方百里者三, 封國七有畸, 至于圻內, 則子男而已."

1) 禹朝群臣於會稽 執玉帛者萬國 : ≪春秋左氏傳≫ 哀公 7년 조에 "禹合諸侯于塗山 執玉帛者萬國(禹임금이 塗山에 諸侯들을 모았을 때에 玉帛을 폐백으로 가지고 와서 맹약에 참가한 것이 1만 개국이나 되었다.)"이란 말이 보인다.

鄭玄은 "五服을 도와 이루니, 面方에 이르기까지 각각 5,000리였으므로 4面의 상거가 사방 10,000리였다. 九州는 州에 12人을 세워 諸侯의 師를 삼아서 牧을 돕게 하였다. 堯임금이 처음으로 五服을 제정하였는데, 服이 각각 500리였다. 要服의 안 사방 4,000리를 '九州'라 하고, 그 밖의 荒服을 '四海'라고 하였으니, 禹가 받은 것(版圖)이다. ≪地記書≫에 '崐崘山의 동남쪽 사방 5,000인 것을 「神州」라고 이름한다.'란 것은 禹가 五服을 도와 이룬 殘數로서 또한 服마다 500리를 합했기 때문에 萬里의 경계와 萬國의 봉건이 있게 된 것이다. 오히려 要服의 안을 九州로 삼았는데, 州는 다시 사방 7,000리였다. 7×7=49이니 사방 1,000리를 얻는 것이 49개이다. 그중 하나는 圻內(畿內)가 되고 나머지는 48개이니, 八州가 나누어 각각 6개씩을 가진 셈이다. ≪春秋左氏傳≫에 '禹임금이 群臣을 會稽에서 조회할 때에 玉帛을 가지고 와서 참가한 것이 1만 개국이나 되었다.'라고 하였으니, 玉帛을 가진 이는 九州의 안에 있는 諸侯를 말한 것이다. 그 제도는 특별히 牧을 설치하고 諸侯 중에서 어진 이를 師로 삼았다. 대개 100개국에 1師를 두고 州에 12師를 두었다면 州는 1,200개의 나라가 된다. 八州가 모두 9,600개 나라이고 그 나머지 400개 나라는 圻內에 있었던 것이다. ≪禮記≫ 〈王制〉의 법에 준거해보면 八州에 통상적으로 公과 侯를 봉하는 100리의 나라가 하나요, 伯을 봉하는 70리의 나라가 둘이요, 子와 男을 봉하는 50리의 나라가 넷이요, 사방 100리인 것이 셋이요, 나라를 봉한 것이 일곱하고 조금 더 되며, 圻內에 이르러서는 子와 男 뿐이었다."라고 하였다.

【疏】 鄭云 "禹弼成五服, 面各五千里." 王肅禹貢之注, 已難之矣. 傳稱萬, 盈數也, 萬國, 擧盈數而言, 非謂其數滿萬也. 詩桓曰 '綏萬邦', 烝民曰 '揉此萬邦', 豈周之建國復有萬乎. 天地之勢, 平原者甚少, 山川所在不啻居半, 豈以不食之地, 亦封建國乎. 王圻千里, 封五十里之國四百, 則圻內盡以封人, 王城宮室無建立之處, 言不顧實, 何至此也. 百國一師, 不出典記, 自造此語, 何以可從. '禹朝群臣于會稽', 魯語文也. '執玉帛者萬國', 左傳文也. 採合二事, 亦爲謬矣.

鄭玄이 "禹가 五服을 도와 이루니 四面이 각각 5,000리였다."라고 한 것에 대하여 王肅은 〈禹貢〉의 注에서 이미 힐난하였다. 孔傳에서 '萬'이라 칭한 것은 盈數이니, '萬國'은 盈數를 들어 말한 것이지 그 수가 정확히 1萬임을 이른 것은 아니다. ≪詩經≫ 〈周頌 桓〉에 '萬邦을 편안히 하시니'라 하고, ≪詩經≫ 〈大雅 烝民〉에 '이 萬邦을 다스려'라고 하였으니, 아마 周나라가 封建한 나라가 다시 萬國이 있었던가. 天地의 형세상 平原은 몹시 적고, 山川이 차지한 땅이 반을 훨씬 넘는데 어떻게 경작하지 못할 땅으로 또한 나라를 封建할 수 있겠는가. 王圻 1,000리에 50리의 나라를 400개나 봉했다면 圻內는 온통 사람을 봉해서 王城과 宮室을 건립할 곳이 없었을 터인데, 실제를 고려하지 않고 말한 것이 어찌 이 지경까지 이르렀는가. 〈정현이 말한〉 '100개의 나라에 1師를 두었다.〔百國一師〕'는 것은 典記(典籍)에서 나온 것이 아니고 스스로 이런 말을 지어낸 것이니, 어떻게 따를 수 있겠는가. '禹가 會稽에서 君臣의 조회를 받았다.〔禹朝群臣於會稽〕'는 것은 ≪國語≫ 〈魯語〉의 글이고, '玉帛을 가지고 와서 참가한 것이 1만 개국이 되었다.〔執玉帛者萬國〕'는 것은 ≪春秋左氏傳≫의 글인데, 두 가지 일을 따다가 합쳤으니 또한 잘못이다.

【疏】 ○ 傳'薄迫'至'帝室' ○ 正義曰：釋言云 "逼, 迫也." 薄者逼近之義, 故云迫也. 外迫四海, 言從京師而至于四海也. 釋地云 "九夷・八狄・七戎・六蠻謂之四海." 謂九州之外也. 王制云 "五國以爲屬, 屬有長." 此'建五長', 亦如彼文, 故云 "諸侯五國立賢者一人爲方伯, 謂之五長, 以相統治, 欲以共奬帝室故也." 僖元年公羊傳曰 "上無天子, 下無方伯." 方伯, 謂周禮'九命作伯'者也. 王制云 "千里之外設方伯." 方伯, 一(爲)〔州〕[1]之長, 謂周禮'八命作牧'者也. 傳言五國立一人爲方伯, 直是五國之長耳, 與彼異也. 以其是當方之長, 故傳以方伯言之.

1) (爲)〔州〕: 저본에는 '爲'로 되어 있으나, 諸本에 의거하여 '州'로 바로잡았다.

○ 傳의 〔薄迫〕에서 〔帝室〕까지

○ 正義曰：≪爾雅≫ 〈釋言〉에 "逼은 迫의 뜻이다."라고 하였다. 薄은 逼近의 뜻이기 때문에 '迫의 뜻이다.'라고 한 것이다. 〈經文의〉 '밖으로는 사방의 바다에 이르렀다.〔外迫四海〕'는 것은 京師로부터 四海에 이름을 말한 것이다. ≪爾雅≫ 〈釋地〉에 "九夷・八狄・七戎・六蠻을 四海라 이른다."라고 하였으니, 九州의 밖을 이른 것이다. ≪禮記≫ 〈王制〉에 "5國마다 屬을 조직하고 屬에는 長을 둔다."라고 하였으니, 여기 〈經文의〉 '다섯 長을 세운다.〔建五長〕'는 것도 저기의 글과 같기 때문에 "諸侯의 다섯 나라에 어진 이 한 사람을 세워 方伯으로 삼아 이를 '五長'이라 이르니, 統治를 돕고 다 함께 帝室을 도우려고 했기 때문이다."라고 한 것이다. ≪春秋≫ 僖公 원년 조의 ≪公羊傳≫에 "위에는 天子가 없고 아래에는 方伯이 없었다."라고 하였으니, 〈여기의〉 方伯은 ≪周禮≫ 〈春官 宗伯〉의 "九命으로 伯을 만든다."는 것을 이른다. ≪禮記≫ 〈王制〉에 "千里의 밖에 方伯을 설치한다."라고 하였으니, 〈여기의〉 方伯은 한 사람이 長이 된 것이니, ≪周禮≫ 〈春

官 宗伯〉의 "八命으로 牧을 만든다."는 것을 이른다. 孔傳에서 말한 '다섯 나라에 한 사람을 세워 方伯을 삼았다.'란 것은 바로 다섯 나라의 長일 뿐이니 저기의 것과 다르다. 그것이 方의 長에 해당하기 때문에 孔傳에서 '方伯'을 가지고 말한 것이다.

【疏】○ 傳'九州'至'分別' ○ 正義曰 : '蹈爲有功'之長, 言蹈履典法, (持)〔行〕[1]之有功. '惟三苗頑凶 不得就官', 謂舜分北(배)三苗之時, 苗君有罪, 不得就其諸侯國君之官, 而被流於遠方也. 言'九州五長各蹈爲有功', 則海內諸侯皆有功矣. 惟有三苗不得就官, 以見天下大治, 而惡者少耳. 頑則不得就官, 言善惡分別也.

1) (持)〔行〕: 저본에는 '持'로 되어 있으나, 諸本에 의거하여 '行'으로 바로잡았다.

○ 傳의 〔九州〕에서 〔分別〕까지

○ 正義曰 : 직무를 이행하여 功을 세운 長은 典法을 따라 행하여 공을 세움을 말한 것이다.

〔惟三苗頑凶 不得就官〕 舜임금이 三苗를 구분해서 유배 보낼 때에 苗의 임금은 죄를 지어 諸侯 國君의 관직에 취임하지 못하고 먼 지방으로 유배되었음을 이른 것이다. "九州의 다섯 長들은 각각 직무를 이행하여 공을 세웠다."라고 말하였으니, 海內의 諸侯가 모두 공을 세운 것이다. '오직 三苗만이 관직에 취임할 수 없었다.'는 것은 천하가 크게 다스려져서 악한 자가 적었음을 보인 것이다. 완악하면 관직에 취임할 수 없는 법이니, 善과 惡이 분별됨을 말한 것이다.

皐陶方祗厥敍하고 方施象刑호되 惟明[1]하나니라

1) 皐陶方祗厥敍……惟明 : 蔡傳에서는 上文에 연결하여 帝舜의 말에 포함시켰고, '方'에 대해서는 풀이가 없다. 그러나 ≪書傳諺解≫에서는 '方'을 '始'의 뜻으로 보아 "皐陶가 바야흐로 네가 이룬 공을 공경히 이어서 바야흐로 象刑을 베풀되 분명하게 한다.〔皐陶方敬承汝之功敍 方施象刑 惟明矣〕"라고 해석하였다.

〈비록 三苗의 완악함이 있더라도〉 皐陶가 사방에 〈九德과 考績의〉 次序를 경건하게 행하고, 사방에 象刑을 시행하되 명백하게 하였다.

【傳】方은 四方이라 禹五服既成이라 故로 皐陶敬行其九德考績之次序於四方하고 又施其法刑호되 皆明白이라 史因禹功重美之니라

方은 四方이다. 禹가 五服을 이미 완성하였기 때문에 皐陶가 九德과 考績의 차서를 사방에 경건하게 행하고, 또 法刑을 시행하되 모두 명백하게 하였다. 사관이 禹의 功으로 인하여 거듭 아름답게 여긴 것이다.

【疏】'皐陶'至'惟明' ○正義曰：此經史述爲文，非帝言也. 史以禹成五服，帝念禹功，故因美皐陶，言禹旣弼成五服，故皐陶於其四方敬行九德考績之法，有次敍也，又於四方施其刑法，惟明白也. 由禹有此大功，故史重美之也.

經의 〔皐陶〕에서 〔惟明〕까지

○正義曰：이 經文은 史官이 기술해서 글을 만든 것이니, 帝舜의 말씀이 아니다. 史官이, 禹가 五服을 이루자 帝舜이 禹의 공로를 생각하였기 때문에 이로 인해 皐陶를 아름답게 여기어 "禹가 이미 五服을 도와 이루었기 때문에 皐陶가 사방에 九德과 考績하는 법을 경건히 행함에 차서가 있었고, 또 사방에 그 刑法을 시행하되 명백하게 하였다."라고 말한 것이다. 禹로 말미암아 큰 공을 세웠기 때문에 사관이 거듭 아름답게 여긴 것이다.

【疏】○傳'方四'至'美之' ○正義曰：皐陶爲帝所任，徧及天下，故方爲四方也. 天下蹈行帝德，水土旣治，亦由刑法彰明. 若使水害不息，皐陶法無所施，若無皐陶以刑，人亦未能奉法. 天下蹈行帝德，二臣共有其功，故史因帝歸功於禹，兼記皐陶之功. 舜典與大禹謨 已美皐陶，故言'重美之'也. 傳言'考績之次敍'者，皐陶所言九德，依德以考其功績，亦是刑法之事，故兼言也. 鄭云'歸美於二臣'，則以此經爲帝語. 此文上無所由，下無所結，形勢非語辭也. 故傳以爲史因記之.[1)]

1) 史因記之：孔傳에 "사관이 禹의 功으로 인하여 거듭 아름답게 여긴 것이다.〔史因禹功重美之〕"라고 한 것을 가리킨다.

○傳의 〔方四〕에서 〔美之〕까지

○正義曰：皐陶가 帝舜에게 임용되어 〈공적이〉 천하에 두루 미쳤기 때문에 方을 四方이라고 한 것이다. 온 천하가 帝舜의 德을 이행하고, 水土가 이미 다스려졌기 때문에 또한 그로 말미암아 刑法이 彰明해진 것이다. 만일 水害가 止息되지 않았다면 皐陶의 法이 베풀어질 바가 없을 것이고, 만일 皐陶가 형법으로 다스리지 않았다면 백성들 또한 능히 法을 받들지 못했을 것이다. 온 천하가 帝舜의 德을 이행한 것은 두 신하가 함께 그 공을 세웠기 때문이다. 그러므로 史官이 帝舜이 공을 禹에게 돌린 것으로 인하여 皐陶의

功까지 겸해서 기록한 것이다. 〈舜典〉과 〈大禹謨〉에서 이미 皐陶를 아름답게 여겼기 때문에 '거듭 아름답게 여긴 것이다.'라고 말한 것이다. 孔傳에서 '考績의 次敍'라고 말한 것은 皐陶가 말한 九德이 德에 의하여 그 功績을 상고하였으니, 역시 刑法의 일이기 때문에 겸해서 말한 것이다. 鄭玄이 "아름다움을 두 신하에게 돌렸다."라고 하였으니, 이 經文을 帝舜의 말씀으로 여긴 것이다. 그러나 이 글은 위에 연유한 바가 없고 아래에 맺는 바가 없으니, 형세상 주고받은 語辭가 아니다. 그러므로 孔傳에서 "史官이 인하여 기록하였다."라고 한 것이다.

夔曰 戛擊鳴球하고 搏拊琴瑟[1]以詠호니 祖考來格하시며

1) 搏拊琴瑟 : 蔡傳에서는 搏은 至(살짝 댐)의 뜻으로, 拊는 循(어루만짐)의 뜻으로 보아 "거문고와 비파를 튕긴다."로 풀이하였다.

夔가 말하였다. "柷과 敔를 문지르고 치며 球를 울리고 搏拊를 치고 거문고와 비파를 연주하면서 노래를 부르니, 조상들의 신이 내려오시고,

【傳】 戛擊은 柷敔(축어)이니 所以作止樂이라 搏拊는 以韋爲之하여 實之以糠하니 所以節樂이라 球는 玉磬이라 此는 舜廟堂之樂으로 民悅其化하고 神歆其祀하니 禮備樂和라 故로 以祖考來至로 明之니라

문지르고 치는 것은 柷과 敔이니, 음악을 시작하거나 그치게 하기 위한 것이다. 搏拊는 가죽으로 만들고서 겨를 채우니 음악의 拍節(박자)을 맞추기 위한 것이다. 球는 玉磬이다. 이는 舜임금 廟堂의 樂으로 백성들은 그 교화를 기뻐하고 神은 그 제사를 흠향하니 禮가 갖추어지고 樂이 화평하기 때문이다. 그러므로 '조상들의 신이 내려온 것'을 가지고 밝힌 것이다.

虞賓이 在位하니 群后德讓[1]하나이다

1) 群后德讓 : 蔡傳에서는 "丹朱가 자리에 있어, 제사를 돕는 여러 제후들과 德으로 서로 사양하였으니, 사람들이 화합하지 않음이 없었음을 알 수 있다.〔丹朱在位 與助祭群后 以德相讓 則人無不和 可知矣〕"라고 풀이하였다.

虞나라의 빈객이 자리에 있으니, 여러 제후들이 德이 있는 이에게 양보하였습니다.

【傳】丹朱爲王者後라 故로 稱賓[1)]이라 言與諸侯助祭에 班爵同이면 推先有德이라

1) 丹朱爲王者後 故稱賓 : 明代 王夫之는 ≪尙書稗疏≫에서 "앞에서 禹가 이미 '丹朱가 대를 끊었다.'고 말하였으니, 여기 虞賓은 丹朱가 아님을 알 수 있는데, 舊說(孔傳)에서 미처 상고하지 못한 것이다. 丹朱가 不道하므로 堯임금이 그를 丹淵에 거처시켰으니, 〈虞賓은〉 堯임금의 다른 아들로서 孟子가 말한 '아홉 명 아들'일 것이다."라고 하였다.

丹朱가 王者의 후손이기 때문에 賓이라 칭한 것이다. 諸侯들과 함께 제사를 도울 때에 班爵이 같을 경우는 德이 있는 이에게 선두를 양보함을 말한 것이다.

下管鼗(도)鼓하고 合止柷敔하며

堂下에는 관악기와 鼗鼓를 두고, 柷과 敔로 〈음악을〉 합주케 하고 그치게 하며,

【傳】堂下樂也라 上下合止樂에 各有柷敔하고 明球弦鍾籥은 各自互見이라 ○ 合은 如字라

堂下〈에서 연주하는〉 樂이다. 堂上과 堂下에서 음악을 합주하거나 그칠 때에는 각각 柷과 敔가 있고, 明球·弦·鍾·籥은 각각 스스로 번갈아 나타났다.

○ 合은 본음대로 읽는다.

笙鏞以間하니 鳥獸蹌蹌하며

생황과 큰 종을 번갈아 울리니, 새와 짐승들이 너울너울 춤을 추며,

【傳】鏞은 大鍾이요 間은 迭也라 吹笙擊鍾하면 鳥獸化德하여 相率而舞를 蹌蹌然이라 ○ 間은 間側之間이라 鳥獸는 孔以爲自舞也라하고 馬云 鳥獸는 筍(簴)〔虡〕[1)]也라하니라 蹌은 舞貌라 說文作蹡하고 云 鳥獸求食聲이라

1) (簴)〔虡〕: 저본에는 '簴'로 되어 있으나, ≪尙書今古文注疏≫에 의거하여 '虡'로 바로잡았다.

鏞은 큰 종이고, 間은 迭(번갈음)의 뜻이다. 생황을 불고 큰 종을 치면 새와 짐승들이 德에 감화하여 서로 이끌고 춤을 너울너울 추었다.

○ 間은 間側(갈마들다)의 間이다. 鳥獸에 대하여 孔安國은 스스로 춤을 추는 것으로 생각하였고, 馬融은 "鳥獸는 筍虡(악기를 거는 틀)이다."라고 하였다. 蹌은 춤추는 모습이다. ≪說文解字≫에는 蹡으로 되어 있고, "새와 짐승이 먹이를 구하는 소리이다."라고 하

였다.

簫韶九成에 鳳凰이 來儀하나이다

簫韶를 아홉 번 연주하자 봉황이 와서 의젓이 춤을 추었습니다."

【傳】 韶는 舜樂名이라 言簫는 見細器之備라 雄曰鳳이요 雌曰皇이니 靈鳥也라 儀는 有容儀라 備樂九奏而致鳳皇이니 則餘鳥獸는 不待九而率舞라

韶는 舜임금 樂의 이름이다. 簫를 말함은 세쇄한 악기까지 구비된 점을 보이기 위한 것이다. 수컷을 '鳳'이라 하고 암컷을 '皇'이라 하니, 신령스러운 새이다. 儀는 容儀를 갖춘 것이다. 악기를 구비하고 아홉 번 연주하여 봉황을 오게 하였으니, 나머지 새와 짐승들은 아홉 번 연주함을 기다리지 않고도 이끌고 춤을 추었을 것이다.

夔曰 於(오)[1]라 予擊石拊石에 百獸率舞하며 庶尹이 允諧하나이다

1) 於(오) : 조선시대의 校正廳에서 발행한 ≪書傳諺解≫에서는 '어'로 발음하여 前置詞로 보았다.

夔가 말하였다. "아! 제가 경쇠를 치고 두드릴 적에 온갖 짐승이 서로 이끌고 춤을 추었으며, 여러 正官의 長이 진실로 화합하였습니다."

【傳】 尹은 正也라 衆正官之長이 信皆和諧는 言神人治라 始於任賢하여 立政以禮하고 治成以樂하니 所以太平이라 ○ 於와 予는 竝如字라

尹은 正의 뜻이다. 여러 正官의 長이 진실로 모두 和諧했다는 것은 神과 사람이 화합함을 말한 것이다. 어진 이를 임용하는 데서 시작하여 禮로써 정치〈의 기반을〉 세우고, 樂으로써 治國을 이루었으니, 그래서 태평하게 된 것이다.

○ 於와 予는 모두 본음대로 읽는다.

【疏】 '夔曰'至'允諧' ○ 正義曰 : 皐陶·大禹爲帝設謀, 大聖納其昌言, 天下以之致治, 功成道洽, 禮備樂和, 史述夔言, 繼之於後. 夔曰 "在舜廟堂之上, 戛敔擊柷, 鳴球玉之磬, 擊搏拊, 鼓琴瑟, 以謌詠詩章, 樂音和協, 感致幽冥, 祖考之神來至矣. 虞之賓客丹朱者在於臣位, 與群君諸侯以德相讓. 此堂上之樂, 所感深矣. 又於堂下吹竹管, 擊鼗鼓, 合樂用柷, 止樂用敔, 吹笙擊鍾, 以次迭作, 鳥獸相率而舞, 其容蹌蹌然. 堂下之樂, 感亦深矣. 簫韶之樂, 作之九成, 以致鳳皇來而有容儀也." 夔又曰 "嗚呼." 歎舜樂之美. "我大擊其石磬, 小拊其石磬, 百獸相率而舞, 鳥獸感德如此, 衆正官長信皆和諧矣." 言舜(致)〔政〕[1)]敎平, 而樂音和, 君聖臣賢, 謀爲成功所致也.

1) (致)〔政〕: 저본에는 '致'로 되어 있으나, 諸本에 의거하여 '政'으로 바로잡았다.

經의 〔夔曰〕에서 〔允諧〕까지

○ 正義曰 : 皐陶와 大禹가 帝舜을 위하여 謀慮를 내놓자 大聖(帝舜)이 그 온당한 말을 받아들이니, 천하가 이로써 다스려져서 功이 이루어지고 道가 흡족해졌으며, 禮가 갖추어지고 樂이 화평해졌으므로 史官이 夔의 말을 기술해서 뒤에 잇댄 것이다. 夔가 말하기를 "舜임금의 廟堂 위에서 敔를 치고 柷을 치며 球玉의 경쇠를 울리고 搏拊를 치고 거문고와 비파를 연주하면서 詩章을 노래하니, 樂의 소리가 和協하여 幽冥(神)을 감격시켰으므로 조상들의 神이 내려왔다. 虞나라 賓客인 丹朱란 자도 臣位에 있어 群君・諸侯와 함께 德을 가지고 서로 양보하였습니다. 이것은 堂上의 樂으로서 감격시킨 바가 깊었습니다. 또 堂下에서 竹管을 불고 鼗鼓를 치고 樂을 합주할 때에는 柷을 사용하고 樂을 그칠 때에는 敔를 사용하였으며 생황을 불고 종을 쳐서 차례로 번갈아 〈여러 악기 소리를〉 연주하니, 새와 짐승들이 서로 이끌고 춤을 추었는데, 그 容儀가 너울너울하였습니다. 堂下의 樂이 감격시킴 또한 깊었습니다. 簫韶의 樂을 아홉 번 연주하자 봉황이 와서 〈춤을 춤에〉 용의가 있었습니다."라고 하였다.

夔가 또 말하기를 "아아."라고 하였으니, 舜임금의 음악이 아름다움을 찬미한 것이다. "제가 石磬을 크게 치고 石磬을 작게 쳤더니 온갖 짐승이 서로 이끌고 춤을 추어 새와 짐승이 德에 감화됨이 이와 같았으며, 여러 正官의 長이 진실로 모두 和諧하였습니다."라고 하였으니, 舜임금의 정치 교화가 평정되어 음악 소리가 화평한 것이 임금은 성스럽고 신하는 어질어서 謀慮가 공을 이루게끔 하였음을 말한 것이다.

【疏】 ○ 傳'戛擊'至'明之' ○ 正義曰 : 戛擊是作用之名, 非樂器也, 故以戛擊爲柷敔. 柷敔之狀, 經典無文. 漢初已來, 學者相傳, 皆云 "柷如漆桶, 中有椎柄, 動而擊其旁也. 敔狀如伏虎, 背上有刻, 戛之以爲聲也." 樂之初, 擊柷以作之, 樂之將末, 戛敔以止之, 故云'所以作止樂', 雙解之. 釋樂云 "所以鼓柷謂之止, 所以鼓敔謂之籈(진)." 郭璞云 "柷如漆桶, 方二尺四寸, 深一尺八寸, 中有椎柄連氐, 挏之令左右擊. 止者, 其椎名也. 敔

如伏虎, 背上有二十七鉏鋙刻, 以木長一尺櫟之. 籈者, 其名也.” 是言擊柷之椎名爲止, 戛敔之木, 名爲籈, 戛卽櫟也. 漢禮器制度及白虎通・馬融・鄭玄・李巡, 其說皆爲然也. 惟郭璞爲詳, 據見作樂器而言之. 搏拊形如鼓, 以韋爲之, 實之以糠, 擊之以節樂, 漢初相傳爲然也.

○ 傳의 〔戛擊〕에서 〔明之〕까지

○ 正義曰 : 戛과 擊은 작용의 이름이지, 樂器가 아니기 때문에 戛과 擊을 柷과 敔라고 한 것이다. 柷과 敔의 형상은 經典에 〈그에 대한〉 글이 없다. 그러나 漢나라 초기 이래로 학자들이 서로 전하는데 모두 이르기를 “柷은 漆桶(검은색 통)과 같은데 통 속에 망치자루가 있어서 이것을 움직여서 그 곁을 친다. 敔는 형상이 伏虎(엎드린 호랑이)와 같은데 등 위에 홈이 있어 긁어서 소리를 낸다.”라고 하였다. 樂을 시작할 때에는 柷을 두들겨서 시작하고, 樂이 끝나려 할 때에는 敔를 긁어서 그치게 하기 때문에 “樂을 시작하거나 그치게 하기 위한 것이다.”라고 하여 두 가지를 풀이한 것이다. ≪爾雅≫ 〈釋樂〉에 “柷을 두들기는 것을 ‘止’라 이르고, 敔를 문지르는 것을 ‘籈’이라 이른다.”라고 하였다. 郭璞은 “柷은 漆桶과 같은데 모서리가 2자 4치이고 깊이가 1자 8치이며, 가운데에 밑바닥까지 닿은 몽치(방망이) 자루가 있어 그것을 밀었다 당겼다 하여 좌우로 쳐지게 한다. 止는 그 몽치의 이름이다. 敔는 〈모양이〉 엎드린 호랑이와 같은데 등 위에 27개의 톱니조각이 있으니 1자 길이의 막대기로 문지른다. 籈은 그 〈문지르는 막대기의〉 이름이다.”라고 하였다.

여기서 “柷을 두들기는 몽치 이름을 ‘止’라 하고, 敔를 문지르는 막대기 이름을 ‘籈’이라 한다.”라고 말하였으니 戛이 곧 櫟의 뜻이다. 漢나라 시대의 禮器制度 및 ≪白虎通≫・馬融・鄭玄・李巡이 그 설을 모두 옳다고 하였다. 오직 郭璞이 자세하였으니, 樂器 제작을 직접 본 것에 의거하여 말했기 때문이다. 搏拊는 형상이 북과 같은데 가죽으로 만들고 겨를 채웠으니, 두들겨 음악의 拍節(박자)을 맞추는 것으로 漢나라 초기부터 서로 전하는 것이 그러하였다.

【疏】 釋器云 : “球, 玉也.” 鳴球, 謂擊球使鳴. 樂器惟磬用玉, 故球爲玉磬. 商頌云‘依我磬聲’, 磬亦玉磬也. 鄭玄云 “磬, 懸也, 而以合堂上之樂. 玉磬和, 尊之也.” 然則鄭以球玉之磬, 懸于堂下, 尊之, 故進之使在上耳. ‘此舜廟堂之樂’, 謂廟內堂上之樂. 言‘祖考來格’, 知在廟內, 下云‘下管’, 知此在堂上也. 馬融見其言‘祖考’, 遂言“此是舜除瞽瞍之喪, 祭宗廟之樂.” 亦不知舜父之喪在何時也. 但此論韶樂, 必在卽政後耳. 此說樂音之和, 而云'祖考來格'者, 聖王先成於人, 然後致力於神. 言"人悅其化, 神歆其祀, 禮備樂和, 所以祖考來至明矣." 以祖考來至, 明樂之和諧也. 詩稱神之格思, 不可度思, 而云'祖考來至'者, 王肅云"祖考來至者, 見其光輝也." 蓋如漢書郊祀志稱武帝郊祭天, 祠上有美光也. 此經文次, 以柷敔是樂之始終, 故先言戛擊. 其球與搏拊琴瑟, 皆當彈擊, 故使鳴冠於球上, 使下共蒙之也. 鄭玄以"戛擊鳴球三者, 皆總下樂, 櫟擊此四器也." 樂器惟敔當櫟耳, 四器不櫟, 鄭言非也.

≪爾雅≫〈釋器〉에 "球는 玉이다."라고 하였다. 鳴球는 球를 쳐서 〈소리가〉 울리게 함을 이른다. 樂器 중에 오직 磬만 玉을 사용하기 때문에 球를 玉磬이라고 한 것이다. ≪詩經≫〈商頌 那〉에 '우리 磬 소리에 의지하니'라고 하였으니, 磬 또한 玉磬이다. 鄭玄은 "磬은 매다는 악기이지만 堂上의 樂과 합한다. 玉磬이 화합하므로 높이는 것이다."라고 하였다. 그렇다면 鄭玄은 球玉의 磬을 堂下에 매달아 놓지만 〈당상의 악과 화합하여〉 높이기 때문에 올려서 위에 있게 한 것일 뿐이다.

〔此舜廟堂之樂〕 廟內 堂上의 樂을 이른다. '조상들의 신이 내려오시고'라고 말했기 때문에 廟內에 있음을 안 것이고, 아래에 '下管'이라고 했기 때문에 이것이 堂上에 있음을 안 것이다. 馬融은 '祖考'라고 말한 것을 보고 드디어 "이것은 舜임금이 瞽瞍의 喪을 탈상하면서 宗廟에 제사 지낼 때 연주한 樂이다."라고 하였으나, 또한 舜임금 아버지의 喪이 어느 때에 있었는지 알 수 없다. 다만 여기서 '韶樂'을 논하였으니, 반드시 卽政(즉위)한 뒤에 있었을 것이다. 여기 〈經文에서〉 음악소리의 화평함을 말하면서 '조상들의 神이 내려오시고'라고 한 것은 聖王이 먼저 〈敎化를〉 사람에게 이루고 연후에 神에게 힘을 쓴 것이니, 〈傳文에서〉 '백성들은 그 교화를 기뻐하고 神은 그 제사를 흠향하니, 禮가 갖추어지고 樂이 화평하기 때문에 조상들의 神이 내려온 것'이라고 말한 것이 분명하다. 〈이는〉 조상들의 神이 내려온 것을 가지고 樂의 조화로움을 밝힌 것이다. ≪詩經≫에서 "神의 이르름을 헤아릴 수 없다."라고 하였는데, '조상들의 신이 내려오시고'라고 한 것에 대하여 王肅은 "'조상들의 신이 내려오시고'란 그 光輝를 보인 것이다."라고 하였으니, 아마 ≪漢書≫〈郊祀志〉에서 "武帝가 하늘에 郊祭를 지낼 때 사당 위에 아름다운 광채가 있었다."라고 칭한 것과 같은 것일 것이다.

이 經文의 차서는 柷과 敔가 樂의 시작과 끝이기 때문에 먼저 '戛擊'을 말한 것이다. 그 球는 搏拊·琴·瑟과 함께 모두 퉁기고 쳐야 하는 악기이기 때문에 鳴을 球의 위에 얹어서 아래에서 함께 이어받게 한 것이다. 鄭玄은 "柷과 敔를 문지르고 치며 球를 울리는 세 가지를 가지고 모두 堂下의 樂을 총괄하였으니 이 네 악기를 櫟擊한다."라고 하였다. 그러나 악기는 오직 敔만 문지르는 것일 뿐, 네 악기는 문지르지 않으니, 鄭玄의 말은 잘못된 것이다.

【疏】○ 傳'丹朱'至'有德' ○ 正義曰：微子之命云"作賓于王家." 詩頌微子之來, 謂之有客, 是王者之後, 爲時王所賓也. 故知虞賓謂丹朱, 爲王者後, 故稱賓也. 王者立二代之後, 而獨言丹朱者, 蓋高辛氏之後, 無文而言, 故惟指丹朱也. 王者之後, 尊於群后, 故殊言在位. 群后亦在位也. 後言德讓, 丹朱亦以德讓矣, 故言與諸侯助祭, 班爵同者, 推先有德也. 二王之後[1], 竝爲上公, 亦有與丹朱爵同, 故丹朱亦讓也. 丹朱之性下愚, 堯不能化, 此言有德者, 猶上云'瞽亦允若'. 暫能然也.

1) 二王之後：夏나라의 후손인 杞나라와 商나라의 후손인 宋나라를 가리킨다.

○ 傳의 〔丹朱〕에서 〔有德〕까지

○ 正義曰：〈微子之命〉에 "〈周나라〉 王家에 賓客이 되게 하노니"라 하였고, ≪詩經≫ 〈周頌 有客〉에서 微子가 〈祖廟에〉 와 〈뵙는 것을〉 칭송하여 '有客'이라고 일렀으니, 이는 王者의 후손으로 時王의 賓客이 된 것이다. 그러므로 虞賓은 丹朱를 이른 것임을 알 수 있으니, 그가 王者의 후손이기 때문에 '賓'이라 칭한 것이다. 王者에 대해서는 두 王代의 후손을 세웠지만, 유독 丹朱만을 말한 것은 아마 高辛氏의 후손에 대해서는 언급한 글이 없기 때문에 오직 丹朱만을 가리킨 것이리라. 王者의 후손은 여러 諸侯보다 높기 때문에 특별히 '在位'라고 말한 것이다. 여러 제후 또한 자리에 있었는지라 뒤에서 '德讓'이라고 말하였으니, 丹朱 역시 德으로 사양했을 것이다. 그러므로 "諸侯들과 함께 제사를 도울 때에 爵位가 같을 경우는 德이 있는 이에게 선두를 양보함을 말한 것이다."라고 하게 된 것이다. 두 王代의 후손이 모두 上公이 되었고 또한 丹朱와 더불어 벼슬이 같기 때문에 丹朱도 사양했다는 것이다. 丹朱의 성품은 下愚여서 堯임금이 교화할 수 없었는데, 여기에서 '有德'이라고 한 것은 위에서 '瞽叟 또한 믿고 따랐다.'라고 한 경우와 같으니, 잠깐 동안 그렇게 할 수 있었던 것이다.

【疏】○ 傳'堂下'至'互見' ○ 正義曰：經言'下管', 知是堂下樂也. 敔當戛之. 柷當擊之, 上言'戛擊', 此言'柷敔', 其事是一, 故云'上下合止樂, 各有柷敔'也. 言堂下堂上合樂各以柷, 止樂各以敔也. 上言作用, 此言器名, 兩相備也. 上下皆有柷敔, 兩見其文,明球・絃・鏞・籥, 上下樂器不同, 各自更互見也. 絃謂琴瑟. 鏞, 鏞也. 籥, 管也. 琴瑟在堂, 鏞籥在庭, 上下之器各別, 不得兩見其名, 各自更互見之. 依大射禮, 鏞磬在庭, 今鳴球於廟堂之上者, 案郊特牲云"歌者在上, 貴人聲也." 左傳云"歌鍾二肆." 則堂上有鍾, 明磬亦在堂上. 故漢魏已來, 登歌皆有鍾磬. 燕禮・大射, 堂上無鍾磬者, 諸侯樂不備也.

○ 傳의 〔堂下〕에서 〔互見〕까지

○ 正義曰 : 經文에서 '下管'이라고 말하였기 때문에 堂下의 樂임을 안 것이다. 敔는 문질러야 하고 柷은 쳐야 한다. 위에서는 '戛擊'이라 말하고 여기서는 '柷敔'라고 말했으나 그 일이 동일한 것이기 때문에 "堂上과 堂下에서 樂을 합주하거나 그칠 때에는 각각 柷과 敔를 두었다."라고 하였으니, 堂下와 堂上에서 樂을 합주할 때에는 각각 柷을 가지고 하고, 樂을 그칠 때에는 각각 敔를 가지고 했음을 말한 것이다. 위에서는 작용을 말하고 여기서는 악기 이름을 말하였으니 두 가지가 서로 구비된 셈이다. 堂上樂과 堂下樂에 모두 柷과 敔가 있으므로 양쪽에서 그 글을 보인 것이고, 明球・絃・鏞・籥은 堂上과 堂下의 악기가 같지 않으므로 각각 번갈아가며 보인 것이다. 絃은 거문고와 비파를 이른다. 鏞은 鏞이고, 籥은 管이다. 거문고와 비파는 堂에 놓여 있고 북과 피리는 뜰에 놓여 있으니, 堂上과 堂下의 악기가 각각 다르므로 양쪽에서 그 이름을 보일 수 없기 때문에 각각 다시 서로 보인다는 것이다.

≪儀禮≫ 〈大射禮〉에 의하면 鏞과 경쇠가 뜰에 놓여 있었는데 지금 鳴球가 廟堂의 위에 놓여있는 것은, 상고해보면 ≪禮記≫ 〈郊特牲〉에 "노래 부르는 사람이 堂 위에 있는 것은 사람의 음성을 귀히 여긴 것이다."라 하였고, ≪春秋左氏傳≫ 襄公 11년 조에 "歌鍾 32개를 선물했다."라고 하였은즉 堂上에 鍾이 놓여 있었으니, 경쇠도 堂上에 놓여 있었음을 밝힌 것이다. 그러므로 漢魏시대 이래로 堂上에 올라가 노래 부르는 자리에는 모두 鍾과 경쇠가 놓여 있었다. 燕禮와 大射禮 때 堂上에 鍾과 경쇠가 없는 것은 諸侯의 樂으로서 구비되지 못한 것이다.

【疏】 ○ 傳'鏞大'至'蹌蹌然' ○ 正義曰 : 釋樂云 "大鍾, 謂之鏞." 李巡曰 "大鍾, 音聲大, 鏞, 大也." 孫炎曰 "鏞, 深長之聲." 釋詁云 "間, 代也." 孫炎曰 "間厠之代也." 釋言云 "遞, 迭也." 李巡曰 "遞者, 更迭間厠, 相代之義, 故間爲迭也. 吹笙擊鍾, 更迭而作, 鳥獸化德, 相率而舞, 蹌蹌然. 下云'百獸率舞', 知此蹌蹌然, 亦是舞也. 禮云 "凡行容惕愓.” “大夫濟濟, 士蹌蹌.” 是爲行動之貌, 故爲舞也.

○ 傳의 〔鏞大〕에서 〔蹌蹌然〕까지

○ 正義曰 : ≪爾雅≫ 〈釋樂〉에 “큰 鐘을 鏞이라 이른다.”라고 하였는데, 李巡은 “큰 종은 소리가 크게 나니, 鏞은 크다는 뜻이다.”라 하고, 孫炎은 “鏞은 深長한 소리를 낸다.” 라고 하였다. ≪爾雅≫ 〈釋詁〉에 “間은 代(대신하다)의 뜻이다.”라고 하였는데, 孫炎은 “間厠(중간에 끼어들다)의 代이다.”라고 하였다. ≪爾雅≫ 〈釋言〉에 “遞는 迭의 뜻이다.”라고 하였는데, 李巡은 “遞는 번갈아 바꾸기도 하고 중간에 끼어들기도 하면서 서로 갈음한다는 뜻이다.”라고 하였다. 그러므로 間이 迭이라고 한 것이다. 생황을 불고 종을 쳐서 〈악기 소리가〉 번갈아 울리니, 새와 짐승이 德에 감화하여 서로 이끌고 너울너울 춤을 춘다는 것이다. 아래에 '온갖 짐승이 서로 이끌고 춤을 추었다.'라고 하였으니, 여기의 '蹌蹌然' 역시 춤을 추는 것임을 알 수 있다. ≪禮記≫ 〈玉藻〉에 “모든 걷는 모습은 바르면서 빨리한다.”라 하였고, ≪禮記≫ 〈曲禮 下〉에 “大夫의 용의는 다듬은 듯이 정제되고, 士의 걸음걸이는 절도가 있다.”라고 하였으므로, 이는 행동하는 모습이기 때문에 춤이라고 한 것이다.

【疏】 ○ 傳'韶舜'至'率舞' ○ 正義曰 : 韶是舜樂, 經傳多矣. 但餘文不言簫. 簫乃樂器, 非樂名. 簫是樂器之小者. '言簫 見細器之備', 謂作樂之時, 小大之器皆備也. 釋鳥云 “鶠, 鳳, 其雌皇.” 是此鳥雄曰鳳, 雌曰皇. 禮運云 “麟・鳳・龜・龍, 謂之四靈.” 是鳳皇爲神靈之鳥也. 易漸卦上九, “鴻漸于陸, 其羽可用爲儀.” 是儀爲有容儀也. 成, 謂樂曲成也. 鄭云 “成, 猶終也.” 每曲一終, 必變更奏, 故經言'九成', 傳言'九奏', 周禮謂之'九變', 其實一也. “言簫見細器之備, 備樂九奏而致鳳皇, 則其餘鳥獸, 不待九而率舞”也. 尊者體盤, 靈瑞難致, 故'九成'之下, 始言“鳳皇來儀.” '鳥獸蹌蹌', 乃在上句. 傳據此文言鳥獸易來, 鳳皇難致, 故云'鳥獸不待九'也.

○ 傳의 〔韶舜〕에서 〔率舞〕까지

○ 正義曰 : 韶는 舜임금의 樂인데 經傳에 많이 보인다. 다만 다른 글에서는 簫를 말하지 않았을 뿐이다. 簫는 바로 樂器이지 樂名이 아니다. 簫는 樂器 가운데 작은 것이다. 〔言簫 見細器之備〕 음악을 연주할 때에 크고 작은 악기가 다 구비됨을 이른 것이다. ≪爾雅≫ 〈釋鳥〉에 “鶠은 鳳인데, 그 암컷은 皇이다.”라고 하였으니, 이 새의 수컷을 '鳳'이라 하고 암컷을 '皇'이라 한다. ≪禮記≫ 〈禮運〉에 “麟・鳳・龜・龍을 四靈이라 이른다.”라고

하였으니, 鳳皇은 신령스러운 새이다. ≪周易≫ 漸卦 上九爻辭에 "기러기가 점점 육지로 날아가니, 그 깃이 容儀가 될 만하다."라고 하였으니, 儀는 容儀가 있음을 이른다.

'成'은 樂曲이 이루어짐을 이른다. 鄭玄은 "成은 終의 뜻과 같다."라고 하였다. 매 曲이 한 번 끝날 때마다 반드시 변경해서 연주하기 때문에 經文에서는 '九成'이라 말하고, 孔傳에서는 '九奏'라 말하고, ≪周禮≫에서는 '九變'이라 일렀는데, 실은 동일한 것이다. 〈그래서 孔傳에서〉 "簫를 말함은 세쇄한 악기까지 구비된 점을 보이기 위한 것이며, 악기를 구비하고 아홉 번 연주하여 봉황을 오게 하였으니, 나머지 새와 짐승들은 아홉 번 연주하기 전에 이끌고 춤을 추었을 것이다."라고 한 것이다. 尊者는 몸이 서려 있으니 靈瑞를 초치하기 어렵다. 그러므로 '九成'의 아래에서 비로소 "봉황이 와서 의젓이 춤을 추었습니다."라고 말한 것이다.

〔鳥獸蹌蹌〕 바로 上句에 있다. 孔傳에서는 이 글에 의거하여 鳥獸는 오기 쉽고 鳳皇은 오게 하기 어려운 점을 말하였기 때문에 "나머지 새와 짐승들은 아홉 번 연주하기 전에 이끌고 춤을 추었을 것이다."라고 한 것이다.

【疏】 樂之作也, 依上下遞奏, 間合而後曲成, 神物之來, 上下共致, 非堂上堂下別有忻感. 以祖考尊神, 配堂上之樂, 鳥獸賤物, 故配堂下之樂. 總上下之樂, 言九成致鳳. 尊異靈瑞, 故別言爾, 非堂上之樂, 獨致神來, 堂下之樂, 偏令獸舞也. 鄭玄注周禮, 具引此文, 乃云 "此其(在)[1]於宗廟, 九奏效應也." 是言祖考來格·百獸率舞, 皆是九奏之事也. 大司樂云 "凡六樂[2]者, 六變而致象物及天神." 鄭玄云 "象物, 有象在天, 所謂四靈者." 彼謂大蜡之祭, 作樂以致其神, 此謂鳳皇身至, 故九奏也.

1) (在) : 저본에는 있으나, ≪周禮≫에 의거하여 衍字로 처리하였다.
2) 六樂 : 黃帝 이하 六代의 음악 이름으로 곧 雲門(黃帝樂)·咸池(堯樂)·大韶(舜樂)·大夏(禹樂)·大濩(湯樂)·大武(文武樂)를 가리킨다.

음악을 연주할 때에는 堂上의 樂과 堂下의 樂을 번갈아 연주하고 간간이 합주한 뒤에 曲이 이루어진다. 神物이 오는 것은 당상의 악과 당하의 악이 공동으로 초치하는 것이지 당상의 악과 당하의 악이 각기 따로 감동을 줌이 있는 것은 아니다. 祖考는 尊神이기 때문에 당상의 악에 배치하고, 鳥獸는 賤物이기 때문에 당하의 악에 배치한 것이다. 당상의 악과 당하의 악을 총괄해서 아홉 번 연주하여 봉황을 초치하게 됨을 말한 것이다. 尊者는 특별하고 靈者는 상서롭기 때문에 별도로 말했을 뿐이다. 당상의 악만이 神을 오게 하고 당하의 악만이 짐승을 춤추게 하는 것은 아니다. 鄭玄은 ≪周禮≫에 주를 달 때에 이 글을 모두 인용하고서 곧 "이는 그 宗廟에서 아홉 번 연주하여 효과를 본 것이다."라고 하였다. '조상들이 내려옴'과 '온갖 짐승이 이끌고 춤을 춤'을 말한 것은 모두 아홉 번 연주한 일 때문이다. ≪周禮≫ 〈大司樂〉에 "六樂은 여섯 번 변하여 象物과 天神을 오게 하는 것이다."라고 하였는데, 鄭玄은 "象物은 象이 하늘에 있는 것이니, 이른바 四靈이란 것이다."라고 하였으니, 저기(≪周禮≫)서는 大蜡의 제사 때 음악을 연주하여 그 神을 오게 함을 이르고, 여기서는 鳳皇이 몸소 온 것을 이르기 때문에 아홉 번 연주한 것이다.

【疏】 ○傳'尹正'至'太平' ○正義曰：'尹 正', 釋言文. '衆正官之長', 謂每職之首, 周官所謂'唐虞稽古, 建官惟百'. 是也. '信皆和諧', 言職事修理也. 上云'祖考來格', 此言衆正官治, 言神人治, 樂音和也. 此篇初說用臣之法, 末言樂音之和, 言其'始用任賢, 立政以禮, 治成以樂, 所以得致太平'. 解史錄夔言之意.

○傳의 〔尹正〕에서 〔太平〕까지

○正義曰：〔尹 正〕 ≪爾雅≫ 〈釋言〉의 글이다.

〔衆正官之長〕 職位마다의 우두머리를 이르니, ≪尙書≫ 〈周官〉에 이른바 "唐·虞가 옛날 제도를 상고하여 관원을 세우되 〈인원수를〉 百으로 한정하였다."라고 한 것이 이것이다.

〔信皆和諧〕 職事가 修理됨을 말한 것이다. 위에서 "조상들의 신이 내려오셨다."고 하였고 여기에서 "여러 正官이 화평하게 다스려졌다."라고 하였으니, 神과 사람이 흡족해하고 음악 소리가 화평함을 말한 것이다. 이 篇은 첫머리에서는 신하를 임용하는 방법에 대해 말하고, 끝에서는 음악 소리의 화평함에 대해 말하였으니, 〈孔傳은〉 "어진 이를 임용하는 데서 시작하여 禮로써 정치〈의 기반〉을 세우고, 樂으로써 治國을 이루었으니, 그래서 태평하게 된 것이다."라고 말하여 史官이 夔의 말을 기록한 뜻을 해석하였다.

帝庸作歌曰 勅天之命은 惟時惟幾[1]라하시고

1) 勅天之命 惟時惟幾：蔡傳에서는 勅은 戒勅으로, 幾는 일의 기미로 보아 "하늘의 명을 戒勅하려고 하거든 수시로 삼가야 하고 무슨 일이든 그 기미를 살펴야 한다."라고 풀이하였다.

帝舜은 노래를 지으면서 말씀하기를 "하늘의 명을 받들어 整齊하는 것은 오직 때를 따르고 오직 기미를 삼가는 것이다."라 하시고,

【傳】用庶尹允諧之政이라 故로 作歌以戒하여 安不忘危라 勅은 正也라 奉正天命以臨民은 惟在順時하고 惟在愼微라

여러 正官의 長이 모두 和諧할 수 있는 정사를 펴려고 하였기 때문에 노래를 지어 경계하여 편안할 때에 위험을 잊지 않으려 한 것이다. 勅은 正의 뜻이다. 天命을 받들어 정제하여 백성들에게 임하는 것은 오직 때를 따르는 데에 달려있고, 기미를 삼가는 데에 달려있을 뿐이라는 것이다.

乃歌曰 股肱喜[1]哉면 元首起哉하여 百工熙哉하리라

1) 喜 : 蔡傳에서는 '事功을 이루기를 즐기면〔樂於趨事赴功〕'으로 풀이하였다.

곧 노래를 부르시기를 "股肱(신하)이 〈일을〉 즐겁게 하면 元首(임금)〈의 정치〉가 일어나 百工〈의 業〉이 모두 넓혀질 것이다."라고 하셨다.

【傳】元首는 君也라 股肱之臣이 喜樂盡忠하면 君之治功이 乃起하여 百官之業이 乃廣이라

元首는 임금이다. 股肱 역할을 하는 신하가 기쁜 마음으로 충성을 다하면 임금의 治功이 이에 일어나 百官의 業이 이에 넓혀질 것이라는 말이다.

皐陶拜手稽首하여 颺言曰 念哉하사

皐陶가 손을 이마에 얹고 머리를 땅에 대어 큰절을 하면서 소리를 높여 빨리 말하기를 "유념하시어

【傳】大言而疾曰颺이라 承歌以戒帝라

큰 소리로 빨리 말하는 것을 '颺'이라 한다. 노래를 이어서 帝舜을 경계한 것이다.

率作興事하사되 愼乃[1]憲하사 欽哉하시며

1) 乃 : 孔傳에서는 下句 '乃成'의 '乃'자와 함께 汝의 뜻으로 풀이하였으나 蔡傳에서는 助辭로 보았다.

〈신하들을〉 거느리고 일을 하시되, 당신의 법도를 삼가시어 〈언제나〉 경건히 하시며,

【傳】 憲은 法也라 天子率臣下爲起治之事하되 當愼汝法度하여 敬其職이라

憲은 法의 뜻이다. 天子는 신하들을 거느리고 다스림을 일으키는 일을 하되 마땅히 당신의 법도를 삼가시어 그 직책을 경건하게 수행해야 한다는 것이다.

屢省乃成하사 欽哉하소서

당신이 이룬 공을 자주 살피시어 경건하게 하소서."라 하고는

【傳】 屢는 數(삭)也라 當數顧省汝成功하여 敬終以善하고 無懈怠라

屢는 數(자주)의 뜻이다. 마땅히 당신이 이룬 공을 자주 돌아보고 살펴서 경건하게 善으로 마무리하고 게으름을 피우는 일이 없도록 해야 한다는 것이다.

乃賡載歌曰 元首明哉하시면 股肱良哉하여 庶事康哉하리이다

곧 〈舜帝의〉 노래를 이어서 그 뜻을 이루기를 "元首가 현명하시면 股肱도 어질어서 모든 일이 편안히 잘 될 것입니다."라고 하였다.

【傳】 賡은 續이요 載는 成也라 帝歌歸美股肱하되 義未足이라 故로 續歌라 先君後臣이라야 衆事乃安하여 以成其義라 ○ 賡은 說文에 以爲古續字라

賡은 續의 뜻이요, 載는 成의 뜻이다. 帝舜이 노래를 불러 股肱의 신하에게 아름다움을 돌리되 뜻이 만족스럽지 못했다. 그러므로 이어서 노래를 한 것이다. 임금을 먼저 내세우고 신하를 뒤로 하여야 모든 일이 편안해져서 그 뜻을 이룰 수 있다는 것이다.

○ 賡은 ≪說文解字≫에 "옛날 續字이다."라고 하였다.

又歌曰 元首叢脞哉하시면 股肱惰哉하여 萬事墮哉하리이다

〈皐陶가〉 또 노래를 부르기를 "元首가 좀스러우면 股肱이 태만해져서 만사가 무너지게 될 것입니다."라고 하니,

【傳】 叢脞는 細碎無大略이라 君如此면 則臣懈惰하여 萬事墮廢하고 其功不成하니 歌以申戒라 ○ 馬云 叢은 總也요 脞는 小也라

叢脞는 細碎하여 大略(大要)이 없다는 뜻이다. 임금이 이와 같이 하면 신하들이 게으름을 피워서 모든 일이 무너지고 그 공이 이루어지지 못하니, 노래를 불러서 거듭 경계한 것이다.

○ 馬融은 "叢은 總의 뜻이요, 脞는 小의 뜻이다."라고 하였다.

帝拜曰 兪라 往[1]欽哉하라

1) 往 : 蔡傳에서는 말 그대로 "가다"로 해석하였다.

帝舜이 절을 하며 말씀하기를 "옳거니. 지금부터는 경건하게 임무를 수행하도록 하라."고 하셨다.

【傳】拜受其歌하여 戒群臣自今以往으로 敬其職事哉라

절하고 그 노래를 받아서 여러 신하는 지금부터 이후로 그 職事를 경건하게 수행해야 한다고 경계한 것이다.

【疏】'帝庸'至'往欽哉' ○ 正義曰：帝既得夔言, 用此庶尹允諧之政, 故乃作歌自戒. 將歌而先爲言曰 "人君奉正天命, 以臨下民, 惟當在於順時, 惟當在於愼微." 既爲此言, 乃歌曰 "股肱之臣, 喜樂其事哉, 元首之君, 政化乃起哉, 百官事業, 乃得廣大哉." 言君之善政由臣也. 皐陶拜手稽首, 颺聲大言曰 "帝當念是言哉. 率領臣下, 爲起政治之事, 愼汝天子法度, 而敬其職事哉. 又當數自顧省己之成功, 而敬終之哉." 乃續載帝歌曰 "會是元首之君能明哉, 則股肱之臣乃善哉, 衆事皆得安寧哉." 既言其美, 又戒其惡. "元首之君叢脞細碎哉, 則股肱之臣懈怠緩慢哉, 衆事悉皆墮廢哉." 言政之得失由君也. 帝拜而受之曰 "然." 然其所歌顯是也. "汝群臣自今已往, 各敬其職事哉."

經의 〔帝庸〕에서 〔往欽哉〕까지

○ 正義曰 : 帝舜이 이미 夔의 말을 듣고 여러 正官의 長이 진실로 和諧할 수 있는 정사를 폈기 때문에 이에 노래를 지어 스스로 경계하였다. 장차 노래를 부르려고 하면서 먼저 말하기를 "임금이 天命을 받들어 정제하여 백성들에게 임하는 것은 오직 때를 따르는 데에 달려있고, 기미를 삼가는 데에 달려있을 뿐이다."라고 하였다. 이미 이 말을 하고 나서 곧 노래를 부르기를 "股肱의 신하가 그 일을 즐겁게 하면 元首인 임금의 政化가 이에 일어나, 百官의 사업이 이에 광대하게 될 것이다."라고 하였으니, 임금의 善政은 신하

에게 달려있음을 말한 것이다.

皐陶가 손을 이마에 얹고 머리를 땅에 대어 큰절을 하면서 소리를 높여 빨리 말하기를 "황제께서는 마땅히 이 말씀을 유념하소서. 신하들을 거느리고 정치하는 일을 일으키되 당신 천자의 법도를 신중히 하여 그 職事를 경건히 행해야 합니다. 또 마땅히 당신이 이룬 공을 자주 스스로 돌아보고 살펴서 경건하게 〈善을 가지고〉 마무리를 하여야 합니다." 라고 하고는 곧 帝舜의 노래를 이어서 이루기를 "元首인 임금이 현명하면 股肱인 신하가 이에 선하여 여러 일이 모두 편안히 잘 된다는 점을 알아야 합니다."라고 한 것은 이미 그 아름다움을 말하고 또 그 惡을 경계한 것이다. "元首인 임금이 좀스러우면 股肱인 신하가 태만해져서 여러 일이 모두 무너질 것입니다."라고 한 것은 정치의 득실이 임금에게 달려있음을 말한 것이다. 帝舜이 절하고 받아들이면서 말씀하기를 "옳거니."라고 한 것은 그 노래 내용이 현저하게 옳음을 인정한 것이다. 〈이어서 帝舜은〉 "너희 신하들은 지금부터 이후로 각각 그 직무를 경건히 수행하도록 하라."고 하셨다.

【疏】○傳'用庶'至'愼微' ○正義曰：此承夔言之下，旣得夔言而歌，故知'帝庸作歌'者，'用庶尹允諧'之政，故作歌以自戒之，安不忘危也．'勑'，是正齊之意，故爲正也．言(天合)〔人君〕[1]奉正天命，以臨下民，惟在順時，不妨農務也，惟在愼微，不忽細事也．鄭玄以爲戒臣，孔以爲自戒者，以正天之命，是人君之事故也．

1) (天合)〔人君〕：저본에는 '天合'으로 되어 있으나, "天合은 마땅히 人君이 되어야 한다." 라고 한 阮元의 校勘記에 의거하여 '人君'으로 바로잡았다.

○傳의 〔用庶〕에서 〔愼微〕까지

○正義曰：이는 夔의 말 아래를 이어받았으니, 이미 夔의 말을 듣고 노래를 한 것이다. 그러므로 '帝庸作歌'가 '여러 正官의 長이 모두 和諧'할 수 있는 정사를 폈기 때문에 노래를 지어 경계하여 편안할 때에 위험을 잊지 않으려고 한 것임을 안 것이다. '勑'은 正齊의 뜻이기 때문에 正이라고 한 것이다. "임금은 天命을 받들어 정제하여 백성들에게 임하니 오직 때를 따르는 데에 달려있음은 농사일을 방해하지 않는 것이요, 기미를 삼가는 데에 달려있음은 미세한 일을 소홀히 않는 것임을 말한 것이다. 鄭玄은 신하를 경계한 것으로 여겼는데, 孔安國이 스스로 경계한 것으로 여긴 것은 하늘의 명을 정제하는 것이 임금의 일이기 때문이다.

【疏】○傳'元首'至'乃廣' ○正義曰：釋詁云"元・良，首也." 僖三十三年左傳稱'狄人歸先軫之元', 則元與首各爲頭之別名, 此以元首共爲頭也. 君臣大體, 猶如一身, 故'元首, 君也'. '股肱之臣 喜樂盡忠', 謂樂行君之化. '君之治功乃起', 言無變事業, 事業在於百官, 故衆功皆起, 百官之業乃廣也.

○ 傳의 〔元首〕에서 〔乃廣〕까지

○ 正義曰 : ≪爾雅≫ 〈釋詁〉에 "元과 良은 首의 뜻이다."라고 하였다. ≪春秋≫ 僖公 33년 조의 ≪左氏傳≫에 "狄人이 先軫의 元(머리)을 〈晉나라로〉 돌려보냈다."라고 칭하였으니, 元과 首는 각각 머리의 별명이다. 여기서는 元과 首를 다 함께 頭(머리)라고 하였다. 임금과 신하〈의 관계는〉 대체로 한 몸과 같기 때문에 "元首는 바로 임금이다."라고 한 것이다.

〔股肱之臣 喜樂盡忠〕 임금의 교화를 기꺼이 행함을 이른다.

〔君之治功乃起〕 사업을 변경함이 없음을 말하니, 사업은 百官에 달려있기 때문에 여러 事功이 모두 일어나야 百官의 業이 이에 넓혀진다는 것이다.

【疏】 ○ 傳'憲法'至'其(識)〔職〕[1)]' ○ 正義曰 : '憲 法', 釋詁文. 此言'興事', 對上'起哉' '天子率臣下爲起治之事', 言臣不能獨使起也.

1) (識)〔職〕: 저본에는 '識'으로 되어 있으나, 孔安國의 傳에 의거하여 '職'으로 바로잡았다.

○ 傳의 〔憲法〕에서 〔其職〕까지

○ 正義曰 : 〔憲 法〕 ≪爾雅≫ 〈釋詁〉의 글이다. 여기서 말한 '興事'는 위의 '起哉'를 對한 것이다.

〔天子率臣下爲起治之事〕 신하들이 단독으로 일으킬 수 없음을 말한 것이다.

【疏】 ○ 傳'屢數'至'懈怠' ○ 正義曰 : 釋詁云 "屢・數, 疾也." 俱訓爲疾, 故屢爲數也. '顧省汝成功', 謂已有成功, 令數顧省之, 敬終以善, 無懈怠也. 恐其惰於已成功, 故以此爲戒.

○ 傳의 〔屢數〕에서 〔懈怠〕까지

○ 正義曰 : ≪爾雅≫ 〈釋詁〉에 "屢와 數은 疾(빠름)의 뜻이다."라고 하였다. 모두 疾로 풀이했기 때문에 屢를 數이라고 한 것이다.

〔顧省汝成功〕 이미 공을 이루었거든 자주 돌아보고 살펴서 경건하게 善을 가지고 마무리를 하고 게으름을 피우는 일이 없어야 함을 이른 것이다. 이미 공을 이루었다고 게으

름을 피울까 염려했기 때문에 이로써 경계한 것이다.

【疏】 ○ 傳'賡續'至'其義' ○ 正義曰 : 詩云 "西有長賡[1]." 毛傳亦以賡爲續, 是相傳有此訓也. 鄭玄以載爲始, 孔以載爲成, 各以意訓耳. '帝歌歸美股肱 義未足'者, 非君之明, 爲臣不能盡力, 空責臣功, 是其義未足. 以此續成帝歌, 必先君後臣, 衆事乃安, 故以此言成其義也.

1) 賡 : ≪詩經≫에는 '庚'으로 되어 있다.

○ 傳의 〔賡續〕에서 〔其義〕까지

○ 正義曰 : ≪詩經≫ 〈小雅 大東〉에 "서쪽에 長賡이 있다."라고 하였는데, 毛傳에서 또한 賡(庚)을 續의 뜻으로 여겼으니, 이는 서로 전하여 이렇게 풀이하였던 모양이다. 鄭玄은 載를 始의 뜻으로 여기고, 孔安國은 載를 成의 뜻으로 여겼으니, 각각 뜻을 가지고 풀이하였을 뿐이다.

〔帝歌歸美股肱 義未足〕 임금의 현명함이 아니면 신하들이 힘을 다할 수 없는데, 공연히 신하들의 공만 강요하니, 이는 그 뜻이 만족하지 못한 것이다. 이 때문에 帝舜의 노래를 이어서 이룬 것인데, 반드시 임금을 먼저 내세우고 신하를 뒤로 하여야 여러 일이 안정되기 때문에 이 말을 가지고 그 뜻을 이룬 것이다.

【疏】 ○ 傳'叢脞'至'申戒' ○ 正義曰 : 孔以叢脞爲細碎無大略, 鄭以叢脞總聚小小之事, 以亂大政, 皆是以意言耳. 君無大略, 則不能任賢, 功不見知, 則臣皆懈惰, 萬事墮廢, 其功不成, 故又歌以重戒也. '庶事'·'萬事', 爲義同而文變耳.

○ 傳의 〔叢脞〕에서 〔申戒〕까지

○ 正義曰 : 孔安國은 叢脞를 細碎하여 大略이 없는 뜻으로 여겼고, 鄭玄은 叢脞를 소소한 일을 모두 거머잡아 大政을 어지럽히는 뜻으로 여겼으니, 모두 뜻을 가지고 말했을 뿐이다. 임금에게 大略이 없으면 어진 이에게 맡길 수 없고, 功을 알아주지 않으면 신하는 모두 게으름을 부려서 모든 일이 버려져 그 功이 이루어지지 않는다. 때문에 또 노래를 불러서 거듭 경계한 것이다. 庶事와 萬事는 뜻이 같은데 글자를 변경해서 썼을 뿐이다.

禹貢 第一

夏書

禹別九州하여

禹는 九州를 분별하여

【傳】 分其圻界라 ○ 九州는 周公職錄云 黃帝受命하고 風后受圖하여 割地布九州라하고 鄒子云 中國爲赤縣하여 內有九州[1]라하고 春秋說題辭云 州之言은 殊也라하니라

1) 鄒子云……內有九州 : ≪史記≫에서는 "中國의 이름을 赤縣神州라 하고 赤縣神州의 안에 본래 九州가 있었으니 禹가 九州를 차례로 정한 것이 이것이다.〔中國名曰赤縣神州 赤縣神州內 自有九州 禹之序九州是也〕"라고 한 鄒衍의 說을 소개하고 있다.

그 경계를 나눈 것이다.

○ 九州에 대하여 ≪周公職錄≫에서는 "黃帝는 命을 받고 風后는 圖를 받아서 땅을 분할하여 九州를 배치하였다."라 하고, ≪鄒子≫에서는 "中國을 赤縣이라 하고 赤縣의 안에 九州가 있다."라 하고, ≪春秋說題辭≫에서는 "州란 말은 殊(나눔)의 뜻이다."라 하였다.

隨山濬川하고

산을 돌아다니면서 나무를 베고 하천을 깊이 팠으며,

【傳】 刊其木하고 深其流라

나무를 베고 물이 흐르는 곳을 깊이 팠다.

任土作貢이라

토지의 소출에 따라 貢賦를 작성하였다.

【傳】 任其土地所有하여 定其貢賦之差라 此堯時事어늘 而在夏書之首는 禹之王이 以是功일새라 ○ 貢은 字或作贛이라

토지의 소출에 따라 貢賦의 차등을 정하였다. 이것은 堯임금 때의 일인데, 〈夏書〉의 첫머리에 둔 것은 禹가 王이 된 것이 이 공로 덕분이었기 때문이다.

○ 貢은 글자가 더러 贛으로 되어 있기도 하다.

【疏】 '禹別'至'作貢' ○ 正義曰 : 禹分別九州之界, 隨其所至之山, 刊除其木, (深大其川)〔深其大川〕,[1] 使得注海. 水害既除, 地復本性, 任其土地所有, 定其貢賦之差. 史錄其事, 以爲禹貢之篇.

1) (深大其川)〔深其大川〕: 저본에는 '深大其川'으로 되어 있으나, "宋板에는 '深其大川'으로 되어 있다."라고 한 阮元의 校勘記에 의거하여 '深其大川'으로 바로잡았다.

書序의 〔禹別〕에서 〔作貢〕까지

○ 正義曰 : 禹는 九州의 경계를 분별하여 이르는 산마다 돌아다니면서 나무를 베고 큰 하천을 깊이 파서 〈홍수가〉 바다로 注入될 수 있게 하였다. 水害가 이미 제거되어 땅이 본성을 회복하자, 토지의 소출에 따라 貢賦의 차등을 정하였다. 史官이 그 일을 기록하여 〈禹貢〉편을 만들었다.

【疏】 ○ 傳'分其圻界' ○ 正義曰 : 詩傳云 "圻, 疆也." 分其疆界, 使有分限. 計九州之境, 當應舊定, 而云'禹別'者, 以堯遭洪水, 萬事改新, 此爲作貢生文, 故言'禹別'耳.

○ 傳의 〔分其圻界〕

○ 正義曰 : ≪詩經≫의 傳에 "圻는 疆의 뜻이다."라고 하였으니 그 疆界를 나누어 分限이 있게 한 것이다. 九州의 지경을 계산함은 응당 예전에 정해놓은 대로 했을 것인데, 굳이 '禹가 분별했다.'라고 한 것은 堯의 시대에 홍수를 만났기 때문에 모든 일이 경신되었고, 이는 貢賦法을 작성하느라 글을 썼기 때문에 '禹가 분별했다.'라고 말하였을 뿐이다.

【疏】 ○ 傳'刊其木 深其流' ○ 正義曰 : 經言'隨山刊木', 序以較略爲文, 直云'隨山', 不云隨山爲何事, 故傳明之隨山, 刊其木也. 濬川, 深其流也. 隨山本爲濬川, 故連言之.

○ 傳의〔刊其木 深其流〕

○ 正義曰 : 經文에서는 "산을 돌아다니면서 나무를 벴다."라고 말하였는데, 書序에서는 비교적 간략하게 문장을 구성했기 때문에 단지 '산을 돌아다녔다.'라고만 말하고 산을 돌아다니면서 무슨 일을 하였는지는 말하지 않았다. 그렇기 때문에 孔傳에서 隨山은 나무를 벤 것이요, 濬川은 물이 흐르는 곳을 깊이 팠음을 밝힌 것이다. 隨山은 본디 濬川하기 위한 것이기 때문에 연달아서 말한 것이다.

【疏】 ○ 傳'任其'至'是功' ○ 正義曰 : 九州之土, 物產各異, 任其土地所有, 以定貢賦之差. 既任其所有, 亦因其肥瘠多少不同, 制爲差品. 鄭玄云 "任土, 謂定其肥磽之所生." 是言用肥瘠多少爲差也. 賦者, 自上稅下之名, 謂治田出穀, 故經定其差等, 謂之厥賦. 貢者, 從下獻上之稱, 謂以所出之穀, 市其土地所生異物, 獻其所有, 謂之厥貢. 雖以所賦之物爲貢用, 賦物不盡有也, 亦有全不用賦物, 直隨地所有, 採取以爲貢者. 此之所貢, 卽與周禮太宰九貢不殊, 但周禮分之爲九耳. 其賦與周禮九賦全異, 彼賦謂口率出錢. 不言作賦而言作貢者, 取下供上之義也.

○ 傳의〔任其〕에서〔是功〕까지

○ 正義曰 : 九州의 土地는 物產이 각각 다르기 때문에 그 토지의 소출에 따라 貢賦의 차등을 정하였다. 이미 그 소출에 따랐지만 또한 그 토지의 肥瘠과 소출의 다소가 동일하지 않음으로 인하여 差品(차등)을 제정한 것이다. 鄭玄은 "任土는 비옥한 토지와 척박한 토지에서 생산되는 바를 정함을 이른다."라고 하였으니, 토지의 비척과 소출의 다소를 가지고 차등을 정함을 말한 것이다.

賦는 위에서 아래에 稅를 매기는 것을 이르는 명칭인데, 田土를 다스려 곡식을 생산함을 이르기 때문에 經文에서 그 차등을 정한 것을 '厥賦'라고 일렀다.

貢은 아래에서 위로 헌상하는 것을 이르는 명칭인데, 소출된 곡식을 가지고 그 토지에서 나는 다른 물품을 교역해서 그 소출을 헌상함을 이르니, 〈經文에서〉 이를 '厥貢'이라고 일렀다. 비록 부과된 물품을 貢用한다 하지만, 부과된 물품이 모두 있지는 않기 때문에 또한 부과된 물품을 전혀 쓰지 않고 그 지역에 있는 것만 채취하여 貢獻(상납)을 하는 경우도 있었다.

여기의 공헌하는 바는 곧 ≪周禮≫ 〈太宰〉의 九貢과 다르지 않은데, 다만 ≪周禮≫에서는 나누어 아홉으로 만들었을 뿐이다. 그 賦는 ≪周禮≫의 九賦와 전연 다르니, 저기(≪周禮≫)의 賦는 인구비율로 돈을 냄을 이른다. 作賦라 말하지 않고 作貢이라 말한 것은 아래에서 위로 바치는 뜻을 취한 것이다.

【疏】 諸序皆言作某篇, 此序不言作禹貢者, 以發首言禹, 句末言貢, 篇名足以顯矣. 百篇之序, 此類有三. '微子作誥父師・少師', 不言作微子, '仲虺作誥', 不言作仲虺之誥, 與此篇皆爲理足而略之也. 又解篇在此之意, 此治水是堯末時事, 而在夏書之首, 禹之得王天下, 以是治水之功, 故以爲夏書之首. 此篇史述時事, 非是應對言語. 當是水土旣治, 史卽錄此篇, 其初必在虞書之內, 蓋夏史抽入夏書, 或仲尼始退其第, 事不可知也.

모든 書序에서는 다 '무슨 篇을 지었다.'고 말했는데 이 書序에서 '〈禹貢〉을 지었다.'고 말하지 않은 것은 첫머리에서 '禹'를 말하고 句의 끝에서 '貢'을 말하였으니, 篇名이 충분히 드러났기 때문이다. 100편의 서문에 이와 같은 類가 셋이 있다. "微子가 誥를 지어서 父師와 少師에게 고하였다."라고 하고 "〈微子〉를 지었다."라고 말하지 않았고, "仲虺가 誥를 지었다."라고 하고 "〈仲虺之誥〉를 지었다."라고 말하지 않았으니, 이 篇과 함께 모두 이유가 충분하기 때문에 생략한 것이다.

또 篇을 해석한 것을 여기에 둔 의도는, 홍수를 다스린 것은 바로 堯임금 말기의 일인데, 〈夏書〉의 첫머리에 두었으니, 禹가 천하에 왕 노릇을 할 수 있었던 것은 이 홍수를 다스렸기 때문이다. 그러므로 〈夏書〉의 첫머리로 삼은 것이다. 이 편은 史官이 당시의 일을 기술한 것이지, 應對한 言語가 아니다. 水土가 이미 다스려졌을 때에 史官이 곧 이 편을 기록한 것이니, 처음에는 필시 〈虞書〉의 안에 있었을 터인데, 아마 夏나라 史官이 뽑아 〈夏書〉에 넣은 것인지 혹은 仲尼(孔子)가 비로소 그 차례를 뒤로 물린 것인지 그 일을 알 수가 없다.

禹貢

【傳】 禹制九州貢法이라

禹가 九州의 貢法을 제정한 것이다.

【疏】 '禹貢' ○正義曰：此篇史述爲文, 發首'奠高山大川', 言禹治九州之水, 水害旣除, 定山川次秩, 與諸州爲引序. 自'導岍'至'嶓冢', 條說所治之山, 言其首尾相及也. 自

'導弱水'至'導洛', 條說所治之水, 言其發源注海也. 自'九州攸同'至'成賦中邦', 總言水土旣平, 貢賦得常之事也. '錫土姓'三句, 論天子於土地布行德教之事也. 自'五百里甸服'至'二百里流', 總言四海之內, 量其遠近, 分爲五服之事也. 自'東漸于海'以下, 總結禹功成受錫之事也.

經의〔禹貢〕

○ 正義曰 : 이 편은 史官이 기술하여 글을 만든 것인데, 첫머리에 '奠高山大川'이라 한 것은 禹가 九州의 홍수를 다스려서 水害가 이미 제거됨에 山川의 차서를 정함을 말한 것으로 모든 州와 함께 引序(서문)로 삼은 것이다. '導岍'에서 '嶓冢'까지는 다스린 산을 조목별로 설명하였으니, 首尾가 서로 미친 점을 말한 것이다. '導弱水'에서 '導洛'까지는 다스린 물을 조목별로 설명하였으니, 발원하여 바다로 흘러들어가는 점을 말한 것이다. '九州攸同'에서 '成賦中邦'까지는 水土가 이미 평정되어 貢賦가 정상으로 돌아온 일을 총체적으로 말한 것이다. '錫土姓' 3句는 天子가 土地에 德教를 布行한 일을 논한 것이다. '五百里甸服'에서 '二百里流'까지는 四海의 안에서 그 遠近을 헤아려서 五服을 나누어 만든 일을 총체적으로 말한 것이다. '東漸于海' 이하는 禹의 功이 이루어져서 〈堯가〉 하사한 〈검은 옥으로 만든 圭를〉 받은 일을 총체적으로 맺은 것이다.

【疏】 ○ 傳'禹制九州貢法' ○ 正義曰 : 禹制貢法, 故以'禹貢'名篇. 貢賦之法, 其來久矣, 治水之後, 更復改新. 言此篇貢法, 是禹所制, 非禹始爲貢也.

○ 傳의〔禹制九州貢法〕

○ 正義曰 : 禹가 貢法을 제정했기 때문에 '禹貢'으로 편명을 삼은 것이다. 貢賦法은 그 유래가 오래되어서 홍수를 다스린 뒤에 다시 경신한 것이다. 이 편의 貢法은 禹가 제정한 것이지 禹가 비로소 貢法을 행한 것이 아님을 말한 것이다.

禹[1]敷土하시고 隨山刊木하사

1) 禹 : 조선 초기 陽村 權近(1352~1409)은 "〈禹貢〉을 〈夏書〉에 배열할 때에 '禹'라고 일컫고 '王'이라 일컫지 않은 것은 貢法을 만든 것이 堯임금 때에 정해졌기 때문이다. 〈湯誓〉와 〈泰誓〉는 아직 내치거나 정벌하기 전인데도 벌써 '王'이라 일컬은 것은 桀과 紂의 죄를 바로잡는 것을 가지고 이름을 정했기 때문이다. ≪書≫의 필법이 謹嚴하기가 이와 같았다." 라고 하였다. ≪書淺見錄≫

禹는 토지를 나누고 산을 돌아다니면서 나무를 베어 〈길을 내면서〉

【傳】洪水汎溢하니 禹布治九州之土하되 隨行山林하여 斬木通道하니라 ○ 敷는 馬云 分也라

홍수가 범람하니 禹가 九州의 땅을 다스리되 山林을 돌아다니면서 나무를 베어 길을 내었다는 것이다.

○ 敷는 馬融이 "分의 뜻이다."라고 하였다.

奠高山大川하시다

높은 산과 큰 하천을 정하셨다.

【傳】奠은 定也라 高山은 五岳이요 大川은 四瀆이니 定其差秩은 祀禮所視라

奠은 定의 뜻이다. 高山은 五岳이고 大川은 四瀆이니, 그 〈尊卑의〉 차례를 정함은 祀禮에 견줄 바이다.

【疏】'禹敷'至'大川' ○ 正義曰：言禹分布治此九州之土. 其治之也, 隨行所至之山, 除木通道, 決流其水. 水土既平, 乃定其高山大川, 謂定其次秩尊卑, 使知祀禮所視, 言禹治其山川, 使復常也.

經의 〔禹敷〕에서 〔大川〕까지

○ 正義曰：禹가 이 九州의 토지를 나누어 다스린 일을 말한 것이다. 구주의 토지를 다스릴 때에 이르른 산들을 돌아다니면서 나무를 베어 길을 내고 그 물길을 터서 잘 흐르게 하였다. 水土가 이미 평정되자 이에 그 높은 산과 큰 하천을 정한 것은 그 次秩의 尊卑를 정하여 祀禮에 견줄 바를 알게 했음을 이르니, 禹가 그 山川을 다스려 正常을 회복하도록 했음을 말한 것이다.

【疏】○ 傳'洪水'至'通道' ○ 正義曰：詩傳云"汎, 汎流也.[1)]" 汎是水流之貌. 洪水流而汎溢, 浸壞民居, 故禹分布治之. 知者, 文十八年左傳云"擧八凱使主后土." 則伯益之輩, 佐禹多矣. 禹必身行九州, 規謀設法, 乃使佐己之人, 分布治之. 於時平地盡爲流潦, 鮮有陸行之路, 故將欲治水, 隨行山林, 斬木通道. 鄭云"必隨州中之山而登之, 除木爲道, 以望觀所當治者, 則規其形而度(탁)其功焉." 是言禹登山之意也. 孟子曰"禹三

過門不入." 其家門猶三過之, 則其餘所歷多矣. 來而復往, 非止一處, 故言分布治之.

1) 汎流也 : ≪詩經≫ 〈邶風 柏舟〉의 傳에는 '汎流貌'로 되어 있다.

○ 傳의 〔洪水〕에서 〔通道〕까지

○ 正義曰 : ≪詩經≫의 傳에 "汎은 범람하여 흐르는 것이다."라고 하였으니, 汎은 물이 흐르는 모습이다. 홍수가 흘러 넘쳐 백성의 주거를 잠식해 파괴했기 때문에 禹가 나누어 다스린 것이다. 그러함을 알 수 있는 것은 ≪春秋≫ 文公 18년 조의 ≪左氏傳≫에 "八凱를 등용해서 后土를 주관하게 했다."라고 하였으니, 伯益의 무리로서 禹를 도운 자가 많았을 것이다. 禹는 반드시 몸소 九州를 다니면서 謀慮를 내고 법을 베풀어서 자기를 돕는 사람들로 하여금 나누어서 다스리게 하였을 것이다. 이때에 평지는 모두 물속에 잠겨서 육지로 다닐 수 있는 길이 적었기 때문에 장차 홍수를 다스리려고 山林을 돌아다니면서 나무를 베어 길을 낸 것이다. 鄭玄은 "반드시 州 가운데 있는 산들을 돌며 올라가서 나무를 베어 길을 내서 마땅히 다스려야 할 곳을 바라본 것은 그 형태를 그리고 그 공력을 헤아린 것이다."라고 하였으니, 禹가 산에 오른 뜻을 말한 것이다. 孟子는 "禹가 세 번이나 자기 집 문 앞을 지나면서도 들어가지 않았다."라고 하였으니, 그의 집 문 앞도 세 번이나 지나갔다면 그 밖에 지난 곳은 〈무척〉 많았을 것이다. 왔다가 다시 간 것이 한 곳 만이 아니었기 때문에 나누어 다스렸다고 말한 것이다.

【疏】 ○ 傳'奠定'至'所視' ○ 正義曰 : 禮定器於地, 通名爲奠, 是奠爲定也. 山之高者, 莫高於岳, 川之大者, 莫大於瀆, 故言'高山, 五岳', 謂嵩・岱・衡・華・恒也. '大川, 四瀆', 謂江・河・淮・濟也. 此擧高大爲言, 卑小亦定之矣. 舜典云"望秩於山川." 故言'定其差秩', 定其大小次敍也. 定其'祀禮所視', 謂王制所云"五岳視三公, 四瀆視諸侯, 其餘視伯子男." 往者洪水滔天, 山則爲水所包, 川則水皆汎溢, 祭祀禮廢, 今始定之, 以見水土平復舊制也. 經云'荊岐旣旅'・'蔡蒙旅平'・'九山刊旅', 是次秩旣定, 故旅祭之.

○ 傳의 〔奠定〕에서 〔所視〕까지

○ 正義曰 : 禮에서 그릇을 바닥에 내려놓는 것을 통틀어 '奠'이라고 명명하였다. 그래서 이 奠을 定의 뜻으로 여긴 것이다. 산 중에 높은 것은 岳보다 더 높은 것이 없고, 하천 중에 큰 것은 瀆보다 더 큰 것이 없다. 그러므로 "高山은 五岳이다."라고 말하였으니 嵩山・岱山・衡山・華山・恒山을 이르고, "大川은 四瀆이다."라고 말하였으니 江水・河水・淮水・濟水를 이른다. 이것은 높고 큰 것을 들어서 말한 것이니, 낮고 작은 것도 정

한 것이다. 〈舜典〉에 "산천을 바라보고 차례를 정하여 제사를 지냈다."라고 했기 때문에 '그 〈尊卑의〉 차례를 정하여'라고 말하였으니, 그 大小의 차서를 정한 것이다. '祀禮의 견줄 바'를 정한 것은 ≪禮記≫ 〈王制〉에 이른바 "五岳의 제사는 三公에 견주고, 四瀆의 제사는 諸侯에 견주고, 그 나머지는 伯・子・男에 견준다."라는 것을 이른다.

지난 번 홍수가 하늘까지 넘실거릴 때에 산은 물에 둘러싸이고 하천은 물이 모두 범람하여 제사 지내는 예제가 폐지되었는데, 이제 비로소 정하여 水土가 평정되어 옛 제도를 회복하였음을 보인 것이다. 經文에 "荊山과 岐山에 이미 旅祭를 지냈다.", "蔡山과 蒙山에 旅祭를 지내어 홍수를 다스리는 일이 끝났음을 고하였다.", "고지대인 九州의 산까지도 나무를 베어 길을 내어 이미 旅祭를 지낼 수 있게 되었다."라고 말하였으니, 次秩이 이미 정해졌기 때문에 旅祭를 지낸 것이다.

冀州既載[1)]라

1) 既載 : 蔡傳에서는 載를 始의 뜻으로 보아 下文의 '壺口'에 붙여서 '壺口山에서부터 이미 다스리기 시작하여'라고 풀이하였다. 그러나 淸代 兪樾은 "'既載壺口 治梁及岐'는 下文의 '既修太原 至于岳陽'과 글뜻이 동일하니, 예전에 '冀州既載'를 1句로 읽은 것은 잘못이다. 蔡傳에서 '〈공사를〉 시작해서 다스리는 것을 載라 한다.〔經始治之 謂之載〕'고 하였는데, '既'라 말하고 또 '始'라 말한 것은 너무도 말이 안 된다. ≪白虎通≫ 〈四時篇〉에 '載는 成의 뜻을 말한 것이다.'라고 하였으니, '既載壺口'는 '禹가 壺口를 다스려 이미 이루고 나서 이에 梁山과 岐山을 다스렸음'을 말한 것이다."라고 하였다. ≪群經平議≫

冀州를 이미 서적에 기재하였다.

【傳】 堯所都也라 先施貢賦役하여 載於書라 ○州는 九州니 名義見爾雅音이라 載는 載於書也니 馬同하고 鄭韋昭云 載는 事也라

〈冀州는〉 堯가 도읍한 곳이다. 먼저 貢・賦・役을 베풀어서 서적에 기재하였다.

○州는 九州이니, 이름과 뜻이 ≪爾雅音≫에 보인다. 載는 서적에 기재하는 것이니, 馬融도 같은 뜻으로 보았고, 鄭玄과 韋昭는 "載는 事(일)의 뜻이다."라고 하였다.

【疏】 '冀州' ○正義曰 : 九州之次, 以治爲先後. 以水性下流, 當從下而泄, 故治水皆從下爲始. 冀州, 帝都, 於九州近北, 故首從冀起, 而東南次兗, 而東南次青, 而南次徐, 而南次揚, 從揚而西次荊, 從荊而北次豫, 從豫而西次梁, 從梁而北次雍, 雍地最高, 故在後也. 自兗已下, 皆準地之形勢, 從下向高, 從東向西. 靑・徐・揚三州竝爲東偏, 雍州高於豫州, 豫州高於靑・徐, 雍・豫之水從靑・徐而入海也. 梁高於荊, 荊高於揚, 梁・荊之水從揚而入海也. 兗州在冀州東南, 冀・兗二州之水, 各自東北入海也. 冀州之水不經兗州, 以冀是帝都, 河爲大患, 故先從冀起, 而次治兗. 若使冀州之水東入兗州, 水無去處, 治之無益, 雖是帝都, 不得先也. 此經大體每州之始, 先言山川, 後言平地. 靑州・梁州先山後川, 徐州・雍州先川後山. 兗・揚・荊・豫有川無山, 揚・豫不言平地. 冀州田賦之下, 始言'恒・衛旣從'. 史以大略爲文, 不爲例也. 每州之下, 言水路相通, 通向帝都之道, 言禹每州事了, 入朝以白帝也.

經의 〔冀州〕

○ 正義曰 : 九州의 차례는 〈홍수를〉 다스리는 순서로 先後를 정하였다. 물의 성질은 아래로 흐르니, 응당 아래로부터 터나가야 하기 때문에 홍수를 다스리는 것은 모두 아래로부터 시작하였다.

冀州는 帝都로서 九州에 있어서 북쪽에 가깝기 때문에 맨 먼저 冀州로부터 〈치수공사를〉 시작해서, 다음은 동남쪽으로 兗州, 그 다음은 동남쪽으로 靑州, 그 다음은 남쪽으로 徐州, 그 다음은 남쪽으로 揚州, 그 다음은 揚州로부터 서쪽으로 荊州, 그 다음은 荊州로부터 북쪽으로 豫州, 그 다음은 豫州로부터 서쪽으로 梁州, 그 다음은 梁州로부터 북쪽으로 雍州 순으로 하였는데, 雍州는 지대가 가장 높기 때문에 맨 뒤에 있게 된 것이다.

兗州로부터 이하는 모두 지대의 형세에 따라서 아래로부터 높은 데로 향해가고 동쪽으로부터 서쪽으로 향해갔다. 靑州・徐州・揚州 세 州는 모두 동쪽으로 치우쳤으며, 雍州는 豫州보다 높고 豫州는 靑州・徐州보다 높아서, 雍州・豫州의 물은 靑州・徐州로 해서 바다로 들어간다. 梁州는 荊州보다 높고 荊州는 揚州보다 높으니, 梁州・荊州의 물은 揚州로 해서 바다로 들어간다. 兗州는 冀州의 동남쪽에 자리 잡고 있으니, 冀州・兗州 두 州의 물은 각각 동북쪽으로부터 바다로 들어간다.

冀州의 물이 兗州를 경유하지 않지만, 冀州가 바로 帝都이고 河水가 큰 禍患이 되었기 때문에 먼저 冀州로부터 〈공사를〉 시작해서 다음으로 兗州〈의 홍수〉를 다스린 것이다. 가사 冀州의 물이 동쪽으로 兗州에 들어갔다면 물이 갈 곳이 없으므로 치수해보았자 아무런 이익 될 것이 없으니, 아무리 帝都라 하더라도 먼저 〈공사를 시작〉할 필요가 없다.

이 經에서는 대체적으로 매 州의 始端에서 먼저 山川을 말하고 뒤에 平地를 말하였다.

靑州・梁州에서는 산을 먼저, 하천을 뒤에 말하였고, 徐州・雍州에서는 하천을 먼저, 산을 뒤에 말하였다. 兗州・揚州・荊州・豫州에는 하천만 있고 산은 없으므로 揚州・豫州에서는 평지를 말하지 않았다.

冀州의 경우 田賦의 아래에서 비로소 '恒水와 衛水가 이미 다스려져 옛날 물길을 따랐다.'라고 말한 것은 史官이 대략적으로 문장을 만든 것이지, 규례를 만든 것은 아니다. 매 州의 아래에 水路가 서로 통한 점을 말하였으니, 帝都로 향하는 길을 통하게 한 것이다. 禹가 매 州의 공사가 끝날 때마다 조정에 들어와서 帝舜에게 보고했음을 말한다.

【疏】 ○ 傳'堯所'至'(至)〔於〕[1]書' ○ 正義曰：史傳皆云堯都平陽, 五子之歌曰 "惟彼陶唐, 有此冀方." 是冀州堯所都也. 諸州冀爲其先, 治水先從冀起, 爲諸州之首, 記其役功之法. '旣載'者, 言先施貢賦役, 載於書也. 謂計人多少, 賦功配役, 載於書籍, 然後徵而用之, 以治水也. 冀州如此, 則餘州亦然, 故於此特記之也. 王肅云 "言已賦功屬役, 載於書籍." 傳意當然. 鄭云 "載之言事, 事謂作徒役也. 禹知所當治水, 又知用徒之數, 則書於策以告帝, 徵役而治之." 惟解載字爲異, 其意亦同孔也.

1) (至)〔於〕: 저본에는 '至'로 되어 있으나, 孔安國의 傳에 의거하여 '於'로 바로잡았다.

○ 傳의 〔堯所〕에서 〔於書〕까지

○ 正義曰：역사서에서는 모두 堯는 平陽에 도읍하였다고 하였고, 〈五子之歌〉에서는 "저 陶唐으로부터 이 冀州 지방을 소유하였다."라고 하였으니, 이 冀州가 바로 堯가 도읍한 곳이다. 모든 州에서 冀州가 첫 번째이다. 홍수를 다스림에 먼저 冀州로부터 시작함은 모든 州의 우두머리이기 때문이니, 그 役功을 기재하는 법이다.

〔旣載〕 먼저 貢・賦・役을 시행하여 서적에 기재함을 말한다. 인구의 多少 및 賦功과 配役(役을 맡김)을 계산해서 서적에 기재한 다음 徵用하여 홍수를 다스림을 이른 것이다. 冀州에서 이와 같이 하였다면, 나머지 州들도 그렇게 하였을 것이다. 그러므로 여기에서 특별히 기재한 것이다. 王肅은 "이미 賦功・屬役(役을 맡김)한 일을 서적에 기재함을 말한 것이다."라고 하였으니, 孔傳의 뜻이 당연히 옳다. 鄭玄은 "載는 일〔事〕을 말하니, 일은 徒役을 함을 이른다. 禹는 마땅히 홍수를 다스려야 할 바를 알았고, 또 徒役을 쓸 수 있는 수를 알았으니, 서책에 적어서 帝舜에게 보고하고 徒役을 징발하여 홍수를 다스린 것이다."라고 하였다. 오직 '載'字를 풀이한 것만이 다를 뿐 그 뜻은 또한 孔傳과 같다.

壺口治梁及岐[1)]하시다

1) 治梁及岐 : 蔡傳에서는 及을 與(및)의 뜻으로 보아 '梁山과 岐山을 다스리는 것'으로 풀이하였다.

壺口山에서 일을 시작해서 梁山을 다스려 岐山으로 미쳐가셨다.

【傳】 壺口在冀州하고 梁岐는 在雍州하니 從東循山治水而西라 ○ 馬云 壺口는 山名이라 治는 如字라

壺口山은 冀州에 있고, 梁山과 岐山은 雍州에 있으니, 동쪽에서부터 산을 따라 홍수를 다스려 서쪽으로 간 것이다.

○ 馬融은 "壺口는 산 이름이다."라고 하였다. 治는 본음대로 읽는다.

【疏】 傳'壺口'至'而西' ○ 正義曰 : 史記稱高祖入咸陽, 蕭何先收圖籍, 則秦焚詩書, 圖籍皆在. 孔君去漢初七八十年耳, 身爲武帝博士, 必當具見圖籍, 其山川所在, 必是驗實而知'壺口在冀州, 梁・岐在雍州'. 當時疆界爲然也. 此於冀州之分, 言及雍州之山者, 從東循山治水而西故也. 鄭云 "於此言'治梁及岐'者, 蓋治水從下起, 以襄水害易也." 班固作漢書地理志, 據前漢郡縣, 言山川所在. 志云 "壺口在河東北屈縣東南." 應劭云 "已有南屈, 故稱北屈." 梁山在左馮翊夏陽縣西北, 岐山在右扶風美陽縣西北, 然則壺口西至梁山, 梁山西至岐山, 從東而向西言之也. 經於壺口之下言治者, 孔意蓋云欲見上下皆治也.

傳의 〔壺口〕에서 〔而西〕까지

○ 正義曰 : ≪史記≫에서 "高祖가 咸陽에 들어갔을 때 蕭何가 圖籍(지도와 호적)을 먼저 거두었다."라고 칭하였으니, 秦나라가 詩書를 불태웠지만, 圖籍은 모두 건재하였다. 孔君(孔安國)은 漢나라 초와의 거리가 7, 8십 년밖에 안 되고, 신분이 武帝 때 博士였으니, 반드시 圖籍을 모두 보았을 것이다. 그러므로 그 山川의 소재를 반드시 조사하여 '壺口山은 冀州에 있고, 梁山과 岐山은 雍州에 있었음'을 알았을 것이니, 당시에 疆界가 그랬을 것이다. 여기 冀州를 구분한 곳에서 雍州의 산을 언급한 것은 동쪽에서부터 산을 따라 홍수를 다스려 서쪽으로 갔기 때문이다.

鄭玄은 "여기에서 '梁山을 다스려 岐山으로 미쳐갔다.'고 한 것은 아마 홍수를 다스리는 일은 아래로부터 시작하는 것이 수해를 제거하기 쉽기 때문이다."라고 하였다.

班固가 ≪漢書≫ 〈地理志〉를 지을 때에 前漢의 郡縣에 의거하여 山川의 소재를 말하였는데, 〈地理志〉에 "壺口山은 河東 北屈縣 동남쪽에 있다."라 하였고, 應劭는 "이미 南屈이 있기 때문에 北屈이라 칭한 것이다."라고 하였다. 梁山은 左馮翊 夏陽縣 서북쪽에 있고, 岐山은 右扶風 美陽縣 서북쪽에 있으니, 그렇다면 壺口山은 서쪽으로 梁山에 이르고 梁山은 서쪽으로 岐山에 이르기 때문에 '동쪽으로부터 서쪽으로 향한다.'라고 말한 것이다. 經文에서 '壺口'의 아래에 '治'를 말한 것은 孔安國의 생각에 아마 위아래가 다 다스려짐을 보이려고 한 것으로 여긴 듯하다.

旣修太原하사 至于岳陽하시며

이미 太原을 닦아 太岳山 남쪽에까지 이르셨으며,

【傳】 高平曰太原이니 今以爲郡名이라 岳은 太岳이니 在太原西南이라 山南曰陽이라 ○ 岳은 字又作嶽이요 太岳은 山名이라 陽은 山南曰陽이요 水北亦曰陽이라

높고 평평한 지대를 太原이라 하는데, 지금은 고을 이름으로 삼았다. 岳은 太岳이니, 太原의 서남쪽에 있다. 山의 남쪽을 陽이라 한다.

○ 岳은 글자가 또 嶽으로 되어 있기도 하다. 太岳은 산 이름이다. 陽은 산의 남쪽을 陽이라 하고, 물의 북쪽도 陽이라 한다.

【疏】 傳'高平'至'曰陽' ○ 正義曰：太原, 原之大者. 漢書以爲郡名, 傳欲省文, 故云"高平曰太原, 今以爲郡名." 卽晉陽縣是也. 釋地云"廣平曰原, 高平曰陸." 孔以太原地高, 故言'高平', 其地高而廣也. 下文導山云'壺口・雷首至于太岳', 知此岳卽太岳也, 屬河東郡, 在太原西南也. 地理志河東彘縣東有霍太山. 此彘縣, 周厲王所奔, 順帝改爲永安縣, 周禮職方氏 冀州其山鎭曰霍山, 卽此太岳是也. 山南見(曰)〔日〕[1], 故'山南曰陽'. 此說循理平地, 言從太原至岳山之南, 故云'岳陽'也.

1) (曰)〔日〕: 저본에는 '曰'로 되어 있으나, "毛本에는 '曰'이 '日'로 되어 있으니 옳다."라고 한 阮元의 校勘記에 의거하여 '日'로 바로잡았다.

傳의 〔高平〕에서 〔曰陽〕까지

○ 正義曰 : '太原'은 原 중에 큰 것이다. ≪漢書≫에는 郡名으로 삼았는데, 孔傳에서는 글을 생략하려고 했기 때문에 "높고 평평한 지대를 太原이라 하는데 지금은 고을 이름

으로 삼았다."라고 하였으니, 곧 晉陽縣이 이것이다. ≪爾雅≫〈釋地〉에 "넓고 평평한 지대를 原이라 하고, 높고 평평한 지대를 陸이라 한다."라고 하였다. 孔安國은 太原의 지대가 높기 때문에 '高平'이라고 말하였으니, 그 지대가 높고 넓은 것이다. 下文의 導山에서 '壺口山과 雷首山으로부터 太岳山에 이르게 하시며'라고 하였으니, 이 岳이 곧 太嶽임을 알 수 있는데, 河東郡에 속하고 太原의 서남쪽에 있다. ≪漢書≫〈地理志〉에 의하면 河東 彘縣 동쪽에 霍太山이 있으니, 이 彘縣은 周 厲王이 달아난 곳인데, 漢 順帝가 永安縣으로 고쳤다. ≪周禮≫〈職方氏〉에 "冀州는 그 산의 鎭山이 霍山이다."라고 하였으니, 바로 太岳이 이것이다. 산 남쪽에서는 해를 볼 수 있기 때문에 "산 남쪽을 陽이라 한다."라고 하였다. 이는 平地를 따라 다스림을 설명한 것인데, 太原으로부터 岳山의 남쪽에 이름을 말하였기 때문에 '岳陽'이라고 한 것이다.

覃懷에 **厎績**하사 **至于衡**(횡)**漳**하시다

覃懷에서 功績을 이루어나가 衡漳에까지 이르셨다.

【傳】 覃懷는 近河地名이라 漳水橫流入河하니 從覃懷致功至橫漳하니라 ○ 衡은 橫也라 馬云 水名이라 近은 附近之近이라

覃懷는 황하에 가까운 땅의 이름이다. 漳水가 가로 흘러서 황하로 들어가니, 覃懷로부터 공적을 이루어나가 橫漳에 이른 것이다.

○ 衡은 橫(가로)의 뜻이다. 그러나 馬融은 "물 이름이다."라고 하였다. 近은 '附近'의 近이다.

【疏】 傳'覃懷'至'衡漳' ○ 正義曰：地理志河內郡有懷縣, 在河之北, 蓋覃懷二字共爲一地, 故云'近河地名'. '衡', 卽古橫字. 漳水橫流入河, 故云'橫漳'. 漳在懷北五百餘里, 從覃懷致功而北至橫漳也. 地理志云 "淸漳水出上黨沾縣大黽谷, 東北至渤海阜城縣入河, 過郡五, 行千六百八十里, 此沾縣因水爲名." 志又云 "沾水出壺關." 志又云 "濁漳水出長子縣, 東至鄴縣入淸漳." 鄭玄亦云 "橫漳, 漳水橫流." 王肅云 "衡・漳, 二水名."

傳의 〔覃懷〕에서 〔衡漳〕까지

○ 正義曰：≪漢書≫〈地理志〉에 의하면 河內郡에 懷縣이 있으니 황하의 북쪽에 있다. 아마 '覃懷' 두 글자가 한 지대이기 때문에 '황하에 가까운 땅의 이름이다.'라고 한 것

같다. '衡'은 '橫'의 古字이다. 漳水가 가로 흘러서 황하로 들어가기 때문에 '橫漳'이라고 한 것이다. 漳水는 懷縣의 북쪽 500여 리의 지점에 있으므로 覃懷로부터 공적을 이루어 나가 북쪽으로 橫漳에 이른 것이다. 〈地理志〉에 "淸漳水가 上黨 沾縣 大黽谷에서 나와 동북쪽으로 渤海 阜城縣에 이르러 황하로 들어간 다음, 郡 다섯을 지나 1,680리를 흘러간다."라고 하였으니, 이 沾縣은 물로 인해 〈縣의〉 이름을 삼은 것이다. 〈地理志〉에 또 "沾水는 壺關에서 나온다."라 하였고, 〈地理志〉에 또 "濁漳水가 長子縣에서 나와 동쪽으로 鄴縣에 이르러 淸漳으로 들어간다."라고 하였다. 鄭玄 또한 "橫漳은 漳水가 가로 흐른 것이다."라고 하였다. 王肅은 "衡과 漳은 두 물 이름이다."라고 하였다.

厥土는 惟白壤이요

그 土質은 백색 土壤이었고,

【傳】 無塊曰壤이라 水去土復其性하여 色白而壤이라 ○ 壤은 馬云 天性和美也라

덩어리가 없는 흙을 '壤'이라 한다. 홍수가 물러가 흙이 제 성질을 회복하여 색깔이 희면서 부드러워졌다.

○ 壤에 대하여 馬融은 "흙의 성질이 和美한 것이다."라고 하였다.

【疏】 傳'無塊'至'而壤' ○ 正義曰：九章算術"穿地四, 爲壤五. 壤謂息土." 則壤是土和緩之名, 故云"無塊曰壤." 此土本色爲然, 水去土復其性, 色白而壤. 雍州色黃而壤, 豫州直言壤, 不言其色, 蓋州內之土, 不純一色, 故不得言色也.

傳의 〔無塊〕에서 〔而壤〕까지

○ 正義曰：≪九章算術≫ 〈商功〉에 "〈땅을 판 용적 1만 입방척에 대한 體積의 비율은〉 땅을 판 용적 4에 대해 壤土는 5이다. 〈劉徽의 注에〉 壤은 息土(부드러운 흙)이다."라고 하였으니, 壤은 바로 흙이 和緩한 것을 이르는 명칭이기 때문에 "덩어리가 없는 흙을 壤이라 한다."고 한 것이다. 이 흙의 본래 색깔이 그러하였는데, 홍수가 물러가 흙이 제 성질을 회복하자, 색깔이 희고 부드럽게 되었다. 雍州의 흙 색깔은 누르면서 부드럽다고 했는데, 豫州에서는 단지 '壤(부드럽다)'이라고만 말하고 그 색깔은 말하지 않았으니, 아마 豫州 경내의 흙들이 純一한 색이 아니었기 때문에 색깔을 말할 수 없었을 것이다.

厥賦는 惟上에 上이니 錯하며

그 賦의 등급은 上에 上이니, 上에 中의 등급을 섞어서 내기도 하며,

【傳】 賦는 謂土地所生으로 以供天子라 上上은 第一이라 錯은 雜이니 雜出第二之賦라 ○ 上은 如字니 賦第一이라 錯은 馬云 地有上下相錯이면 通率第一이라

賦는 토지의 생산물로 天子에게 바치는 것을 이른다. 上上은 제 1등급이다. 錯은 雜(섞다)의 뜻이니, 제 2등급의 賦稅를 섞어서 내는 것이다.

○ 上은 본음대로 읽으니, 賦稅가 제 1등급이다. 錯은 馬融이 "땅에 상등급과 하등급이 서로 뒤섞여 있으면 통상적으로 제 1등급으로 매긴다."라고 하였다.

【疏】 傳'賦謂'至'之賦' ○ 正義曰 : 以文承'厥土'之下, 序云 "任土作貢." 又'賦'者, 稅斂之名. 往者洪水爲災, 民皆墊溺, 九州賦稅, 蓋亦不行. 水災既除, 土復本性, 以作貢賦之差, 故云 "賦, 謂土地所生, 以供天子." 謂稅穀以供天子. 鄭玄云 "此州入穀不貢." 是也. 因九州差爲九等, '上上'是第一也. 交錯是間雜之義, 故'錯'爲雜也. 顧氏云 "上上之下, 即次上中." 故云'雜出第二之賦'也. 孟子稱稅什一爲正, 輕之於堯舜, 爲大貊小貊, 重之於堯舜, 爲大桀小桀, 則此時亦什一. 稅俱什一, 而得爲九等差者, 人功有强弱, 收穫有多少. 傳以荊州田第八, 賦第三, 爲人功修也, 雍州田第一, 賦第六, 爲人功少也, 是據人功多少總計以定差. 此州以上上爲正, 而雜爲次等, 言出上上時多, 而上中時少也. 多者爲正, 少者爲雜, 故云'第一.' 此州言'上上錯'者, 少在正下, 故先言'上上', 而後言'錯'. 豫州言'錯上中'者, 少在正上, 故先言'錯', 而後言'上中'. 揚州云'下上上錯', 不言'錯下上'者, 以本設九等, 分三品爲之上中下, 下上本是異品, 故變文言'下上上錯'也. 梁州云'下中三錯'者, 梁州之賦凡有三等, 其出下中時多, 故以'下中'爲正, 上有下上, 下有下下, 三等雜出, 故言'三錯', 是明雜有下上 ·下下可知也. 此九等所較無多, 諸州相準爲等級耳. 此計大率所得, 非上科定也.

傳의 〔賦謂〕에서 〔之賦〕까지

○ 正義曰 : 글이 '厥土'의 아래를 이어받았기 때문에 書序에서 "토지의 소출에 따라 貢賦를 작성하였다."라고 하였다. 또 賦는 稅斂의 명칭이다. 지난번 홍수가 재변을 일으켰을 때 백성이 모두 물에 빠진 신세가 되었고, 九州의 賦稅도 대체로 시행하지 못하였다. 水災가 이미 제거되고 흙이 본래의 성질을 회복하자, 貢賦의 차등을 만들었기 때문에

"賦는 토지의 생산물로 天子에게 바치는 것을 이른다."고 한 것이니, 稅穀으로 天子를 공양함을 이른다. 鄭玄이 "이 州는 곡식을 납입하고 공물을 바치지 않았다."란 것이 이것이다. 九州의 고르지 못한 점으로 인하여 9등급을 만들었으니, '上上'은 제 1등급이다. 交錯은 間雜의 뜻이기 때문에 錯을 雜이라고 한 것이다. 顧氏는 "上上의 下는 곧 次上中이다."라고 하였다. 그러므로 "제 2등급의 賦稅를 섞어서 내는 것이다."라고 하였다.

≪孟子≫ 〈告子 下〉에서 稅는 10분의 1을 거두는 것이 正法이니 堯舜의 세법보다 가볍게 거두면 큰 貊國이나 작은 貊國이 되고, 堯舜의 세법보다 무겁게 거두면 큰 桀王이나 작은 桀王이 된다고 하였으니, 이때에도 10분의 1을 거둔 것이다. 稅는 모두 10분의 1인데 9등급의 차등을 두게 된 것은 인력에 强弱이 있고 수확에 多少가 있기 때문이다. 그렇기 때문에 孔傳에서 荊州는 田의 등급은 제 8등급이고, 賦의 등급은 제 3등급인 것에 대해 人力이 많이 들어가기 때문이라고 하였으며, 雍州는 田의 등급은 제 1등급이고, 賦의 등급은 제 6등급인 것에 대해 人力이 적게 들어가기 때문이라고 하였으니, 이것은 人力이 들어가는 양에 의거하여 총계를 내어 차등을 정한 것이다.

이 冀州에서는 上上을 正等으로 삼고, 雜을 次等으로 삼았으니, 上上을 낼 때는 많고 上中을 낼 때는 적음을 말한 것이다. 많은 것이 '正'이 되고 적은 것이 '雜'이 되기 때문에 '第一'이라고 한 것이다. 이 冀州에서 '上上錯'이라고 말한 것은 적은 것이 正의 아래에 있기 때문에 먼저 上上을 말하고 뒤에 錯을 말한 것이다. 豫州에서 '錯上中'이라고 말한 것은 적은 것이 正의 위에 있기 때문에 먼저 錯을 말하고 뒤에 上中을 말한 것이다. 揚州에서 '下上上錯'이라고 말하고 '錯下上'이라고 말하지 않은 것은 본래 9등급을 베풀고 3品으로 나누어 上·中·下를 만들었으니, 下·上이 본시 다른 品等이기 때문에 문체를 변경해서 '下上上錯'이라고 말한 것이다. 梁州에서 '下中三錯'이라고 한 것은 梁州의 賦에 무릇 3등급이 있는데 그 중에서 下中을 낼 때가 많기 때문에 下中을 正으로 삼았고, 上에는 下上이 있고 下에는 下下가 있어 3등급이 섞여 나오기 때문에 '三錯'이라고 말한 것이니, 雜에 下上과 下下가 있다는 점을 밝힌 것임을 알 수 있다. 이 9등급으로 비교한 경우는 많지 않고, 모든 州는 서로 비준해서 등급을 지었을 뿐이다. 이 계산은 대충 얻어진 것이지, 上科가 정해진 것은 아니다.

【疏】 但治水據田責其什一, 隨土豐瘠, 是上之任土, 而下所獻自有差降, 卽以差等爲上之定賦也. 然一升一降, 不可常同. 冀州自出第二, 與豫州同時, 則無第一之賦, 豫州與冀州等一同時, 則無第二之賦. 或容如此, 事不可恒. 鄭玄云 "賦之差, 一井, 上上出九夫稅, 下下出一夫稅, 通率九州, 一井稅五夫." 如鄭此言, 上上出稅, 九倍多於下下. 鄭詩箋云 "井稅一夫, 其田百畝." 若上上一井稅一夫, 則下下九井乃出一夫, 稅太少矣. 若下下井稅一夫, 則上上全入官矣. 豈容輕重頓至是乎.

다만 홍수를 다스리고 나서 田地에 의거하여 그 10분의 1을 책임 지우되 토지의 비척에 따르는 것은, 위에서 토지의 소출에 따라 부과하고 아래에서 헌상하는 데에 본래 差降이 있어서이니, 곧 차등을 가지고 위에서 賦를 정하는 기준으로 삼은 것이다. 그러나 한 번 올리고 한 번 내리는 일은 항시 동일하게 할 수 없다. 冀州에서 스스로 제 2등급의 賦를 내는 것이 豫州와 같을 때에는 제 1등급의 賦를 내는 일이 없고, 豫州에서 冀州와 같이 제 1등급의 賦를 낼 때에는 제 2등급의 賦를 내는 일이 없다. 혹 이와 같이 하더라도 그런 일은 항시 할 수 없는 것이다. 鄭玄은 "賦의 차이는 1井에서 上上은 9夫의 稅를 내고 下下는 1夫의 稅를 내게 되는데, 통상적으로 九州에서 1井에 5夫의 稅를 낸다."라고 하였다. 鄭玄의 이 말과 같다면 上上이 내는 稅는 下下보다 9배나 많다. 鄭玄의 ≪詩箋≫에 "1井에 1夫의 稅를 내니, 그 田은 100畝이다."라고 하였다. 만일 上上의 경우 1井에 1夫의 稅를 낸다면 下下의 경우 9井에 1夫의 稅를 내는 것이니, 稅가 너무도 적다. 만일 下下는 井稅가 1夫라면 上上은 전부가 官으로 들어간 셈이다. 어찌 輕重이 갑자기 이 지경까지 될 수 있겠는가.

厥田은 惟中에 中이니라

田의 등급은 中에 中이다.

【傳】田之高下肥瘠이 九州之中에 爲第五라 ○ 中은 馬云 土地에 有高下肥瘠이라

田地의 高下・肥瘠이 九州의 田地 중에 제 5등급이다.
○ 中은 馬融이 "土地에 高下・肥瘠이 있는 것이다."라고 하였다.

【疏】傳'田之'至'第五' ○ 正義曰 : 鄭玄云 "田著高下之等者, 當爲水害備也." 則鄭謂地形高下爲九等也. 王肅云 "言其土地各有肥瘠." 則肅定其肥瘠以爲九等也. 如鄭之義, 高處地瘠, 出物旣少, 不得爲上. 如肅之義, 肥處地下, 水害所傷, 出物旣少, 不得爲上. 故孔云'高下肥瘠', 共相參對, 以爲九等. 上言'敷土', 此言'厥田', 田・土異者, 鄭玄云 "地當陰陽之中, 能吐生萬物者曰土. 據人功作力, 競得而田之, 則謂之田." 田・

土異名, 義當然也.

傳의 〔田之〕에서 〔第五〕까지

○ 正義曰 : 鄭玄은 "田에 高下의 등급을 붙인 것은 마땅히 수해를 대비해야 하기 때문이다."라고 하였으니, 鄭玄은 地形의 高下로 9등급을 만들었음을 이른 것이다. 王肅은 "그 土地에 각각 肥瘠이 있음을 말한 것이다."라고 하였으니, 王肅은 그 肥瘠을 정해서 9등급으로 만든 것이다. 鄭玄의 뜻풀이와 같다면 높은 곳은 땅이 척박하므로 곡물이 적게 나니 上이 될 수 없다. 王肅의 뜻풀이와 같다면 비옥한 곳은 지대가 낮아서 수해가 손상을 주므로 곡물이 적게 나니 上이 될 수 없다. 그러므로 孔安國은 '高下肥瘠'을 말하여 서로 참작하여 9등급으로 만든 것이다. 위에서는 '敷土'라 말하고 여기서는 '厥田'이라고 말하였는데, 田과 土의 다른 점에 대하여 鄭玄은 "땅이 陰陽 속에서 능히 만물을 토해내는 것은 '土'라 하고, 사람의 공력에 의거하여 힘써 다투어 농사짓는 것은 '田'이라 이른다."라고 하였으니, 田과 土가 이름이 다른 것은 뜻에 있어서 당연한 것이다.

恒衛既從이라 大陸既作하니라

恒水와 衛水가 이미 〈다스려져 예전〉 물길을 따르기 때문에 大陸이 이미 경작할 수 있게 되었다.

【傳】 二水已治하여 從其故道라 大陸之地가 已可耕作이라

〈恒水와 衛水〉 두 물이 이미 다스려져서 예전 물길을 따르기 때문에, 大陸의 땅이 이미 경작할 수 있게 되었다는 것이다.

【疏】 傳'二水'至'耕作' ○ 正義曰 : 二水汎溢漫流已治, 從其故道, 故今已可耕作也. 靑州'濰·淄其道', 與此'恒·衛既從', 同是從故道也. 荊州'雲土·夢作乂', 與此'大陸既作', 同是水治可耕作也. 其文不同, 史異辭耳, 無義例也. 壺口與雍州之山連文, 故傳言'壺口在冀州'. 此無所嫌, 故不言在冀州. 以下皆如此也. 地理志云 "恒水出常山上曲陽縣, 東入滱水, 衛水出常山靈壽縣, 東北入滹沱. 大陸在鉅鹿縣北." 釋地十藪云 "晉有大陸." 孫炎等皆云 "今鉅鹿縣北廣河澤也." 郭璞云 "廣河, 猶大陸, 以地名言之." 近爲是也. 春秋"魏獻子畋于大陸, 焚焉, 還, 卒于甯." 杜氏春秋說云 "嫌鉅鹿絶遠, 以爲汲郡修武縣吳澤也". 甯卽修武也. 然此二澤相去其遠. 所以得爲大陸者, 以爾雅"廣平曰陸.” 但廣而平者則名大陸, 故異所而同名焉. 然此二澤地形卑下, 得以廣平爲陸者, 澤雖卑下, 旁帶廣平之地, 故統名焉. 故大陸澤名廣河, 以旁近大陸故也.

傳의 〔二水〕에서 〔耕作〕까지

○ 正義曰 : 〈恒水와 衛水〉 두 물이 범람하여 질펀하게 흐르던 것이 이미 다스려져서 그 예전 물길을 따라 흐르기 때문에 지금은 이미 경작할 수 있게 되었다는 것이다. 靑州의 “濰水와 淄水가 예전 물길을 따른다.”라고 한 것과 여기의 “恒水와 衛水가 이미 예전 물길을 따른다.”라고 한 것은 모두 예전 물길을 따라 흐르는 것이다. 荊州의 “雲澤에서 흙이 나오고 夢澤이 다스려졌다.”라고 한 것과 여기의 “大陸이 벌써 농사를 짓게 되었다.”라고 한 것은 모두 홍수가 다스려져서 경작할 수 있다는 것이다. 그 문체가 같지 않은 것은 史官이 말을 다르게 했을 뿐 정해진 義例는 없다.

壺口山과 雍州의 山(梁山과 岐山)을 이어서 글을 이루었기 때문에 孔傳에서 “壺口山은 冀州에 있다.”라고 한 것이다. 여기서는 의심될 것이 없기 때문에 ‘冀州에 있다.’라고 말하지 않은 것이다. 이하에서도 모두 이와 같이 다루었다. ≪漢書≫ 〈地理志〉에 “恒水는 常山의 上曲陽縣에서 나와 동쪽으로 滱水에 들어가고, 衛水는 常山의 靈壽縣에서 나와 동북쪽으로 滹沱에 들어간다. 大陸은 鉅鹿縣 북쪽에 있다.”라고 하였다. ≪爾雅≫ 〈釋地〉의 十藪條에 “晉나라에는 大陸이 있었다.”라고 하였는데, 孫炎 등은 모두 “지금 鉅鹿縣 북쪽에 있는 廣河澤이다.”라 하고, 郭璞은 “廣河는 大陸과 같으므로 땅 이름을 가지고 말한 것이다.”라고 하였으니, 가장 근리한 말이다. ≪春秋≫ 定公 원년 조의 ≪左氏傳≫에 “魏나라 獻子가 大陸에서 사냥을 하다가 화상을 입고 돌아오는 도중에 甯 땅에서 죽었다.”라고 하였는데, 杜氏(杜預)의 ≪春秋說≫에 “鉅鹿縣이 너무 먼 것이 의심스러우니, 汲郡 修武縣의 吳澤으로 생각된다.”라고 하였으니, 甯이 곧 修武縣이다. 그러나 이 大陸澤과 吳澤은 서로의 거리가 너무도 멀다. 大陸이 될 수 있는 이유는 ≪爾雅≫에 “廣平한 곳을 陸이라 한다.”라고 했기 때문인데, 단지 광평하기만 하면 ‘大陸’이란 이름을 붙였으므로 장소는 달라도 이름은 같았던 것이다. 그러나 이 〈大陸澤과 吳澤〉 두 못은 지형이 낮은데도 광평하다고 해서 陸이라고 한 것이니, 못은 비록 낮지만 곁에 광평한 땅을 띠고 있기 때문에 통칭한 것이다. 그러므로 大陸澤을 廣河라고 이름하니, 곁으로 넓은 땅에 가까이 있기 때문이다.

島夷는 **皮服**이로다

島夷가 〈다시〉 皮服을 입었다.

【傳】 海曲을 謂之島라 居島之夷가 還服其皮는 明水害除라 ○ 島는 馬云 島夷는 北夷國이라

바다 굽이를 島라 이른다. 바다 굽이에 사는 오랑캐가 다시 그 皮服을 입었다는 것은 水害가 제거되었음을 밝힌 것이다.

○ 島는 馬融이 "島夷는 北夷의 나라이다."라고 하였다.

【疏】 傳'海曲'至'害除' ○ 正義曰：孔讀鳥爲島[1] 島是海中之山, 九章算術所云'海島邈絶, 不可踐量'是也. 傳云'海曲謂之島', 謂其海曲有山, 夷居其上. 此居島之夷, 常衣鳥獸之皮, 爲遭洪水, 衣食不足, 今還得衣其皮服, 以明水害除也. 鄭玄云 "鳥夷, 東方之民, 搏食鳥獸者也." 王肅云 "鳥夷, 東北夷國名也." 與孔不同.

1) 孔讀鳥爲島：淸代 臧琳은 "鄭玄과 王肅이 '鳥夷'로 적은 것으로 보아, 鄭本과 王本에는 모두 '鳥夷'로 되어 있음을 알 수 있다. 孔傳에서 비록 鳥를 島로 읽었지만 經의 글자는 고치지 않았다. 그러므로 正義本에도 '鳥'로 되어 있다. ≪史記≫ 〈夏本紀〉 冀州 조에는 '鳥夷'로 되어 있고, 揚州 조에는 '島夷'로 되어 있는데, 아마 裴駰의 ≪集解≫에서 孔傳을 채택했기 때문인지 후인이 결국 ≪漢書≫ 〈地理志〉의 冀州 조와 揚州 조에서 모두 '鳥夷'로 만들어버렸다."라고 하였다. ≪經義雜記≫

傳의 〔海曲〕에서 〔害除〕까지

○ 正義曰：孔安國은 '鳥'를 '島'로 읽었다. 島는 바다 가운데 있는 산이니, ≪九章算術≫에서 이른바 "海島는 워낙 멀어 〈현지를〉 답사해서 측량할 수 없다."라는 것이 이것이다. 孔傳에서 "바다 굽이를 島라 이른다."라고 한 것은 그 바다 굽이에 산이 있는데, 오랑캐가 그 주변에 살고 있음을 이른 것이다. 여기에서 섬에 사는 오랑캐는 항상 새와 짐승의 가죽으로 만든 옷을 입었는데, 홍수를 만나면 衣食이 부족해서 〈가죽옷을 입지 못했다가〉 지금 다시 그 가죽옷을 입게 되었다는 것은 수해가 제거되었음을 밝힌 것이다. 鄭玄은 "鳥夷는 東方의 백성으로서 새와 짐승을 잡아먹는 자들이다."라 하고, 王肅은 "鳥夷는 東北 오랑캐의 나라 이름이다."라고 하였으니, 孔傳과 같지 않다.

夾右碣石하여 入于河[1]하시다

1) 夾右碣石 入于河：孔傳에서는 禹가 홍수를 다스리는 경로로 보았고, 蔡傳에서는 貢賦가

冀州로 들어오는 경로로 보았다. 이하도 마찬가지다.

오른쪽으로 碣石을 끼고 黃河로 들어가셨다.

【傳】碣石은 海畔山이라 禹夾行此山之右하여 而入河逆上이라 此州는 帝都라 不說境界나 以餘州所至면 則可知라 先賦後田이 亦殊於餘州요 不言貢篚도 亦差於餘州라

碣石은 바닷가에 있는 산이다. 禹가 이 산의 오른쪽을 끼고 가다가 황하에 들어가서는 거슬러 올라갔다. 이 州(冀州)는 帝都인지라 境界를 말하지 않았으나 나머지 州에 이르는 곳을 가지고 보면 〈그 경계를〉 알 수 있다. 賦를 먼저 적고 田을 뒤에 적은 것이 또한 나머지 州들과 다른 점이다. 貢篚를 말하지 않은 것도 나머지 州들과 다른 점이다.

【疏】傳'碣石'至'餘州' ○正義曰：地理志碣石山在北平驪城縣西南, 是碣石爲海畔山也. 鄭云"戰國策碣石在九門縣, 今屬常山郡, 蓋別有碣石, 與此名同." 今驗九門無此山也." 下文'導河入于海', 傳云"入于渤海." 渤海之郡, 當以此海爲名. 計渤海北距碣石五百餘里, 河入海處, 遠在碣石之南, 禹行碣石, 不得入于河也. 蓋遠行通水之處, 北盡冀州之境, 然後南迴入河而逆上也. '夾右'者, 孔云"夾行此山之右." 則行碣石山西, 南行入河, 在碣石之右, 故云'夾右'也. 顧氏亦云"山西曰右." 鄭玄云"禹由碣石山西北行, 盡冀州之境, 還從山東南行入河." 鄭以北行則東爲右, 南行西爲右, 故夾山兩旁, 山常居右, 與孔異也. '梁州'傳云"浮東渡河而還帝都, 白所治也." 則入河逆上, 爲還都白所治也. 禹之治水, 必每州巡行, 度其形勢, 計其人功, 施設規模, 指授方略, 令人分布竝作, 還都白帝所治. 於時帝都近河, 故於每州之下, 皆言浮水達河, 記禹還都之道也. 冀・兗・徐・荊・豫・梁・雍州, 各自言河, 惟青・揚二州, 不言河耳. 兗州云"浮于濟・漯, 達于河." 故青州直云"達于濟." 徐州云"浮于淮・泗, 達于河." 故揚州云"達于淮・泗." 皆記禹入河之道也. 王肅云"凡每州之下, 說諸治水者, 禹功主於治水, 故詳記其所治之州, 往還所乘涉之水名." 肅雖不言還都白帝, 亦謂爲治水, 故浮水也. 鄭玄以爲"治水既畢, 更復行之, 觀地肥瘠, 定貢賦上下." 其意與孔異也. 八州皆言境界, 而此獨無, 故解之'此州帝都, 不說境界, 以餘州所至則可知'也. 兗州云'濟・河', 自東河以東也. 豫州云'荊・河', 自南河以南也. 雍州云'西河', 自西河以西也. 明東河之西, 西河之東, 南河之北, 是冀州之境也. 馬・鄭皆云"冀州不書其界者, 時帝都之, 使若廣大然." 文既局以州名, 復何以見其廣大, 是妄說也.

傳의〔碣石〕에서〔餘州〕까지

○ 正義曰 : ≪漢書≫ 〈地理志〉에는 碣石山이 北平 驪城縣 서남쪽에 있는 것으로 되어 있으니, 碣石山은 바닷가에 있는 산이다. 鄭玄은 "≪戰國策≫에는 碣石山이 九門縣에 있는 것으로 되어 있는데, 지금은 常山郡에 속해 있으니, 아마 별도로 碣石山이 있어 이와 이름이 같았던 모양이다."라고 하였으나, 지금 징험해보면 九門縣에는 이런 산이 없다.

下文에 '황하를 인도하여 바다로 들어가게 하였다.'라고 하였는데, 孔傳에서 "渤海로 들어가게 한 것이다."라고 하였다. 渤海郡은 응당 이 바다를 가지고 이름했을 것이다. 계산해보면 渤海郡은 북쪽으로 碣石山과의 거리가 500여 리이므로 황하가 바다로 들어가는 곳은 멀리 碣石山의 남쪽에 있었을 것이니, 禹가 碣石山에 갔다면 황하로 들어갈 수 없었을 것이다. 아마 멀리 가서 홍수를 통하게 한 곳은 북쪽으로 冀州의 지경을 다하고 난 다음에야 남쪽으로 돌아서 황하로 들어가 거슬러 올라갔을 것이다.

〔夾右〕 孔安國은 "이 산의 오른쪽을 끼고 갔다."라고 하였으니, 碣石山 서쪽으로 가다가 남쪽으로 가서 황하로 들어가는 길이 碣石山 오른쪽에 있었기 때문에 '夾右'라고 한 것이다. 顧氏 또한 "산 서쪽을 '오른쪽'이라 한다."라고 하였다. 鄭玄은 "禹가 碣石山 서북쪽을 경유하여 가서 冀州의 지경을 다 지나고는 도로 산 동남쪽을 따라 가다가 황하로 들어갔다."라고 하였다. 鄭玄은 북쪽으로 가면 동쪽이 오른쪽이 되고, 남쪽으로 가면 서쪽이 오른쪽이 되기 때문에 산의 양 곁을 끼더라도 산이 항상 오른쪽에 있으니 孔安國과 다른 점이다.

梁州의 傳에서 "〈渭水에 배를〉 띄워 동쪽으로 가서 河水를 건너 帝都로 돌아와 〈홍수를〉 다스리는 일을 아뢰었다."라고 하였으니, 황하로 들어가서 거슬러 올라간 것은 帝都로 돌아가 〈홍수를〉 다스린 일을 아뢰기 위해서였다. 禹가 홍수를 다스림은 반드시 매 州마다 순행하면서 그 형세를 헤아리고 그 인력을 계산하며 規模를 설시하고 方略을 가리켜주어 사람들로 하여금 분포해서 아울러 작업하도록 하고서 帝都로 돌아와 〈홍수를〉 다스린 일을 아뢰었다. 이때에 帝都가 황하에 가깝기 때문에 매 州마다의 아래에 모두 물에 〈배를〉 띄워 黃河에 도달함을 말하였으니, 禹가 帝都로 돌아오는 길을 기록한 것이다. 冀州 · 兗州 · 徐州 · 荊州 · 豫州 · 梁州 · 雍州에서는 각자 황하를 말하였고, 오직 青州 · 揚州 두 州에서만 황하를 말하지 않았을 뿐이다.

兗州에서 "濟水와 漯水에 〈배를〉 띄워 黃河에 도달하셨다."라고 말했기 때문에 青州에서는 단지 "濟水에 도달하셨다."라고만 말했을 뿐이고, 徐州에서 "淮水와 泗水에 〈배를〉 띄워 황하에 도달하셨다."라고 말했기 때문에 揚州에서는 "淮水와 泗水에 도달하셨다."라고 말했을 뿐이니, 모두 禹가 황하에 들어간 길을 기록한 것이다.

王肅은 "매 州마다의 아래에 홍수를 다스린 일을 말한 것은 禹의 功이 홍수를 다스린 데 주로 있었기 때문에 〈홍수를〉 다스린 州에서 왕래할 때에 〈배를〉 타고 건너던 물 이름을 자세히 기록한 것이다."라고 하였다. 王肅이 비록 帝都로 돌아와 帝舜에게 아뢴 점을 말하지 않았지만, 또한 홍수를 다스리기 위한 것이기 때문에 물에 〈배를〉 띄운 점을 말한 것이다. 鄭玄은 "홍수를 다스리는 일을 이미 마치고 다시 다니면서 땅의 비척을 살펴보고 貢賦의 上下를 정했다."라고 하였으니, 그 뜻이 孔安國과 다르다.

八州에서는 모두 경계를 말했으나 여기서만 유독 없기 때문에 "이 州(冀州)는 帝都인지라 경계를 말하지 않았으나 나머지 州에 이르는 곳을 가지고 보면 〈그 경계를〉 알 수 있다."라고 풀이한 것이다. 兗州에서 말한 濟水와 河水는 東河로부터 동쪽이고, 豫州에서 말한 荊水와 河水는 南河로부터 남쪽이고, 雍州에서 말한 '西河'는 西河로부터 서쪽이니, 東河의 서쪽, 西河의 동쪽, 南河의 북쪽이 冀州의 경계임을 밝힌 것이다. 馬融과 鄭玄은 모두 '冀州에서 그 경계를 쓰지 않은 것은 당시 帝舜이 여기에 도읍하여 광활하게 하려는 목적이었다."라고 하였으나, 문장이 이미 州의 이름을 가지고 국한을 하였는데 다시 무엇 때문에 광활하게 보이려고 하였겠는가. 이것은 망령된 말이다.

【疏】又解餘州先田後賦, 此州先賦後田, 亦如境界, 殊於餘州也. 言'殊'者, 當爲田賦以收穫爲差, 田以肥瘠爲等. 若田在賦上, 則賦宜從田, 田美則宜賦重, 無以見人功修否, 故令賦先於田,(也)[1] 以見賦由人功. 此州旣見此理, 餘州從而可知, 皆令賦在田下, 欲見賦從田出, 爲此故, 殊於餘州也. 鄭玄云 "此州入穀不貢." 下云 "五百里甸服." 傳云 "爲天子服治田." 是田入穀, 故不獻貢篚, 差異於餘州也. 甸服止方千里, 冀之北土, 境界甚遙, 遠都之國, 必有貢篚, 擧大略而言也.

1) (也) : 문의에 따라 衍字로 처리하였다.

또 나머지 州에서는 田을 먼저 적고 賦를 뒤에 적었는데, 이 州(冀州)에서는 賦를 먼저 적고 田을 뒤에 적은 것은 또한 경계와 같이 나머지 州와 달랐다는 식으로 풀이하였다.

'殊'라 말한 것은 당연히 田賦는 수확을 가지고 차등을 정하고 田은 비척을 가지고 등급을 정해야 된다는 것이다. 만일 田이 賦 위에 있다면 賦는 응당 田의 등급을 따라야 하니, 田이 비옥하면 의당 賦가 무겁게 매겨지기 마련이라, 인력이 들어가고 안 들어가는 것을 볼 수 없기 때문에 賦를 田보다 먼저 놓아서 賦는 인력으로 말미암아 정해진다는 점을 보이게 한 것이다. 이 州에서 이미 이러한 법리를 보였으므로 나머지 州는 따라서 알 수 있으니, 모두 賦를 田 아래에 놓아서 賦는 田의 소출에 따라 매겨지는 점을 보이려고 한 것이다. 이렇게 했기 때문에 나머지 州와 달랐다는 것이다.

鄭玄은 "이 州에서는 곡식을 납입하고 공물은 바치지 않았다."라고 하였다. 아래에서 "〈王城 밖 사방〉 500리는 甸服이다."라고 한 데 대한 孔傳에서 "天子를 위하여 농사짓는 지점"이라고 하였으니, 이 田地에서 곡식을 납입하기 때문에 貢篚를 헌상하지 않는 것이 나머지 州와 차이나는 점이다. 甸服은 사방 1,000리로 한정하지만, 冀의 북쪽 땅은 경계가 워낙 멀었으며, 帝都에서 멀리 떨어진 나라들에는 반드시 貢篚가 있었을 것이나 대략을 들어서 말했을 뿐이다.

濟河에 惟兗州라

濟水와 黃河 사이에 兗州가 자리 잡고 있다.

【傳】東南據濟하고 西北距河라

동남쪽으로는 濟水에 걸쳐있고, 서북쪽으로는 河水에 이른다.

【疏】'兗州' ○傳'東南'至'距河' ○正義曰：此下八州, 發首言山川者, 皆謂境界所及也. 據謂跨之, 距, 至也. 濟・河之間, 相去路近, 兗州之境, 跨濟而過, 東南越濟水, 西北至東河也. 李巡注爾雅解州名云"兩河間其氣淸, 性相近, 故曰冀, 冀, 近也. 濟・河間其氣專, 體性信謙, 故云兗, 兗, 信也. 淮・海間其氣寬舒, 稟性安徐, 故曰徐, 徐, 舒也. 江南其氣燥勁, 厥性輕揚, 故曰揚, 揚, 輕也. 荊州其氣燥剛, 稟性彊梁, 故曰荊, 荊, 强也. 河南其(性)〔氣〕[1]安舒, 厥性寬豫, 故曰豫, 豫, 舒也. 河西其氣蔽壅, 受性急凶, 故云雍, 雍, 壅也." 爾雅九州無梁・青, 故李巡不釋, 所言未必得其本也.

1) (性)〔氣〕: 저본에는 '性'자로 되어 있으나, 毛本에 의거하여 '氣'자로 바로잡았다.

經의 〔兗州〕

○傳의 〔東南〕에서 〔距河〕까지

○正義曰：이 아래 八州의 첫머리에서 山川을 말한 것은 모두 경계가 미쳐간 곳을 이른다. 據는 걸쳐있다는 말이고, 距는 이른다는 뜻이다. 濟水와 河水의 사이는 상거가 가깝기 때문에 兗州의 지경이 濟水를 걸터타고 지나가 동남쪽으로는 濟水를 넘고 서북쪽

으로는 東河에 이르렀다. 李巡이 ≪爾雅≫에 주를 달면서 州의 이름을 풀이하기를 "두 河水의 사이는 그 氣가 맑고 稟性이 서로 비슷하기 때문에 '冀'라고 하였으니, 冀는 近의 뜻이다. 濟水와 河水 사이는 그 氣가 전일하고 體性이 信謙하기 때문에 '兗'이라고 하였으니, 兗은 信의 뜻이다. 淮水와 바다 사이는 그 氣가 寬舒하고 稟性이 安徐하기 때문에 '徐'라고 하였으니, 徐는 舒의 뜻이다. 양자강 남쪽은 그 氣가 燥勁하고 그 稟性이 輕揚하기 때문에 '揚'이라고 하였으니, 揚은 輕의 뜻이다. 荊州는 그 氣가 燥剛하고 稟性이 彊梁하기 때문에 '荊'이라고 하였으니, 荊은 强의 뜻이다. 河南은 그 氣가 安舒하고 稟性이 寬豫하기 때문에 '豫'라고 하였으니, 豫는 舒의 뜻이다. 河西는 그 氣가 蔽壅하고 稟性이 急凶하기 때문에 '雍'이라고 하였으니, 雍은 壅의 뜻이다."라고 하였다. ≪爾雅≫의 '九州'에 梁州와 青州가 없기 때문에 李巡이 해석을 하지 않았으니, 그가 말한 바가 반드시 그 근본을 터득하지는 못했을 것이다.

九河既道하며

아홉 갈래의 黃河가 이미 예전의 물길을 회복하였으며,

【傳】河水分爲九道가 在此州界하니 平原以北이 是라 ○ 九河는 徒駭一이요 太史二요 馬頰三이요 覆釜四요 胡蘇五요 簡六이요 絜七이요 鉤盤八이요 鬲津九니 出爾雅라

황하의 물이 아홉 길로 나뉜 곳이 이 州(兗州)의 地界에 있으니, 平原 북쪽이 이곳이다.

○ 아홉 갈래의 황하는 徒駭가 하나요, 太史가 둘이요, 馬頰이 셋이요, 覆釜가 넷이요, 胡蘇가 다섯이요, 簡이 여섯이요, 絜이 일곱이요, 鉤盤이 여덟이요, 鬲津이 아홉이니, ≪爾雅≫에 나온다.

【疏】傳'河水'至'北是' ○ 正義曰：河自大陸之北, 敷爲九河, 謂大陸在冀州, 嫌九河亦在冀州, 故云'在此州界'也. 河從大陸東畔北行, 而東北入海. 冀州之東境, 至河之西畔, 水分大河, 東爲九道, 故知在兗州界, 平原以北是也. 釋水載九河之名云"徒駭・太史・馬頰・覆釜・胡蘇・簡・絜・鉤盤・鬲津." 李巡曰"徒駭, 禹疏九河, 以徒衆起, 故云'徒駭'. 太史, 禹大使徒衆通其水道, 故曰'太史'. 馬頰, 河勢上廣下狹, 狀如馬頰也. 覆釜, 水中多渚, 往往而處, 形如覆釜. 胡蘇, 其水下流, 故曰'胡蘇'. 胡, 下也. 蘇,流也. 簡, 大也, 河水深而大也. 絜, 言河水多山石, 治之苦絜. 絜, 苦也. 鉤盤, 言河水曲如鉤, 屈折如盤也. 鬲津, 河水狹小, 可鬲以爲津也." 孫炎曰 "徒駭, 禹疏九河, 用功雖廣, 衆懼不成, 故曰 '徒駭'. 胡蘇, 水流多散胡蘇然." 其餘同李巡. 郭璞云 "徒駭今在成平, 東光縣今有胡蘇亭." 覆釜之名 同李巡, 餘名皆云其義未詳. 計禹陳九河云, 復其故道, 則名應先有, 不宜徒駭・太史因禹立名, 此郭氏所以〔爲〕[1)]未詳也.

1) 〔爲〕: 문의에 의해 보충하였다.

傳의 〔河水〕에서 〔北是〕까지

○ 正義曰 : 황하가 大陸의 북쪽으로부터 나뉘어 九河가 되었지만, 大陸이 冀州에 있다고 한다면 九河 또한 冀州에 있다는 의심을 살까 싶었기 때문에 "이 州(兗州)의 경계에 있다."라고 한 것이다. 황하는 大陸의 동쪽 변두리로부터 북쪽으로 흘러가서 동북쪽으로 바다에 들어간다. 冀州의 동쪽 지경에서 황하의 서쪽 변두리에 이르러 물이 大河에서 갈라져 동쪽으로 아홉 길을 만들었기 때문에 兗州의 地界에 있으니, 平原 이북이 이것이란 점을 알았던 모양이다.

≪爾雅≫ 〈釋水〉에 아홉 갈래의 황하 이름이 실려 있는데, "徒駭・太史・馬頰・覆釜・胡蘇・簡・絜・鉤盤・鬲津"이다. 李巡이 말하기를 "徒駭는 禹가 아홉 갈래의 황하를 소통시킬 때 여러 사람의 힘을 이용해서 일으켰기 때문에 '徒駭'라고 한 것이다. 太史는 禹가 대대적으로 여러 사람을 시켜서 그 물길을 소통시켰기 때문에 '太史'라고 한 것이다. 馬頰은 河水의 형세가 위는 넓고 아래는 좁아서 형상이 마치 말〔馬〕의 볼과 같은 것이다. 覆釜는 물 가운데 작은 섬이 많아 이따금 놓인 형상이 마치 엎어놓은 가마솥과 같은 것이다. 胡蘇는 그 물이 아래로 흐르기 때문에 '胡蘇'라고 한 것이다. 胡는 下의 뜻이요, 蘇는 流의 뜻이다. 簡은 大의 뜻이니, 河水가 깊고 큰 것이다. 絜은 河水에 山石이 많아서 다스리기 힘듦을 말한 것이다. 絜은 苦의 뜻이다. 鉤盤은 河水가 마치 갈고리처럼 굽고 소반처럼 굴절된 점을 말한 것이다. 鬲津은 河水가 협소하여 막아서 나루를 만들 수 있는 것이다."라고 하였다. 孫炎은 "徒駭는 禹가 아홉 갈래의 황하를 소통시킬 때 힘은 많이 들였으나 여러 사람이 두려워해서 이루지 못했기 때문에 '徒駭'라고 한 것이다. 胡蘇는 물의 흐름이 이리저리 많이 흩어지는 것이다."라고 하였고, 그 나머지는 李巡과 같다. 郭璞은 "徒駭는 지금 成平에 있고, 東光縣에 지금 胡蘇亭이 있다."라고 하였으며, 覆釜의 이름은 李巡과 같고, 나머지 이름에 대해서는 모두 "그 뜻이 상세하지 못하다."라고 하였다. 禹가 아홉 갈래의 황하에 대해 진술할 때 "그 예전의 물길을 회복했다."

라고 한 것을 감안하면, 물 이름이 응당 먼저 있었을 것이고, 의당 徒駭와 太史가 禹로 인해서 命名되지는 않았을 것이니, 이것이 郭氏가 "상세하지 않다."고 한 이유이다.

【疏】 或九河雖舊有名, 至禹治水, 更別立名, 卽爾雅所云是也. 漢書溝洫志成帝時, 河隄都尉許商, 上書曰 "古記九河之名, 有徒駭・胡蘇・鬲津, 今見在成平・東光・鬲縣界中, 自鬲津以北至徒駭, 其間相去二百餘里." 是知九河所在, 徒駭最北, 鬲津最南. 蓋徒駭是河之本道, 東出分爲八枝也. 許商上言三河, 下言三縣, 則徒駭在成平, 胡蘇在東光, 鬲津在鬲縣, 其餘不復知也. 爾雅九河之次, 從北而南. 旣知三河之處, 則其餘六者, 太史・馬頰・覆釜在東光之北, 成平之南, 簡・絜・鉤盤在東光之南, 鬲縣之北也. 其河塡塞, 時有故道. 鄭玄云 "周時齊桓公塞之, 同爲一河. 今河間弓高以東, 至平原鬲津, 往往有其遺處." 春秋緯寶乾圖云 "移河爲界在齊呂, 塡閼八流以自廣." 鄭玄蓋據此文, 爲齊桓公塞之也. 言閼八流拓境, 則塞其東流八枝, 竝使歸於徒駭也.

혹 아홉 갈래의 황하가 비록 예전에 이름이 있었으나 禹가 홍수를 다스릴 때에 와서 다시 별도로 命名하였다면 곧 ≪爾雅≫에서 이른 것이 이것일 수 있다. ≪漢書≫ 〈溝洫志〉에 의하면 成帝 때에 河隄都尉 許商이 上書하기를 "옛날 아홉 갈래 황하의 이름을 기재한 데에 徒駭・胡蘇・鬲津이 있으니, 지금 보면 成平・東光・鬲縣의 경계 가운데 있습니다. 鬲津 이북으로부터 徒駭에 이르기까지 그 사이의 상거가 200여리입니다."라고 하였다. 이를 통하여 아홉 갈래 황하의 소재를 알 수 있으니, 徒駭가 가장 북쪽에 위치해 있고 鬲津이 가장 남쪽에 위치해있었다. 아마 徒駭는 바로 황하의 본길이고 동쪽으로 나가 나뉘어 여덟 갈래가 된 것 같다. 許商이 위에서 세 황하를 말하고 아래에서 세 고을을 말하였으니, 徒駭는 成平에 있고, 胡蘇는 東光에 있고, 鬲津은 鬲縣에 있으며, 그 나머지는 더 이상 알 수 없다.

≪爾雅≫에 있는 '아홉 갈래 황하'의 차례가 북쪽으로부터 남쪽으로 배열되어 있다. 세 황하의 소재지를 이미 알았으면 그 나머지 여섯 중에 太史・馬頰・覆釜는 東光의 북쪽, 成平의 남쪽에 있고, 簡・絜・鉤盤은 東光의 남쪽, 鬲縣의 북쪽에 있을 것이다. 황하가 막혔지만 당시 예전의 물길은 있었을 것이다.

鄭玄은 "周나라 시대에 齊 桓公이 막아서 모두 한 황하로 만들었다. 지금 河間 弓高縣 이동에서 平原 鬲津에 이르기까지 이따금 남아 있는 곳이 있다."라고 하였는데, ≪春秋緯≫ 〈寶乾圖〉에 "황하를 옮겨 경계를 만든 일이 齊呂에 있었으니, 八流를 막아 저절로 넓어지게 했다."라고 하였으니, 鄭玄이 아마 이 글에 의거하여 "齊 桓公이 막았다."라고 한 것 같다. "八流를 막아 지경을 개척했다."라고 말하였으니, 동쪽으로 흐르는 여덟 갈래를 막아 아울러 徒駭로 돌아가게 한 것이다.

雷夏旣澤하며 灉沮會同이로다

雷夏에 이미 물이 모였으며, 灉水와 沮水가 모여 함께 〈이 못으로〉 흘러들어간다.

【傳】 雷夏는 澤名이라 灉沮二水가 會同此澤이라

雷夏는 못 이름이다. 灉水와 沮水가 모여 이 못으로 함께 흘러들어간다.

【疏】 傳'雷夏'至'此澤' ○正義曰：洪水之時, 高原亦水, 澤不爲澤. '雷夏旣澤', 高地水盡, 此復爲澤也. 於澤之下, 言'灉·沮會同', 謂二水會合而同入此澤也. 地理志云"雷澤在濟陰城陽縣西北."

傳의 〔雷夏〕에서 〔此澤〕까지

○正義曰：홍수가 범람한 시대에는 高原도 물이 찼기 때문에 못은 못 구실을 하지 못하였다.

〔雷夏旣澤〕 높은 지대에 물이 다 빠지니, 이곳(雷夏)이 다시 못 구실을 하게 된 것이다. '澤'의 아래에 "灉水와 沮水가 모여 함께 〈이 못으로〉 흘러들어간다."라고 말한 것은 두 물이 모여 함께 이 못으로 들어감을 이른 것이다. ≪漢書≫ 〈地理志〉에 "雷澤은 濟陰 城陽縣 서북쪽에 있다."라고 하였다.

桑土旣蠶하니 是降丘宅土로다

뽕나무가 잘 자라는 곳에 이미 누에를 칠 수 있게 되었으니, 이에 사람들이 언덕에서 내려와 평지에 산다.

【傳】 地高曰丘라 大水去하니 民下丘하여 居平土하고 就桑蠶하니라

땅이 높은 데를 '丘'라 한다. 홍수가 물러가니, 백성들이 언덕을 내려와 평지에 살면서 뽕나무를 얻어 누에를 치게 되었다.

【疏】‘桑土’至‘宅土’ ○ 正義曰：宜桑之土，既得桑養蠶矣．洪水之時，民居丘(土)〔上〕[1]，於是得下丘陵，居平土矣．

1) (土)〔上〕: 저본에는 ‘土’로 되어 있으나, 四庫本에 의거하여 ‘上’으로 바로잡았다.

經의 〔桑土〕에서 〔宅土〕까지

○ 正義曰 : 뽕나무가 자라기 알맞은 땅에서 이미 뽕나무를 얻어 누에를 치게 되었다. 홍수가 범람했을 때에 백성들이 언덕 위에서 살다가 이제 丘陵에서 내려와 평지에 살게 되었다는 것이다.

【疏】 ○ 傳‘地高’至‘桑蠶’ ○ 正義曰：釋丘云“非人爲之丘.” 孫炎曰“地性自然也.” 是‘地高曰丘’也．‘降丘宅土’與‘既蠶’連文，知‘下丘，居平土，就桑蠶’也．計下丘居土，諸處皆然，獨於此州言之者，鄭玄云“此州寡於山，而夾(川)〔於〕[1]兩大流之間，遭洪水，其民尤困．水害既除，於是下丘居土，以其免於厄，尤喜，故記之.”

1) (川)〔於〕: 저본에는 ‘川’으로 되어 있으나, 四庫本과 “≪尙書纂傳≫에 ‘川’이 ‘於’로 되어 있다.”라고 한 阮元의 校勘記에 의거하여 바로잡았다.

○ 傳의 〔地高〕에서 〔桑蠶〕까지

○ 正義曰 : ≪爾雅≫ 〈釋丘〉에 “사람이 만든 언덕이 아니다.”라고 하였는데, 孫炎이 “地性은 자연한 것이다.”라고 하였으니, 이래서 ‘땅이 높은 데를 丘라 한다.’라고 한 것이다. ‘降丘宅土’가 ‘既蠶’과 連文하였기 때문에 “구릉을 내려와 평지에 살면서 뽕나무를 얻어 누에를 쳤다.”라는 점을 안 것이다. 생각하건대, 구릉에서 내려와 평지에 사는 것은 모든 곳이 다 그랬을 터인데, 유독 이 州(兗州)에서만 그 일을 말한 것은 鄭玄이 “이 州는 산이 적은데다 두 大流의 사이에 끼어서 홍수를 만나니, 그 백성들이 더욱 곤액을 당했다. 수해가 이미 제거되자 이에 〈백성들이〉 구릉에서 내려와 평지에 삶으로써 곤액을 면하여 더욱 기뻐했기 때문에 그 일을 기록한 것이다.”라고 하였다.

厥土는 黑墳이니

그 토질은 검고 부풀었으니,

【傳】 色黑而墳起라 ○ 墳은 韋昭云 起也라하고 馬云 有膏肥也라하니라

〈토질이〉 색깔은 검으면서 부풀어 일어난 것이다.

○ 墳에 대하여 韋昭는 "起(일어남)의 뜻이다."라 하고, 馬融은 "거름기가 있는 것이다."라고 하였다.

厥草는 **惟繇**(요)요 **厥木**은 **惟條**로다

풀은 무성하고 나무는 자란다.

【傳】 繇는 茂요 條는 長也라 ○ 繇는 馬云 抽也라

繇는 茂의 뜻이요, 條는 長의 뜻이다.
○ 繇는 馬融이 "抽의 뜻이다."라고 하였다.

【疏】 傳'繇茂 條長也' ○ 正義曰：繇是茂之貌, 條是長之體, 言草茂而木長也. 九州惟此州與徐·揚(三)〔二〕[1]州言草木者, 三州偏宜之也. 宜草木, 則地美矣. 而田非上者, 爲土下濕故也.

1) (三)〔二〕: 저본에는 '三'으로 되어 있으나, "≪尙書纂傳≫에는 '三'이 '二'로 되어 있으니, 옳다."라고 한 阮元의 校勘記에 의거하여 '二'로 바로잡았다.

傳의 〔繇茂 條長也〕
○ 正義曰：繇는 무성한 모습이고, 條는 자란 형체이니, 풀이 무성하고 나무가 자랐음을 말한 것이다. 九州 중에서 오직 이 州 및 徐州와 揚州 두 州에만 풀과 나무를 말한 것은 세 州가 유달리 〈풀과 나무가 잘 자라는 데에〉 알맞았기 때문이다. 풀과 나무가 〈잘 자라는 데에〉 알맞다면 토질이 비옥했을 터인데, 田이 上의 등급이 아닌 것은 땅이 낮고 습하기 때문이다.

厥田은 **惟中**에 **下**요

그 田의 등급은 中에 下요,

【傳】 田은 第六이라

田은 제 6등급이다.

厥賦는 **貞**[1]이로소니

1) 厥賦貞 : 蔡傳에서는 "貞은 正의 뜻이다. 兗州는 賦稅가 가장 박하니, 天下에 임금 노릇하는 이는 賦稅를 박하게 함을 正則으로 삼는다는 점을 말한 것이다.〔貞正也 兗賦最薄 言君天下者 以薄賦爲正也〕"라고 풀이하였다.

그 賦의 등급은 貞(正)이니,

【傳】 貞은 正也라 州第九니 賦正與九[1]相當이라

1) 九 : 阮元의 校勘記에 "古本에는 '九'字 아래에 '州'字가 있다."라고 하였다.

貞은 正의 뜻이다. 州가 제 9등급이니, 賦는 '正'으로서 9등급의 州와 서로 걸맞는 것이다.

【疏】 傳'貞正'至'相當' ○正義曰 : 周易彖·象, 皆以貞爲正也. 諸州賦無下下, 貞卽下下, 爲第九也. 此州治水最在後畢, 州爲第九成功, 其賦亦爲第九, 列賦於九州之差, 與第九州相當, 故變文爲貞, 見此意也.

傳의 〔貞正〕에서 〔相當〕까지

○ 正義曰 : ≪周易≫의 〈彖傳〉과 〈象傳〉에서 모두 貞을 正의 뜻이라고 하였다. 여러 州의 賦에는 下下가 없는데, 貞은 곧 下下로서 제 9등급이 된다. 이 州는 홍수를 다스리는 일이 가장 뒤에 끝났으니, 州가 9번째로 공을 이루었고, 그 賦 또한 제 9등급이 되므로, 賦를 九州의 차등에 배열하여 제 9등급의 州와 서로 걸맞게 했기 때문에 문체를 변경하여 '貞'이라고 해서 이러한 뜻을 보인 것이다.

作十有三載라사 乃同이로다

〈홍수를〉 다스린 지 13년 만에야 〈賦法을 두어 다른 州와〉 동등하게 하였다.

【傳】 治水十三年에 乃有賦法하여 與他州同[1]이라 ○載는 馬鄭本에 作年이라

1) 州第九 賦正與九相當……與他州同 : 蔡傳에서는 "〈13년을〉 先儒(孔疏)는 '禹가 홍수를 다스리는 데 걸린 햇수'라 하고, 또 이 州의 홍수를 다스리는 일이 가장 뒤에 끝나서 州가 아홉 번째로 공을 이루었다 하고, 따라서 上文의 '厥賦貞'이란 것에 대하여 '賦 또한 제 9등급으로서 州正(州의 9등급)과 서로 걸맞았다.'고 하였는데, 이는 자못 의의가 없는 것이라, 그 말이 옳지 않다.〔先儒 以爲禹治水所歷之年 且謂此州治水 最在後畢 州爲第九成功 因以上文厥賦貞者 謂賦亦第九 與州正爲相當 殊無意義 其說非是〕"라고 하였다. 禹의 治水에

관한 孔安國과 蔡沈의 견해에 대해서 조선시대 西溪 朴世堂(1629~1703)은 "朱子가 '禹의 홍수를 다스림은 먼저 낮은 곳으로부터 했다……'고 하였는데, 蔡傳은 이를 따랐다. 그 '旣載壺口'에 대한 孔傳에서 '禹가 홍수를 다스릴 때 공사를 하는 순서는 모두 下流로부터 시작하였다. 그러므로 冀州 다음은 兗州, 靑州…… 순이었으니, 兗州가 가장 지역이 낮았기 때문에 먼저 공사를 하였고, 〈雍州가 가장 지역이 높기 때문에〉 맨 뒤에 공사를 한 것이다.'라고 하였으니, 그 師說에서 얻은 지식이 이와 같았다. 그러나 단지 師說을 지킬 줄만 알고 어떻게 말해야 할 줄은 몰랐기 때문에 이와 같은 오류를 면치 못하고, 도리어 先儒를 그르다고 하였는데, 先儒의 말은 하나도 그른 점이 없다. 무릇 홍수를 다스려 그 공을 이루자면, 반드시 낮은 곳을 먼저하고 높은 곳을 뒤에 하며, 하류를 먼저하고 상류를 뒤에 하며, 물이 빠질 때에 가서 그 공을 거두려면, 또 반드시 높은 곳을 먼저하고 낮은 곳을 뒤에 하는 것이니, 이 일은 쉽게 알 수 있는 것이건만 蔡氏만이 생각지 못한 것이다."라고 하였다. ≪思辨錄≫

홍수를 다스린 지 13년 만에 賦法을 두어 다른 州와 동등하게 하였다.

○'載'는 馬本과 鄭本에 '年'으로 되어 있다.

【疏】 傳'治水'至'州同' ○正義曰：作者, 役功作務, 謂治水也. 治水十三年, 乃有賦法, 始得貢賦, 與他州同也. 他州十二年, 此州十三年, 比於他州最在後也. 堯典言鯀治水九載, 績用不成, 然後堯命得舜, 舜乃擧禹治水, 三載功成, 堯卽禪舜. 此言十三載者, 竝鯀九載數之. 祭法云"禹能修鯀之功." 明鯀已加功, 而禹因之也. 此言十三載者, 記其治水之年, 言其水害除耳, 非言十三年內皆是禹之治水施功也. 馬融曰"禹治水三年, 八州平, 故堯以爲功而禪舜." 是十(三)〔二〕[1]年而八州平, 十三年而兗州平, 兗州平在舜受終之年也.

1) (三)〔二〕: 저본에는 '三'으로 되어 있으나, "'三'은 마땅히 '二'가 되어야 한다. 閩本에도 '三'으로 되어 있다."라고 한 阮元의 校勘記에 의거하여 '二'로 바로잡았다.

傳의 〔治水〕에서 〔州同〕까지

○正義曰：作은 공사를 해서 홍수를 다스림을 이른다. 홍수를 다스린 지 13년 만에야 賦法를 두어 비로소 貢賦를 실행함을 다른 州와 동등하게 하였다는 것이다. 〈홍수를 다스린 일을〉 다른 州는 12년 동안 하였고, 이 州는 13년 동안 하였으니, 다른 州에 비하여 가장 뒤에 끝난 셈이다. 〈堯典〉에서 '鯀이 9년 동안 홍수를 다스렸으나 공을 이루지 못한 연후에야 堯임금이 명하여 舜을 얻었고, 舜은 禹를 기용하여 홍수를 다스려 3년 만에 공이 이루어졌으며, 堯임금이 곧 舜에게 禪位했다.'라고 말하였다. 그런데 여기서

말한 '13년'은 鯀의 9년을 아울러 계산한 것이다. ≪禮記≫ 〈祭法〉에 "禹는 능히 鯀의 공을 닦았다."라고 하였으니, 鯀이 이미 공을 베풀었고 禹가 그것을 따랐음을 밝힌 것이다. 여기서 말한 '13년'은 홍수를 다스린 햇수를 기록하여 수해가 제거됨을 말했을 뿐이고, 13년 간 모두 禹가 홍수를 다스려 공을 베풀었다고 말한 것은 아니다.

馬融은 "禹가 홍수를 다스린 지 3년 만에 八州가 평정되었기 때문에 堯임금이 공으로 여겨 舜에게 선위했다."라고 하였으니, 12년 만에 八州가 평정되고, 13년 만에 兗州가 평정된 것이다. 兗州의 평정은 舜이 帝位를 이어받은 해에 있었다.

厥貢은 **漆絲**요 **厥篚**는 **織文**이로다

그 貢物은 옻칠과 生絲요, 광주리에 담아서 바치는 폐백은 무늬 있는 직물이다.

【傳】 **地宜漆林**하고 **又宜桑蠶**이라 **織文**은 **錦綺之屬**이니 **盛之**(篚)〔筐〕[1)]**篚而貢焉**이라

1) (篚)〔筐〕: 저본에는 '篚'로 되어 있으나, "篚篚는 마땅히 '筐篚가 되어야 한다. 疏도 같다."라고 한 阮元의 校勘記에 의거하여 '筐'으로 바로잡았다. 아래도 같다.

토질이 漆林을 조성하기에 알맞고 또 뽕나무를 심어 누에를 치기에 알맞았다. 織文은 비단 등속이니 광주리에 담아서 공물로 바치는 것이다.

【疏】 傳'地宜'至'貢焉' ○ 正義曰：任土作貢, 此州貢漆, 知'地宜漆林'也. 周禮載師云'漆林之征', 故以漆林言之. 綺是織繒之有文者, 是綾錦之別名, 故云'錦綺之屬', 皆是織而有文者也. 篚是入貢之時, 盛在於篚, 故云 '盛之(篚)〔筐〕篚而貢焉.' 鄭玄云 "貢者百功之府受而藏之. 其實於篚者, 入於女功, 故以貢篚別之." 歷檢篚之所盛, 皆供衣服之用, 入於女功, 如鄭言矣. 檿絲中琴瑟之絃, 亦是女功所爲也. '織貝', 鄭玄以爲織如貝文, 傳謂'織爲細紵, 貝爲水物.' 則貝非服飾所須. 蓋恐其損缺, 故以筐篚盛之也. 諸州無'厥篚'者, 其諸州無入篚之物, 故不貢也. 漢世陳留襄邑縣置服官, 使制作衣服, 是兗州綾錦美也.

傳의 〔地宜〕에서 〔貢焉〕까지

○ 正義曰：토지의 소출에 따라 貢賦를 작성할 때 이 州는 漆을 바쳤기 때문에 '토질이 漆林을 조성하기에 알맞음'을 안 것이다. ≪周禮≫ 〈地官 司徒 載師〉에 "漆林에는 세금을 〈20분의 5를〉 부과한다."라고 했기 때문에 漆林을 가지고 말한 것이다. 綺는 무늬가

있게 비단을 짠 것인데, 綾錦의 별명이기 때문에 '비단 등속'이라고 하였으니, 모두 짜면서 무늬를 넣은 것이다. 篚는 공물을 바칠 때 광주리에 담기 때문에 "광주리에 담아서 공물로 바친다."라고 한 것이다.

鄭玄은 "공물로 바치는 것은 모든 수공으로 만든 물건을 관리하는 기관에서 받아서 보관한다. 광주리에 담는 것은 여자의 일에 들어가기 때문에 貢篚를 가지고 구별했다."라고 하였다. 광주리에 담은 것을 죽 검토해보면 모두 의복의 쓰임에 이바지한 것으로서 여자의 일에 들어가니, 鄭玄의 말과 같을 것이다.

'檿絲(산뽕나무 잎을 먹인 누에가 토해낸 실)'는 거문고와 비파의 줄로 쓰기에 적합한데, 역시 女功으로 만든 것이다.

'織貝'는 鄭玄이 "貝文처럼 짠 것이다."라 하고, 孔傳에서는 "織은 가는 모시이고, 貝는 물에서 나는 물건이다."라고 하였으니, 貝는 服飾에 필수적인 것이 아니다. 아마 손상될까 염려하였기 때문에 광주리에 담은 것이다. 여타의 州에는 '厥篚'란 것이 없으니, 여타의 州에는 광주리에 넣을 물건이 없었기 때문에 공물로 바치지 않았을 것이다. 漢나라 시대에 陳留郡 襄邑縣에 服官을 두어 衣服을 제작하게 하였으니, 이는 兗州 綾錦이 아름다웠기 때문이다.

浮于濟漯하여 達于河하시다

濟水와 漯水에 배를 띄워 黃河에 도달하셨다.

【傳】 順流曰浮라 濟漯은 兩水名이라 因水入水曰達이라

흐름을 따르는 것을 浮라 한다. 濟와 漯은 두 물 이름이다. 물길을 따라서 〈다른〉 물길로 들어가는 것을 達이라 한다.

【疏】 傳'順流'至'曰達' ○正義曰：地理志云"漯水出東郡東武陽縣, 至樂安千乘縣入海, 過郡三, 行千二十里." 其濟則下文具矣, 是'濟·漯爲二水名'也. 言'因水入水曰達', 當謂從水入水, 不須舍舟而陸行也. 揚州云"沿于江海, 達于淮泗." 傳云"沿江入海, 自海入淮, 自淮入泗." 是言水路相通, 得乘舟經[1)]達也. 案靑州云"浮于汶, 達于濟." 經言濟會于汶[2)], 浮汶則達濟也. 此云"浮于濟·漯, 達于河." 從漯入濟, 自濟入河. 徐州云"浮于淮泗, 達于河." 蓋以徐州北接靑州, 旣浮淮泗, 當浮汶入濟, 以達于河也.

1) 經 : 阮元의 校勘記에 "毛本에는 徑으로 되어 있다."라고 하였다.
2) 經言濟會于汶 : 經은 下文의 "또 동북쪽으로 汶水와 모여가지고〔又東北會于汶〕"를 가리킨다.

傳의 〔順流〕에서 〔曰達〕까지

○ 正義曰 : ≪漢書≫ 〈地理志〉에 "漯水는 東郡 東武陽縣에서 나와서 樂安 千乘縣에 이르러 바다로 들어가니, 3개 郡을 지나 1,020리를 흘러간다."라고 하였다. 濟水의 경우는 下文에 구비되었거니와 이 濟와 漯은 두 물 이름이다.

'因水入水曰達'이라고 말한 것은 당연히 물길을 따라 〈다른〉 물길로 들어가므로 배를 놓아두고 육지로 갈 필요가 없음을 이른다.

揚州에서는 "江과 바다의 물결을 따라서 淮水와 泗水에 도달하셨다."라고 하였는데, 孔傳에서 "江을 따라 바다로 들어가고, 바다로부터 淮水로 들어가고, 淮水로부터 泗水로 들어갔다."라고 하였으니, 이는 물길이 서로 통해있어서 배를 타고 도달할 수 있음을 말한 것이다. 살펴보면 靑州에서는 "汶水에 배를 띄워 濟水에 도달하셨다."라고 하였으니, 經文은 "濟水가 汶水에 모이니, 汶水에 배를 띄우면 濟水에 도달할 수 있음을 말한 것이다. 여기서 "濟水와 漯水에 배를 띄워 黃河에 도달하셨다."라고 한 것은 漯水를 따라 濟水로 들어가고 濟水로부터 黃河로 들어갔다는 것이다. 徐州에서는 "淮水와 泗水에 배를 띄워 黃河에 도달하셨다."라고 하였으니, 아마 徐州가 북쪽으로 靑州에 접해있기 때문에 이미 淮水와 泗水에 배를 띄웠다면 당연히 汶水에 배를 띄워 濟水로 들어가 黃河에 도달하였을 것이다.

海岱에 惟靑州라

바다와 岱山 사이에 靑州가 있다.

【傳】 東北據海하고 西南距岱라 ○ 岱는 泰山也라

동북쪽으로는 바다에 걸쳐있고, 서남쪽으로는 岱山에 이른다.
○ 岱는 泰山이다.

【疏】 '靑州' ○ 傳 '東北' 至 '距岱' ○ 正義曰 : 海非可越而言'據'者, 東萊東境之縣, 浮海入海曲之間, 靑州之境, 非至海畔而已, 故言'據'也. 漢末有公孫度者, 竊據遼東, 自號靑州刺史, 越海收東萊諸郡. 堯時靑州當越海而有遼東也. 舜爲十二州, 分靑州爲營州, 營州卽遼東也.

經의 〔靑州〕

○ 傳의 〔東北〕에서 〔距岱〕까지

○ 正義曰 : 바다는 넘어갈 수 있는 것이 아닌데 '據'라고 말한 것은, 東萊郡 동쪽 지경의 縣에서 바다에 배를 띄워 바다 굽이의 사이 靑州의 지경에만 들어가고, 바닷가에 이른 것은 아니기 때문에 據라고 말한 것이다. 漢나라 말기에 公孫度란 자가 있어 遼東을 훔쳐 웅거하여 靑州刺史라 자칭하면서 바다를 건너 東萊의 여러 郡을 거두었으니 堯임금 때의 靑州는 응당 바다를 건너 遼東을 소유하였을 것이다. 舜임금은 12州를 만들되 靑州를 나누어 營州를 만들었으니, 營州가 곧 遼東이다.

嵎夷旣略[1)]하니 濰淄其道로다

1) 略 : 蔡傳에서는 '經略'의 略으로 보았다.

嵎夷는 이미 다스림에 힘이 적게 들어갔는데, 濰水와 淄水가 예전 물길을 따랐다.

【傳】 嵎夷는 地名이라 用功少曰略이라 濰淄二水가 復其故道라

嵎夷는 땅 이름이다. 공을 적게 들인 것을 略이라 한다. 濰水와 淄水 두 물이 그 예전 물길을 회복하였다는 것이다.

【疏】 傳'嵎夷'至'故道' ○ 正義曰 : '嵎夷 地名', 卽堯典'宅嵎夷', 是也. 嵎夷・萊夷・和夷爲地名, 淮夷爲水名, '島夷'爲狄名, 皆觀文爲說也. 略是簡易之義, 故用功少爲略也. 地理志云 濰水出琅邪箕屋山, 北至都昌縣入海, 過郡三, 行五百二十里. 淄水出泰山萊蕪縣原山, 東北至千乘博昌縣入海.

傳의 〔嵎夷〕에서 〔故道〕까지

○ 正義曰 : 〔嵎夷 地名〕 곧 〈堯典〉의 "嵎夷에 거주하게 하셨다."라는 것이 이것이다. 嵎夷・萊夷・和夷는 땅 이름이고 淮夷는 물 이름이고 島夷는 오랑캐 이름이니, 모두 글을 살펴보아 설명한 것이었다.

〔略〕 簡易의 뜻이기 때문에 공을 적게 들인 것을 '略'이라 한 것이다.

≪漢書≫ 〈地理志〉에 "濰水는 琅邪郡 箕屋山에서 나와서 북쪽으로 都昌縣에 이르러 바다로 들어가는데, 3개 郡을 지나서 520리를 흘러간다. 淄水는 泰山郡 萊蕪縣 原山에

서 나와서 동북쪽으로 千乘郡 博昌縣에 이르러 바다로 들어간다."라고 하였다.

厥土는 白墳이요 海濱은 廣斥이로다

그 토질은 희고 부풀어 올랐으며, 바닷가는 넓고 염분이 많은 땅이다.

【傳】 濱은 涯也니 言復其斥鹵라 ○說文云 東方謂之斥이요 西方謂之鹵라하고 鄭云 斥은 謂地鹹鹵라하니라

濱은 涯의 뜻이니, 〈수해가 제거되어 흙의 성질이〉 그 斥鹵(염분이 많은 땅)를 회복한 것을 말한다.

○ ≪說文解字≫에는 "東方을 斥이라 이르고, 西方을 鹵라 이른다."라 하였고, 鄭玄은 "斥은 땅에 염분이 있음을 이른다."라고 하였다.

【疏】 傳'濱涯'至'斥鹵' ○正義曰:'濱 涯', 常訓也. 說文云"鹵, 鹹地也. 東方謂之斥, 西方謂之鹵." 海畔迥闊, 地皆斥鹵, 故云'廣斥'. 言水害除, 復舊性也.

傳의 〔濱涯〕에서 〔斥鹵〕까지

○ 正義曰:〔濱 涯〕 일반적인 해석이다. ≪說文解字≫에 "鹵는 염분이 있는 땅이다. 東方을 斥이라 이르고, 西方을 鹵라 이른다."라고 하였다. 바닷가는 넓고 땅이 모두 斥鹵하기 때문에 '넓고 염분이 많은 땅'이라고 한 것이다. 水害가 제거되어 예전의 土性을 회복하였음을 말한 것이다.

厥田은 惟上에 下요 厥賦는 中에 上이로다

그 田의 등급은 上에 下요, 그 賦의 등급은 中에 上이다.

【傳】 田은 第三이요 賦는 第四也라

田은 제 3등급이고, 賦는 제 4등급이다.

厥貢은 鹽絺요 海物은 惟錯이로다

그 貢物은 소금과 갈포요, 해물은 여러 가지를 섞어서 바친다.

【傳】 絺는 細葛이요 錯은 雜이니 非一種이라

絺는 가는 葛布요, 錯은 雜의 뜻이니, 한 종류가 아니다.

岱畎에 絲枲와 鉛松과 怪石이로다

岱山의 골짜기에서 나오는 것은 生絲와 모시와 주석과 소나무와 奇怪한 돌들이다.

【傳】 畎은 谷也라 怪는 異니 好石이 似玉者라 岱山之谷에 出此五物하니 皆貢之니라 ○ 怪石은 碔砆之屬이라

畎은 谷의 뜻이다. 怪는 異의 뜻이니, 좋은 돌이 玉과 같은 것이다. 岱山의 골짝에서 이 다섯 가지 물종이 나는데 모두 공물로 바친다.

○ 怪石은 碔砆의 등속이다.

【疏】 傳'畎谷'至'貢之' ○ 正義曰 : 釋水云 "水注川曰谿, 注谿曰谷." 谷是兩山之間流水之道. 畎言畎去水, 故言'谷'也. '怪石', 奇怪之石, 故云'好石似玉'也. '枲', 麻也. '鉛', 錫也. 岱山之谷, 有此五物, 美於他方所有, 故貢之也.

傳의 〔畎谷〕에서 〔貢之〕까지

○ 正義曰 : ≪爾雅≫ 〈釋水〉에 "물이 川으로 흘러가는 데를 谿라 하고, 谿로 흘러가는 데를 谷이라 한다."라고 하였다. 谷은 두 산 사이의 물이 흘러가는 길이다. 畎은 물이 제거된 밭도랑을 말하기 때문에 谷이라고 말한 것이다.

怪石은 奇怪한 돌이기 때문에 '좋은 돌이 玉과 같은 것이다.'라고 한 것이다. 枲는 삼이다. 鉛은 주석을 가리킨다. 岱山의 골짜기에 이와 같은 다섯 가지 물종이 있어, 다른 지방이 소유한 물종보다 아름답기 때문에 공물로 바친 것이다.

萊夷[1)]作牧하니

1) 萊夷 : 蔡傳에서는 萊山의 夷狄으로 보았다.

萊夷가 방목을 할 만하게 되었으니,

【傳】 萊夷는 地名[1)]이니 可以放牧이라 ○ 牧은 牧養之牧이라

1) 萊夷地名：四庫本 ≪尙書注疏≫의 〈考證〉에 臣 召南은 "孔傳에서 단지 지명이라고만 한 것은 잘못이다.〔孔傳但謂地名非也〕"라고 하였으니, '萊'는 지명, '夷'는 종족명으로 보아야 한다는 것 같다.

萊夷는 땅 이름이니, 放牧할 만하다.

○ 牧은 '牧養'의 牧이다.

厥篚는 檿絲로다

광주리에 담아서 바치는 폐백은 산뽕나무 잎을 먹여 키운 누에고치에서 켜낸 生絲이다.

【傳】 檿桑蠶絲니 中琴瑟弦也라 ○ 檿은 山桑也라

〈檿絲는〉 산뽕나무 잎을 먹여 키운 누에고치에서 켜낸 실이니, 거문고와 비파의 줄로 쓰기에 적합하다.

○ 檿은 산뽕나무이다.

【疏】 傳'檿桑'至'瑟弦' ○ 正義曰：釋木云"檿桑, 山桑." 郭璞曰"柘屬也." '檿絲', 是蠶食檿桑, 所得絲韌, 中琴瑟弦也.

傳의 〔檿桑〕에서 〔瑟弦〕까지

○ 正義曰：≪爾雅≫ 〈釋木〉에 "檿桑은 산뽕나무이다."라고 하였고, 郭璞은 "산뽕나무 등속이다."라고 하였으니, '檿絲'는 누에가 산뽕나무 잎을 먹고서 얻은 실인데 질겨서 거문고와 비파의 줄로 쓰기에 적합하다.

浮于汶하여 達于濟하시다

汶水에 배를 띄워 濟水에 도달하셨다.

【疏】 '浮于汶' ○ 正義曰：地理志云"汶水出泰山萊蕪縣原山, 西南入濟也."

經의 〔浮于汶〕

○ 正義曰：≪漢書≫ 〈地理志〉에 "汶水는 泰山郡 萊蕪縣 原山에서 나와서 서남쪽으로 濟水에 들어간다."라고 하였다.

海岱及淮에 **惟徐州**라

바다와 岱山과 淮水 사이에 徐州가 있다.

【傳】 東至海하고 北至岱하고 南及淮라

동쪽으로는 바다에 이르고 북쪽으로는 岱山에 이르고 남쪽으로는 淮水에 미쳤다.

淮沂其乂하고 **蒙羽其藝**라

淮水와 沂水가 이미 다스려지고, 蒙山과 羽山이 이미 식물을 심을 수 있게 되었다.

【傳】 二水已治하고 二山已可種藝라

두 물이 이미 다스려지고, 두 산이 이미 식물을 심을 수 있게 되었다는 것이다.

【疏】 '徐州' ○ 傳'二水'至'種藝' ○ 正義曰：'乂'訓治也, 故云'二水已治'. 地理志云 "沂水出泰山蓋縣臨樂子山, 南至下邳入泗, 過郡五, 行六百里." 淮出桐柏山, 發源遠矣. 於此州言之者, 淮水至此而大, 爲害尤甚, 喜得其治, 故於此記之. 地理志云 "蒙山在泰山蒙陰縣西南, 羽山在東海祝其縣南." 詩云 "藝之荏菽." 故藝爲種也.

經의 〔徐州〕

○ 傳의 〔二水〕에서 〔種藝〕까지

○ 正義曰：乂를 治의 뜻으로 풀이하였기 때문에 "두 물이 이미 다스려졌다."라고 한 것이다. ≪漢書≫ 〈地理志〉에 "沂水는 泰山郡 蓋縣 臨樂子山에서 나와서 남쪽으로 下邳에 이르러 泗水로 들어가는데, 5개 郡을 지나 600리를 흘러간다."라고 하였다. 淮水는 桐柏山에서 나오므로 發源이 매우 멀다. 그런데 이 州에서 〈淮水를〉 말한 것은 淮水가 여기에 이르러 커져서 수해가 더욱 심하였기 때문에 다스려지게 됨을 기뻐하였다. 그러므로 여기에 〈회수를〉 기록한 것이다. 〈地理志〉에 "蒙山은 泰山郡 蒙陰縣 서남쪽에 있고, 羽山은 東海郡 祝其縣 남쪽에 있다."라고 하였다. ≪詩經≫ 〈大雅 生民〉에 "콩을 심으니"라고 했기 때문에 藝를 種이라 한 것이다.

大野旣豬하니 **東原**이 **底**(지)**平**이로다

大野澤에 이미 물이 모이니, 東原이 공을 이루어 다스려졌다.

【傳】 大野는 澤名이요 水所停曰豬라 東原致功而平은 言可耕이라 ○ 馬云 水所停止深者曰豬라

大野는 못 이름이고, 물이 괴어 있는 곳을 豬라고 한다. 東原이 공을 이루어 다스려졌다는 것은 경작할 수 있음을 말한 것이다.

○ 馬融은 "물이 깊이 괴어 있는 곳을 豬라 한다."라고 하였다.

【疏】 傳'大野'至'可耕' ○ 正義曰：地理志云 "大野澤在山陽鉅野縣北." 鉅, 卽大也. 檀弓云 "汚其宮而豬焉." 又澤名孟豬, 停水處也, 故云 "水所停曰豬." 往前漫溢, 今得豬水爲澤也. '東原', 卽今之東平郡也. 致功而地平, 言其可耕也.

傳의 〔大野〕에서 〔可耕〕까지

○ 正義曰：≪漢書≫ 〈地理志〉에 "大野澤은 山陽郡 鉅野縣 북쪽에 있다."라고 하였다. 鉅는 곧 大의 뜻이다. ≪禮記≫ 〈檀弓 下〉에 "그 집터에 웅덩이를 파서 못을 만든 것이다."라 하였고, 또 못의 이름을 '孟豬'라고 하였으니, 물이 괴어 있는 곳이다. 그러므로 "물이 괴어 있는 곳을 豬라 한다."라고 한 것이다. 전번에는 홍수가 범람하였는데 이제는 물을 가두어 못을 만들게 되었다.

'東原'은 곧 지금의 東平郡이다. 공을 이루어 다스려졌다는 것은 경작할 수 있음을 말한 것이다.

厥土는 赤埴墳이니 草木은 漸包로다

그 토질은 붉으면서 차지고 부풀어 올랐으니, 초목이 점점 우북하게 난다.

【傳】 土黏曰埴이라 漸은 進長이요 包는 叢生이라 ○ 漸은 本又作蔪이니 草之相包裹也라 包는 字或作苞니 非叢生也라 馬云 相包裹也라

흙이 차진 것을 埴이라고 한다. 漸은 자라나가는 것이고, 包는 떨기로 난 것이다.

○ 漸은 어떤 본에는 또 蔪으로 되어 있으니, 풀이 서로 둘러싸는 것이다. 包는 글자가 혹 苞로 되어 있으니, 떨기로 난 것이 아니다. 馬融은 "서로 둘러싸는 것이다."라고 하였다.

【疏】傳'土黏'至'叢生' ○正義曰：戠(직)·埴, 音義同. 考工記用土爲瓦, 謂之摶埴之工. 是埴謂黏土, 故土黏曰埴. 易漸卦彖云"漸, 進也." 釋言云"苞, 稹也." 孫炎曰"物叢生曰苞, 齊人名曰稹." 郭璞曰"今人呼叢緻者爲稹." '漸苞', 謂長進叢生, 言其美也.

傳의 〔土黏〕에서 〔叢生〕까지

○正義曰：戠과 埴은 음과 뜻이 같다. ≪周禮≫ 〈考工記〉에서 흙을 이용해서 기와를 만드는 이를 '진흙을 짓이기는 기술자'라고 하였으니, 埴은 차진 흙을 이르기 때문에 흙이 차진 것을 埴이라 한다. ≪周易≫ 漸卦 〈彖傳〉에 "漸은 進의 뜻이다."라고 하였다. ≪爾雅≫ 〈釋言〉에 "苞는 稹의 뜻이다."라고 하였는데, 孫炎은 "식물이 우북하게 난 것을 苞라고 하며, 齊나라 사람은 稹이라고 지칭한다."라고 하였다. 郭璞은 "지금 사람은 우북하게 난 것을 稹이라 부른다."라고 하였다.

〔漸苞〕 무럭무럭 자라 우북하게 나는 것을 이르니, 그 아름다움을 말한 것이다.

厥田은 惟上에 中이요 厥賦는 中에 中이로다

그 田의 등급은 上에 中이고, 그 賦의 등급은 中에 中이다.

【傳】田은 第二요 賦는 第五라

田은 제 2등급이고 賦는 제 5등급이다.

厥貢은 惟土五色과

그 貢物은 오색의 흙과

【傳】王者는 封五色土爲社하고 建諸侯엔 則各割其方色土與之하여 使立社라 燾以黃土하고 苴以白茅하니 茅取其潔하고 黃取王者覆四方이라 ○燾는 覆也요 苴는 包裹也라

王者는 다섯 색깔의 흙을 봉해서 社를 만들고, 諸侯를 세울 때에는 각각 그 방위에 해당하는 색깔의 흙을 떼어 주어서 社를 세우게 하였다. 노란 흙으로 덮고 흰 띠로 싸니, 띠는 깨끗함을 취한 것이고, 노란색은 王者가 사방을 덮는다는 의미를 취한 것이다.

○燾는 覆(덮음)의 뜻이고, 苴는 包裹(포장)의 뜻이다.

【疏】傳'王者'至'四方' ○正義曰：傳解貢土之意, 王者封五色土以爲社, 若封建諸侯, 則各割其方色土與之, 使歸國立社. 其土燾以黃土. 燾, 覆也. 四方各依其方色, 皆以黃土覆之. 其割土與之時, 苴以白茅, 用白茅裹土與之. 必用白茅者, 取其絜淸也. 易稱"藉用白茅." 茅色白而絜美. 韓詩外傳云 "天子社廣五丈, 東方靑, 南方赤, 西方白, 北方黑, 上冒以黃土. 將封諸侯, 各取其方色土, 苴以白茅, 以爲社. 明有土謹敬絜淸也." 蔡邕獨斷云 "天子大社, 以五色土爲壇. 皇子封爲王者, 授之大社之土, 以所封之方色, 苴以白茅, 使之歸國以立社, 謂之茅社." 是必古書有此說, 故先儒之言皆同也.

傳의 〔王者〕에서 〔四方〕까지

○ 正義曰 : 孔傳에서 貢土의 뜻을 풀이하기를 "王者는 다섯 색깔의 흙을 봉해서 社를 만들고, 諸侯를 세울 때에는 각각 그 방위에 해당하는 색깔의 흙을 떼어 주어 그 나라에 돌아가서 社를 세우게 하였다. 그 흙은 노란 흙으로 덮었다."라고 하였다. 燾는 覆의 뜻이다. 사방은 각각 그 방위의 색깔을 따르되 모두 노란 흙으로 덮었다. 흙을 떼어 줄 때에 흰 띠로 쌌다는 것은 흰 띠로 흙을 싸서 주었다는 것이다. 반드시 흰 띠를 사용한 것은 그 정결함을 취한 것이다. ≪周易≫ 大過卦 初六爻辭에 '깔되 흰 띠를 사용함이니'라고 하였으니, 띠는 색깔이 희면서 깨끗하고 아름답기 때문이었다.

≪韓詩外傳≫에 "天子의 社는 너비가 5丈인데, 東方은 푸른 흙, 南方은 붉은 흙, 西方은 흰 흙, 北方은 검은 흙을 사용하고 위는 노란 흙으로 덮는다. 장차 諸侯를 봉하려 할 때에 각각 그 방위에 해당하는 색깔의 흙을 취하여 흰 띠로 싸가지고 가서 社를 만든다. 땅을 가진 이는 경건하고 청결해야 함을 밝힌 것이다."라고 하였다. 蔡邕의 ≪獨斷≫에 "天子는 大社인데 다섯 색깔의 흙을 가지고 壇을 만든다. 皇子를 봉하여 王으로 삼을 경우에는 大社의 흙을 주되, 봉할 곳의 방위에 해당하는 색깔의 흙을 흰 띠로 싸가지고 그 나라에 가서 社를 세우게 하였으니, 그를 '茅社'라 이른다."라고 하였으니, 이는 반드시 古書에 이런 말이 있기 때문에 先儒의 말이 모두 같은 것이다.

羽畎에 夏翟과 嶧陽에 孤桐과

羽山 골짝에서 나는 여름철 꿩과 嶧山 남쪽에서 우뚝 자라는 오동나무와

【傳】 夏翟의 翟은 雉名이라 羽中旌旄니 羽山之谷에 有之니라 孤는 特也라 嶧山之陽에 特生桐하니 中琴瑟이라

夏翟의 翟은 꿩 이름이다. 꿩의 깃털은 旌旄를 만들기에 알맞으니, 羽山의 골짝에 있

다. 孤는 特의 뜻이다. 嶧山의 남쪽에 오동나무가 우뚝 자라니 거문고와 비파를 만들기에 알맞다.

【疏】傳'夏翟'至'琴瑟' ○ 正義曰：釋鳥云 "翟, 山雉." 此言'夏翟', 則夏翟共爲雉名. 周禮立夏采之官, 取此名也. 周禮司常云 "全羽爲旞, 析羽爲旌." 用此羽爲之, 故云'羽中旌旄'也. 地理志云 "東海下邳縣西, 有葛嶧山." 卽此山也.

傳의 〔夏翟〕에서 〔琴瑟〕까지

○ 正義曰：≪爾雅≫ 〈釋鳥〉에 "翟은 산꿩이다."라고 하였다. 여기서 '夏翟'이라고 말하였으니 夏翟도 같은 꿩 이름이다. ≪周禮≫에 '夏采'란 관직을 둔 것은 이 이름을 취한 것이다. ≪周禮≫ 〈司常〉에 "온전한 깃털은 '旞'란 기를 만들고, 쪼갠 깃털은 '旌'이란 기를 만든다."라고 하였다. 이 깃털을 이용해서 만들기 때문에 "꿩의 깃털은 旌旄를 만들기에 알맞다."라고 한 것이다. ≪漢書≫ 〈地理志〉에 "東海郡 下邳縣 서쪽에 葛嶧山이 있다."라고 하였으니, 바로 이 산이다.

泗濱의 浮磬과 淮夷[1]의 蠙珠暨魚와

1) 淮夷：蔡傳에서는 '淮水의 夷民'으로 보았다.

泗水에서 나는 경쇠를 만들 수 있는 돌과 淮水와 夷水에서 생산되는 蠙珠와 물고기와

【傳】泗水涯水中見石하니 可以爲磬이라 蠙珠는 珠名이라 淮夷二水가 出蠙珠及美魚라 ○ 泗는 水名이라 淮夷는 鄭云 淮水之夷民也라하고 馬云 淮夷는 二水名이라하고 孔傳云 淮夷之水라하니 本亦有作淮夷二水也라 蠙은 字又作蚍니 韋昭는 蚌也라

泗水 가에 돌이 물 위로 드러나 있는데 경쇠를 만들 만하다. 蠙珠는 구슬 이름이다. 淮水와 夷水 두 물에서는 蠙珠와 아름다운 물고기가 나온다.

○ 泗는 물 이름이다. 淮夷에 대하여 鄭玄은 "淮水의 夷民이다."라 하고, 馬融은 "淮·夷는 두 물 이름이다."라 하고, 孔傳은 "淮·夷의 물이다."라고 하였으니, 어떤 本에 또한 淮·夷 두 물로 된 것이 있다. 蠙은 글자가 또 蚍로 되어 있으니, 韋昭는 '蚌이다.'라고 하였다.

【疏】傳'泗水'至'美魚' ○ 正義曰：泗水旁山而過，石爲泗水之涯，石在水旁，水中見石，似若水中浮然，此石可以爲磬，故謂之'浮磬'也. 貢石而言磬者，此石宜爲磬，猶如砥礪然也. 蠙是蚌之別名. 此蚌出珠，遂以蠙爲珠名. 蠙之與魚，皆是水物，而以淮夷冠之，知淮夷是二水之名. 淮卽四瀆之淮也. 夷蓋小水，後來竭涸，不復有其處耳. 王肅亦以淮夷爲水名. 鄭玄以爲"淮水之上夷民，獻此珠與魚也." 地理志"泗水出濟陰乘氏縣，東南至臨淮睢陵縣入淮，行千一百一十里也."

傳의 〔泗水〕에서 〔美魚〕까지

○ 正義曰：泗水가 산 곁으로 지나가 돌이 泗水 가가 되었다. 돌이 물가에 있어 물 속에 드러난 돌이 마치 물 위에 떠있는 것 같은데, 이 돌은 경쇠를 만들 수 있으므로 이를 '浮磬'이라 이른 것이다. 돌을 바치면서 '磬'이라 말한 것은 이 돌이 경쇠를 만들기에 적합하기가 마치 砥礪와 같기 때문이다.

蠙은 조개의 별명이다. 이 조개에서 진주가 나오기 때문에 결국 蠙을 '珠名'이라고 한 것이다. 蠙과 魚는 모두 물에서 나는 물건인데 '淮夷'를 위에 놓았으니, '淮夷'가 두 물의 이름임을 안 것이다. 淮는 곧 四瀆의 淮水이다. 夷는 아마 작은 물이었는데 뒤에 말라서 다시 그 곳이 없어진 것이다. 王肅도 淮夷를 물 이름이라고 하였다. 鄭玄은 "〈淮夷는〉 淮水 가에 사는 夷民인데, 이 진주와 물고기를 헌상했다."라고 하였다. ≪漢書≫〈地理志〉에 "泗水는 濟陰郡 乘氏縣에서 나와서 동남쪽으로 臨淮郡 睢陵縣에 이르러 淮水로 들어가는데, 1,110리를 흘러간다."라고 하였다.

厥篚는 玄纖縞로다

광주리에 담아서 바치는 폐백은 검은색의 가는 비단과 가는 명주이다.

【傳】玄은 黑繒이요 縞는 白繒이라 纖은 細也라 纖在中은 明二物皆當細라

玄은 검은 비단이고, 縞는 흰 비단이다. 纖은 細의 뜻이다. 纖이 〈玄자와 縞자의〉 가운데에 있는 것은 두 가지 물건이 모두 가늘어야 함을 밝힌 것이다.

【疏】傳'玄黑'至'當細' ○ 正義曰：篚之所盛，例是衣服之用，此單言'玄'，玄必有質. 玄是黑色之別名，故知玄是黑繒也. 史記稱高祖爲義帝發喪，諸侯皆縞素，是縞爲白繒也.

傳의 〔玄黑〕에서 〔當細〕까지

○ 正義曰 : 광주리에 담긴 것은 으레 의복 용품인데, 여기서 단독으로 '玄'만 말한 것은 검은색은 반드시 바탕이 있기 때문이다. 玄은 흑색의 별명이기 때문에 玄이 바로 검은 비단임을 안 것이다. ≪史記≫에서 高祖가 義帝를 위해 장례를 치르자, 諸侯가 모두 縞素 차림을 하였다고 칭하였으니, 이 縞가 흰 비단이다.

浮于淮泗하여 達于河하시다

淮水와 泗水에 배를 띄워 黃河에 도달하셨다.

○ 河는 說文作菏하고 云 水出山陽湖陵南이라

○ 河는 ≪說文解字≫에 菏로 되어 있고, "물이 山陽郡 湖陵縣 남쪽에서 나온다."라고 하였다.

淮海에 惟揚州라

淮水와 바다 사이에 揚州가 자리 잡고 있다.

【傳】 北(揚)〔據〕[1]淮하고 南距海라

1) (揚)〔據〕: 저본에는 '揚'으로 되어 있으나, "揚은 마땅히 據가 되어야 한다."라고 한 阮元의 校勘記에 의거하여 '據'로 바로잡았다.

북쪽으로는 淮水에 걸쳐있고 남쪽으로는 바다에 이르렀다.

彭蠡既豬하니 陽鳥攸居로다

彭蠡에 이미 물이 모이니 陽鳥(기러기)가 사는 곳이 되었다.

【傳】 彭蠡는 澤名이라 隨陽之鳥로 鴻雁之屬이니 冬月所居於此澤이라 ○ 蠡는 張勃吳錄云 今名洞庭湖라하니 案今在九江郡界라

彭蠡는 못 이름이다. 〈陽鳥는〉 陽氣를 따르는 새로 鴻雁의 등속이니, 겨울에 이 못에서 산다.

○ 蠡는 張勃의 ≪吳錄≫에 "지금의 이름은 洞庭湖이다."라고 하였는데, 상고해보면 지금 九江郡의 경계에 있다.

【疏】'揚州' ○ 傳'彭蠡'至'此澤' ○ 正義曰：彭蠡, 是江・漢合處, 下云"導漾水, 南入于江, 東匯爲彭蠡."是也. 日之行也, 夏至漸南, 冬至漸北. 鴻雁之屬, 九月而南, 正月而北, 左思蜀都賦所云"木落南翔, 氷泮北徂."是也. 日, 陽也. 此鳥南北與日進退, 隨陽之鳥, 故稱陽鳥. 冬月所居, 於此彭蠡之澤也.

經의〔揚州〕

○ 傳의〔彭蠡〕에서〔此澤〕까지

○ 正義曰：'彭蠡'는 江水와 漢水가 합쳐지는 곳이니, 아래에 "漾水를 인도하시어 남쪽으로 江水에 들어가게 하시며, 동쪽으로 꺾어져 돌아 모여서 彭蠡가 되게 하시며"라고 한 것이 이것이다. 해의 운행이 夏至에는 점점 남쪽으로 옮겨가고, 冬至에는 점점 북쪽으로 옮겨간다. 鴻雁의 등속은 9월에는 남쪽으로 옮겨가고 정월에는 북쪽으로 옮겨가니, 左思의 〈蜀都賦〉에 이른바 "나뭇잎이 떨어질 때에는 남쪽으로 날아가고 얼음이 얼 때에는 북쪽으로 간다."라고 한 것이 이것이다. 日은 陽의 뜻이다. 이 새(기러기)가 남쪽과 북쪽으로 가는 것을 해와 함께 進退하니, 陽氣를 따르는 새이기 때문에 '陽鳥'라고 일컬은 것이다. 겨울에 사는 곳은 그래서 彭蠡의 못이다.

三江이 旣入하니 震澤이 厎定이로다

三江이 이미 〈震澤으로〉 흘러들어가니, 홍수가 다스려져 震澤이 안정되었다.

【傳】震澤은 吳南大湖名이라 言三江已入하니 致定爲震澤이라 ○ 三江은 韋昭云 謂吳松江錢唐江〔浦陽江〕[1]也라하고 吳地記云 松江東北行七十里에 得三江口하고 東北入海爲婁江하고 東南入海爲東江하니 竝松江爲三江이라하니라 ○ 震澤은 吳都太湖라 厎는 致也라

1)〔浦陽江〕: 저본에는 없으나, "岳本에는 '也' 위에 '浦陽江' 3자가 있으니, 이는 잘못하여 빠진 것이다."라고 한 阮元의 校勘記에 의거하여 보충하였다.

震澤은 吳의 남쪽에 있는 大湖(太湖)의 이름이다. 三江이 이미 〈震澤으로〉 흘러들어가니 〈홍수가〉 다스려져 震澤이 안정되었다고 말한 것이다.

○ 三江에 대하여 韋昭는 "吳松江・錢唐江・浦陽江을 이른다."라고 하였고, ≪吳地記≫에 "松江이 동북으로 70리를 흘러가서 三江의 입구를 만나고 동북으로 바다에 들어가 婁江이 되고 동남으로 바다에 들어가 東江이 되니, 松江까지 아울러 三江이 된다."라고 하였다.

○ 震澤은 吳나라 도읍지의 太湖이다. 底는 致의 뜻이다.

【疏】 傳'震澤'至'震澤' ○ 正義曰：地理志云 "會稽吳縣, 故周泰伯所封國也. 具區[1]在西, 古文以爲震澤, 是'吳南大湖名'. 蓋縣治居澤之東北, 故孔傳言'南', 志言'西'. 大澤畜水, 南方名之曰湖. '三江旣入', 〔入〕[2]此湖也. 治水致功, (今)〔令〕[3]江入此澤, 故致定爲震澤也. 下傳云 "自彭蠡江分爲三, 入震澤, 遂爲北江而入海." 是孔意江從彭蠡而分爲三, 又共入震澤, 從震澤復分爲三, 乃入海. 鄭云 "三江分於彭蠡, 爲三孔東入海." 其意言'三江旣入', 入海耳, 不入震澤也. 又案周禮職方 "揚州藪曰具區, 浸曰五湖." 五湖卽震澤. 若如志云具區卽震澤, 則浸・藪爲一. 案餘州浸・藪皆異而揚州同者, 蓋揚州浸・藪同處, 論其水謂之浸, 指其澤謂之藪.

1) 具區：具區澤이니 곧 震澤을 가리킨다.
2) 〔入〕：저본에는 없으나, 盧文弨의 ≪群書拾補≫에 의거하여 '入'을 보충하였다.
3) (今)〔令〕：저본에는 '今'으로 되어 있으나, "毛本에는 '令'으로 되어 있다. 살펴보건대 고치는 것이 옳다."라고 한 阮元의 校勘記에 의거하여 '令'으로 바로잡았다.

傳의 〔震澤〕에서 〔震澤〕까지

○ 正義曰：≪漢書≫ 〈地理志〉에 "會稽郡 吳縣은 옛날 周나라 泰伯이 봉해진 나라이다. 具區澤이 서쪽에 있는데, 古文에서 '震澤'이라 했다."라고 하였으니, '吳의 남쪽에 있는 大湖(太湖)의 이름이다.'라는 것이다. 아마 縣의 治所가 震澤의 동북쪽에 자리 잡고 있었기 때문에 孔傳에서는 '남쪽'이라 말하고, 〈地理志〉에서는 '서쪽'이라 말한 모양이다. 큰 못이 물을 가두는 것을 남쪽 지방에서는 '湖'라고 지칭한다.

〔三江旣入〕이 太湖로 들어간 것이다. 홍수를 다스리는 것이 공을 이루어 三江으로 하여금 이 震澤에 들어가게 하였기 때문에 〈홍수가〉 다스려져 震澤이 안정된 것이다. 아래의 孔傳에서는 "彭蠡澤으로부터 江水가 나뉘어 셋으로 되고, 震澤에 들어가서 드디어 北江이 되어 바다로 들어간다."라고 하였으니, 孔安國은 江이 彭蠡澤으로부터 나뉘어 셋으로 된 다음, 또 함께 震澤으로 들어가고, 震澤으로부터 다시 나뉘어 셋으로 되어 바다로 들어간 것으로 여긴 것이다. 鄭玄은 "三江이 彭蠡澤에서 나뉘어 세 갈래가 되어서 동쪽으로 바다로 들어갔다."라고 하였으니, 그의 생각에 '三江이 이미 흘러들어가니'라고 말한 것은 바다로 들어갈 뿐, 震澤으로 들어가지 않은 것으로 여긴 것이다. 또 살펴보면 ≪周禮≫ 〈夏官 司馬 職方氏〉에 "揚州에서는 藪澤을 '具區'라 하고, 호수를 '五湖'라 한다."라고 하였으니, 五湖가 곧 震澤이다. 만일 〈地理志〉처럼 具區澤이 곧 震澤이

라고 한다면 호수와 藪澤이 하나가 된다.

살펴보면 여타의 州는 호수와 藪澤이 다 다른데, 揚州만이 같은 것은 아마 揚州는 호수와 수택이 같은 곳이어서, 그 물을 논하면 '浸'이라 이르고, 그 못을 가리키면 '藪'라 일렀던 모양이다.

篠簜이 旣敷하니

살대와 큰 대가 이미 퍼져 자라게 되었으니

【傳】篠는 竹箭이요 簜은 大竹이라 水去已布生이라 ○ 簜은 或作篡이라

篠는 竹箭이고 簜은 큰 대이다. 수해가 제거되자 벌써 퍼져서 자란 것이다.

○ 簜은 더러 篡으로 되어 있기도 하다.

【疏】傳'篠竹箭 簜大竹' ○ 正義曰：釋草云"篠, 竹箭." 郭璞云"別二名也." 又云"簜, 竹." 李巡曰"竹節相去一丈曰簜." 孫炎曰"竹闊節者曰簜." 郭璞云"竹別名." 是篠爲小竹, 簜爲大竹.

傳의〔篠竹箭 簜大竹〕

○ 正義曰：≪爾雅≫〈釋草〉에 "篠는 竹箭이다."라고 하였는데, 郭璞은 "〈篠와 簜은〉 두 이름을 구별한 것이다."라 하고, 또 "簜은 竹의 뜻이다."라고 하였으며, 李巡은 "대나무 마디의 간격이 1丈인 것을 簜이라 한다."라 하고, 孫炎은 "대나무의 마디를 簜이라 한다."라 하고, 郭璞은 "대나무의 별명이다."라 하였다. 篠는 작은 대나무이고, 簜은 큰 대나무이다.

厥草는 惟夭며 厥木은 惟喬요

그 풀은 여리게 자라며 나무는 높다랗게 자라고

【傳】少長曰夭라 喬는 高也라 ○ 夭는 馬云 長也라

조금 자란 것을 夭라 한다. 喬는 높다는 뜻이다.

○ 夭는 馬融이 "자란다는 뜻이다."라고 하였다.

【疏】 傳'少長曰夭 喬高也' ○ 正義曰：夭, 是少長之貌, 詩曰"桃之夭夭"是也. '喬 高', 釋詁文. 詩曰"南有喬木"是也.

傳의 〔少長曰夭 喬高也〕

○ 正義曰：夭는 조금 자란 모양이니, ≪詩經≫ 〈周南 桃夭〉에 "복숭아나무의 어리고 예쁨이여."라는 것이 이것이다.

〔喬 高〕 ≪爾雅≫ 〈釋詁〉의 글이다. ≪詩經≫ 〈周南 漢廣〉에 "남쪽에 喬木이 있다."라는 것이 이것이다.

厥土는 惟塗泥로다

그 토질은 젖은 진흙이다.

【傳】 地는 泉濕[1)]이라

1) 濕：阮元의 校勘記에 "古本에는 溼으로 되어 있다."라고 하였다.

땅은 축축하다.

厥田은 惟下에 下요 厥賦는 下에 〔上〕[1)]이로소니 上錯이로다

1) 〔上〕：저본에는 '上'이 없으나, "閩本에는 '上錯' 위에 다시 '上'자가 있다. 살펴보건대 보충하는 것이 옳다."라고 한 阮元의 校勘記에 의거하여 보충하였다.

그 田의 등급은 下에 下이고, 그 賦의 등급은 下에 上인데, 上의 등급을 섞어서 낸다.

【傳】 田은 第九요 賦는 第七이니 雜出第六이라

田은 제 9등급이고, 賦는 제 7등급인데, 제 6등급을 섞어서 낸다.

厥貢은 惟金三品과

그 貢物은 금속 세 가지와

【傳】 金銀銅也라

金과 銀과 銅이다.

【疏】傳'金銀銅也' ○ 正義曰 : '金'旣總名, 而云'三品', 黃金以下, 惟有白銀與銅耳, 故爲"金・銀・銅也." 釋器云 "黃金謂之璗, 其美者謂之鏐. 白金謂之銀, 其美者謂之鐐." 郭璞曰 "此皆道金銀之別名及其美者也. 鏐, 卽紫磨金也." 鄭玄以爲"金三品者, 銅三色也."

傳의 〔金銀銅也〕

○ 正義曰 : 金은 이미 총괄적인 명칭인데 '三品'이라 한 것은 黃金 이하에 오직 白銀과 銅이 있을 뿐이므로 "金과 銀과 銅이다."라고 한 것이다. ≪爾雅≫ 〈釋器〉에 "黃金을 '璗'이라 이르고 그 중에 아름다운 것을 '鏐'라 이른다. 白金을 '銀'이라 이르고 그 중에 아름다운 것을 '鐐'라 이른다."라고 하였다. 郭璞은 "이것은 모두 金과 銀의 별명 및 그 중의 아름다운 것을 이른다. 鏐는 곧 紫磨金이다."라고 하였다. 鄭玄은 "金三品이란 것은 銅의 세 가지 색깔이다."라고 하였다.

瑤琨篠簜과

瑤와 琨과 살대와 큰 대와

【傳】瑤琨은 皆美玉이라 ○ 琨은 美石也니 馬本作瑻이라

瑤와 琨은 모두 아름다운 玉이다.

○ 琨은 아름다운 돌이니, 馬本에는 '瑻'으로 되어 있다.

【疏】傳'瑤琨 皆美玉' ○ 正義曰 : 美石似玉者也. 玉・石其質相類, 美惡別名也. 王肅云 "瑤・琨, 美石次玉者也."

傳의 〔瑤琨 皆美玉〕

○ 正義曰 : 아름다운 돌로서 玉처럼 생긴 것이다. 옥과 돌은 그 質이 서로 비슷하니 좋고 나쁨으로 명칭을 달리한다. 王肅은 "瑤와 琨은 아름다운 돌로 玉 다음 가는 것이다."라고 하였다.

齒革羽毛와 惟木이로다

상아와 가죽과 깃털과 소꼬리털과 나무이다.

【傳】 齒는 (革)〔象〕[1]牙요 革은 犀皮요 羽는 鳥羽요 毛는 旄牛尾요 木은 楩梓豫章이라

1) (革)〔象〕: 저본에는 '革'으로 되어 있으나, 福建本・汲古閣本・武英殿本・薈要本에 의거하여 '象'으로 바로잡았다.

齒는 象牙요, 革은 犀皮요, 羽는 새의 깃이요, 毛는 기를 장식하는 소꼬리요, 木은 楩・梓・豫章이다.

【疏】 傳'齒象'至'豫章' ○正義曰：詩云"元龜象齒." 知齒是象牙也. 說文云"齒, 口斷骨也.", "牙, "牡齒也." 隱五年左傳云"齒牙骨角." 牙・齒小別, 統而名之, 齒亦牙也. 考工記"犀甲七屬, 兕甲六屬." 宣二年左傳云"犀兕尚多, 棄甲則那." 是甲之所用, 犀革爲上, 革之所美, 莫過於犀, 知革是犀皮也. 說文云"獸皮治去其毛爲革." 革與皮去毛爲異耳. 說文云"羽, 鳥長毛也." 知羽是鳥羽. 南方之鳥, 孔雀・翡翠之屬, 其羽可以爲飾, 故貢之也. 說文云"犛, 西南夷長旄牛也." 此犛牛之尾, 可爲旌旗之飾, 經傳通謂之旄. 牧誓云'右秉白旄', 詩云'建旐設旄', 皆謂此牛之尾, 故知毛是旄牛尾也. 直云'惟木', 不言木者, 故言'楩・輅・豫章'. 此三者, 是揚州美木, 故傳擧以言之, 所貢之木, 不止於此.

傳의 〔齒象〕에서 〔豫章〕까지

○ 正義曰：≪詩經≫ 〈魯頌 泮水〉에 "큰 거북과 코끼리의 이빨이다."라고 하였으니, 齒가 象牙임을 안 것이다. ≪說文解字≫에 "齒는 口斷骨이다.", "牙는 牡齒이다."라고 하였으며, ≪春秋≫ 隱公 5년 조의 ≪左氏傳≫에 "齒・牙・骨・角"이라고 하였으니, 牙와 齒가 약간 구별되나 통틀어서 이름하면 齒 또한 牙이다. ≪周禮≫ 〈冬官 考工記〉에 "물소가죽 갑옷은 〈札葉을〉 일곱 번 이어붙이고, 들소가죽 갑옷은 여섯 번 이어 붙인다."라고 하였으며, ≪春秋≫ 宣公 2년 조의 ≪左氏傳≫에 "물소와 들소가 아직 많으니 갑옷쯤이야 버린들 어떻겠는가."라고 하였으니, 이는 갑옷 만드는 재료 중에는 물소가죽이 최상이고, 가죽 중에 아름다운 것으로는 물소만한 것이 없으니, 革이 바로 물소가죽임을 안 것이다. ≪說文解字≫에 "짐승의 날가죽은 그 털을 제거하여 가죽을 만든다."라고 하였으니, 革과 皮는 털을 제거하는 것으로 차이점을 삼았을 뿐이다. ≪說文解字≫에 "羽는 새의 긴 털이다."라고 하였으니, 羽가 새의 깃털임을 안 것이다. 남쪽 지방의 새는 孔雀과 翡

翠 등속인데, 그 깃털이 장식할 만하기 때문에 공물로 바친 것이다. ≪說文解字≫에 "犛는 서남쪽 오랑캐 지방의 꼬리가 긴 소이다."라고 하였으니, 이 犛牛의 꼬리는 기의 장식으로 삼을 만한데, 經傳에서 통틀어서 '旄'라고 칭하였다.

≪書經≫ 〈牧誓〉에는 '오른손에는 흰 깃발〔白旄〕을 가지고서'라고 하였고, ≪詩經≫ 〈小雅 車攻〉에는 '旐란 깃발을 세우고 旄란 깃발을 설치하여'라고 하였으니, 모두 이 소의 꼬리를 이른 것이다. 그러므로 毛가 旄牛의 꼬리임을 안 것이다. 단지 '惟木'이라고만 하고 무슨 나무인지는 말하지 않았기 때문에 '楩・梓・豫章'을 말한 것이니, 이 세 가지는 揚州의 아름다운 나무이기 때문에 孔傳에서 이를 들어서 말한 것이지 공물로 바치는 나무가 이것뿐만은 아니다.

島夷는 卉服[1)]이로소니

1) 島夷卉服 : 蔡傳에서는 '섬의 오랑캐가 卉服을 바치는 것'으로 풀이하였다.

섬의 오랑캐는 卉服을 입고,

【傳】 南海島夷는 草服葛越이라

南海의 섬 오랑캐는 草服과 葛越을 입었다.

【疏】 傳'南海'至'葛越' ○ 正義曰 : 上傳'海曲謂之島', 知此'島夷'是南海島上之夷也. 釋草云 "卉, 草." 舍人曰 "凡百草一名卉." 知'卉服'是'草服葛越'也. 葛越, 南方布名, 用葛爲之. 左思吳都賦云 "蕉葛升越, 弱於羅紈."是也. 冀州云 '島夷皮服', 是夷自服皮, 皮非所貢也. 此言'島夷卉服', 亦非所貢也. 此與'萊夷作牧', 竝在貢篚之間, 古史立文不次也. 鄭玄云 "此州下濕, 故衣草服. 貢其服者, 以給天子之官." 與孔異也.

傳의 〔南海〕에서 〔葛越〕까지

○ 正義曰 : 위의 孔傳에서 "바다의 굽이를 섬이라 이른다."라고 하였으니, 여기의 '島夷'가 南海의 섬 오랑캐임을 안 것이다. ≪爾雅≫ 〈釋草〉에 "卉는 草의 뜻이다."라고 하였는데, 郭舍人이 "모든 풀을 일명 卉라 한다."라고 하였으니, '卉服'이 草服과 葛越임을 안 것이다. 葛越은 남쪽 지방의 베 이름인데 칡을 사용해서 만들었다. 左思의 〈吳都賦〉에 "蕉葛과 升越이 비단보다 보드랍다."라고 한 것이 이것이다. 冀州에서 말한 '島夷皮服'은 오랑캐가 스스로 가죽옷을 입은 것이지, 가죽을 공물로 바친 것은 아니다. 여기서 말

한 '島夷卉服'도 공물로 바친 것이 아니다. 이것이 '萊夷作牧(萊夷가 방목을 하게 되었다.)'과 함께 貢篚의 사이에 놓여있으니, 옛날의 史官이 立文한 것은 순서를 따르지 않은 것이다. 鄭玄은 "이 州는 지대가 下濕하기 때문에 草服을 입었다. 草服을 바치는 것은 天子의 관리에게 공급하기 위한 것이다."라고 하였으니, 孔傳과 〈해석이〉 다르다.

厥篚는 織貝요

광주리에 담아서 바치는 폐백은 가는 모시와 貝類이며,

【傳】 織은 細紵요 貝는 水物이라

織은 가는 모시이고, 貝는 물에서 나는 어물이다.

【疏】 傳'織細'至'水物' ○ 正義曰：傳以貝非織物, 而云'織貝', 則貝・織異物, 織是織而爲之, 揚州紵之所出, 此物又以篚盛之, 爲衣服之用, 知是'細紵', 謂細紵布也. 釋魚之篇, 貝有居陸居水, 此州下濕, 故云'水物'. 釋魚有"玄貝, 貽貝. 餘貾, 黃白文, 餘泉, 白黃文." 當貢此有文之貝, 以爲器物之飾也. 鄭玄云 "貝, 錦名. 詩云 '萋兮斐兮, 成是貝錦.' 凡爲織者先染其絲, 乃織之則文成矣. 禮記曰 '士不衣織.'" 與孔異也.

傳의 〔織細〕에서 〔水物〕까지

○ 正義曰：孔傳에서 貝는 織物이 아닌데 〈經에서〉 '織貝'라고 하였으니, 貝와 織은 분명 다른 물종인데, 織은 짜서 만드는 옷감이다. 揚州에서는 모시가 나는데 이 물건을 또 광주리에 담아 〈바치게 하여〉 의복의 용품으로 삼았기 때문에 '가는 모시'임을 안 것이니, 가는 모시로 짠 베를 이른다.

≪爾雅≫ 〈釋魚〉篇에 의하면 貝는 육지에서 사는 것도 있고 물에서 사는 것도 있으니, 이 州는 下濕하기 때문에 '水物'이라고 한 것이다. ≪爾雅≫ 〈釋魚〉에 "玄貝는 貽貝이다. 餘貾는 黃白 무늬를 띠고 餘泉은 白黃 무늬를 띤다."란 말이 있으니, 응당 이 무늬가 있는 貝를 바치게 하여 기물의 장식으로 삼은 것이다. 鄭玄은 "貝는 비단 이름이다. ≪詩經≫ 〈小雅 巷伯〉에 '빤짝빤짝 이 貝錦을 이루도다.'라고 하였으니, 직물을 짤 경우 먼저 그 실을 물들여서 짜면 무늬가 이루어지는 것이다. ≪禮記≫ 〈玉藻〉에 '士는 실을 물들여 짠 옷감으로 만든 옷을 입지 않는다.'고 했다."라고 하였으니, 孔傳과 〈해석이〉 다르다.

厥包는 橘柚니 錫貢이로다

싸서 보내는 것은 귤과 유자이니,〈바치라는 명령을〉내리면 바친다.

【傳】小曰橘이요 大曰柚라 其所包裹而致者는 錫命乃貢이니 言不常이라

작은 것은 橘, 큰 것은 柚라 한다. 싸서 보내는 것은〈바치라는〉명령을 내려야 바치니, 일정하게 바치는 물건이 아님을 말한 것이다.

【疏】傳'小曰'至'不常' ○正義曰：橘·柚二果, 其種本別, 以實相比, 則柚大橘小, 故云"小曰橘, 大曰柚." 猶詩傳云"大曰鴻, 小曰雁." 亦別種也. 此物必須裹送, 故云'其所包裹'而送之. 以須之有時, 故待錫命乃貢, 言不常也. 文在篚下, 以不常故耳. 荊州'納錫大龜', 豫州'錫貢磬錯', 皆爲非常, 竝在篚下. 荊州言'包', 傳云'橘柚'也. 文在篚上者, 荊州橘柚爲善, 以其常貢. 此州則不常也. 王肅云"橘與柚, 錫其命而後貢之, 不常入, 當繼荊州乏無也." 鄭云"有錫則貢之, 此州有錫而貢之, 或時無, 則不貢. 錫, 所以柔金也. 周禮考工記云'攻金之工, 掌執金錫之齊'故也."

傳의〔小曰〕에서〔不常〕까지

○正義曰：橘과 유자 두 과일은 그 종류가 본래 다르지만 과실을 서로 비교하면 유자는 크고 귤은 작기 때문에 "작은 것은 橘이라 하고, 큰 것은 柚라 한다."라고 하였다. ≪詩經≫ 毛傳에서 "〈기러기 가운데〉큰 것은 鴻이라 하고 작은 것은 雁이라 한다."라고 함과 같으니, 또한 別種이다. 이 물건은 반드시 싸서 보내야 하기 때문에 싸서 보내는 것이다.〈그 물건은〉쓸 때가 있기 때문에〈바치라는〉명령을 기다려서 바치는 것이니, 일정하게 바치는 물건이 아님을 말한 것이다.

이에 관한 글을 '篚' 아래에 적어놓은 것은 일정하게 바치는 것이 아니기 때문이다. 荊州에서 "큰 거북은 바치라는 명령이 있을 때에만 바친다."라 하고, 豫州에서 "경쇠를 연마하는 숫돌은 바치라는 명령이 있을 때에만 바친다."라고 한 것은 모두 일정한 것이 아니기 때문에 아울러 '篚' 아래에 기록해 놓은 것이다. 荊州에서는 '包'를 말하였기 때문에 孔傳에서 "橘과 柚子이다."라고 한 것이다. 이에 관한 글을 '篚' 위에 적어놓은 것은 荊州의 橘과 柚子가 뛰어나서 그것을 일정하게 바쳤기 때문이다. 그러나 이 州의 경우는 일정한 것이 아니었다.

王肅은 "橘과 柚子는〈바치라는〉명령을 내린 뒤에 바치므로 일상적으로 납입하지 않

고, 마땅히 荊州에 부족하거나 없을 때 이어서 〈납입〉한다."라고 하였고, 鄭玄은 "주석이 있으면 바치는 것이다. 이 州에 주석이 있으면 바치고, 혹 적시에 없으면 바치지 않는 것이다. 주석은 쇠를 부드럽게 하기 위한 재료이다. ≪周禮≫ 〈考工記〉에 '쇠를 다루는 기술자가 쇠와 주석을 배합하는 일을 관장했다.'고 하였기 때문이다."라고 하였다.

沿于江海하여 達于淮泗하시다

江과 바다의 물결을 따라서 淮水와 泗水에 도달하셨다.

【傳】 順流而下曰沿이라 沿江入海하고 自海入淮하고 自淮入泗라 ○ 沿은 鄭本作松하니 松當爲沿이요 馬本作均하니 云均은 平이라하니라

흐르는 물을 따라 내려가는 것을 沿이라 한다. 江을 따라 바다로 들어가고, 바다로부터 淮水로 들어가고, 淮水로부터 泗水로 들어간 것이다.

○ 沿은 鄭本에 松으로 되어 있으니, 松은 응당 沿이 되어야 한다. 馬本에는 均으로 되어 있으니, "均은 平의 뜻이다."라고 하였다.

【疏】 傳'順流'至'入泗' ○ 正義曰：文十年左傳云 "沿漢泝江." 泝是逆, 沿是順, 故順流而下曰沿. '沿江入海', 順也. '自海入淮 自淮入泗', 逆也.

傳의 〔順流〕에서 〔入泗〕까지

○ 正義曰：≪春秋≫ 文公 10년 조의 ≪左氏傳≫에 "漢水를 따라 내려가고 江水를 거슬러 올라갔다."라고 하였으니, 泝는 逆의 뜻이요, 沿은 順의 뜻이기 때문에 흐르는 물을 따라 내려가는 것을 沿이라 한 것이다.

〔沿江入海〕 따라서 가는 것이다.

〔自海入淮 自淮入泗〕 거슬러서 가는 것이다.

荊及衡陽에 惟荊州라

荊山과 衡山 남쪽 사이에 荊州가 있다.

【傳】 北據荊山하고 南及衡山之陽이라

북쪽으로는 荊山에 걸쳐있고 남쪽으로는 衡山의 남쪽에 이른다.

【疏】'荊州' ○ 傳 '北據'至'之陽' ○ 正義曰：此州北界至荊山之北，故言'據'也. '南及衡山之陽'，其境過衡山也. 以衡是大山，其南無復有名山大川可以爲記，故言'陽'見其南至山南也.

經의 〔荊州〕

○ 傳의 〔北據〕에서 〔之陽〕까지

○ 正義曰：이 州의 북쪽 경계가 荊山의 북쪽까지 이르기 때문에 '據'라고 말한 것이다. 〔南及衡山之陽〕 그 경계가 衡山을 지나간 것이다. 衡山이 큰 산이고, 그 남쪽에 다시 기록할 만한 名山과 大川이 없기 때문에 '陽'을 말하여 그 남쪽으로 衡山의 남쪽까지 이름을 보인 것이다.

江漢이 朝宗于海하며

〈제후가 천자에게 조회하듯〉 江水와 漢水가 바다로 흘러들어가며,

【傳】二水經此州而入海가 有似於朝라 百川以海爲宗이니 宗은 尊也라

江水와 漢水가 이 州를 거쳐서 바다로 들어가는 모습이 마치 조회하러 가는 것과 같은 것이다. 모든 하천은 바다를 宗으로 삼으니, 宗은 尊의 뜻이다.

【疏】傳'二水'至'宗尊也' ○ 正義曰：周禮大宗伯諸侯見天子之禮，"春見曰朝，夏見曰宗." 鄭云 "朝，猶朝也，欲其來之早也. 宗，尊也，欲其尊王也." '朝宗'，是人事之名，水無性識，非有此義. 以海水大而江・漢小，以小就大，似諸侯歸於天子，假人事而言之也. 詩云 "沔彼流水，朝宗於海." 毛傳云 "水猶有所朝宗." '朝宗'，是假人事而言水也. 老子云 "滄海所以能爲百谷王者，以其下之."[1] 是百川以海爲宗. 鄭云 "江水・漢水其流遄疾，又合爲一，共赴海也. 猶諸侯之同心尊天子而朝事之. 荊楚之域，國有道則後服，國無道則先彊，故記其水之義，以著人臣之禮.

1) 滄海……以其下之：≪老子≫에는 "江海所以能爲百谷王者 以其善下之"로 되어 있다.

傳의 〔二水〕에서 〔宗尊也〕까지

○ 正義曰：≪周禮≫ 〈大宗伯〉에서 諸侯가 天子를 뵙는 禮에 대하여 "봄에 뵙는 것을 '朝'라 하고 여름에 뵙는 것을 '宗'이라 한다."라고 하였다. 鄭玄은 "朝는 朝(아침)와 같으니, 제후들이 일찍 오도록 하려는 뜻에서이다. 宗은 尊의 뜻이니, 그들이 王을 높이도록

하려는 뜻에서이다."라고 하였다. '朝宗'은 인간의 일을 이르는 명칭인데 물은 性識이 없으니 이런 뜻이 있는 것은 아니다. 海水는 크고 江水와 漢水는 작기 때문에 작은 물이 큰 물로 가는 것이 마치 諸侯가 天子에게 가는 것과 같으므로 인간의 일을 빌어서 말한 것이다.

≪詩經≫ 〈小雅 沔水〉에 "도도히 흐르는 저 물이 바다에 朝宗하듯 하도다."라고 하였는데, 毛傳에서 "물에 朝宗하는 바가 있는 것 같다."라고 하였으니, '朝宗'은 인간의 일을 빌려서 물을 말한 것이다. ≪老子≫ 66장에 "滄海가 모든 골짝의 왕이 될 수 있는 것은 낮은 곳에 처했기 때문이다."라고 하였으니, 모든 하천은 바다를 종으로 삼는다. 鄭玄은 "江水와 漢水는 그 흐름이 빠르고 또 합해져 하나가 되어 함께 바다로 달려가니, 마치 제후들이 마음을 같이하여 천자를 존중해서 조종으로 섬기는 것과 같다. 荊楚의 지역은 나라에 道가 있으면 〈비교적〉 늦게 복종하고 나라에 道가 없으면 먼저 强梁하기 때문에 물의 뜻을 기록하여 人臣의 禮를 나타낸 것이다."라고 하였다.

九江이 孔殷이로다

九江의 물길이 매우 바르게 흘렀다.

【傳】 江於此州界에 分爲九道하니 甚得地勢之中이라 ○ 九江은 潯陽地記云 一曰烏白江이요 二曰蚌江이요 三曰烏江이요 四曰嘉靡江이요 五曰畎江이요 六曰源江이요 七曰(累)〔廩〕[1]江이요 八曰提江이요 九曰箘江이라하고 張須元緣江圖云 一曰三里江이요 二曰五州江이요 三曰嘉靡江이요 四曰烏土江이요 五曰白蚌江이요 六曰白烏江이요 七曰箘江이요 八曰沙提江이요 九曰廩江이라 參差隨水長短이 或百里요 或五十里니 始於鄂陵하여 終於江口하고 會于桑落洲라하고 太康地記曰 九江은 劉歆以爲湖漢九水가 入彭蠡澤也라하니라

1) (累)〔廩〕: 저본에는 '累'로 되어 있으나, 福建本・汲古閣本・武英殿本・薈要本에 의거하여 '廩'으로 바로잡았다.

江이 이 州의 地界에서 나뉘어 아홉 길을 이루었으니, 매우 地勢의 적중함을 얻은 것이다.

○ 九江에 대하여 ≪潯陽地記≫에서는 "첫째는 烏白江, 둘째는 蚌江, 셋째는 烏江, 넷째는 嘉靡江, 다섯째는 畎江, 여섯째는 源江, 일곱째는 廩江, 여덟째는 提江, 아홉째는 箘江이다."라 하고, 張須元의 ≪緣江圖≫에서는 "첫째는 三里江, 둘째는 五州江, 셋째는

嘉靡江, 넷째는 烏土江, 다섯째는 白蚌江, 여섯째는 白烏江, 일곱째는 箘江, 여덟째는 沙提江, 아홉째는 廩江이다. 들쑥날쑥 물을 따라 이루어진 강들의 길이가 혹은 100리, 혹은 50리가 되는데, 鄂陵에서 시작하여 江口에서 끝나고, 桑落洲에서 모인다."라 하고, ≪太康地記≫에서는 "九江은 劉歆이 '湖漢 아홉 가닥의 물이 彭蠡澤으로 들어가는 것이다.'라고 했다." 하였다.

【疏】傳'江於'至'之中' ○正義曰：傳以江是此水大名, 九江謂大江分而爲九, 猶大河分爲九河, 故言'江於此州之界, 分爲九道'. 訓孔爲甚, 殷爲中, 言'甚得地勢之中'也. 鄭云"殷, 猶多也. 九江從山谿所出, 其孔衆多, 言治之難也. 地理志九江在今廬江潯陽縣南, 皆東合爲大江." 如鄭此意, 九江各自別源, 其源非大江也, 下流合於大江耳. 然則江以南水無大小, 俗人皆呼爲江, 或從江分出, 或從外合來, 故孔・鄭各爲別解. 應劭注地理志云"江自潯陽分爲九道." 符於孔說, 潯陽記有九江之名"一曰烏江, 二曰蚌江, 三曰烏白江, 四曰嘉靡江, 五曰畎江, 六曰源江, 七曰廩江, 八曰提江, 九曰箘江." 雖名起近代, 義或當然.

傳의 〔江於〕에서 〔之中〕까지

○正義曰：孔傳에서는 江을 이 물의 큰 이름으로 보았다. 九江은 大江이 나뉘어 아홉 가닥이 된 것을 이르니, 마치 大河가 나뉘어 九河가 된 것과 같기 때문에 '江이 이 州의 地界에서 나뉘어 아홉 길을 이루었다.'고 말한 것이다. 孔을 甚의 뜻으로, 殷을 中의 뜻으로 여기고서 '매우 地勢의 적중함을 얻었다.'라고 말한 것이다. 鄭玄은 "殷은 多와 같은 뜻이다. 九江은 山谿를 따라 나온 것이라 그 구멍이 많다는 뜻이니, 물을 다스리기 어려운 점을 말한 것이다. ≪漢書≫〈地理志〉에 九江은 지금의 廬江郡 潯陽縣 남쪽에 자리 잡고 있어 모두 동쪽으로 합하여 大江이 되었다고 하였다."라고 하였다. 만일 鄭玄의 이 뜻대로라면 九江은 각자 별도의 근원을 가진 셈이니, 그 근원은 大江이 아니라 하류가 大江에 합했을 뿐이다. 그렇다면 양자강 이남은 물의 대소를 막론하고 세속 사람이 모두 '江'이라 부른 것이다. 혹은 양자강으로부터 나뉘어 나오기도 하고 혹은 밖으로부터 합해오기도 했기 때문에 孔安國과 鄭玄이 각각 별도의 해석을 한 것이다. 應劭는 ≪漢書≫〈地理志〉에 주를 달기를 "江이 潯陽縣으로부터 나뉘어 아홉 길을 이루었다."라고 하였으니, 孔安國의 說과 부합된다. ≪潯陽記≫에 九江의 이름이 있어 "첫째는 烏江, 둘째는 蚌江, 셋째는 烏白江, 넷째는 嘉靡江, 다섯째는 畎江, 여섯째는 源江, 일곱째는 廩江,

여덟째는 提江, 아홉째는 箘江이다."라고 하였다. 강 이름들이 비록 근대에 생긴 것이기는 하지만 의미상으로는 혹 당연한 듯하다.

沱[1]潛이 旣道하니

1) 沱 : 顔師古는 "강에서 따로 나온 것이다.〔江別出者〕"라고 하였다. ≪漢書 地理志≫

沱水와 潛水가 이미 예전의 물길을 회복하였으니,

【傳】沱는 江別名이요 潛은 水名이니 皆復其故道라 ○沱潛은 馬云 沱는 湖也요 其中泉出而不流者를 謂之潛이라

沱는 江의 別名이고 潛은 물 이름이니, 모두 그 예전의 물길을 회복한 것이다.

○沱・潛에 대하여 馬融은 "沱는 湖요, 그 가운데에서 샘이 솟아나와 흐르지 않는 것을 潛이라 이른다."라고 하였다.

【疏】傳'沱江'至'故道' ○正義曰：下文'泯山導江, 東別爲沱.' 是沱爲江之別名也. 經無潛之本源, 直云水名. 釋水云 "水自江出爲沱, 漢爲潛." 鄭注此, 旣引爾雅, 乃云 "今南郡枝江縣有沱水, 其尾入江耳, 首不於江出也. 華容有夏水, 首出江, 尾入沔,[1] 蓋此所謂沱也. 潛則未聞象類." 此解荊州之沱・潛發源此州. 若如鄭言, 此水南流, 不入荊州界, 非此潛也. 此下梁州注云 "二水亦謂自江漢出者. 地理志在今蜀郡(鄲)〔郫〕[2]縣江沱及漢中安陽皆有沱水・潛水, 其尾入江漢耳, 首不於此出. 江源[3]有鄡江, 首出江, 南至犍爲武陽又入江, 豈沱之類與. 潛蓋漢西, 出嶓冢, 東南至巴郡江州入江, 行二千七百六十里." 此解梁州之沱・潛也. 郭璞爾雅音義云 "沱水自蜀郡都水縣揃山與江別而更流." 璞又云 "有水從漢中沔陽縣南流, 至梓潼漢壽入大穴中, 通岡山下西南潛出, 一名沔水, 舊俗云卽禹貢潛也." 郭璞此言, 亦解梁州沱・潛, 與鄭又異. 然地理志及鄭皆以荊・梁二州各有沱・潛. 又郭氏所解沱・潛, 惟據梁州, 不言荊州之沱・潛, 而孔梁州注云 "沱・潛發源此州, 入荊州." 以二州沱・潛爲一者. 然彼州山水古今不可移易, 孔爲武帝博士, 地理志無容不知, 蓋以水從江漢出者, 皆曰'沱'・'潛'. 但地勢西高東下, 雖於梁州合流, 還從荊州分出, 猶如濟水入河, 還從河出, 故孔擧大略爲發源梁州耳.

1) 華容有夏水……尾入沔 : ≪漢書≫의 注에는 "夏水는 初入에 江水를 받아 동쪽으로 沔水로 들어간다.〔夏水首受江 東入沔〕"로 되어 있다.

2) (鄆)〔郫〕: 저본에는 '鄆'으로 되어 있으나, 福建本·汲古閣本·武英殿本에 의거하여 '郫'로 바로잡았다.
3) 江源 : ≪漢書≫ 〈地理志〉에는 '江原'으로 되어 있다.

傳의 〔沱江〕에서 〔故道〕까지

○ 正義曰 : 아래의 經文에 '岷山에서 江水를 인도하시어 동쪽으로 별도로 沱水가 되게 하시며'라고 하였으니, 沱는 江의 別名이다. 經文에는 潛水의 本源이 없고 단지 물 이름만을 말했을 뿐이다. ≪爾雅≫ 〈釋水〉에 "물이 江水로부터 나와 沱水가 되고, 漢水가 潛水가 되었다."라고 하였는데, 鄭玄은 여기에 주를 달면서 이미 ≪爾雅≫를 인용하여 "지금의 南郡 枝江縣에 沱水가 있어 그 끝부분이 강에 들어갔을 뿐 첫 부분은 江水에서 나오지 않는다. 華容縣에 夏水가 있어 첫 부분은 강에서 나오고 끝부분은 沔水로 들어가니, 아마 이것이 이른바 沱水일 것이다. 潛水에 대해서는 비슷한 것을 들어보지 못하였다."라고 하였다. 이는 荊州의 沱水와 潛水가 이 州에서 발원함을 해석한 것이다. 만일 鄭玄의 말대로라면 이 물은 남쪽으로 흘러가 荊州의 地界에 들어오지 않으니, 이 潛水가 아니다.

이 아래 梁州의 注에서 "〈沱水와 潛水〉 두 물 또한 江水와 漢水로부터 나온 것이라고 말한 것은 다음과 같은 이유에서이다. ≪漢書≫ 〈地理志〉에 의하면 지금의 蜀郡 郫縣에 江沱가 있고, 또한 漢中郡 安陽縣에 모두 沱水와 潛水가 있어 그 끝부분이 江水와 漢水로 들어갈 뿐, 첫 부분이 여기에서 나오지 않고, 蜀郡 江源縣에 鄗江이 있어 첫 부분이 江水에서 나와 남쪽으로 犍爲郡 武陽縣에 이르러서 또 江水로 들어가니, 어찌 沱水의 類이겠는가. 潛水는 아마 西漢 때 嶓冢山에서 나와 동남쪽으로 巴郡 江州에 이르러 江水로 들어가니, 2,760리를 흐른다."라고 하였으니, 이는 梁州의 沱水와 潛水를 해석한 것이다.

郭璞의 ≪爾雅音義≫에 "沱水는 蜀郡 都水縣 揃山으로부터 江水와 갈라져서 다시 흐른다."라고 하였다. 郭璞은 또 "漢中郡 沔陽縣으로부터 남쪽으로 흘러 梓潼郡 漢壽縣에 이르러 큰 구멍 속으로 들어가서 峒山 아래를 통하여 서남쪽으로 숨어서 나오는 것이 있으니, 일명 '沔水'라고 하는데 옛날 속세 사람들은 곧 〈禹貢〉의 潛水이다."라고 하였다. 郭璞의 이 말 또한 梁州의 沱水와 潛水를 해석한 것이니, 鄭玄과 또 다르다. 그러나 ≪漢書≫ 〈地理志〉 및 鄭玄은 모두 荊州와 梁州 두 州에 각각 沱水와 潛水가 있는 것으로 보았다. 또 郭氏가 해석한 沱水와 潛水는 오직 梁州에만 의거하고 荊州의 沱水와 潛水는 말하지 않았는데, 孔安國은 梁州의 注에서 "沱水와 潛水가 이 州에서 발원하여 荊州로 들어간다."라고 하여 〈荊州와 梁州〉 두 州의 沱水와 潛水를 하나로 여겼다. 그러나 저 州의 山水는 고금에 뒤바뀔 수 없는 것이고, 孔安國은 漢 武帝 때 博士를 지냈기 때문에 地理志 정도는 모를 리가 없을 것이니, 아마 물이 江·漢으로부터 나오는 것을 모두 沱·潛이라 한 모양인데, 다만 地勢가 서쪽은 높고 동쪽은 낮은 탓에 비록 梁州에서 합류한다 하더라도 도로 荊州에서 나뉘어 나오는 것이 마치 濟水가 河水로 들어갔다가 도로 河水에서 나오는 것과 같았기 때문에 孔安國이 대략을 들어서 梁州에서 발원한다고 한 것일 뿐이다.

雲土요 夢作乂로다

雲夢澤에서 흙이 나오고 雲夢澤 주변의 땅들이 농사지을 수 있게 되었다.

【傳】 雲夢之澤은 在江南하고 其中有平土丘하니 水去可爲耕作畎畝之治라

雲夢澤은 양자강 남쪽에 있고 그 가운데에 평지와 언덕이 있는데, 홍수가 물러가자 농사를 지을 수 있게 되었다는 것이다.

【疏】 傳'雲夢'至'之治' ○ 正義曰：昭三年左傳楚子與鄭伯田于江南之夢, 是雲夢之澤在江南也. 地理志南郡華容縣南有雲夢澤, 杜預云"南郡枝江縣西有雲夢城, 江夏安陸縣亦有雲夢. 或曰南郡華容縣東南有巴丘湖. 江南之夢." 雲夢一澤, 而每處有名者, 司馬相如子虛賦云"雲夢者方八九百里." 則此澤跨江南北, 每處名存焉. 定四年左傳稱楚昭王寢于雲中, 則此澤亦得單稱雲, 單稱夢. 經之土字在二字之間, 蓋史文兼上下也. 此澤旣大, 其內有平土, 有高丘, 水〔去〕[1]可爲耕作畎畝之治.

1)〔去〕: 저본에는 없으나, 四庫本에 의거하여 '去'를 보충하였다.

傳의〔雲夢〕에서〔之治〕까지

○ 正義曰：≪春秋≫ 昭公 3년 조의 ≪左氏傳≫에 "楚子가 鄭伯과 양자강 남쪽의 夢에서 사냥을 했다."라고 하였으니, 이것으로 보아 雲夢澤은 양자강 남쪽에 있었던 것이다. ≪漢書≫ 〈地理志〉에는 "南郡 華容縣 남쪽에 雲夢澤이 있다."라고 하였고, 杜預는 "南郡 枝江縣 서쪽에 雲夢城이 있고, 江夏郡 安陸縣에도 雲夢이 있다. 혹자는 南郡 華容縣 동남쪽에 巴丘湖가 있으니, 양자강 남쪽의 夢澤이라고 했다." 하였다. 雲夢은 하나의 못인데 매 곳마다 이름이 있게 된 것은 司馬相如의 〈子虛賦〉에 "雲夢은 사방 8, 9백

리이다."라고 하였으니, 이 못은 江南과 江北에 결쳐져있기 때문에 每處마다 〈雲夢이란〉 이름이 있게 된 것이다. ≪春秋≫ 定公 4년 조의 ≪左氏傳≫에 "楚 昭王이 雲 가운데서 잤다."라고 칭하였으니, 이 못 또한 '雲'자 하나만으로 칭하기도 하고 '夢'자 하나만으로 칭하기도 하였다. 經文의 '土'자가 〈雲과 夢〉 두 글자의 사이에 있으니, 史官의 글은 위와 아래를 겸한 것이다. 이 못은 워낙 커서 그 안에 평지도 있고 높은 언덕도 있는데, 홍수가 물러가자 농사를 지을 수 있게 되었다는 것이다.

厥土는 惟塗泥니 厥田은 惟下에 中이요 厥賦는 上에 下로다

그 토질은 진흙이니, 田의 등급은 下에 中이고, 賦의 등급은 上에 下이다.

【傳】 田는 第八이요 賦는 第三이니 人功修라

田은 제 8등급이고, 賦는 제 3등급이니, 人力이 많이 들어가는 것이다.

厥貢은 羽毛齒革과 惟金三品과

그 貢物은 깃털과 소꼬리털과 상아와 가죽과 금속 세 종류와

【傳】 土所出은 與揚州同이라

토지의 소출은 揚州와 같다.

【疏】 傳'土所'至'州同' ○ 正義曰：與揚州同, 而揚州先齒·革, 此州先羽·毛者, 蓋以善者爲先. 由此而言之, 諸州貢物多種, 其次第皆以當州貴者爲先也.

傳의 〔土所〕에서 〔州同〕까지

○ 正義曰：揚州와 같은데, 揚州에서는 齒와 革을 먼저 적고, 이 州에서는 羽와 毛를 먼저 적은 것은 좋은 것을 우선으로 삼은 것이다. 이것으로 말미암아 말한다면 諸州의 貢物은 종류가 많고, 그 차례는 모두 해당 州의 귀한 것을 우선으로 삼은 것이다.

杶榦[1]栝柏과

1) 榦：蔡傳에서는 '줄기'의 뜻으로 보았다.

참죽나무와 산뽕나무와 전나무와 잣나무와

【傳】 榦은 柘(자)也라 柏葉松身曰栝이라 ○ 杶은 木名이니 又作櫄이라 榦은 本又作幹이라 栝은 馬云 白栝也라

榦은 柘(산뽕나무)의 뜻이다. 잣나무의 잎에 소나무의 몸통을 가진 것을 栝(노송나무, 전나무)이라 한다.

○ 杶은 나무 이름이니, 또 櫄으로도 적는다. 榦은 어떤 本에는 '幹'으로 되어 있다. 栝은 馬融이 "白栝이다."라고 하였다.

【疏】 傳'榦柘'至'曰栝' ○ 正義曰：榦爲弓榦. 考工記云 "弓人取榦之道七, 以柘爲上." 知此榦是柘也. 釋木云 "栝, 柏葉松身." 陸機毛詩義疏云 "杶・樗・栲・漆相似如一." 則杶似樗漆也. 杶・栝・柏皆木名也, 以其所施多矣, 柘木惟用爲弓榦, 弓榦莫若柘木, 故擧其用也.

傳의 〔榦柘〕에서 〔曰栝〕까지

○ 正義曰：榦은 활의 몸통이다. ≪周禮≫ 〈考工記〉에 "활 만드는 기술자가 활의 몸통을 만들 재목을 취하는 방법이 일곱 가지인데 柘(산뽕나무)를 최상으로 삼는다."라고 하였으니, 이 榦이 柘라는 것을 안 것이다. ≪爾雅≫ 〈釋木〉에 "栝은 잣나무의 잎에 소나무의 몸통을 가진 것이다."라고 하였다. 陸機의 ≪毛詩義疏≫에 "杶・樗・栲・漆은 서로 하나처럼 비슷하다."라고 하였으니, 杶은 樗나 漆과 비슷한 것이다. 杶・栝・柏은 모두 나무 이름이니, 사용하는 데가 많지만 산뽕나무만 활의 몸통을 만드는 데 사용하고, 활의 몸통을 만드는 데는 산뽕나무만한 것이 없기 때문에 그 쓰임새를 든 것이다.

礪砥砮丹이로다

거친 숫돌과 고운 숫돌과 돌살촉과 丹砂이다.

【傳】 砥細於礪하니 皆磨石也라 砮는 石이니 中矢鏃이라 丹은 朱類라

砥가 礪보다 고우니 모두 숫돌이다. 砮는 돌이니 활촉에 알맞다. 丹은 朱砂 따위이다.

【疏】 傳'砥細'至'朱類' ○ 正義曰：砥以細密爲名, 礪以粗糲爲稱, 故'砥細於礪, 皆磨石'也. 鄭云 "礪, 磨刀刃石也. 精者曰砥." 魯語曰 "肅愼氏貢楛矢石砮." 賈逵云 "砮, 矢鏃之石也." 故曰 "砮, 石, 中矢鏃." 丹者, 丹砂, 故云'朱類'. 王肅云 "丹可以爲采."

傳의 〔砥細〕에서 〔朱類〕까지

○ 正義曰 : 砥는 돌의 결이 고운 것으로 명칭을 한 것이고, 礪는 돌의 결이 거친 것으로 칭호를 한 것이기 때문에 '砥가 礪보다 고우니 모두 숫돌이다.'라고 한 것이다. 鄭玄은 "礪는 칼날을 가는 돌이다. 돌의 결이 고운 것을 砥라 한다."라고 하였다. ≪國語≫ 〈魯語〉에 "肅愼氏는 楛矢와 石砮를 바쳤다."라고 하였고, 賈逵는 "砮는 矢鏃의 돌이다."라고 하였기 때문에 "砮는 돌이니 활촉에 알맞다."라고 한 것이다. 丹은 丹砂이기 때문에 '朱類'라고 한 것이다. 王肅은 "丹은 채색을 할 수 있는 것이다."라고 하였다.

惟菌簵楛는 三邦底貢이니 厥名일새니라

菌이라는 대나무와 簵라는 대나무와 싸리나무 화살은 〈雲夢澤 부근의〉 세 지방에서 공물로 바치니, 그것이 유명했기 때문이다.

【傳】 箘簵는 美竹이요 楛는 中矢幹이라 三物은 皆出雲夢之澤이라 近澤三國이 常致貢之하니 其名天下稱善이라 ○ 箘은 韋昭一名聆風이라 楛는 馬云 木名이니 可以爲箭이라 毛詩草木疏云 葉如荊而赤하고 莖似蓍라 近은 附近之近이라

箘과 簵는 아름다운 대나무요, 楛는 화살대에 알맞다. 세 가지 물건은 모두 雲夢澤에서 나오므로 雲夢澤 부근의 세 지방에서 항상 이것들을 바쳤으니, 그것이 유명한 것은 천하에서 좋다고 일컬었기 때문이다.

○ 箘은 韋昭가 일명 '聆風'이라 한다고 하였다. 楛는 馬融이 "나무 이름이니, 화살을 만들 수 있다."라 하였고, ≪毛詩草木疏≫에서는 "잎은 가시와 같으면서 붉고, 줄기는 시초와 같다."라고 하였다. 近은 '附近'의 近이다.

【疏】 傳'箘簵'至'稱善' ○ 正義曰 : '箘簵 美竹', 當時之名猶然. 鄭云 "箘簵, 篛風也." 竹有二名, 或大小異也. 箘・簵是兩種竹也. '肅愼氏貢楛矢'. 知楛中矢幹. '三物皆出雲夢之澤', 當時驗之猶然. 經言'三邦底貢', 知近澤三國致此貢也. 文續'厥名', 則其物特有美名, 故云 "其名天下稱善." 鄭玄以'厥名'下屬'包匭菁茅'.

傳의 〔箘簵〕에서 〔稱善〕까지

○ 正義曰 : 〔箘簵 美竹〕 당시 명칭이 오히려 그러한 것이다. 鄭玄은 "箘과 簵는 篛風이다."라고 하였다. 대나무에 두 가지 이름이 있으니, 더러 크기가 다르다. 箘과 簵는 두

종류의 대나무이다. 肅愼氏가 楛矢(싸리나무 화살)를 바쳤으므로 楛가 화살대를 만들기에 알맞음을 안 것이다.

〔三物皆出雲夢之澤〕 당시에 징험해볼 때 오히려 그러한 것이다. 經文에서 '세 지방에서 공물로 바친다.'라고 말했기 때문에 雲夢澤 부근의 세 지방에서 이 공물을 바쳤음을 안 것이다. 글이 '厥名'에 이어졌으니, 그 물건에 특별히 아름다운 이름이 있기 때문에 "그것이 유명한 것은 천하에서 좋다고 일컬어졌기 때문이다."라고 한 것이다. 鄭玄은 '厥名'을 아래의 '包匭菁茅'에 이어 놓았다.

包[1)]며

1) 包 : 蔡傳에서는 아래 구절인 '匭菁茅'에 붙여서 "싸서 궤에 넣는 것은 菁草와 茅草였다."라고 풀이하였다.

싸서 보내는 것은 〈귤과 유자이며,〉

【傳】 橘柚라

〈싸서 보내는 것은〉 귤과 유자이다.

【疏】 傳'橘柚' ○ 正義曰 : '包'下言'匭菁茅', 說文云 "匚, 受物之器, 象形也. 凡匚之屬皆從匚." 匱・匣之字皆從匚, 匭亦從匚, 故匭是匣也. '菁茅'旣以匭盛, 非所包之物, 明包必有裹也. 此州所出與揚州同, 揚州'厥包橘柚', 知此包是橘柚也. 王肅云 "揚州'厥包橘柚', 從省而可知也."

傳의 〔橘柚〕

○ 正義曰 : '包' 아래에 '匭菁茅'라고 말하였고, ≪說文解字≫에 "匚은 물건을 받는(담는) 그릇이니 形象字이다. 무릇 匚의 등속은 모두 匚이 形符가 된다."라고 하였다. '匱'字와 '匣'字는 모두 匚이 形符이고, 匭 또한 匚이 形符이기 때문에 匭가 匣인 것이다. 菁茅를 이미 匭로 담았으니, 싸는 물건이 아니므로 包에는 반드시 裹(싸다)의 뜻이 있음을 밝힌 것이다. 이 州의 소출은 揚州와 같으므로 揚州에서 '싸서 보내는 것은 귤과 유자이다.'라고 하였으니, 여기서 싸서 보내는 것은 '귤과 유자'임을 안 것이다. 王肅은 "揚州에서 이미 '싸서 보내는 것은 귤과 유자이다.'라고 하였으니, 〈荊州에서는〉 생략한 것임을 알 수 있다."라고 하였다.

匭菁茅며

상자에 넣는 것은 무와 띠이며,

【傳】匭는 匣也라 菁以爲菹요 茅以縮酒라 ○ 鄭云 茅有毛刺曰菁茅라

匭는 匣(상자)의 뜻이다. 무는 김치를 담고 띠는 술을 거른다.

○ 鄭玄은 "띠에 털이 있는 것을 菁茅라 한다."라고 하였다.

【疏】傳'匭 匣也 菁以爲菹 茅以縮酒' ○ 正義曰：匣是匱之別名, 匱之小者. 菁茅所盛, 不須大匱, 故用匣也. 周禮醢人有'菁菹'·'鹿臡(니)', 故知'菁以爲菹'. 鄭云 "菁, 蔓菁也." 蔓菁處處皆有, 而令此州貢者, 蓋以其味善也. 僖四年左傳齊桓公責楚云 "爾貢包茅不入, 王祭不供, 無以縮酒." 是'茅以縮酒'也. 郊特牲云 "縮酒用茅, 明酌也." 鄭注云 "以茅縮酒也." 周禮甸師云 "祭祀供蕭茅." 鄭興云 "蕭字或爲莤(숙), 莤讀爲縮. 束茅立之祭前, 酒沃其上, 酒滲下若神飮之, 故謂之縮." 杜預解左傳, 用鄭興之說, 未知誰同孔旨. 特令此州貢茅, 茅當異於諸處. 杜預云 "茅之爲異, 未審也." 或云 茅有三脊, 案史記齊桓公欲封禪, 管仲覩其不可窮以辭, 因設以無然之事云 "古之封禪, 江淮之間, 三脊茅以爲藉." 此乃懼桓公耳, 非荊州所有也. 鄭玄以菁茅爲一物, "匭猶纏結也. 菁茅之有毛刺者重之, 故既包裹而又纏結也."

傳의 〔匭 匣也 菁以爲菹 茅以縮酒〕

○ 正義曰：匣은 匱의 다른 이름이니, 匱의 작은 것이다. 무와 띠를 담는 그릇은 큰 匱를 필요로 하지 않기 때문에 匣을 쓴 것이다. ≪周禮≫ 〈天官 冢宰 醢人〉에 '菁菹'와 '鹿臡'가 있기 때문에 무로 김치를 담는다는 것을 안 것이다. 鄭玄은 "菁은 蔓菁(무)이다."라고 하였다. 蔓菁은 어디나 다 있는 것인데 유독 이 州에서 바치게 한 것은 아마 그 맛이 좋았기 때문일 것이다.

≪春秋≫ 僖公 4년 조의 ≪左氏傳≫에 齊 桓公이 楚나라를 나무라되 "너희가 바칠 包茅를 헌상하지 않아 천자의 제사에 제공하지 못해서 술을 거르지 못하고 있다."라고 하였으니, '띠는 술을 거르는 것'이다. ≪禮記≫ 〈郊特牲〉에 "술을 거르는 데에 띠를 사용하는 것은 술을 맑게 하기 위한 것이다."라고 하였는데, 鄭玄의 注에 "띠로 술을 거른다."라고 하였다. ≪周禮≫ 〈天官 冢宰 甸師〉에 "제사 지낼 때에는 蕭茅를 준비한다."라 하였고, 鄭興은 "蕭字가 더러 '莤'자로 되어 있기도 하며 莤은 '縮'이라 읽는다. 띠를 묶어서 세워

놓고 제사 지내기 전에 그 위에 술을 부어 술이 아래로 스며들어가는 것이 마치 神이 마시는 것 같기 때문에 '縮'이라 이른다."라고 하였다. 杜預가 ≪春秋左氏傳≫을 풀이할 때에 鄭興의 설을 사용하였으니, 누가 孔傳의 뜻과 같은지 모르겠다. 특별히 이 州로 하여금 띠를 바치게 한 것은 띠가 다른 곳의 것과 달랐기 때문일 것이다. 그런데 杜預는 "띠가 〈다른 곳의 것과〉 달랐는지는 확실하지 않다."라고 하였다. 더러는 띠에 세 개의 모가 나 있다고도 한다. ≪史記≫를 살펴보면, "齊 桓公이 封禪을 하려고 하자, 管仲이 〈그 일을 못하게〉 말로는 타이를 수 없음을 알고서 이내 공연한 일을 베풀고 말하기를 '옛날 封禪할 때에는 江·淮의 사이에서 나는 세 개의 모가 난 띠로 깔 자리를 하였습니다. 〈그런데 지금 그런 띠를 구할 수 있습니까?'라고 말하니, 桓公이 결국 봉선하는 일을 그만두었다.〉"라고 하였는데, 이것은 혹여 桓公〈이 듣지 않을까〉 염려한 것일 뿐이지, 荊州에 그런 띠가 있었던 것은 아니었다. 鄭玄은 菁茅를 한 가지 물건으로 보고, "匭는 纏結과 같은 것이다. 菁茅 가운데 毛刺가 있는 것을 귀중하게 여겼기 때문에 이미 싸고 나서 또 얽어맨 것이다."라고 하였다.

厥篚는 玄纁璣組로소니

광주리에 담아서 바치는 폐백은 검은 비단과 구슬 끈이니,

【傳】 此州染玄纁色善이라 故로 貢之라 璣는 珠類니 生於水라 組는 綬類라 ○ 說文云 珠不圜也라하고 字書云 小珠也라하니라 馬云 組는 文也라하니라

이 州에서 〈비단을〉 검게 물들인 색깔이 매우 뛰어났기 때문에 공물로 바친 것이다. 璣는 진주 종류이니 물에서 난다. 組는 綬(인끈) 종류이다.

○ ≪說文解字≫에는 "진주가 둥글지 않은 것이다."라 하고, ≪字書≫에는 "작은 진주이다."라고 하였다. 馬融은 "組는 文(무늬)의 뜻이다."라고 하였다.

【疏】 傳'此州'至'綬類' ○ 正義曰：釋器云 "三染謂之纁." 李巡云 "三染其色已成爲絳, 纁·絳一名也." 考工記云 "三入爲纁, 五入爲緅, 七入爲緇." 鄭云 "纁者三入而成, 又再染以黑則爲緅, 又再染以黑則爲緇. 玄色在緅·緇之間, 其六入者." 是染玄纁之法也. '此州染玄纁色善', 故令貢之. 說文云 "璣, 珠不圓者." 故爲'珠類' 玉藻說佩玉所懸者, 皆云'組綬', 是組·綬相類之物也.

傳의 〔此州〕에서 〔綏類〕까지

○ 正義曰 : ≪爾雅≫ 〈釋器〉에 “세 번 물들이는 것을 纁이라 이른다.”라고 하였는데, 李巡은 “세 번 물들여 그 색깔이 이미 이루진 것을 絳이라 하니, 纁과 絳은 한 가지 이름이다.”라고 하였다. ≪周禮≫ 〈考工記〉에 “세 번 물들인 것을 纁, 다섯 번 물들인 것을 緅, 일곱 번 물들인 것을 緇라 한다.”라고 하였는데, 鄭玄은 “纁은 세 번 물들여 이루어진 것이고, 또 두 번 물들여 검게 한 것을 緅, 또 두 번 물들여 검게 한 것을 緇라 한다. 玄色은 緅色과 緇色의 중간이니, 여섯 번 물들인 것이다.”라고 하였으니, 〈비단을〉 검게 물들이는 방법이다. ‘이 州에서 〈비단을〉 검게 물들인 색깔이 매우 뛰어났다.’ 그러므로 공물로 바치게 한 것이다.

≪說文解字≫에 “璣는 진주가 둥글지 않은 것이다.”라고 했기 때문에 ‘진주 종류’라고 한 것이다. ≪禮記≫ 〈玉藻〉에서 佩玉에 다는 것을 모두 ‘組綬’라 한다고 말하였으니, 組와 綬는 서로 유사한 물건이다.

九江納錫大龜[1]로다

1) 納錫大龜 : 蔡傳에서는 “큰 거북은 항상 얻을 수 있는 물건이 아니다. 그러므로 일정한 공물로 삼지 않은 것이다. 만일 우연히 얻으면 위에 바치게 하는 것이다. ‘納錫’이라 이른 것은 아랫사람이 위에 올린다는 말이니, 그 일을 중요시한 것이다.〔大龜非可常得 故不爲常貢 若偶得之 則使之納錫於上 謂之納錫者 下與上之辭 重其事〕”라고 풀이하였다.

九江에서 나오는 큰 거북은 바치라는 명령을 내리면 바친다.

【傳】 尺二寸曰大龜니 出於九江水中이라 龜不常用하니 錫命而納之라 ○ 馬云 納은 入也라

한 자 두 치가량인 것을 大龜라 하니 九江의 물속에서 나온다. 거북은 항시 쓰는 것이 아니니 바치라는 명령을 내리면 바친다.

○ 馬融은 “納은 入의 뜻이다.”라고 하였다.

【疏】 傳‘尺二’至‘納之’ ○ 正義曰 : 史記龜策傳云 “龜千歲滿尺二寸.” 漢書食貨志云 “元龜距冄, 長尺二寸.” 故以尺二寸爲大龜. 冠以‘九江’, 知‘出九江水中’也. 文在篚下而言‘納錫’, 是言‘龜不常用, 故錫命乃納之’. 言此大龜錫命乃貢之也.

傳의 〔尺二〕에서 〔納之〕까지

○ 正義曰 : ≪史記≫ 〈龜策傳〉에 “거북은 천년을 묵어야 한 자 두 치가 된다.”라 하였

고, ≪漢書≫ 〈食貨志〉에 "큰 거북은 등껍데기 양 가장자리의 가로 폭이 한 자 두 치이다."라고 했기 때문에 "한 자 두 치가량인 것을 大龜라 한 것이다. '九江'을 文頭에 올려놓았기 때문에 九江의 물속에서 나옴을 안 것이다. 〈이에 관한〉 글이 篚의 아래에 있어 '納錫'이라고 말하였으니, 거북은 항시 쓰는 것이 아니기 때문에 바치라는 명령을 내리면 그제야 바친다는 말이다. 이 큰 거북은 바치라는 명령이 있어야 바친다는 점을 말한 것이다.

浮于江沱潛漢하여 逾于洛하여 至于南河하나니라

江水・沱水・潛水・漢水에 배를 띄워 洛水를 넘어서 南河에 이르셨다.

【傳】逾는 越也라 河在冀州하여 南東流라 故로 越洛而至南河라 ○江沱潛漢, 四水名이라 本或作潛于漢이니 非라

逾는 越의 뜻이다. 河水가 冀州에 있어 남동쪽으로 흐르기 때문에 洛水를 넘어서 南河에 이른 것이다.

○江・沱・潛・漢은 네 개의 물 이름이다. 어떤 本에는 더러 '潛于漢'으로 되어 있으니, 잘못된 것이다.

【疏】'浮于江沱潛漢' ○正義曰：浮此四水, 乃得至洛. 本或潛下有于, 誤耳.

經의〔浮於江沱潛漢〕

○正義曰：이 네 개의 물에 배를 띄워야 洛水에 이를 수 있다. 어떤 本에는 더러 '潛' 아래에 '于'가 있는데, 잘못이다.

荊河에 惟豫州라

荊山과 黃河 사이에 豫州가 있다.

【傳】西南至荊山하고 北距河水라

서남쪽으로는 荊山에 이르고, 북쪽으로는 河水에 이른다.

伊洛瀍澗이 旣入于河하며

伊水・洛水・瀍水・澗水가 이미 黃河로 들어가며,

【傳】伊出陸渾山하고 洛出上洛山하고 澗出沔池山하고 瀍出河南北山하니 四水合流而入河라 ○ 陸渾沔池二縣은 屬河南郡이라

伊水는 陸渾縣의 山에서 나오고 洛水는 上洛縣의 山에서 나오고 澗水는 沔池縣의 山에서 나오고 瀍水는 河南郡 북쪽의 山에서 나오니, 네 개의 물이 합류하여 황하로 들어간다.

○ 陸渾과 沔池 두 縣은 河南郡에 속한다.

【疏】'豫州' ○ 傳'伊出'至'入河' ○ 正義曰：地理志云"伊水出弘農盧氏縣(冢)〔東〕[1]熊耳山, 東北入洛. 洛水出弘農上洛縣冢領山, 東北至鞏縣入河. 瀍水出河南穀城縣潛亭北, 東南入洛. 澗水出弘農新安縣, 東南入洛." 志與傳異者, 熊耳山在陸渾縣西, 冢領山在上洛縣境之內, 沔池在新安縣西・穀城潛亭北, 此卽是河南境內之北山也. 志詳而傳略, 所據小異耳. 伊・瀍・澗三水入洛合流而入河, 言其不復爲害也.

1) (冢)〔東〕: 저본에는 '冢'으로 되어 있으나, "岳本에는 '冢'이 '東'으로 되어 있으니, '冢'자는 잘못된 것이다."라고 한 阮元의 校勘記에 의거하여 '東'로 바로잡았다.

經의 〔豫州〕

○ 傳의 〔伊出〕에서 〔入河〕까지

○ 正義曰：≪漢書≫ 〈地理志〉에 "伊水는 弘農郡 盧氏縣 동쪽 熊耳山에서 나와 동북쪽으로 洛水에 들어간다. 洛水는 弘農郡 上洛縣 冢領山에서 나와 동북쪽으로 鞏縣에 이르러 河水에 들어간다. 瀍水는 河南郡 穀城縣 潛亭 북쪽에서 나와 동남쪽으로 洛水에 들어간다. 澗水는 弘農郡 新安縣에서 나와 동남쪽으로 洛水에 들어간다."라고 하였다. 〈地理志〉가 孔傳과 다른 점은 熊耳山은 陸渾縣 서쪽에 위치해 있고, 冢領山은 上洛縣 경내에 위치해 있고, 沔池山은 新安縣 서쪽과 穀城 潛亭 북쪽에 위치해 있으니, 이는 곧 河南郡 경내의 북쪽 山이다. 〈地理志〉는 자상하고 孔傳은 소략한 것은 의거한 바가 조금 다를 뿐이다. 伊水・瀍水・澗水 세 물은 洛水로 들어가 합류하여 황하로 들어가니, 그 〈물들이〉 더 이상 해가 되지 않음을 말한 것이다.

滎波[1]旣豬로다

1) 滎波 : ≪史記≫ 〈夏本記〉에는 '滎播'로 되어 있다.

滎澤의 출렁이는 물이 이미 막혀 못을 이루었다.

【傳】 滎澤波水가 已成遏豬라 ○ 滎은 澤也라 馬本又播니 滎播는 澤名이라

滎澤의 출렁이는 물이 이미 막혀 못을 이룬 것이다.

○ 滎은 澤이다. 馬本에는 또 播로 되어 있으니, 滎播는 못 이름이다.

【疏】 傳'滎澤'至'遏豬' ○ 正義曰 : 沇水入河而溢爲滎, 滎是澤名. 洪水之時, 此澤水大, 動成波浪. 此澤其時波水已成遏豬, 言壅遏而爲豬, 畜水而成澤, 不濫溢也. 鄭云"今塞爲平地, 滎陽民猶謂其處爲滎澤, 在其縣東." 言在滎澤縣之東也. 馬・鄭・王本皆作'滎播', 謂此澤名'滎播'. 春秋閔二年, 衛侯及狄人戰于滎澤, 不名播也. 鄭玄謂"衛狄戰在此地." 杜預云 "此滎澤當在河北." 以衛敗方始渡河, 戰處必在河北, 蓋此澤跨河南北多 而得名耳.

傳의 〔滎澤〕에서 〔遏豬〕까지

○ 正義曰 : 沇水가 황하로 들어가 넘쳐서 滎이 되었으니, 滎은 못 이름이다. 홍수 때에 이 못은 물이 많아서 출렁이며 波浪을 이루었다. 이 못은 그 당시 출렁이는 물이 이미 막혀서 못을 이루었다는 것은 막혀 豬가 되었는데, 물을 가둬 澤을 이루어 넘치지 않게 했음을 말한 것이다. 鄭玄은 "지금은 메워져 평지가 되었는데도 滎陽 사람들은 아직 그곳을 '滎澤'이라 이르는데, 그 縣 동쪽에 위치해 있었다."라고 하였으니, 滎澤縣의 동쪽에 위치해 있음을 말한 것이다. 馬本・鄭本・王本에 모두 滎播로 되어 있으니, 이 못 이름이 '滎播'임을 이른 것이다. ≪春秋≫ 閔公 2년 조에 衛侯가 狄人과 滎澤에서 싸웠는데, '播'라고 명칭하지 않았다. 鄭玄은 "衛와 狄이 이곳에서 싸웠다."라 하였고, 杜預는 "이 滎澤은 응당 황하 북쪽에 있었을 것이다."라고 하였으니, 衛나라가 패전해서 비로소 황하를 건넜기 때문에 싸움터는 반드시 황하 북쪽에 있었을 것인데, 아마 이 滎澤이 황하의 남쪽과 북쪽에 걸쳐있어 많은 지대를 차지해서 〈여러 곳에서 '滎澤'이란〉 이름을 얻었을 뿐이리라.

導菏澤하사 被孟豬하시다

菏澤을 인도하여 孟豬로 들어가게 하셨다.

【傳】菏澤은 在胡陵이라 孟豬는 澤名으로 在菏東北하니 水流溢覆(부)被之라 ○ 左傳及爾雅에 皆作孟諸니 宋藪澤也라

菏澤은 胡陵에 있다. 孟豬는 못 이름으로 菏澤의 동북쪽에 있는데, 물이 흘러넘쳐 뒤덮었다.

○ ≪春秋左氏傳≫ 및 ≪爾雅≫에는 모두 孟諸로 되어 있는데, 〈孟諸는〉 宋의 藪澤이다.

【疏】傳'菏澤'至'被之' ○ 正義曰：地理志山陽郡有(胡)〔湖〕[1]陵縣, 不言其縣有菏澤也. 又云 '菏澤在濟陰定陶縣東, 孟豬在梁國睢陽縣東北.' 以今地驗之, 則胡陵在睢陽之東, 定陶在睢陽之北, 其水皆不流溢東北被孟豬也. 然郡縣之名, 隨代變易, 古之胡陵當在睢陽之西北, 故得東出被孟豬也. 於此作'孟豬', 左傳·爾雅作'孟諸', 周禮作'望諸', 聲轉字異, 正是一地也.

1) (胡)〔湖〕: 저본에는 '胡'로 되어 있으나, ≪漢書≫ 〈地理志〉에 의거하여 '湖'로 바로잡았다.

傳의 〔菏澤〕에서 〔被之〕까지

○ 正義曰：≪漢書≫ 〈地理志〉에는 山陽郡에 湖陵縣이 있다고만 하고 그 湖陵縣에 菏澤이 있다고는 말하지 않았다. 또 '菏澤은 濟陰 定陶縣 동쪽에 있고, 孟豬는 梁國 睢陽縣 동북쪽에 있다.'라고 하였다. 지금 지세를 가지고 징험해보면 胡陵은 睢陽의 동쪽에 있고, 定陶는 睢陽의 북쪽에 있으니, 그 물이 모두 흘러 넘쳐서 동북쪽으로 孟豬를 뒤덮지 않았을 것이다. 그러나 郡縣의 이름은 시대에 따라 변경되었으니, 옛날의 胡陵은 응당 睢陽의 서북쪽에 있었을 것이다. 그러므로 동쪽으로 흘러나가서 孟豬를 뒤덮게 된 것이다. 여기서는 孟豬로 되어 있으나, ≪春秋左氏傳≫과 ≪爾雅≫에는 孟諸로 되어 있고, ≪周禮≫에는 望諸로 되어 있으니, 발음은 달라지고 글자는 다르지만 정작 〈땅은〉 한 땅이다.

厥土는 惟壤이니 下土는 墳壚로다

그 토질은 壤土이니 낮은 지역은 부풀어 오르고 푸석푸석하다.

【傳】高者는 壤이요 下者는 壚니 壚는 疏라 ○ 壚는 說文에 黑剛土也라

높은 곳은 壤이요, 낮은 곳은 壚이니 壚는 疏(성김)의 뜻이다.

○ 壚는 ≪說文解字≫에 "검고 단단한 흙이다."라고 하였다.

厥田은 **惟中**에 **上**이요 **厥賦**는 **錯**이로소니 **上**에 **中**이로다

그 田의 등급은 中에 上이고, 그 賦의 등급은 섞어서 내는데, 上에 中이다.

【傳】 田은 第四요 賦는 第二니 又雜出第一이라

田은 제 4등급이고, 賦는 제 2등급인데, 또 제 1등급을 섞어서 낸다.

厥貢은 **漆枲絺紵**요 **厥篚**는 **纖纊**이로소니

그 貢物은 옻과 삼베와 갈포와 모시이고, 광주리에 담아서 바치는 폐백은 가는 솜이니,

【傳】 纊은 細綿이라

纊은 가는 솜이다.

【疏】 傳'纊 細綿' ○ 正義曰：禮喪大記候死者, "屬纊以俟絶氣." 卽纊是新綿耳. 纖是細, 故言'細綿'.

傳의 〔纊 細綿〕

○ 正義曰：≪禮記≫ 〈喪大記〉에 죽음을 살펴볼 경우 "纊을 〈임종인의 입과 코에〉 대어서 숨이 끊어졌는지 살펴본다."라고 하였으니, 곧 纊은 새 솜이다. 纖은 가는 것이다. 그러므로 '細綿'이라고 말한 것이다.

錫貢磬錯이로다

〈바치라는 명령을〉 내리면 바치는 것은 경쇠를 가는 숫돌이다.

【傳】 治玉石曰錯이니 治磬錯이라

玉石을 가는 것을 錯이라 하니, 경쇠를 가는 숫돌이다.

【疏】 傳'治玉'至'磬錯' ○ 正義曰 : 詩云 "(沱)〔佗〕[1]山之石, 可以攻玉." 又曰 "可以爲錯." 磬有以玉爲之者, 故云'治玉石曰錯', 謂'治磬錯'也.

1) (沱)〔佗〕 : 저본에는 '沱'로 되어 있으나, "'沱'는 마땅히 '佗'가 되어야 한다."라고 한 阮元의 校勘記에 의거하여 '佗'로 바로잡았다.

傳의 〔治玉〕에서 〔磬錯〕까지

○ 正義曰 : ≪詩經≫ 〈小雅 鶴鳴〉에 "다른 산의 돌이 옥을 갈 수 있다."라 하였고, 또 "숫돌이 될 수 있다."라고 하였다. 경쇠에는 옥으로 만든 것이 있기 때문에 '玉石을 가는 것을 錯이라 한다.'고 하였으니, '경쇠를 가는 숫돌'을 이른다.

浮于洛하여 達于河하시다

洛水에 배를 띄워 황하에 도달하셨다.

華陽黑水에 惟梁州라

華山 남쪽과 黑水 사이에 梁州가 있다.

【傳】 東據華山之南하고 西距黑水라

동쪽으로는 華山의 남쪽에 걸쳐있고 서쪽으로는 黑水에 이른다.

【疏】 '梁州' ○ 傳'東據'至'黑水' ○ 正義曰 : 周禮職方氏"豫州其山鎭曰華山", 在豫州界內. 此梁州之境, 東據華山之南, 不得其山, 故言陽也. 此山之西, 雍州之境也.

經의 〔梁州〕

○ 傳의 〔東據〕에서 〔黑水〕까지

○ 正義曰 : ≪周禮≫ 〈夏官 司馬 職方氏〉에 "〈황하 남쪽을〉 豫州라 하는데, 그 산 중에 鎭山은 '華山'이다."라고 하였으니, 〈華山은〉 豫州 경내에 있는 것이다. 이 梁州의 지경은 동쪽으로 華山의 남쪽에 걸쳐있으니, 그 산을 얻지 못하였기 때문에 '陽'이라 말한 것이다. 이 華山의 서쪽은 雍州의 지경이다.

岷(縣)〔嶓〕[1]既藝하며 沱潛이 既道하도다

1) (縣)〔嶓〕 : 저본에는 '縣'으로 되어 있으나, 汲古閣本에 의거하여 '嶓'로 바로잡았다. 아래

疏도 같다.

岷山과 嶓冢山에 이미 〈곡식을〉 심을 수 있게 되었으며, 沱水와 潛水가 이미 예전의 물길을 회복하였다.

【傳】 岷山과 嶓冢은 皆山名이라 水去已可種藝라 沱潛은 發源此州하여 入荊州라

岷山과 嶓冢은 모두 산 이름이다. 홍수가 물러가 이미 〈곡식 등을〉 심을 수 있었다. 沱水와 潛水는 이 州에서 발원하여 荊州로 들어갔다.

【疏】 傳'岷山'至'荊州' ○ 正義曰：漢制, 縣有羌夷曰道. 地理志云 "蜀郡有湔道, 岷山在西徼外, 江水所出也." "隴西郡西(縣)〔嶓〕冢山, 西漢水所出." 是二者皆山名也. 〔沱出〕[1]于江, 潛出于漢, 二水發源此州, 而入荊州, 故荊州亦云 "沱・潛旣道."

1) 〔沱出〕: 저본에는 없으나, 四庫本에 의거하여 '沱出'을 보충하였다.

傳의 〔岷山〕에서 〔荊州〕까지

○ 正義曰：漢나라 制度에 縣에 羌夷가 있으면 道라고 하였다. ≪漢書≫ 〈地理志〉에 "蜀郡에 湔道가 있고, 岷山이 서쪽 변방 밖에 있는데 江水가 나오는 곳이다."라 하였고, "隴西郡 서쪽의 嶓冢山은 西漢水가 나오는 곳이다."라고 하였으니, 〈岷과 嶓〉 이 둘은 모두 산 이름이다. 沱水는 江水에서 나오고, 潛水는 漢水에서 나오는데, 두 물이 이 州에서 발원하여 荊州로 들어가기 때문에 荊州 조에서도 "沱水와 潛水가 이미 예전의 물길을 회복하였다."라고 한 것이다.

蔡蒙에 旅平하시며 和夷에 底績하시다

蔡山과 蒙山에 旅祭를 지내어 홍수를 다스리는 일이 끝났음을 고하시며, 和夷에 治水의 공적을 이루셨다.

【傳】 蔡蒙은 二山名이라 祭山曰旅라 平은 言治功畢이라 和夷之地가 致功可藝라

蔡와 蒙은 두 산 이름이다. 산에 제사 지내는 것을 旅라 한다. 平은 홍수를 다스리는 일이 끝났음을 말한다. 和夷의 땅은 治水의 공을 이루어 〈곡식 등을〉 심을 수 있게 되었다는 것이다.

【疏】傳'蔡蒙'至'可藝' ○ 正義曰：地理志云 "蒙山在蜀郡青衣縣." 應劭云 "順帝改曰漢嘉縣." 蔡山不知所在. 論語云 "季氏旅於泰山." 是'祭山曰旅'也. 平者, 言其治水畢, 猶上'旣藝'也. '和夷', 平地之名, 致功可藝. 藝與平互言耳.

傳의 〔蔡蒙〕에서 〔可藝〕까지

○ 正義曰：≪漢書≫ 〈地理志〉에 "蒙山은 蜀郡 青衣縣에 있다."라고 하였는데, 應劭는 "〈青衣縣을〉 順帝가 漢嘉縣으로 고쳤다."라고 하였다. 蔡山은 어느 곳에 있는지 알 수 없다. ≪論語≫에 "季氏가 泰山에 旅祭를 지냈다."라고 하였으니, '산에 제사 지내는 것을 旅라 한 것'이다. '平'은 홍수를 다스리는 일이 끝났음을 말한 것이니, 위에서 말한 '旣藝'와 같다. '和夷'는 平地의 명칭이니, '治水의 공을 이루어 〈곡식 등을〉 심을 수 있게 되었다.'는 것이다. '藝'와 '平'은 상호적으로 말했을 뿐이다.

厥土는 青黎니

그 토질은 푸르고 검으니

【傳】色青黑而沃壤이라 ○ 黎는 馬云 小疏也라

토질의 색깔이 검푸르면서 기름진 토양이다.

○ 黎는 馬融이 "토질이 약간 푸석한 것이다."라고 하였다.

【疏】傳'色青黑而沃壤' ○ 正義曰：孔以黎爲黑, 故云'色青黑'. 其地'沃壤', 言其美也. 王肅曰 "青, 黑色, 黎, 小疏也."

傳의 〔色青黑而沃壤〕

○ 正義曰：孔安國은 黎를 黑의 뜻으로 보았기 때문에 '토질의 색깔이 검푸르다'고 한 것이다. 그 땅이 '기름진 토양'이라는 것은 그 〈토질의〉 아름다움을 말한 것이다. 王肅은 "青은 흑색이고, 黎는 약간 푸석한 토질이다."라고 하였다.

厥田은 惟下에 上이요 厥賦는 下에 中이로소니 三錯이로다

田의 등급은 下에 上이고 賦의 등급은 下에 中이니, 세 가지의 등급을 섞어서 낸다.

【傳】 田은 第七이요 賦는 第八이니 雜出第七과 第九三等이라

田은 제 7등급이고, 賦는 제 8등급이니, 〈제 8등급과 그리고〉 제 7등급과 제 9등급의 세 등급을 섞어내는 것이다.

【疏】 傳'田第'至'三等' ○正義曰：傳以既言'下中', 復云'三錯', 擧'下中第八爲正, 上下取一, 故雜出第七・第九與第八爲三也. 鄭云"三錯者, 此州之地, 有當出下[1]之賦者少耳. 又有當出下上・中下者, 差復益小." 與孔異也.

1) 下：四庫本의 ≪尙書今古文注疏≫에는 '下下'로 되어 있다. 이에 의거하여 번역하였다.

傳의 〔田第〕에서 〔三等〕까지

○正義曰：孔傳에서는 〈經文에서〉 이미 '下中'을 말하고 다시 '三錯'을 말하였기 때문에 '下中' 제 8등급을 들어 正賦를 삼고, 위와 아래 하나씩을 취하였기 때문에 제 7등급과 제 9등급 및 제 8등급의 세 등급을 섞어서 낸 것이다. 鄭玄은 "三錯이란 것은 이 州의 땅에는 마땅히 下下의 賦를 내야 하는 자가 있으니 적을 뿐이다. 또 마땅히 下上과 中下의 賦를 내야 하는 자가 있으니, 차이가 다시 더욱 적다."라고 하였으니, 孔安國의 견해와 다르다.

厥貢은 璆鐵과 銀鏤와 砮磬과

그 貢物은 玉磬과 柔鐵과 銀과 剛鐵과 돌화살과 石磬과

【傳】 璆는 玉名이요 鏤는 剛鐵이라 ○璆는 韋昭郭璞云 紫磨金이라하니 案郭注爾雅에 璆卽紫磨金이라

璆는 玉 이름이고, 鏤는 剛鐵이다.

○璆는 韋昭와 郭璞이 "紫磨金이다."라고 하였는데, 살펴보면 郭璞이 ≪爾雅≫를 주석한 것에 "璆는 곧 紫磨金이다."라고 하였다.

【疏】 傳'璆玉'至'剛鐵' ○正義曰：釋器云"璆・琳, 玉也." 郭璞云"璆・琳, 美玉之別名." 鏤者, 可以刻鏤, 故爲'剛鐵'也.

傳의 〔璆玉〕에서 〔剛鐵〕까지

○正義曰：≪爾雅≫ 〈釋器〉에 "璆와 琳은 玉이다."라고 하였는데, 郭璞은 "璆와 琳은

美玉의 別名이다."라고 하였다. 鏤는 새길 수 있기 때문에 '剛鐵'이라고 한 것이다.

熊羆와 狐狸와 織皮로다

곰과 큰곰과 이리와 살쾡이의 가죽과 織皮(모포)이다.

【傳】貢四獸之皮라 織〔皮〕[1]는 (金)〔今〕[2]罽(계)라 ○ 羆는 如熊而黃이라

1)〔皮〕: 저본에는 없으나, "古本에는 '織皮金罽'로 되어 있다."라고 한 阮元의 校勘記에 의거하여 '皮'를 보충하였다.

2) (金)〔今〕: "≪史記集解≫에는 '金'이 '今'으로 되어 있다."라고 한 阮元의 校勘記에 의거하여 '今'으로 바로잡았다. 아래의 疏도 같다.

네 짐승의 가죽을 바친 것이다. 織皮는 지금의 모포이다.

○ 羆는 곰과 같으면서 색깔이 누렇다.

【疏】傳'貢四'至'(金)〔今〕罽' ○ 正義曰：與'織皮'連文, 必不貢生獸, 故云'貢四獸之皮'. 釋言云 "氂, 罽也." 舍人曰 "氂, 謂毛罽也. 胡人續羊毛作衣." 孫炎曰 "毛氂爲罽." 織毛而言'皮'者, 毛附於皮, 故以'皮'表毛耳.

傳의 〔貢四〕에서 〔今罽〕까지

○ 正義曰 : '織皮'와 글이 이어졌으니, 반드시 산 짐승을 바치지 않았을 것이기 때문에 "네 짐승의 가죽을 바쳤다."라고 한 것이다. ≪爾雅≫ 〈釋言〉에 "氂는 罽의 뜻이다."라고 하였는데, 郭舍人은 "氂는 毛罽를 이른다. 胡人은 양털을 이어 붙여서 옷을 만든다."라 하고, 孫炎은 "毛氂로 罽를 만든다."라고 하였다. 털을 짜면서 '皮'라고 말한 것은 털이 가죽에 붙어 있기 때문에 가죽으로 털을 표시했을 뿐이다.

西傾으로 因桓是來하여 浮于潛하며 逾于沔하여

西傾山으로부터 〈남쪽으로 가서〉 桓水를 따라 와서 潛水에 배를 띄우며, 沔水를 넘어

【傳】西傾은 山名이라 桓水自西傾山南行하니 因桓水是來하여 浮于潛이라 漢上曰沔이라

西傾은 산 이름이다. 桓水가 西傾山으로부터 남쪽으로 흘러가니, 桓水를 따라 와서

潛水에 배를 띄운다. 漢水의 상류를 沔이라 한다.

【疏】傳'西傾'至'曰沔' ○ 正義曰：下文導山有'西傾', 知是山名也. 地理志云 "西傾在隴西臨洮縣西南." 西傾在雍州. 自西傾山南行, 因桓水是來, 浮於潛水也. 地理志云 "桓水出蜀郡蜀山, 西南行羌中, 入南海." 則初發西傾未有水也. 不知南行幾里得桓水也. 下傳云 "泉始出山爲漾水, 東南流爲沔水, 至漢中東行爲漢水." 是'漢上曰沔'.

傳의 〔西傾〕에서 〔曰沔〕까지

○ 正義曰：아래 문단의 導山 조에 '西傾'이 있으므로, 이것이 산 이름임을 안 것이다. ≪漢書≫ 〈地理志〉에 "西傾山은 隴西郡 臨洮縣의 서남쪽에 있다."라고 하였으니, 西傾山은 雍州에 있다. 西傾山으로부터 남쪽으로 가서 桓水를 따라 여기로 와서 潛水에 배를 띄운 것이다. 〈地理志〉에 "桓水는 蜀郡 蜀山에서 나와 서남쪽으로 羌中으로 흘러가서 南海로 들어간다."라고 하였는데, 처음 西傾山을 출발할 적에는 물이 없으니, 남쪽으로 몇 리를 가서 桓水를 만났는지 모르겠다. 아래에 있는 孔傳에 "샘이 처음으로 산에서 나와 漾水가 되고, 동남쪽으로 흘러 沔水가 되고, 漢中郡에 이르러 동쪽으로 흘러가서 漢水가 되었다."라고 하였으니, 이래서 漢水의 상류를 沔이라 한 것이다.

入于渭하여 亂于河하나니라

渭水로 들어와서 황하를 가로질러 건넌다.

【傳】越沔而北入渭하여 浮東渡河而還帝都하여 白所治라 正絶流曰亂이라

沔水를 넘어 북쪽으로 渭水에 들어와 동쪽으로 가서 황하를 건너 帝都로 돌아와 〈홍수를〉 다스린 일을 아뢴 것이다. 흐르는 물을 곧장 가로질러 건너는 것을 亂이라 한다.

【疏】傳'越沔'至'曰亂' ○ 正義曰：計沔在渭南五百餘里, 故越沔陸行而北入渭. 渭水入河, 故浮渭而東. 帝都在河之東, 故渡河陸行而還帝都也. 以每州之下言入河之事, 河近帝都, 知是還都白所治也. '正絶流曰亂', 釋水文. 孫炎曰 "橫渡也."

傳의 〔越沔〕에서 〔曰亂〕까지

○ 正義曰：沔水가 渭水 남쪽 500리 지점에 있음을 계산했기 때문에 沔水를 넘어 육지로 가서 북쪽으로 渭水에 들어온 것이다. 渭水가 황하로 들어가기 때문에 渭水에 배를

띄워 동쪽으로 간 것이다. 帝都가 황하의 동쪽에 있기 때문에 황하를 건너 육지로 가서 帝都로 돌아온 것이다. 매 州의 아래에서 황하로 들어가는 일을 말하였고, 황하가 帝都에 가깝기 때문에 帝都로 돌아와 홍수를 다스린 일을 아뢴 것임을 안 것이다.

〔正絶流曰亂〕≪爾雅≫ 〈釋水〉의 글이다. 孫炎은 "가로질러 건너는 것이다."라고 하였다.

黑水西河에 惟雍州라

黑水와 西河의 사이에 雍州가 있다.

【傳】西距黑水하고 東據河라 龍門之河는 在冀州西라

서쪽으로 黑水에 이르고 동쪽으로 河水에 걸쳐있다. 龍門의 河水는 冀州 서쪽에 있었다.

【疏】'雍州' ○傳'西距'至'州西' ○正義曰：禹治豫州, 乃次梁州, 自東向西, 故言梁州之境, 先以華陽而後黑水. 從梁適雍, 自南向北, 故先黑水而後西河. 計雍州之境, 被荒服之外, 東不越河, 而西踰黑水. 王肅云"西據黑水, 東距西河." 所言得其實也. 徧檢孔本, 皆云"西距黑水, 東據河." 必是誤也. 又河在雍州之東, 而謂之'西河'者, 龍門之河在冀州西界, 故謂之'西河'. 王制云"自東河至於西河, 千里而近." 是河相對而爲東西也.

經의〔雍州〕

○傳의〔西距〕에서〔州西〕까지

○正義曰：禹가 豫州의 홍수를 다스리고 그 다음으로 梁州의 홍수를 다스리기 위하여 동쪽으로부터 서쪽으로 향하였기 때문에 梁州의 지경을 말할 때에 華山 남쪽을 먼저 말하고 黑水를 뒤에 말한 것이다. 梁州에서 雍州로 가기 위하여 남쪽으로부터 북쪽으로 향하였기 때문에 黑水를 먼저 말하고 西河를 뒤에 말한 것이다. 雍州의 지경이 荒服의 밖까지 뻗어 있음을 감안하면 동쪽으로는 황하를 넘지 않지만 서쪽으로는 黑水를 넘는다. 王肅이 "서쪽으로는 黑水에 걸쳐 있고 동쪽으로는 西河에 이르렀다."라고 하였으니, 말한 것이 그 실제를 얻은 것이다. 孔本을 두루 검색하면 모두 "서쪽으로는 黑水에 이르고 동쪽으로는 황하에 걸쳐 있다."라고 하였으니, 필시 잘못된 것이다. 또 황하는 雍州의

동쪽에 있는데 '西河'라 이른 것은 龍門의 황하가 冀州의 서쪽 지계에 있기 때문에 '西河'라 이른 것이다. ≪禮記≫ 〈王制〉에 "東河에서 西河에 이르는 거리는 천리에 조금 부족하다."라고 하였으니, 이는 황하가 서로 대하여 東河와 西河라고 한 것이다.

弱水旣西하며

弱水가 이미 서쪽으로 흐르며,

【傳】 導之西流하여 至於合黎라

〈물을〉 인도해서 서쪽으로 흘러 合黎에 이르게 하였다는 것이다.

【疏】 傳'導之'至'合黎' ○正義曰：諸水言'旣導', 此言'旣西', 由地勢不同, 導之使西流也. 鄭云"衆水皆東, 此水獨西, 故記其西下也."

傳의 〔導之〕에서 〔合黎〕까지

○ 正義曰：모든 물에 대해서는 '旣導(이미 예전의 물길대로 소통시키다.)'라고 말하였는데, 여기서는 '旣西(이미 인도하여 서쪽으로 흐르다.)'라고 말하였으니, 地勢가 같지 않기 때문에 인도해서 서쪽으로 흐르게 한 것이다. 鄭玄은 "모든 물이 다 동쪽으로 흐르는데 이 물만이 서쪽으로 흐르기 때문에 서쪽으로 흘러 내려감을 기록한 것이다."라고 하였다.

涇이 屬渭汭[1)]하며

1) 涇屬渭汭：蔡傳에서는 屬을 連屬으로 보아 "涇水가 渭水와 汭水 두 물에 연속한 것이다.〔涇水連屬渭汭二水〕"라고 풀이하였다.

涇水가 渭水 북쪽으로 들어가며,

【傳】 屬은 逮也라 水北曰汭라 言治涇水入於渭라 ○ 汭는 本又作內니 同이라 馬云 入也라

屬은 逮의 뜻이다. 물의 북쪽을 汭라 한다. 涇水를 다스려 渭水로 들어가게 하였음을 말한 것이다.

○ 汭는 어떤 本에 또 內로 되어 있으니 汭과 같다. 馬融은 "入의 뜻이다."라고 하였다.

【疏】 傳'屬逮'至'於渭' ○正義曰：屬謂相連屬, 故訓爲逮. 逮, 及也, 言水相及. 詩毛傳云“汭, 水涯也.” 鄭云“汭之言內也.” 蓋以人皆南面望水, 則北爲汭也. 且涇水南入渭, 而名爲‘渭汭’, 知‘水北曰汭’. 言治涇水使之入渭, 亦是從故道也. 地理志云“涇水出安定涇陽縣西岍頭山, 東南至馮翊陽陵縣入渭, 行千六百里.”

傳의 〔屬逮〕에서 〔於渭〕까지

○ 正義曰 : 屬은 서로 연속됨을 이르기 때문에 逮로 풀이한 것이다. 逮는 미쳐가다라는 뜻이니, 물이 서로 미쳐감을 말한 것이다. ≪詩經≫ 毛傳에 “汭는 물가이다.”라 하였고, 鄭玄은 “汭라는 말은 內의 뜻이다.”라고 하였다. 대개 사람은 모두 남쪽으로 향하여 물을 바라보기 때문에 북쪽을 汭라고 한 것이다. 또 涇水가 남쪽으로 渭水에 들어가는데 ‘渭汭’라 명칭하였으니, 물의 북쪽을 汭라 한 것을 알 수 있다. 涇水를 다스려 渭水로 들어가게 한 것 역시 예전의 물길을 따른 것임을 말한 것이다. ≪漢書≫ 〈地理志〉에 “涇水는 安定郡 涇陽縣 서쪽 岍頭山에서 나와 동남쪽으로 馮翊郡 陽陵縣에 이르러 渭水로 들어가니, 1,600리를 흘러간다.”라고 하였다.

漆沮旣從하며 灃水攸同이로다

漆水와 沮水가 이미 〈渭水를〉 따라 들어가며, 灃水가 〈渭水에〉 합해진다.

【傳】 漆沮之水가 已從入渭라 灃水所同은 同〔之〕[1]於渭也라

1) 〔之〕 : 저본에는 ‘之’자가 있으나, “盧文弨가 ‘≪史記集解≫에는 同於渭也로 되어 있다.’라고 하였으니, 옳다.”라고 한 阮元의 校勘記에 의거하여 衍字로 처리하였다.

漆水와 沮水가 이미 渭水를 따라 들어갔다. 灃水가 같이 한 바는 渭水에 합해진다는 것이다.

【疏】 傳‘漆沮’至‘於渭’ ○ 正義曰 : 詩云“自土沮漆.” 毛傳云“沮水·漆水也.” 則‘漆沮’本爲二水.[1] 地理志云 “漆水出扶風漆縣西.” 闞駰十三州志云 “漆水出漆縣西北岐山, 東入渭.” 沮則不知所出[2], 蓋東入渭時, 已與漆合. 渭發源遠, 以渭爲主, 上云 “涇屬渭.”是矣. 故此言“漆沮旣從.” 已從於渭, 灃水所同, 亦同於渭, 以渭爲主故也. 地理志 “灃水出扶風[3]鄠縣東南, 北過上林苑入渭也.”

1) 本爲二水 : 四庫本 ≪尙書注疏≫의 〈考證〉에는 “〈禹貢〉의 ‘導渭’에 대한 孔傳에 ‘漆沮는 두 물 이름이다. 또한 洛水라고도 하는데 馮翊 북쪽 땅에서 나온다.’고 하였으니, 이는

孔傳에서 이미 洛水로 지정하였기 때문에 ≪詩經≫에서 말한 邠 땅의 漆沮와 이름은 같지만 실상은 다른 것이다.……〈禹貢〉의 '漆沮旣從'에 대하여 孔安國은 '漆沮는 일명 洛水이다.'라고 하였는데, 洛水는 漆沮가 이것이니 東都의 '伊水·洛水'와 다른 것이다. 孔穎達은 저기의 疏에서는 아주 분명하게 밝혔는데, 여기의 疏에서는 오히려 扶風의 '漆水'에 해당시켰으니, 어찌 그리도 잘못되었는가."라고 하였다.

2) 沮則不知所出 : 蔡傳에서는 ≪太平寰宇記≫의 "沮水는 坊州 昇平縣 북쪽 子午嶺에서 흘러나오니 세속에서 '子午水'라고 칭하고, 아래로 楡谷川·慈馬川 등과 합해져 드디어 沮水가 되며, 耀州 華原縣에 이르러 漆水와 합해지고, 同州 朝邑縣에 이르러 동남쪽으로 渭水에 들어간다.〔沮水自坊州昇平縣北子午嶺出 俗號子午水 下合楡谷慈馬等川 遂爲沮水 至耀州華原縣 合漆水 至同州朝邑縣 東南入渭〕"는 내용을 인용하여 沮水의 발원지를 밝히고 있다.

3) 扶風 : ≪尙書今古文注疏≫에는 '右扶風'으로 되어 있다. 아래도 같다.

傳의 〔漆沮〕에서 〔於渭〕까지

○ 正義曰 : ≪詩經≫ 〈大雅 綿〉에 "沮水와 漆水에 터전을 잡으면서부터"라고 하였는데, 毛傳에 "沮水와 漆水이다."라고 하였으니, '漆沮'는 본래 두 물의 이름이다. ≪漢書≫ 〈地理志〉에는 "漆水가 右扶風 漆縣 서쪽에서 나온다."라 하였고, 闞駰의 ≪十三州志≫에는 "漆水가 漆縣 서북쪽 岐山에서 나와 동쪽으로 渭水에 들어간다."라고 하였다. 沮水는 나오는 곳을 알 수 없으니, 아마 동쪽으로 渭水에 들어갈 때에 이미 漆水와 합해졌을 것이다. 渭水의 발원이 長遠하기 때문에 渭水를 主水로 삼은 것이니, 위에 이른바 "涇水가 渭水로 들어가게 하였다."라는 것이 이것이다. 그러므로 여기서 '漆沮旣從'을 말한 것은 이미 渭水를 따랐다는 것이고, '灃水所同'을 말한 것 역시 渭水에 합해졌다는 것이니, 渭水를 主水로 삼았기 때문이다. 〈地理志〉에 "灃水는 右扶風 鄠縣 동남쪽에서 나와 북쪽으로 上林苑을 지나서 渭水로 들어간다."라고 하였다.

荊岐에 旣旅하시고

荊山과 岐山에 이미 旅祭를 지내셨고,

【傳】 已旅祭는 言治功畢이라 此荊在岐東하니 非荊州之荊이라

'이미 旅祭를 지냈다'는 것은 〈홍수를〉 다스리는 일이 끝났음을 말한 것이다. 이 荊山은 岐山의 동쪽에 있으니 荊州의 荊山이 아니다.

【疏】 傳'已旅'至'之荊' ○ 正義曰：洪水之時，祭祀禮廢，已旅祭，而言治功畢．治水從下，自東而西，先荊後岐．荊在岐東，嫌與上荊爲一，故云'非荊州之荊'也．地理志云"禹貢北條荊山，在馮翊懷德縣南，南條荊山，在南郡臨沮縣〔東〕[1]北．彼是荊州之荊也．

1) 〔東〕: 저본에는 없으나, ≪漢書≫ 〈地理志〉와 아래의 疏에 의거하여 보충하였다.

傳의 〔已旅〕에서 〔之荊〕까지

○ 正義曰 : 홍수 때에는 제사 지내는 예제가 폐지되었는데, 이미 旅祭를 지내어 〈홍수를〉 다스리는 일이 끝났음을 말하였다. 아래에서부터 홍수를 다스리고 동쪽에서 서쪽으로 해나가므로 荊山을 먼저 말하고 岐山을 뒤에 말한 것이다. 荊山이 岐山 동쪽에 위치해 있어서 앞에 〈나온〉 荊山과 동일시할까 혐의스럽기 때문에 '荊州의 荊山이 아니다.'라고 한 것이다. ≪漢書≫ 〈地理志〉에 "禹貢의 北條荊山은 馮翊郡 懷德縣 남쪽에 있고, 南條荊山은 南郡 臨沮縣 동북쪽에 있다."라고 하였으니, 저기서는 荊州의 荊山이다.

終南惇物로 至于鳥鼠하시며

終南山과 惇物山으로부터 鳥鼠山에 이르셨으며,

【傳】 三山名이니 言相望이라 ○ 終南은 山名이니 漢書地理志에 一名太一이라하고 (山)〔三〕[1] 秦記云 又名地肺라하니라 惇物은 山名이니 漢書云 垂山也라

1) (山)〔三〕: 저본에는 '山'으로 되어 있으나, 武英殿本・薈要本에 의거하여 '三'으로 바로잡았다.

세 산 이름이니, 서로 바라보고 있음을 말한 것이다.

○ 終南은 산 이름이니, ≪漢書≫ 〈地理志〉에 "일명 太一이라 한다."라 하였고, ≪三秦記≫에는 "또 地肺라고 이름을 부른다."라고 하였다. 惇物은 산 이름이니, ≪漢書≫에는 "垂山이다."라고 하였다.

【疏】 傳'三山'至'相望' ○ 正義曰：以荊・岐單名，此山復名，故辯之云'三山名'也．至於爲首尾之辭．故'言相望'也．三山空擧山名，不言治意，蒙上'旣旅'之文也．地理志云"扶風武功縣有太一山，古文以爲終南．垂山，古文以爲惇物，皆在縣東."

傳의 〔三山〕에서 〔相望〕까지

○ 正義曰 : '荊'과 '岐'는 한 글자로 된 이름이고 이 山은 두 글자로 된 이름이기 때문

에, 변별하여 '세 산 이름'이라고 한 것이다. 첫 부분과 끝부분이 되는 말에 이르렀기 때문에 '서로 바라보고 있음을 말한 것'이라고 하였다. 세 산에 대해서 그저 산 이름만 거명하였을 뿐, 다스린 내용에 대해서 말하지 않은 것은 위에 있는 '旣旅(이미 旅祭를 지냈다.)'의 글을 이어받았기 때문이다. ≪漢書≫ 〈地理志〉에 "右扶風 武功縣에 太一山이 있으니 古文에서 '終南'이라 하였고, 垂山은 古文에서 '惇物'이라 하였으니, 모두 武功縣 동쪽에 위치해 있다."라고 하였다.

原隰에 厎績하사 至于豬野하시다

平原과 隰地에서 치수의 공을 이루어 豬野에까지 미치셨다.

【傳】 下濕曰隰이라 豬野는 地名이라 言皆致功이라

땅이 낮고 습한 것을 隰이라 한다. 豬野는 땅 이름이다. 모두 〈治水의〉 功을 이루었음을 말한 것이다.

【疏】 傳'下濕' 至 '致功' ○ 正義曰 : '下濕曰隰', 釋地文. 地理志云 "豬野澤在武威縣, 東北有休屠澤, 古文以爲豬野澤."[1] 鄭玄以爲"詩云 '度其隰原', 卽此'原隰'是也. 原隰, 豳地. 從此致功, 西至豬野之澤也."

1) 豬野澤在武威縣……古文以爲豬野澤 : ≪漢書≫ 〈地理志〉에는 "休屠澤在東北 古文以爲豬野澤"이라고만 되어 있다.

傳의 〔下濕〕에서 〔致功〕까지

○ 正義曰 : 〔下濕曰隰〕 ≪爾雅≫ 〈釋地〉의 글이다. ≪漢書≫ 〈地理志〉에 "豬野澤이 武威縣에 있고, 〈武威縣의〉 동북쪽에 休屠澤이 있는데, 古文에서 豬野澤이라 했다."라고 하였다. 鄭玄은 "≪詩經≫ 〈大雅 公劉〉에 '그 습지와 언덕을 헤아려'라고 하였으니, 바로 여기의 '原隰'이 이것이다. 原隰은 豳 땅이다. 이로부터 〈치수의〉 공을 이루어 서쪽으로 豬野澤까지 이르렀다."라고 하였다.

三危旣宅한대 三苗丕敍[1]로다

1) 三苗丕敍 : 蔡傳에서는 "三苗도 이에 크게 공을 이루었다."라고 풀이하였다.

三危 지역이 이미 집을 짓고 살 수 있게 되자, 三苗族이 크게 〈안정되어〉 질서정

연해졌다.

【傳】西裔之山이 已可居한대 三苗之族이 大有次敍는 美禹之功이라

서쪽 변방의 산들이 이미 거처할 수 있게 되자, 三苗族이 크게 〈안정되어〉 질서정연해졌다는 것은 禹의 공적을 찬미한 것이다.

【疏】傳'西裔'至'之功' ○ 正義曰：左傳稱舜去四凶, 投之四裔, 舜典云 "竄三苗於三危." 是'三危'爲西裔之山也. 其山必是西裔, 未知山之所在. 地理志"杜林以爲燉煌郡, 卽古瓜州也."[1] 昭九年左傳云 "先王居檮杌於四裔, 故允姓之姦居于瓜州." 杜預云 "允姓之祖與三苗俱放於三危. 瓜州, 今燉煌也." 鄭玄引地記書云 "三危之山在鳥鼠之西, 南當岷山." 則在積石之西南. 地記乃妄書, 其言未必可信. 要知三危之山, 必在河之南也. 禹治水未已, 竄三苗, 水災既除, 彼得安定, 故云 "三危之山已可居, 三苗之族大有次敍." 記此事以美禹治之功也.

1) 杜林以爲燉煌郡 卽古瓜州也：≪漢書≫ 〈地理志〉에는 "杜林以爲古瓜州地 生美瓜"로 되어 있다.

傳의 〔西裔〕에서 〔之功〕까지

○ 正義曰：≪春秋左氏傳≫에서는 '舜임금이 四凶을 제거하여 四裔로 귀양 보냈다.'고 말하였고, 〈舜典〉에서는 "三苗를 三危에 유배시켰다."라고 하였으니, 三危는 서쪽 변방의 산이다. 그 산이 필시 서쪽 변방의 산일 것이나 산의 소재처는 알지 못하겠다. ≪漢書≫ 〈地理志〉에 "杜林은 '敦煌郡이 곧 옛날의 瓜州이다.'라고 했다." 하였다. ≪春秋≫ 昭公 9년 조의 ≪左氏傳≫에 "先王은 檮杌을 四裔에 살게 하였다. 그러므로 允姓의 간사한 무리들이 瓜州에 살고 있었다."라고 하였는데, 杜預는 "允姓의 조상은 三苗와 함께 三危山에 추방되었다. 瓜州는 지금의 燉煌이다."라고 하였다. 鄭玄은 ≪地記≫를 인용하여 쓰기를 "三危山은 鳥鼠山의 서쪽에 있어 남쪽으로 岷山과 마주한다."라고 하였으니, 積石山의 서남쪽에 있다. ≪地記≫는 망녕되이 쓴 것이니, 그 말을 꼭 믿을 수는 없다. 요컨대 三危山은 반드시 황하의 남쪽에 있었다는 것을 알겠다. 禹가 홍수를 다스리는 일이 아직 끝나기 전에 三苗를 귀양 보냈고, 水災가 이미 제거되자 저들이 안정할 수 있었기 때문에 "三危山이 이미 거처할 수 있게 되자, 三苗族이 크게 〈안정되어〉 질서정연해졌다."라고 한 것이니, 이 일을 기록해서 禹가 〈홍수를〉 다스린 공적을 찬미하였다.

厥土는 **惟黃壤**이니 **厥田**은 **惟上**에 **上**이요 **厥賦**는 **中**에 **下**요

그 토질은 노란 土壤이니, 그 田의 등급은 上에 上이고, 그 賦의 등급은 中에 下이며,

【傳】田은 第一이요 賦는 第六이니 人功少라

田은 제 1등급이고, 賦는 제 6등급이니, 人力이 적기 때문이다.

【疏】傳'田第一'至'功少' ○ 正義曰：此與荊州, 賦田升降, 皆較六等, 荊州升之極, 故云'人功修', 此州降之極, 故云'人功少'. 其餘相較少者, 從此可知也. 王制云 "凡居民, 量地以致邑, 度地以居民. 地・邑・民居必參相得也." 則民當相準, 而得有人功修・人功少者. 記言初置邑者, 可以量之, 而州境闊遠, 民居先定, 新遭洪水, 存亡不同, 故地勢有美惡, 人功有多少. 治水之後, 卽爲此差, 在後隨人少多, 必得更立其等, 此非永定也.

傳의 〔田第一〕에서 〔功少〕까지

○ 正義曰 : 이 州는 荊州와 함께 田에 賦稅를 매긴 升降 기준이 모두 6등급에 견주어야 할 것인데, 荊州는 심하게 올렸기 때문에 "인력이 많이 들어간 것이다."라 하였고, 이 州는 심하게 내렸기 때문에 "인력이 적게 들어간 것이다."라고 한 것이다. 그 나머지도 서로 견주어 볼 때 적게 들어가는 것을 여기에서 알 수 있다.

≪禮記≫ 〈王制〉에 "무릇 백성을 거주시키는 일은 땅을 측량하여 邑을 만들고, 땅을 헤아려 백성을 거주시킨다. 땅과 邑과 백성의 거주는 반드시 참작하여 서로 알맞아야 한다."라고 하였다. 백성은 응당 서로 준거하여 인력이 많이 들어가는 경우와 인력이 적게 들어가는 경우가 있게 되는 것이다. ≪禮記≫에서는 처음 邑을 설치할 경우에 땅을 헤아려서 州의 지경을 넓히고 백성의 거주를 먼저 정해야 함을 말한 것이다. 그러나 이 경우는 갓 홍수를 만나서 存亡 상태가 동일하지 않기 때문에 地勢에는 美惡에 관한 문제가 있고 人力에는 多少에 관한 문제가 있는 것이다. 홍수를 다스린 뒤에 곧 이와 같은 차등을 만든 것이니, 이 뒤에 사람의 다소에 따라 반드시 그 등급을 다시 세울 수 있는 것이지, 이것이 영구불변하게 정해진 것은 아니다.

厥貢은 **惟球琳琅玕**이로다

그 貢物은 오직 球玉과 琳玉과 琅玕이다.

【傳】 球琳은 皆玉名이라 琅玕은 石而似珠라 ○ 山海經云 崐崘山有琅玕樹라

球와 琳은 모두 玉 이름이다. 瑯玕은 돌인데 진주와 비슷하다.

○ ≪山海經≫에 "崐崘山에 琅玕樹가 있다."라고 하였다.

【疏】 傳'球琳'至'似珠' ○ 正義曰：釋地云 "西北之美者, 有崐崘虛之璆琳琅玕焉." 說者皆云 "球・琳, 美玉名, 琅玕, 石而似珠者." 必相傳驗, 實有此言也.

傳의 〔球琳〕에서 〔似珠〕까지

○ 正義曰：≪爾雅≫ 〈釋地〉에 "서북쪽의 아름다운 것으로는 崐崘山 아래의 땅에서 나는 璆・琳과 琅玕이 있다."라고 하였다. 說者가 모두 "球와 琳은 아름다운 玉의 이름이고, 琅玕은 돌인데 진주와 비슷한 것이다."라고 하였으니, 반드시 서로 전하여 징험한 것에 실로 이런 말이 있는 것이다.

浮于積石하여 至于龍門西河하여

積石山 곁에서 배를 띄워 龍門山의 西河에 이르러서

【傳】 積石山은 在金城西南하니 河所經也라 沿河順流而北하여 千里而東하고 千里而南하니라 龍門山은 在河東之西界라

積石山은 金城郡의 서남쪽에 있으니, 황하가 지나가는 곳이다. 황하를 따라 순류해 북쪽으로 방향을 틀어서 1,000리를 가서는 동쪽으로 향하고, 1,000리를 더 가서는 남쪽으로 향한다. 龍門山은 河東의 서쪽 지계에 있다.

【疏】 傳'積石'至'西界' ○ 正義曰：地理志云 "積石山在金城河關縣西南羌中, 河行塞外, 東北入塞內." 積石非河之源, 故云 "河所經也." 河從西來, 至此北流, 故禹沿河順流而北. 釋水云 "河千里一曲一直." 故千里而東, 千里而南, 至于龍門西河也. 地理志云 "龍門山在馮翊夏陽縣北." 此山當河之道, 禹鑿以通河東郡之西界也. 禹至此渡河而還都白帝也. '沿'或誤爲'治', 此說禹行, 不說治水也.

傳의 〔積石〕에서 〔西界〕까지

○ 正義曰 : ≪漢書≫ 〈地理志〉에 "積石山은 金城郡 河關縣 서남쪽 羌中에 위치해 있고, 황하는 塞外로 흘러가서 동북으로 塞內로 들어간다."라고 하였다. 積石山은 황하의 발원지가 아니기 때문에 "황하가 지나가는 곳이다."라고 한 것이다. 황하가 서쪽으로부터 흘러와 여기에 이르러서 북쪽으로 흘러가기 때문에 禹가 황하를 따라 순류하여 북쪽으로 방향을 틀었다."라고 한 것이다. ≪爾雅≫ 〈釋水〉에 "황하가 1,000리 간격으로 한 번은 굽게 흐르고 한 번은 곧게 흐른다."라고 하였다. 그러므로 1,000리를 가서는 동쪽으로 향하고 1,000리를 더 가서는 남쪽으로 향하여 龍門山의 西河에 이른다. 〈地理志〉에 "龍門山은 左馮翊 夏陽縣 북쪽에 위치해 있다."라고 하였다. 이 산이 황하가 흐르는 길을 막고 있었기 때문에 禹가 그 산을 파서 河東郡의 서쪽 지계로 통하게 한 것이다. 禹가 여기에 이르러서는 황하를 건너 帝都로 돌아와서 황제께 〈홍수 다스린 일을〉 아뢰었다. '沿'자는 더러 잘못하여 '治'자로 되어 있는데, 여기서는 禹의 행적을 말하였지, 홍수 다스리는 일을 말하지 않았다.

會于渭汭[1]하나니라

1) 會于渭汭 : 蔡傳에서는 雍州에서 貢物을 바치는 길이 渭水와 汭水로 모이는 것으로 보았다.

渭水의 북쪽으로 거슬러 올라가셨다.

【傳】 逆流曰會니 自渭北涯로 逆水西上이라

逆流하는 것을 會라 하니, 渭水의 북쪽 언덕으로부터 물을 거슬러 서쪽으로 올라갔다는 것이다.

【疏】 傳'逆流'至'西上' ○ 正義曰 : 會, 合也. 人行逆流而水相向, 故'逆流曰會'. 從河入渭, 自渭北涯逆水西上, 言禹白帝訖, 從此而西上, 更入雍州界也. 諸州之末, 惟言還都之道, 此州事終, 言發都更去, 明諸州皆然也.

傳의 〔逆流〕에서 〔西上〕까지

○ 正義曰 : 會는 合의 뜻이다. 사람이 역류해 가면 물이 서로 향하기 때문에 '逆流하는 것을 會라 한다.'고 한 것이다. 황하를 따라 渭水로 들어가고 渭水의 북쪽 언덕으로부터 물을 거슬러 서쪽으로 올라갔다는 것은 禹가 황제에게 아뢰는 일을 마치고 나서 여기에

서부터 서쪽으로 올라가서 다시 雍州의 지계로 들어갔음을 말한 것이다. 모든 州의 끄트머리에는 오직 帝都로 돌아오는 길만 말하였으나 이 州에서는 〈홍수 다스리는〉 일이 끝났으니, 帝都를 출발해서 다시 감을 말하여 모든 州에서 다 그렇게 하였음을 밝혔다.

織皮는 崐崘과 析支와 渠와 搜[1)]인데 西戎이 卽敍[2)]로다

1) 渠 搜 : 蔡傳에서는 '渠搜'를 합하여 나라 이름으로 보았다.
2) 卽敍 : 蔡傳에서는 '크게 공을 이룬 것'으로 풀이하였다.

織皮를 바친 나라는 崐崘과 析支와 渠와 搜인데 이들 西戎이 〈안정되어〉 질서정연해졌다.

【傳】 織皮는 毛布라 有此四國하여 在荒服之外流沙之內라 羌髳之屬이 皆就次敍는 美禹之功及戎狄也라 ○ 馬云 崐崘在臨羌西라 馬云 析支在河關西라 漢書志에 朔方郡有渠搜縣과 武紀云 北發渠搜[1)]가 是也라 髳는 西戎國名이라

1) 北發渠搜 : ≪漢書≫ 〈武帝紀〉의 '北發渠搜'에 대한 臣瓚의 注에서 인용한 ≪孔子三朝記≫의 "北發渠搜 南撫交趾(북쪽으로 渠搜를 징발하고 남쪽으로 交趾를 어루만졌다.)"에 의거하면 渠搜만 국명이고, ≪大戴禮記≫ 〈小閒〉의 "肅愼北發渠搜氐羌來服(숙신 · 북발 · 거수 · 저강이 와서 복종하였다.)"에 의거하면, 北發과 渠搜를 두 국명으로 보아야 한다. 여기서는 臣瓚의 注에 의거하여 번역하였다.

織皮는 毛布이다. 이들 네 나라가 있어 荒服의 밖, 流沙의 안에 있었다. "羌 · 髳의 등속이 모두 〈안정되어〉 질서정연해졌다고 한 것은 禹의 공적이 戎狄에까지 미쳐갔음을 찬미한 것이다.

○ 馬融은 "崐崘山은 臨羌의 서쪽에 있다."라고 하였다. 馬融은 "析支는 河關의 서쪽에 있다."라고 하였다. ≪漢書≫ 〈地理志〉에 "朔方郡에 渠搜縣이 있다."라고 한 것과 〈武帝紀〉에 "북쪽으로는 渠搜를 징발하였다."라고 한 것이 이것이다. 髳는 西戎의 나라 이름이다.

【疏】 傳'織皮'至'戎狄也' ○ 正義曰 : 四國皆衣皮毛, 故以'織皮'冠之. 傳言'織皮, 毛布. 有此四國', 崐崘也 · 析支也 · 渠也 · 搜也, 四國皆是戎狄也. 末以'西戎'總之. 此戎在荒服之外, 流沙之內. 牧誓云 "武王伐紂, 有羌 · 髳從之." 此是羌 · 髳之屬, 禹皆就次敍. 美禹之功遠及戎狄, 故記之也. 鄭玄云 "衣皮之民, 居此崐崘·析支·渠搜三山之野者, 皆西戎也." 王肅云 "崐崘在臨羌西, 析支在河關西. 西戎, 西域也." 王肅不言'渠搜', 鄭倂'渠搜'爲一, 孔傳不明. 或亦以'渠搜'爲一, 通'西戎'爲四也. 鄭以'崐崘'爲山, 謂別有崐崘之山, 非河所出者也. 所以孔意或是地名國號, 不必爲山也.

傳의 〔織皮〕에서 〔戎狄也〕까지

○ 正義曰 : 네 나라가 모두 皮毛로 만든 옷을 입었기 때문에 '織皮'를 文頭에 올려놓은 것이다. 孔傳에서 '織皮는 毛布이다. 이들 네 나라가 있어'라고 하였으니, 崐崘·析支·渠·搜로서 네 나라는 모두 戎狄이다. 그러므로 끝에 '西戎'을 가지고 총괄한 것이다. 이 戎狄은 荒服의 밖, 流沙의 안에 있다. 〈牧誓〉에 "武王이 紂를 정벌할 때에 羌과 髳가 종군하였다."라고 말하였는데, 이것이 羌과 髳의 등속으로 禹가 모두 〈안정시켜〉 질서정연하게 하였다. 禹의 공적이 멀리 戎狄에까지 미쳐갔음을 찬미하기 위하여 이 일을 기록한 것이다.

鄭玄은 "皮服을 입은 민족으로서 이 崐崘山과 析支山과 渠搜山 세 산의 들판에 자리잡고 사는 자들은 모두 西戎이다."라고 하였다. 王肅은 "崐崘은 臨羌의 서쪽에 위치해 있고, 析支는 河關의 서쪽에 위치해 있다. 西戎은 西域이다."라고 하였다. 王肅은 '渠搜'를 말하지 않았고, 鄭玄은 '渠'와 '搜'를 아울러서 하나로 여겼는데, 孔傳에서는 그 점을 밝히지 않았다. 혹은 또한 '渠'와 '搜'를 하나로 여기고 '西戎'까지 통틀어서 넷으로 여기기도 하였다. 鄭玄이 崐崘을 산으로 여긴 것은 별도로 崐崘山이 있다고 생각한 것이지, 황하가 나오는 곤륜산은 아니었다. 그러므로 공안국의 생각에는 아마도 地名이나 國號로 여긴 듯하니 꼭 산으로 여길 필요는 없다.

導岍及岐하여 至于荊山하며

岍山 및 岐山으로부터 시작하여 荊山에 이르며,

【傳】 更理說所治山川首尾所在라 治山通水라 故로 以山名之라 三山皆在雍州라 ○ 導는 從首起也라 岍은 字又作汧이니 山名이라 一名吳岳이라 馬本에 作開라

다스린 山川이 시작되는 곳과 끝나는 곳의 소재지를 다시 정리해서 말하였다. 산을 다스려 물을 통하게 했기 때문에 산을 가지고 명칭을 하였다. 岍山·岐山·荊山은 모두 雍州에 있다.

○ 導는 처음으로 시작한 것이다. 岍은 글자가 또 '汧'으로 되어 있으니, 산 이름이다. 일명 '吳岳'이라 한다. 馬本에는 '開'로 되어 있다.

【疏】'導岍及岐' ○ 正義曰：上文每州說其治水登山, 從下而上, 州境隔絶, 未得徑通. 今更從上而下, 條說所治之山, 本以通水, 擧其山相連屬, 言此山之傍, 所有水害, 皆治訖也. 因冀州在北, 故自北爲始. 從此'導岍'至'敷淺原', 舊說以爲三條. 地理志云"禹貢北條荊山, 在馮翊懷德縣南, 南條荊山, 在南郡臨沮縣東北. 是舊有三條之說也. 故馬融・王肅, 皆爲三條, '導岍'北條, '西傾'中條, '嶓冢'南條. 鄭玄以爲四列[1), '導岍'爲陰列, '西傾'爲次陰列, '嶓冢'爲次陽列, '岷山'爲正陽列. 鄭玄創爲此說, 孔亦當爲三條也. '岍'與'嶓冢'言'導', '西傾'不言'導'者, 史文有詳略, 以可知故省文也.

1) 是舊有三條之說也……鄭玄以爲四列：林之奇는 ≪尙書全解≫에서 "〈禹貢〉에서 아마 산을 따르는 일을 먼저 하고 하천을 준설하는 일을 뒤에 한 모양인데, 이것은 禹의 治水하는 순서이다. 先儒가 이에 대해 논한 것이 많다. 馬融과 王肅 같은 이는 모두 3條를 만들어서 導岍을 北條로, 西傾을 中條로, 嶓冢을 南條로 삼았고, 鄭玄은 4列을 만들어서 導岍을 正陰列로, 西傾을 次陰列로, 嶓冢을 次陽列로, 岍山을 正陽列로 삼아 그 首尾가 서로 연해지게 하였으니, 孔氏의 생각 또한 반드시 馬氏・鄭氏와 같은 案이었을 것이다.……經文에서 말한 '導'・'至'・'逾'・'入'은 모두 '懷山襄陵'의 물을 가리켜 말한 것인데, 先儒는 산을 가리켜 말하였으니, 무릇 산이란 고요하여 움직이지 않는 물건인데, 어떻게 河를 넘고 바다로 들어가고 九江을 지날 수 있겠는가. 이 한 문단은 文義가 매우 명백하건만, 先儒에게 '三條四列說'이 있기 때문에 반드시 여러 산들의 首尾를 서로 연속시키려고 한 것이다. 그러므로 그 말들이 대부분 牽强하여 통하지 않는다."라고 하였다.

經의 〔導岍及岐〕

○ 正義曰：上文에서는 매 州마다 홍수를 다스리기 위해 산에 오르는 일을 설명하였으나 아래로부터 위로 올라가면서 하였기 때문에 州의 지경이 隔絶해서 곧장 통할 수 없었다. 지금은 다시 위로부터 아래로 내려오면서 다스린 산들을 조목별로 설명하였으니, 근본적으로 물을 소통시키자 그 산들이 서로 이어져 있었음을 거론하여 이들 산 주변에 있던 水害가 모두 다스려져 끝났음을 말한 것이다.

冀州가 북쪽에 있기 때문에 북쪽에서부터 시작한 것이다. 이 '導岍'으로부터 '敷淺原'에 이르기까지를 舊說에서는 3條로 삼았다. ≪漢書≫ 〈地理志〉에 "〈禹貢〉에서 北條荊山은 馮翊郡 懷德縣 남쪽에 있고 南條荊山은 南郡 臨沮縣 동북쪽에 있다."라고 하였으니, 예전부터 3條說이 있다. 그러므로 馬融과 王肅이 모두 3條라고 하였으니, '導岍'은 北條,

'西傾'은 中條, '嶓冢'은 南條이다. 鄭玄은 4列이라고 하였으니, '導岍'은 陰列, '西傾'은 次陰列, '嶓冢'은 次陽列, '岷山'은 正陽列이 된다. 鄭玄이 이 말을 창시하였으니, 孔安國도 응당 3條라고 하였을 것이다. '岍'과 '嶓冢'에서는 '導'를 말하고, '西傾'에서는 '導'를 말하지 않은 것은 사관의 글에는 상세함과 소략함이 있으니, 고의로 글을 생략한 것임을 알 수 있다.

【疏】○傳'更理'至'雍州' ○正義曰：荊・岐上已具矣, 而此復言之, 以山勢相連, 而州境隔絶. 更從上理說所治山川首尾所在, 總解此下導山水之意也. 其實通水而文稱導山者, 導山本爲治水, 故以導山名之. 地理志云"吳岳在扶風岍縣西, 古文以爲岍山, 岐山在美陽縣西北, 荊山在懷德縣." 三山皆在雍州.

○ 傳의 〔更理〕에서 〔雍州〕까지

○ 正義曰：荊山과 岐山에 대한 기록이 위에 이미 자세하게 다루어졌는데 여기에서 다시 말한 것은 山勢가 서로 이어져서 州의 지경이 隔絶하였기 때문이다. 다시 위에서부터 이미 다스린 산천의 首尾所在를 정리해서 설명하였는데, 이 아래의 導山과 導水의 뜻을 총괄적으로 풀이한 것이다. 사실은 물을 통하게 한 일인데 글에서 '導山'을 칭한 것은 산에서 시작한 일이 본래 물을 다스리기 위한 일이기 때문에 '導山'을 가지고 명칭을 한 것이다. ≪漢書≫ 〈地理志〉에 "吳岳은 扶風 岍縣 서쪽에 있으니 古文에서는 '岍山'이라 하였다. 岐山은 美陽縣 서북쪽에 있고, 荊山은 懷德縣에 있다."라고 하였으니, 세 산은 모두 雍州에 있다.

逾于河하여

黃河를 넘어서

【傳】此謂梁山龍門西河라

이곳은 梁山과 龍門山 〈사이의〉 西河를 이른다.

【疏】傳'此謂'至'西河' ○正義曰：'逾于河', 謂山逾之也. 此處山勢相望, 越河而東, 故云'此謂龍門西河'. 言此處山不絶, 從此而渡河也.

傳의 〔此謂〕에서 〔西河〕까지

○ 正義曰：〔逾于河〕 산맥이 황하를 넘는 것을 이른다. 이곳은 산세가 서로 이어져 황하를 넘어 동쪽으로 갔기 때문에 "이곳은 龍門山 사이의 西河를 이른다."라고 한 것이다. 이곳은 산맥이 끊어지지 않았기 때문에 여기에서 황하를 건넜다고 말한 것이다.

壺口와 雷首로 至于太岳하며

壺口山과 雷首山으로부터 太岳山에 이르며,

【傳】 三山은 在冀州라 太岳은 上黨西라

세 산은 冀州에 있다. 太岳山은 上黨郡의 서쪽에 있다.

【疏】 傳'三山'至'黨西' ○ 正義曰：地理志云 "壺口在河東北屈縣東南, 雷首在河東蒲坂縣南, 太岳在河東彘縣東." 是'三山在冀州'. 以太岳東近上黨, 故云'在上黨西'也.

傳의 〔三山〕에서 〔黨西〕까지

○ 正義曰：≪漢書≫ 〈地理志〉에 "壺口山은 河東郡 北屈縣 동남쪽에 있고, 雷首山은 河東郡 蒲坂縣 남쪽에 있고, 太岳山은 河東郡 彘縣 동쪽에 있다."라고 하였으니, '세 산은 冀州에 있는 것'이다. 太岳山이 동쪽으로 上黨郡에 가깝기 때문에 "上黨郡의 서쪽에 있다."라고 한 것이다.

底柱와 析城으로 至于王屋하며

底柱山과 析城山으로부터 王屋山에 이르며,

【傳】 此三山은 在冀州南河之北하고 東行이라 ○ 底柱는 山名이니 在河水中이라

이들 세 산은 冀州 南河의 북쪽에 있고 동쪽으로 뻗어나간다.

○ 底柱는 산 이름이니, 河水 가운데 있다.

【疏】 傳'此三'至'東行' ○ 正義曰：地理志云 "析城在河東濩澤縣西[1], 王屋在河東垣縣東北." 地理志不載底柱. 底柱在太陽關東析城之西. 從底柱至王屋, 在冀州南河之北, 東行也.

1) 西：≪漢書≫ 〈地理志〉에는 '西南'으로 되어 있다.

傳의 〔此三〕에서 〔東行〕까지

○ 正義曰 : ≪漢書≫ 〈地理志〉에 "析城山은 河東郡 濩澤縣 서쪽에 있고, 王屋山은 河東郡 垣縣 동북쪽에 있다."라고 하였다. 〈地理志〉에 底柱山은 기재되지 않았으니, 底柱山은 太陽縣 關東, 析城山의 서쪽에 있다. 底柱山으로부터 王屋山에 이르기까지는 冀州 南河의 북쪽에 있고 동쪽으로 뻗어나간다.

(大)〔太〕[1]行과 恒山으로 至于碣石하여 入于海하다

1) (大)〔太〕: 저본에는 '大'로 되어 있으나, ≪經典釋文≫에 의거하여 '太'로 바로잡았다. 아래도 같다.

太行山과 恒山으로부터 碣石山에 이르러 바다로 들어간다.

【傳】 此二山은 連延東北하여 接碣石而入滄海라 百川이 經此衆山이니 禹皆治之나 不可勝名이라 故로 以山言之라

이들 두 산은 끊이지 않고 동북쪽으로 뻗어나가 碣石山에 접하여 滄海로 들어간다. 모든 하천이 이 여러 산들을 거치는데, 禹가 〈그 하천들을〉 다 다스렸으나, 이루 다 이름을 붙일 수 없기 때문에 산을 가지고 말한 것이다.

【疏】 傳'此二'至'言之' ○ 正義曰 : 地理志云 "(大)〔太〕行山在河內山陽縣西北, 恒山在常山上曲陽縣西北." 大行去恒山太遠, 恒山去碣石又遠, 故云 "此二山連延東北, 接碣石而入滄海." 言山傍之水皆入海, 山不入海也. 又解治水言山之意, '百川經此衆山, 禹皆治之, 川多不可勝名, 故以山言之'也. 謂漳・潞・汾・涑, 在壺口・雷首・(大)〔太〕行, 經底柱・析城, 濟出王屋, 淇近(大)〔太〕行, 恒・衛・滹沲・滱・易, 近恒山・碣石之等也.

傳의 〔此二〕에서 〔言之〕까지

○ 正義曰 : ≪漢書≫ 〈地理志〉에 "太行山은 河內郡 山陽縣 서북쪽에 있고, 恒山은 常山郡 上曲陽縣 서북쪽에 있다."라고 하였다. 太行山은 恒山과의 거리가 매우 멀고, 恒山은 碣石山과의 거리가 또 멀기 때문에 "이들 두 산은 끊이지 않고 동북쪽으로 뻗어나가 碣石山에 접하여 滄海로 들어간다."라고 하였으니, 산 주변의 물이 모두 바다로 들어감을 말한 것이지, 산맥이 바다로 들어간 것은 아니다.

또 홍수를 다스릴 때 산을 말한 뜻을 풀이하기를 '모든 하천이 이 여러 산들을 거치는데, 禹가 〈그 하천들을〉 다 다스렸으나, 이루 다 이름을 붙일 수 없기 때문에 산을 가지고 말한 것이다.'라고 하였다. 漳水・潞水・汾水・涑水는 壺口山・雷首山・太行山에 있는데 厎柱山과 析城山을 거쳐 흐르고, 濟水는 王屋山에서 나오고, 淇水는 太行山에 가깝고, 恒水・衛水・滹沲水・滱水・易水는 恒山과 碣石山에 가깝다는 것 등을 이른다.

西傾과 朱圉와 鳥鼠로

西傾山과 朱圉山과 鳥鼠山으로부터

【傳】 西傾과 朱圉는 在積石以東이라 鳥鼠는 渭水所出이니 在隴西之西라 三者는 雍州之南山이라

西傾山과 朱圉山은 積石山 동쪽에 있다. 鳥鼠山은 渭水가 나오는 곳이니, 隴西의 서쪽에 있다. 이들 세 산은 雍州의 남쪽에 있는 山이다.

【疏】 傳'西傾'至'南山' ○ 正義曰：地理志云 "西傾在隴西臨洮縣西南, 朱圉在天水冀縣南." 言在積石以東, 見河所經也. 地理志云 "鳥鼠同穴山, 在隴西首陽縣西南, 渭水所出, 在隴西郡之西." 是三者, 皆雍州之南山也.

傳의 〔西傾〕에서 〔南山〕까지

○ 正義曰：≪漢書≫ 〈地理志〉에 "西傾山은 隴西郡 臨洮縣 서남쪽에 있고, 朱圉山은 天水郡 冀縣 남쪽에 있다."라고 하였으니, 積石山 동쪽에 있음을 말하여 황하가 경유한 곳을 보인 것이다. 〈地理志〉에 "鳥鼠同穴山은 隴西郡 首陽縣 서남쪽에 있다. 渭水가 나오는 곳인데, 隴西郡의 서쪽에 있다."라고 하였으니, 셋은 모두 雍州의 남쪽에 있는 산이다.

至于太華하며

太華山에 이르며,

【傳】 相首尾而東이라

서로 首尾가 되어 동쪽으로 향하였다.

【疏】傳'相首尾而東' ○ 正義曰：地理志云 "太華在京兆華陰縣南." 鳥鼠東望太華太遠, 故云'相首尾而東'也.

傳의 〔相首尾而東〕

○ 正義曰：≪漢書≫ 〈地理志〉에 "太華山은 京兆 華陰縣 남쪽에 있다."라고 하였는데, 鳥鼠山이 동쪽으로 太華山을 바라보는 거리가 너무도 멀기 때문에 "서로 首尾가 되어 동쪽으로 향하였다."라고 한 것이다.

熊耳와 外方과 桐柏으로 至于陪尾하다

熊耳山과 外方山과 桐柏山으로부터 陪尾山에 이르렀다.

【傳】四山相連하여 東南在豫州界라 洛經熊耳하고 伊經外方하며 淮出桐柏하여 經陪尾라 凡此皆先擧所施功之山於上하고 而後에 條列所治水於下하니 互相備라 ○ 陪尾는 山名이니 漢書作橫尾라 列은 本或作別이라

이들 네 산은 서로 연해져서 동남으로 豫州의 지계에 있다. 洛水는 熊耳山을 거쳐 흐르고 伊水는 外方山을 거쳐 흐르며, 淮水는 桐柏山에서 나와 陪尾山을 거쳐 흐른다. 이것은 모두 공력을 쓴 산들을 위에서 먼저 거론하고 난 다음, 다스린 물들을 아래에서 조별로 열거하였으니, 상호간에 구비된 것이다.

○ 陪尾는 산 이름이니, ≪漢書≫에는 '橫尾'로 되어 있다. '列'은 어떤 本에는 혹 '別'로 되어 있다.

【疏】傳'四山'至'相備' ○ 正義曰：地理志云 "熊耳山在弘農盧氏縣東, 伊水所出. 嵩高山在潁川嵩高縣, 古文以爲外方山. 桐柏山在南陽平氏縣東南. 橫尾山在江夏安陸縣東北, 古文以爲陪尾山." 是四山接華山而相連, 東南皆在豫州界也. 凡擧山名, 皆爲治水, 故言水之所經, "洛出熊耳, 伊經外方, 淮出桐柏, 經陪尾." 導山本爲治水, 故云 "皆先擧所施功之山於上, 而後條列所治水於下, 互相備."

傳의 〔四山〕에서 〔相備〕까지

○ 正義曰：≪漢書≫ 〈地理志〉에 "熊耳山은 弘農郡 盧氏縣 동쪽에 있는데 伊水가 나

오는 곳이다. 嵩高山은 潁川郡 嵩高縣에 있는데 古文에서는 '外方山'이라 하였다. 桐柏山은 南陽郡 平氏縣 동남쪽에 있다. 橫尾山은 江夏郡 安陸縣 동북쪽 있는데 古文에서는 '陪尾山'이라 하였다."라고 하였다. 이 네 산은 華山에 접하여 서로 연해져서 동남쪽으로 모두 豫州의 지계에 있다. 무릇 산 이름을 거론한 것은 모두 홍수를 다스리기 위한 것이기 때문에 물의 경로를 말하여 "洛水는 熊耳山을 거쳐 흐르고 伊水는 外方山을 거쳐 흐르며, 淮水는 桐柏山에서 나와 陪尾山을 거쳐 흐른다."라고 한 것이다. '산을 인도하는 것'은 본래 홍수를 다스리기 위한 것이기 때문에 "모두 공력을 쓴 산들을 위에서 먼저 거론하고 난 다음, 다스린 물들을 아래에서 조별로 열거하였으니, 상호간에 구비된 것이다."라고 한 것이다.

導嶓冢하여 至于荊山하며

嶓冢山으로부터 시작하여 荊山에 이르며,

【傳】漾水出嶓冢하니 在梁州하고 經荊山이라 荊山은 在荊州라

漾水는 嶓冢山에서 나오니 〈嶓冢山은〉 梁州에 있고, 荊山을 거쳐 흐른다. 荊山은 荊州에 있다.

【疏】傳'漾水'至'荊州' ○正義曰：下云 "嶓冢導漾." 梁州云 "岷·嶓旣藝." 是嶓冢在梁州也. 荊州以荊山爲名, 知'荊山在荊州'也.

傳의 〔漾水〕에서 〔荊州〕까지

○正義曰：아래에서 "嶓冢山에서 漾水를 유도하여"라 하고, 梁州에서 "岷山과 嶓山에 이미 〈곡식을〉 심을 수 있게 되었으며"라고 하였으니, 嶓冢山은 梁州에 있는 것이다. 荊州는 荊山을 가지고 명칭을 한 것이니, 荊山이 荊州에 있음을 안 것이다.

內方으로 至于大別하다

內方山으로부터 大別山에 이른다.

【傳】內方大別은 二山名이니 在荊州하고 漢所經이라

內方과 大別은 두 산 이름이니, 荊州에 있고 漢水가 경유하는 곳이다.

【疏】 傳'內方'至'所經' ○ 正義曰：地理志云 "章山在江夏竟陵縣東北, 古文以爲內方山." 地理志無大別. 鄭玄云 "大別在廬江安豐縣." 杜預解春秋云 "大別闕."[1] 不知何處. 或曰 "大別在安豐縣西南." 左傳云 "吳旣與楚夾漢, 然後楚乃濟漢而陳, 自小別至于大別." 然則二別近漢之名, 無緣得在安豐縣. 如預所言, 雖不知其處, 要與內方相接, 漢水所經, 必在荊州界也.

1) 大別闕：杜預의 ≪春秋釋例≫에서 大別山에 대해 '闕'로 표시하였다.

傳의 〔內方〕에서 〔所經〕까지

○ 正義曰：≪漢書≫ 〈地理志〉에 "章山은 江夏郡 竟陵縣 동북쪽에 있는데 古文에서는 '內方山'이라 했다."라고 하였다. 〈地理志〉에는 大別山이 없다. 鄭玄은 "大別山은 廬江郡 安豐縣에 있다."라고 하였다. 杜預는 ≪春秋≫를 해석하면서 "大別山은 빠져있다.〔大別闕〕"라고 하였으니, 어느 곳인지 알 수 없다. 혹자는 "大別山은 安豐縣 서남쪽에 있다."라고 하였다. ≪春秋左氏傳≫ 定公 4년 조에 "吳나라 군대는 이미 楚나라 군대와 漢水를 끼고 진을 쳤다. 그런 다음 楚나라 군대가 곧 漢水를 건너 진을 치고, 小別山으로부터 大別山에 이르기까지 〈세 차례나 싸웠다.〉"라고 하였다. 그렇다면 小別山과 大別山은 漢水에 가까이 있는 산들 이름이니, 安豐縣에 있을 까닭이 없다. 杜預의 말대로라면 비록 그 소재처는 알 수 없으나 결국은 內方山과 서로 접하고 漢水가 경유한 곳일 터이니, 반드시 荊州의 지계에 있을 것이다.

岷山之陽으로 至于衡山하며

岷山의 남쪽으로부터 衡山에 이르며,

【傳】 岷山은 江所出이니 在梁州하고 衡山은 江所經이니 在荊州라

岷山은 江水가 나오는 곳이니 梁州에 있고, 衡山은 江水가 경유하는 곳이니 荊州에 있다.

【疏】 傳'岷山'至'荊州' ○ 正義曰：其下云'岷山導江', 梁州'岷・嶓旣藝', 是岷山在梁州也. 地理志云 "衡山在長沙湘南縣東南." 上言'衡陽惟荊州', 是'江所經, 在荊州'也.

傳의 〔岷山〕에서 〔荊州〕까지

○ 正義曰：아래에 '岷山에서 江水를 유도하시어'라 하고, 梁州에서 '岷山과 嶓山에

이미 〈곡식을〉 심을 수 있게 되었으며'라고 하였으니, 岷山은 梁州에 있다. ≪漢書≫ 〈地理志〉에 "衡山은 長沙郡 湘南縣 동남쪽에 있다."라 하고, 위에서 '〈荊山과〉 衡山 남쪽 사이에 荊州가 있다.'고 말하였으니, '〈衡山은〉 江水가 경유하는 곳이니 荊州에 있다.'라고 한 것이다.

過九江하여 至于敷淺原[1)]하다

1) 導岍及岐……至于敷淺原 : 孔疏에서는 山脈이 뻗어가는 형상으로 보았고, 蔡傳에서는 林之奇의 ≪尙書全解≫처럼 禹가 治水하는 순서로 보았다.

九江을 지나 敷淺原에 이른다.

【傳】 言衡山連延過九江하여 接敷淺原이라 言導는 從首起요 言陽은 從南이라 敷淺原은 一名博陽山이니 在揚州豫章界라

衡山이 끊이지 않고 뻗어나가 九江을 지나 敷淺原과 접했음을 말한 것이다. 〈岍山과 嶓冢山에서〉 '導'를 말한 것은 처음으로 시작하였기 때문이고, 〈岷山에서〉 '陽'을 말한 것은 남쪽으로부터 〈시작하였기〉 때문이다. 敷淺原은 일명 '博陽山'이라고도 하는데 揚州 豫章의 지계에 있다.

【疏】 傳'言衡'至'章界' ○正義曰 : '衡', 卽橫也, 東西長, 今之人謂之爲嶺. 東行連延過九江之水, 而東接於敷淺原之山也. 經於岍及嶓冢言'導', 岷山言'陽', 故解之"言導從首起, 言陽從南." 言岷山之南至敷淺原, 別以岷山爲首, 不與大別相接, 由江所經, 別記之耳, 以見岷非三條也. 地理志"豫章歷陵縣南有博陽山, 古文以爲敷淺原."

傳의 〔言衡〕에서 〔章界〕까지

○ 正義曰 : 衡은 곧 橫의 뜻이다. 동서로 긴 것을 지금 사람들이 '嶺'이라고 한다. 〈衡山이〉 동쪽으로 가 끊이지 않고 뻗어나가 九江의 물을 지나 동쪽으로 敷淺原의 山과 접하였다. 經文에서 岍山과 嶓冢山에서는 '導'를 말하고, 岷山에서는 '陽'을 말하였기 때문에 이를 해석하기를 "導를 말한 것은 처음으로 시작하였기 때문이고, 陽을 말한 것은 남쪽으로부터 시작하였기 때문이다."라고 한 것이다.

岷山의 남쪽으로부터 敷淺原에 이르기까지 말한 대목에서는 별도로 岷山을 처음으로 삼고 大別山과 서로 이어놓지 않았으며, 江水가 경유하는 곳을 별도로 기록하였을 뿐이

니, 岷山이 三條가 아니라는 점을 보인 것이다. ≪漢書≫ 〈地理志〉에 "豫章郡 歷陵縣 남쪽에 博陽山이 있는데 古文에서는 '敷淺原'이라 했다."라고 하였다.

導弱水하시되 至于合黎하여

弱水를 유도하시되 合黎에 이르러

【傳】 合黎는 水名이니 在流沙東이라 ○ 弱은 本或作溺이라 合黎는 馬云 地名이라하니라

合黎는 물 이름인데 流沙의 동쪽에 있다.

○ 弱은 어떤 本에는 '溺'으로 되어 있다. 合黎는 馬融이 "땅 이름이다."라고 하였다.

【疏】'導弱水' ○ 正義曰：此下所導, 凡有九水, 大意亦自北爲始. 以弱水最在西北, 水又西流, 故先言之. 黑水雖在河南, 水從雍・梁西界南入南海, 與諸水不相參涉, 故又次之. 四瀆江・河爲大, 河在北, 故先言河也. 漢入於江, 故先漢後江. 其濟發源河北, 越河而南, 與淮俱爲四瀆, 故次濟, 次淮. 其渭與洛俱入于河, 故後言之. 計流水多矣, 此擧大者言耳. 凡此九水, 立文不同, 弱水・黑水・沇水不出于山, 文單, 故以水配. 其餘六水, 文與山連. 旣繫於山, 不須言'水'. 積石山非河上源, 記施功之處, 故云'導河積石', 言發首積石起也. 漾・江先山後水, 淮・渭・洛, 先水後山, 皆是史文詳略, 無義例也. 又淮・渭・洛, 言'自某山'者, 皆是發源此山, 欲使異於導河, 故加'自'耳. 鄭玄云 "凡言'導'者, 發源於上, 未成流, 凡言'自'者, 亦發源於上, 未成流." 必其俱未成流, 何須別'導'與'自'. 河出崐崘, 發源甚遠, 豈至積石, 猶未成流而云'導河'也.

經의 〔導弱水〕

○ 正義曰：이 아래 유도한 대상에는 모두 아홉 개의 물이 있는데, 대의는 또한 북쪽으로부터 시단을 삼았다. 弱水는 가장 서북쪽에 위치해 있고 물이 또 서쪽으로 흐르기 때문에 먼저 말하였다. 黑水는 비록 河水의 남쪽에 위치해 있으나 물이 雍州와 梁州의 서쪽 지계를 따라 남쪽으로 南海에 들어와 여러 물과 서로 관섭하지 않기 때문에 또 그 다음에 말하였다. 四瀆 중에 江水와 河水가 제일 크고, 河水가 북쪽에 있기 때문에 河水를 먼저 말하였다. 漢水가 江水에 들어가기 때문에 漢水를 먼저 말하고 江水를 뒤에 말하였다. 濟水는 河水의 북쪽에서 발원하여 河水를 넘어 남쪽으로 가서 淮水와 함께 四瀆이 되기 때문에 濟水를 그 다음에 말하고 또 淮水를 그 다음에 말하였다. 渭水와 洛水는 함

께 河水로 들어가기 때문에 맨 뒤에 말하였다. 따져보면 흐르는 물이 많지만, 여기서는 큰 것만을 들어서 말했을 뿐이다.

이 아홉 개 물에 대해서 문장을 쓴 것이 같지 않은데, 弱水・黑水・流水는 산에서 나오지 않아 문장이 단조롭기 때문에 '水'를 가지고 배합하였다. 그 나머지 여섯 개의 물에 대해서는 문장이 산과 연계되어 있다. 이미 산과 연계되어 있기 때문에 '水'를 말할 필요가 없다. 積石山은 河水의 上源이 아니고 공력을 쓴 곳을 기록한 것이기 때문에 '導河積石'이라고 하였으니, 적석산에서 공사를 시작하여 일으킴을 말한 것이다. 漾水・江水에 대해서는 산을 먼저 말하고 물은 뒤에 말하였으며, 淮水・渭水・洛水에 대해서는 물을 먼저 말하고 산을 뒤에 말하였는데, 모두 史官이 기록해 놓은 글의 詳・略에 관한 문제이지, 정해진 義例(凡例)가 있는 것은 아니다. 또 淮水・渭水・洛水에서 '어떤 산으로부터'라고 말한 것은 모두 이 산에서 발원한 것이라, '導河'와 다르게 하려고 하였기 때문에 '自'자를 더 붙였을 뿐이다.

鄭玄은 "'導'를 말한 것은 위에서 발원하였지만 아직 물길을 이루지 못한 것이고, '自'를 말한 것 역시 위에서 발원하였지만 아직 물길을 이루지 못한 것이다."라고 하였다. 꼭 그것이 모두 물길을 이루지 못했다면 어찌 '導'와 '自'를 구별할 필요가 있었겠는가. 河는 崐崘山에서 나오므로 발원한 지점이 매우 먼데, 어찌 積石山에 이르도록 아직까지 물길을 이루지 못했으면서 '導河'라고 하였겠는가.

【疏】 傳'合黎'至'沙東' ○ 正義曰：弱水得入合黎, 知'合黎'是水名. 顧氏云"地(說)〔記〕[1]書'合黎, 山名.' 但此水出合黎, 因山爲名." 鄭玄亦以爲山名. 地理志張掖郡刪丹縣, 桑欽以爲導弱水自此, 西至酒泉・合黎. 張掖郡又有居延澤, 在縣東北, 古文以爲流沙. 如志之言, 酒泉郡在張掖郡西, 居延屬張掖, 合黎在酒泉, 則流沙在合黎之東, 與此傳不合. 案經弱水西流, 水旣至于合黎, 餘波入于流沙, 當如傳文合黎在流沙之東, 不得在其西也.

1) (說)〔記〕: 저본에는 '說'로 되어 있으나, 武英殿本・薈要本 및 ≪十三經注疏正字≫에 의거하여 '記'로 바로잡았다.

傳의 〔合黎〕에서 〔沙東〕까지

○ 正義曰 : 弱水가 合黎로 들어가게 되었기 때문에 '合黎'가 물 이름임을 안 것이다. 顧氏(顧彪)는 "≪地記書≫에 '合黎는 산 이름이다.'라고 하였다. 다만 이 물이 合黎山에

서 나왔기 때문에 산을 따라 명명했을 뿐이다."라고 하였고, 鄭玄도 산 이름이라고 하였다. ≪漢書≫ 〈地理志〉 張掖郡 刪丹縣 조에서 桑欽은 "弱水를 따라 물을 소통시키는 일은 여기서부터 시작해서 서쪽으로 酒泉과 合黎에 이르렀다."라고 하였다. 張掖郡 조에 또 "居延澤이 있어 居延縣의 동북쪽에 있는데 古文에서는 流沙라 했다."라고 하였다. 〈地理志〉의 말대로 酒泉郡이 張掖郡 서쪽에 있고, 居延澤이 張掖郡에 속해 있고, 合黎가 酒泉郡에 있다면 流沙는 合黎의 동쪽에 있게 되므로 이 孔傳과 합하지 않는다. 經文을 살펴보면 弱水는 서쪽으로 흐르니, 물이 이미 合黎에 이르렀을 때 남은 물줄기가 流沙로 들어간다면 당연히 傳文처럼 合黎는 流沙의 동쪽에 있어야지, 그 서쪽에 있을 수 없다.

餘波가 入于流沙[1)]라

1) 導弱水……入于流沙 : 蔡傳에서 "하천을 준설하는 일은 산을 따라서 시작되기 때문에 물을 인도하는 일이 산을 인도하는 일 다음에 놓인 것이다.〔濬川之功 自隨山始 故導水次於導山也〕"라고 하였다. 조선시대 吳熙常은 ≪老洲集≫ 〈讀書隨記〉에서 "〈禹貢〉의 경우, 먼저 九州를 차례로 배열하여 山川의 規制를 기록하고 나서 비로소 홍수 다스리는 일을 말하였는데, 導山을 導水보다 먼저 한 것은 泉源들이 모두 산에서 나오고, 川과 瀆이 모두 바다로 들어가기 때문에 泉源을 疏滌하여 川과 瀆으로 돌리고, 川과 瀆을 터서 바다로 注入시켰으니, 이것은 治水의 대세를 가지고 말한 것이다. 만일 그 시공의 차례라면, 반드시 아래로부터 올라가면서 먼저 하류를 분쇄시켜야 상류가 바야흐로 물길을 따라 범람하지 않을 것이니, ≪朱子語類≫에서 '禹의 治水는 먼저 지대가 낮은 곳에서 시작했다.'는 것이 참으로 맞는 말이다. 그런데 蔡傳에서 '하천을 준설하는 일은 산을 따라서 시작되기 때문에 물을 인도하는 일이 산을 인도하는 일 다음에 놓인 것이다.'라고 한 말은 곡절에 흠이 있는 듯싶다."라고 하였다.

남은 물줄기가 流沙로 들어가게 하셨다.

【傳】 弱水餘波가 西溢入流沙라

弱水의 남은 물줄기가 서쪽으로 넘쳐서 流沙로 들어가게 했다는 것이다.

導黑水하여 至於三危하고 入于南海라

黑水를 유도하여 三危山에 이르고 南海로 들어가게 하셨다.

【傳】黑水自北而南하여 經三危하고 過梁州하여 入南海라

黑水는 북쪽으로부터 남쪽으로 흘러서 三危山을 경유하고 梁州를 지나 南海로 들어가게 했다는 것이다.

【疏】傳'黑水'至'南海' ○ 正義曰：地理志益州郡計在蜀郡西南三千餘里, 故滇王國也. 武帝元封二年, 始開爲郡. 郡內有滇池縣, 縣有黑水祠, 止言有其祠, 不知水之所在. 鄭云"今中國無也." 傳之此言, 順經文耳. 案酈元水經"黑水出張掖雞山, 南流至燉煌, 過三危山, 南流入于南海." 然張掖·燉煌竝在河北, 所以黑水得越河入南海者, 河自積石以西皆多伏流, 故黑水得越而南也.

傳의 〔黑水〕에서 〔南海〕까지

○ 正義曰：≪漢書≫〈地理志〉에 의하면 益州郡은 계산상으로 蜀郡 서남쪽 3천여 리의 지점에 있으니, 예전의 滇王國이었다. 武帝 元封 2년(B.C. 109)에 처음으로 개척하여 郡으로 만들었다. 郡 안에는 滇池縣이 있고, 縣에는 黑水祠가 있다. 그 祠가 있는 것만 말했으니, 물의 소재처는 알 수가 없다. 鄭玄은 "지금 中國에는 없다."라고 하였다. 孔傳의 이 말은 經文을 따랐을 뿐이다. 酈道元의 ≪水經≫을 살펴보면 "黑水는 張掖郡 雞山에서 나와 남쪽으로 흘러 燉煌郡에 이르고 三危山을 지나 남쪽으로 南海로 흘러들어간다."라고 하였다. 그러나 張掖郡과 燉煌郡은 모두 황하 북쪽에 있는데, 黑水가 황하를 넘어 南海로 들어갈 수 있는 것은, 황하가 積石山 서쪽으로는 모두 伏流가 많기 때문에 黑水가 〈황하를〉 넘어서 남쪽으로 흐를 수 있는 것이다.

導河積石하여 至于龍門하시며

積石山에서 황하를 유도하기 시작하여 龍門山에 이르게 하시며,

【傳】施功發於積石하여 至于龍門하되 或鑿山하고 或穿地하여 以通流라

積石山에서 공사를 시작하여 龍門山에 이르되 혹은 산을 파기도 하고 혹은 땅을 파기도 하여 물의 흐름을 통하게 하였다는 것이다.

【疏】傳'施功'至'通流' ○ 正義曰：河源不始於此, 記其施功處耳, 故言'施功發于積石'. 釋水云 "河千里一曲一直." 則河從積石北行, 又東, 乃南行至于龍門, 計應三千餘

里. 龍門・厎柱, 鑿山也. 其餘平地, 穿地也. '或鑿山 或穿地 以通流', 言自積石至海皆然也. 釋水云 "河出崐崘虛, 色白." 李巡曰 "崐崘, 山名. 虛, 山下地也." 郭璞云 "發源高處激湊, 故水色白. 潛流地中, 受渠衆多, 渾濁, 故水色黃." 漢書西域傳云 "河有兩源, 一出葱嶺, 一出于闐(전). 于闐在南山下, 其河北流, 與葱嶺河合, 東注蒲昌海. 蒲昌海, 一名鹽澤者, 去玉門・陽關三百餘里, 廣袤三四百里. 其水停居, 冬夏不增減, 皆以爲潛行地下, 南出于積石, 爲中國河." 郭璞云 "其去崐崘, 里數遠近未得詳也."

傳의 〔施功〕에서 〔通流〕까지

○ 正義曰 : 황하의 수원이 여기에서 시작된 것이 아니고 그 공사를 시작한 곳을 기록했을 뿐이다. 그러므로 '積石山에서 공사를 시작하여'라고 한 것이다. ≪爾雅≫ 〈釋水〉에 "황하가 1,000리를 흐르면서 한 번은 굽게 흐르고 한 번은 곧게 흐른다."라고 하였으니, 황하가 積石山으로부터 북쪽으로 흘러가고 또 동쪽으로 흐르다가 곧 남쪽으로 흘러가 龍門山에 이르렀으니, 계산하면 응당 3,000여 리가 될 것이다. 龍門山과 厎柱山은 산을 팠고, 그 나머지는 평지이기 때문에 땅을 판 것이다. '혹은 산을 파기도 하고 혹은 땅을 파기도 하여 물의 흐름을 통하게 하였다는 것'은 積石山으로부터 바다에 이르기까지 다 그렇게 〈공사를〉 하였음을 말한 것이다.

≪爾雅≫ 〈釋水〉에 "황하가 崐崘山 아래에서 나올 때에는 색깔이 희다."라고 하였는데, 李巡은 "崐崘은 산 이름이고, 虛는 산 아래 땅이다."라 하고, 郭璞은 "높은 곳에서 발원하면 급격히 쏟아지기 때문에 물빛이 희고, 땅속으로 숨어 흐르면 여러 도랑의 물을 받아 혼탁하기 때문에 물빛이 누렇다."라고 하였다.

≪漢書≫ 〈西域傳〉에 "황하에는 두 개의 水源이 있으니, 하나는 葱嶺에서 나오고, 다른 하나는 于闐에서 나온다. 于闐은 南山 아래에 위치해 있으니, 황하가 북쪽으로 흘러가 葱嶺에서 발원한 황하와 합하여 동쪽으로 蒲昌海로 주입된다. 蒲昌海는 일명 '鹽澤'이란 것인데, 玉門・陽關과의 거리는 3백 여 리이고 너비와 길이는 3, 4백 리이다. 그 물이 흐르지 않고 멈추어 있어서 겨울과 여름에도 증가되거나 감소되지 않으며, 모두 지하로 숨어 흐르다가 남쪽으로 積石山에서 나와서 中國의 河水가 된다."라고 하였다. 郭璞은 "그 崐崘山과의 거리에 대한 里數의 원근관계는 자세히 알 수 없다."라고 하였다.

南至于華陰하시며

남쪽으로 華山의 북쪽에 이르게 하시며,

【傳】河自龍門南流至華山하고 北(至)〔而〕[1]東行이라

1) (至)〔而〕: 저본에는 '至'로 되어 있으나, "古本·岳本·宋板·≪史記集解≫에는 '至'가 '而'로 되어 있다."라고 한 阮元의 校勘記에 의거하여 '而'로 바로잡았다.

河水는 龍門山으로부터 남쪽으로 흘러 華山에 이르고 북쪽으로 해서 동쪽으로 흘러간다는 것이다.

東至于厎柱하시며

동쪽으로 厎柱山에 이르게 하시며,

【傳】厎柱는 山名이라 河水分流하여 包山而過하니 山見水中若柱然하며 在西虢之界라

厎柱는 산 이름이다. 河水가 나뉘어 흘러 산을 감싸고 지나가니 산이 물 가운데 나타난 것이 마치 기둥 같으며 西虢의 지계에 있다.

又東至于孟津하시며

또 동쪽으로 孟津에 이르게 하시며,

【傳】孟津은 地名이니 在洛北이라 都道所湊니 古今以爲津이라 ○ 孟津은 洛北地名이라

孟津은 땅 이름이니, 洛陽城 북쪽에 있다. 여러 길이 모이는 곳이므로 예나 지금이나 나루로 삼았다.

○ 孟津은 洛陽城 북쪽의 땅 이름이다.

【疏】傳'孟津'至'爲津' ○ 正義曰：孟是地名, 津是渡處. 在孟地致津, 謂之'孟津'. 傳云'地名', 謂'孟'爲地名耳. 杜預云"孟津, 河內河陽縣南孟津也. 在洛陽城北, 都道所湊, 古今常以爲津. 武王渡之, 近世以來, 呼爲武濟."

傳의 〔孟津〕에서 〔爲津〕까지

○ 正義曰 : 孟은 땅 이름이고, 津은 물을 건너는 곳이다. 孟 땅에 津을 조성했기 때문에 '孟津'이라고 한 것이다. 孔傳에서 '땅 이름이다.'라 한 것은 '孟'을 일러 '땅 이름'이라고 했을 뿐이다. 杜預는 "孟津은 河內郡 河陽縣 남쪽에 있는 孟津이다. 洛陽城 북쪽에 있고, 여러 길이 모이는 곳이기 때문에 예나 지금이나 항상 나루로 삼았다. 武王이 〈이

나루를〉 건넜기 때문에 근세 이래로 '武濟'라 부른다."라고 하였다.

東過洛汭하여 至于大伾하시며

동쪽으로 洛汭를 지나 大伾에 이르게 하시며,

【傳】 洛汭는 洛入河處라 山再成曰伾[1]라 至于大伾而北行이라 ○ 伾는 本或作岯라

1) 山再成曰伾 : 조선시대 金長生은 ≪經書辨疑≫에서 "이른바 '再成'의 成자가 重疊의 뜻이란 것은 의심할 나위가 없다. 伾는 岯가 되어야 옳을 듯하다."라고 하였다.

洛汭는 洛水가 河水로 들어가는 곳이다. 산이 두 번 중첩된 것을 '伾'라 한다. 大伾에 이르러서는 북쪽으로 흘러간다.

○ 伾는 어떤 本에 더러 '岯'로 되어 있기도 하다.

【疏】 傳'洛汭'至'北行' ○ 正義曰 : '洛汭 洛入河處', 河南鞏縣東也. 釋山云 "再成英, 一成岯." 李巡曰 "山再重曰英, 一重曰岯." 傳云 "再成曰岯." 與爾雅不同, 蓋所見異也. 鄭玄云 "大岯在修武武德之界." 張揖云 "成皐縣山也." 漢書音義有臣瓚[1]者, 以爲 "修武武德無此山也. 成皐縣山, 又不一成. 今黎陽縣山臨河, 豈不是大岯乎." 瓚言當然.

1) 臣瓚 : 瓚의 姓은 알 수 없다.

傳의 〔洛汭〕에서 〔北行〕까지

○ 正義曰 : 〔洛汭 洛入河處〕 河南郡 鞏縣 동쪽이다. ≪爾雅≫ 〈釋山〉에 "두 번 중첩된 것은 英이고, 한 번 중첩된 것은 岯이다."라고 하였는데, 李巡은 "산이 두 번 중첩된 것을 英이라 하고, 한 번 중첩된 것을 岯라 한다."라고 하였다. 孔傳에 "〈산이〉 두 번 중첩된 것을 伾라 한다."라고 하여 ≪爾雅≫와 같지 않은 것은 아마 소견이 다르기 때문일 것이다. 鄭玄은 "大岯는 修武와 武德의 경계에 위치해 있다."라 하였고, 張揖은 "成皐縣의 산이다."라고 하였다. ≪漢書音義≫에 臣瓚이란 자가 있어 말하기를 "修武와 武德에 이런 산이 없다. 成皐縣의 산은 또 한 번 중첩되지 않았다. 지금 黎陽縣의 산이 황하에 임해 있으니, 이것이 어찌 大岯가 아니겠는가."라고 하였으니, 臣瓚의 말이 당연하다.

北過降[1]水하여 至于大陸하시며

1) 降 : ≪漢書≫ 〈地理志〉에는 '絳', 大全本에는 '洚'으로 되어 있다.

북쪽으로 降水를 지나 大陸에 이르게 하시며,

【傳】 降水는 水名이니 入河라 大陸은 澤名이라

降水는 물 이름이니, 河水로 들어간다. 大陸은 못 이름이다.

【疏】 傳'降水'至'澤名' ○正義曰：地理志云 "降水在信都縣."[1] 案班固漢書, 以襄國爲信都, 在大陸之內. 或降水發源在此, 下尾至今之信都, 故得先過降水, 乃至大陸. 若其不爾, 則降水不可知也. 鄭以"降讀爲降(下江反), 聲轉爲共, 河內共縣, 淇水出焉, 東至魏郡黎陽縣入河, 北近降水也. 周時國於此地者, 惡(오)言降水, 改謂之共." 此鄭胸臆, 不可從也.

1) 降水在信都縣：≪漢書≫〈地理志〉信都國 信都縣 조에 "〈禹貢〉에는 絳水도 바다로 들어간다고 하였다.〔禹貢絳水亦入海〕"라고 주석되어 있다.

傳의 〔降水〕에서 〔澤名〕까지

○ 正義曰：≪漢書≫〈地理志〉에 "降水는 信都縣에 있다."라고 하였다. 班固의 ≪漢書≫를 살펴보면, 襄國을 信都國으로 만들었으니, 大陸의 안에 있었다. 혹시 降水의 發源이 여기에 있고 그 下尾가 지금의 信都에 이르렀기 때문에 먼저 降水를 지나야 곧 大陸에 이를 수 있었던 모양이다. 만일 그렇지 않다면 降水에 대한 것은 알 수 없다.

鄭玄은 "降을 '降(下와 江의 反切)'으로 발음해서 읽던 것이 소리가 점점 바뀌어 '共'의 음이 된 것으로 여기고 河內郡 共縣에서 淇水가 나와 동쪽으로 魏郡 黎陽縣에 이르러서 河水로 들어가는데, 북쪽으로 降水에 가까웠다. 周나라 때에 이 지대에 나라를 세운 자가 '降水'라고 말하기 싫어서 '共'으로 고쳐서 불렀다."라고 하였는데, 이는 鄭玄의 억측이라 따를 수가 없다.

又北播爲九河라가

또 북쪽으로 나누어져 九河가 되었다가

【傳】 北分爲九河하여 以殺(쇄)其溢하니 在兗州界라 ○溢은 字又作隘라

북쪽으로 나누어져 九河가 되어 물이 넘치는 것을 감소시켰으니, 兗州의 지계에 있다. ○ 溢은 글자가 또 隘로 되어 있기도 하다.

同爲逆河하여 **入于海**하시다

함께 합류하여 逆河가 되어서 바다로 들어가게 하셨다

【傳】 同合爲一大河하니 名逆河而入於渤海라 皆禹所加功이라 故로 敍之라

함께 합해져 하나의 큰 河水가 되니, '逆河'라 불리고 渤海로 들어간다. 모두 禹가 공을 들인 곳이기 때문에 서술한 것이다.

【疏】 傳'同合'至'敍之' ○ 正義曰：傳言九河將欲至海, 更同合爲一大河, 名爲逆河, 而入于渤海也. 鄭玄云 "下尾合, 名爲逆河, 言相向迎受." 王肅云 "同逆一大河, 納之於海." 其意與孔同.

傳의 〔同合〕에서 〔敍之〕까지

○ 正義曰：孔傳에서 "九河가 장차 바다에 도달하려고 다시 함께 합해져 하나의 큰 河水가 되니 '逆河'라 불리고 渤海로 들어간다."라고 말하였는데, 鄭玄은 "下尾가 합해져서 명칭을 '逆河'라고 하였으니, 서로 향하여 맞아 받아들임을 말한 것이다."라고 하였다. 王肅은 "함께 역류하는 하나의 큰 河水가 바다로 들어간 것이다."라고 하였으니, 그 뜻이 孔傳과 같다.

嶓冢에 **導漾**하사 **東流爲漢**하시며

嶓冢山에서 漾水를 유도하시어 동쪽으로 흘러 漢水가 되게 하시며,

【傳】 泉始出山爲漾水요 東南流爲沔水요 至漢中하여 東流爲漢水라

샘이 처음으로 산에서 나와서 漾水가 되고, 동남쪽으로 흘러서 沔水가 되고, 漢中郡에 이르러 동쪽으로 흘러가서 漢水가 된 것이다.

【疏】 傳'泉始'至'漢水' ○ 正義曰：傳之此言, 當據時人之名爲說也. 地理志云 "漾水出隴西氐道縣, 至武都爲漢水." 不言中爲沔水. 孔知嶓冢之東・漢水之西而得爲沔水者, 以禹治梁州, 入帝都白所治云'逾于沔 入于渭', 是沔近于渭, 當梁州向冀州之路也. 應劭云 "沔水自江別, 至南郡華容縣爲夏水, 過江夏郡入江." 旣云'江別', 明與此沔別也. 依地理志 漢水之尾變爲夏水, 是應劭所云沔水下尾, 亦與漢合, 乃入於江也.

傳의 〔泉始〕에서 〔漢水〕까지

○ 正義曰 : 孔傳의 이 말은 응당 당시 사람들의 명칭에 의거해서 말했을 것이다. ≪漢書≫ 〈地理志〉에 "漾水는 隴西郡 氐道縣에서 나와서 武都郡에 이르러 漢水가 된다."라 하였고, 중간에 沔水가 된 것은 말하지 않았다. 孔安國이 嶓冢山의 동쪽과 漢水의 서쪽이 沔水가 됨을 안 것은 禹가 梁州의 홍수를 다스리고 帝都에 들어와서 다스린 곳을 아뢰기를 '沔水를 넘어 渭水로 들어와서'라고 하였기 때문이니, 이는 沔水가 渭水에 가까워서 梁州에서 冀州로 향하는 길에 놓였던 것이다. 應劭는 "沔水가 江水로부터 갈라져 나와 南郡 華容縣에 이르러서 夏水가 되고, 江夏郡을 지나 江水로 들어간다."라고 하였다. 이미 '江別(江水에서 갈라져 나왔다.)'이라고 하였으니, 이 沔水와 구별됨이 분명하다. 〈地理志〉에 의하면, 漢水의 下尾가 변하여 夏水가 되었으니, 이는 應劭가 말한 '沔水'의 下尾 또한 漢水와 합해져 곧 江水로 들어간 것이다.

又東爲滄浪之水하시며

또 동쪽으로 滄浪의 물이 되게 하시며,

【傳】 別流在荊州라

別流가 荊州에 있는 것이다.

【疏】 傳'別流在荊州' ○ 正義曰 : 傳言'別流', 似分爲異水. 案經首尾相連, 不是分別, 當以名稱別流也. 又上在梁州, 故此云 "在荊州."

傳의 〔別流在荊州〕

○ 正義曰 : 孔傳에서 '別流'라고 말한 것은 마치 나뉘어 다른 물이 된 것처럼 보이지만, 經의 首尾가 서로 연해져있음을 감안하면 이는 분별한 것이 아니니, 마땅히 이름을 '別流'라고 칭한 것이다. 또 위에서 〈嶓冢山은〉 "梁州에 있다."라고 하였기 때문에 여기에서 "荊州에 있다."라고 한 것이다.

過三澨하여 至于大別하여

三澨를 지나 大別山에 이르러

【傳】 三澨는 水名이니 入漢이라 大別은 山名이라 ○ 澨가 南入於江은 觸山回南하여 入江이라 ○ 東匯澤爲彭蠡니 匯는 回也라 水東回爲彭蠡大澤이라 ○ 匯는 東爲北江하여 入於海라 自彭蠡江分爲三하고 入震澤하여 遂爲北江而入海[1)]라

1) ○ 澨……遂爲北江而入海 : 四庫本에서 보충하였다.

三澨는 물 이름이니 漢水로 들어간다. 大別은 산 이름이다.

○ 澨가 남쪽으로 江에 들어가는 것은 곧 산에 부딪쳐 남쪽으로 돌아서 江水에 들어가는 것이다.

○ 東匯澤이 彭蠡가 되니, 匯는 回의 뜻이다. 물이 동쪽으로 돌아서 彭蠡大澤이 된 것이다.

○ 匯는 동쪽으로 北江이 되어 바다로 들어간다. 彭蠡江으로부터 나뉘어 셋이 되고, 震澤에 들어가서 드디어 北江이 되어 바다로 들어간다.

南入于江하시며

남쪽으로 江水에 들어가게 하시며,

【傳】 觸山廻南하여 入江이라

산에 부딪쳐 남쪽으로 돌아서 江水에 들어간다.

東匯澤하여 爲彭蠡하시며

동쪽으로 꺾어져 돌아 모여서 彭蠡가 되게 하시며,

【傳】 匯는 廻也라 水東廻爲彭蠡大澤이라

匯는 廻의 뜻이다. 물이 동쪽으로 돌아서 彭蠡大澤이 되었다.

東爲北江하여 入于海하시다

동쪽으로 北江이 되어 바다로 들어가게 하셨다.

【傳】 自彭蠡江分爲三[1)]하고 入震澤이라가 遂爲北江而入海라

1) 三 : 裴駰의 ≪史記集解≫에는 '三'자 아래에 '道'자가 있다.

彭蠡澤으로부터 江水가 나뉘어 셋이 되고, 震澤으로 들어가서 드디어 北江이 되어 바다로 들어간다는 것이다.

【疏】 傳'自彭'至'入海' ○ 正義曰 : 揚州云 "三江旣入, 震澤厎定." 孔爲'三江旣入', 入震澤也, 故言"江自彭蠡分而爲三江, 復共入震澤, 出澤又分爲三, 此水遂爲北江而入于海." 鄭玄以爲"'三江旣入', 入于海, 不入震澤也." 孔必知入震澤者, 以震澤屬揚州, 彭蠡在揚州之西界, 今從彭蠡有三江, 則震澤之西三江具矣. 今云'三江旣入', 繼以'震澤厎定', 故知三江入震澤矣. 今南人以大江不入震澤, 震澤之東, 別有松江等三江. 案職方揚州"其川曰三江." 宜擧州內大川. 其松江等, 雖出震澤, 入海旣近, 周禮不應捨岷山大江之名, 而記松江等小江之說. 山水(同)〔古〕[1]今變易, 故鄭云 "旣知今, 亦當知古." 是古今〔不〕[2]同之驗也.

1) (同)〔古〕: 저본에는 '同'으로 되어 있으나, 四庫本에 의거하여 '古'로 바로잡았다.
2) 〔不〕: 저본에는 없으나, "의심컨대 '同' 위에 '不'자가 빠진 것 같다."라고 한 阮元의 校勘記에 의거하여 보충하였다.

傳의 〔自彭〕에서 〔入海〕까지

○ 正義曰 : 揚州에서 "三江이 이미 〈震澤으로〉 흘러들어가니, 震澤이 안정되었다."라고 하였는데, 孔安國은 '三江旣入'을 震澤으로 들어간 것으로 여겼기 때문에 "江이 彭蠡澤으로부터 나뉘어 三江이 되고 다시 함께 震澤으로 들어가며 震澤에서 나와 또 셋으로 나뉘고, 이 물이 드디어 北江이 되어 바다로 들어간다."라고 말한 것이다. 그런데 鄭玄은 "'三江旣入'은 바다로 들어간 것이지, 震澤으로 들어간 것이 아니다."라고 하였다. 孔安國이 震澤으로 들어간다는 점을 꼭 알게 된 것은 震澤이 揚州에 속해 있고, 彭蠡가 揚州의 서쪽 지계에 위치해 있기 때문이니, 지금 彭蠡를 따라 三江이 있다면 震澤의 서쪽에 三江이 갖춰졌을 것이다. 지금 '三江旣入'이라 하고 이어서 '震澤厎定'이라고 했기 때문에 三江이 震澤으로 들어감을 안 것이다.

지금 남쪽 사람들은 大江이 震澤으로 들어가지 않는다는 점 때문에 震澤의 동쪽에 별도로 松江 등 三江이 있는 것으로 여긴다. 그러나 ≪周禮≫ 〈夏官 司馬 職方氏〉를 살펴보면, 揚州 조에 "그 〈주가 되는〉 하천은 三江이다."라고 하였으니, 응당 揚州 내의 大川을 거명하였을 것이다. 그 松江 등은 비록 震澤에서 나왔다 하더라도 바다로 들어가는 거리가 이미 가까운 상태이니, ≪周禮≫에서는 응당 岷山과 大江의 이름을 놓아두고 松江 등 小江의 說을 기록하지 않았을 것이다. 山水는 예와 지금이 變易하기 때문에 鄭玄이 "이미 지금을 알았다면 또한 마땅히 예전도 알아야 한다."라고 하였으니, 이는 고금이 같지 않다는 징험이다.

岷山에 導江하사 東別爲沱하시며

岷山에서 江水를 유도하시어 동쪽으로 별도로 沱水가 되게 하시며,

【傳】 江은 東南流하고 沱는 東行이라

江水는 동남쪽으로 흐르고, 沱水는 동쪽으로 흘러간다.

【疏】 傳'江東'至'東行' ○ 正義曰：以上云'浮于江·沱·潛·漢', 其次自南而北, 江在沱南, 知'江東南流而沱東行'.

傳의 〔江東〕에서 〔東行〕까지

○ 正義曰：위에서 '江水·沱水·潛水·漢水에 배를 띄워'라고 하였는데, 그 순서가 남쪽에서 북쪽으로 가고, 江水는 沱水의 남쪽에 위치해 있기 때문에 '江水는 동남으로 흐르고, 沱水는 동쪽으로 흘러감'을 안 것이다.

又東至于澧하시며

또 동쪽으로 澧水에 이르게 하시며,

【傳】 澧는 水名이라

澧는 물 이름이다.

【疏】 傳'澧 水名' ○ 正義曰：鄭玄以此經自'導弱水'已下, 言'過'言'會'者, 皆是水名, 言'至于'者, 或山或澤, 皆非水名, 故以'合黎'爲山名, '澧'爲陵名. 鄭玄云 "今長沙郡有澧陵縣." 其以陵名爲縣乎. 孔以'合黎'與'澧'皆爲水名, 弱水餘波入于流沙, 則本源入合黎矣, 合黎得容弱水, 知是水名. 楚辭曰 "(濯)〔遺〕[1]余佩兮澧浦." 是澧亦爲水名.

1) (濯)〔遺〕: 저본에는 '濯'으로 되어 있으나, ≪楚辭≫에 의거하여 '遺'로 바로잡았다. 遺는

離의 뜻이다.

傳의 〔澧 水名〕

○ 正義曰 : 鄭玄은 이 經文의 '導弱水'로부터 이하에서 '過'라고 말하고 '會'라고 말한 것(곧 지나는 대상과 모이는 대상)은 모두 물 이름이고, '至于'라고 말한 것(곧 이르는 대상)은 혹은 산, 혹은 못으로 모두 물 이름이 아니었기 때문에 合黎는 산 이름으로, 澧는 구릉 이름으로 여겼다. 그래서 鄭玄은 "지금 長沙郡에 澧陵縣이 있다."라고 하였으니, 어찌 구릉 이름으로 고을을 이름할 수 있겠는가. 孔安國은 合黎와 澧를 모두 물 이름으로 여겼는데, 弱水의 남은 물결이 流沙로 들어갔으면 本源이 合黎로 들어갈 것이다. 合黎가 弱水를 수용하게 된 셈이니, 이래서 물 이름임을 안 것이다. ≪楚辭≫에 "나의 패옥을 澧浦에 풀어 놓았다."라고 하였으니, 이 澧 또한 물 이름이다.

過九江하여 至于東陵하시며

九江을 지나 東陵에 이르게 하시며,

【傳】 江分爲九道하니 在荊州라 東陵은 地名이라

江水가 나뉘어 아홉 길이 되니, 荊州에 있다. 東陵은 땅 이름이다.

【疏】 傳'江分'至'地名' ○ 正義曰 : 九江之水, 禹前先有其處. 禹今導江, 過歷九江之處, 非是別有九江之水.

傳의 〔江分〕에서 〔地名〕까지

○ 正義曰 : 九江의 물은 禹 이전에 이미 그 곳이 있었다. 禹가 지금 江水를 유도하여 九江의 곳을 지나가는 것이지, 따로 九江의 물이 있는 것은 아니다.

東池北會(于)〔爲〕[1]匯하시며

1) (于)〔爲〕 : 저본에는 '于'로 되어 있으나, 孔傳과 大全本 등에 의거하여 '爲'로 바로잡았다.

동쪽으로 넘쳐 북쪽으로 모여 彭蠡〔匯〕가 되게 하시며,

【傳】 池는 溢也라 東溢分流라가 都共北會爲彭蠡라 ○ 池는 馬云 靡也라

池는 溢의 뜻이다. 동쪽으로 넘쳐 나뉘어져 흐르다가 모두 함께 북쪽으로 모여 彭蠡가

된다.

○ 迆는 馬融이 "靡의 뜻이다."라고 하였다.

【疏】 傳'迆溢'至'彭蠡' ○ 正義曰：'迆', 言靡迆. 邪出之言, 故爲溢也. 東溢分流, 又都共聚合, 北會彭蠡, 言散流而復合也. 鄭云"東迆者爲南江." 孔意或然. '至'之與'會', 史異文耳.

傳의 〔迆溢〕에서 〔彭蠡〕까지

○ 正義曰：'迆'는 구불구불하게 흘러감을 말한다. 비스듬하게 나감을 말하였기 때문에 '溢'의 뜻이라 한 것이다. 동쪽으로 넘쳐 나뉘어져 흐르다가 또 모두 함께 모여서 합쳐져 북쪽으로 彭蠡에 모임은 흩어져 흐르다가 다시 합쳐짐을 말한 것이다. 鄭玄은 "동쪽으로 넘친 것은 南江이 되었다."라고 하였으니, 孔安國의 생각도 혹 그랬을 것이다. '至'와 '會'는 史官이 문체를 다르게 한 것일 뿐이다.

東爲中江하여 入于海하시다

동쪽으로 中江이 되어 바다로 들어가게 하셨다.

【傳】 有北하고 有中하니 南은 可知라

北이 있고 中이 있으니, 南이 있음은 〈말하지 않아도〉 알 수 있다.

【疏】 傳'有北有中 南可知' ○ 正義曰：地理志云"南江, 從會稽吳縣南, 東入海. 中江, 從丹陽(無)〔蕪〕[1)]湖縣西, 東至會稽陽羨縣, 東入海. 北江, 從會稽毗陵縣北, 〔東〕[2)]入于海."

1) (無)〔蕪〕: 저본에는 '無'로 되어 있으나, 福建本・汲古閣本・武英殿本・薈要本에 의거하여 '蕪'로 바로잡았다.

2) 〔東〕: 저본에는 없으나, ≪漢書≫ 〈地理志〉에 의거하여 보충하였다.

傳의 〔有北有中 南可知〕

○ 正義曰：≪漢書≫ 〈地理志〉에 "南江은 會稽郡 吳縣 남쪽에서부터 동쪽으로 바다에 들어가고, 中江은 丹陽郡 蕪湖縣 서쪽에서부터 동쪽으로 會稽郡 陽羨縣에 이르러 동쪽으로 바다에 들어가고, 北江은 會稽郡 毗陵縣 북쪽에서부터 동쪽으로 바다에 들어간다."

라고 하였다.

導沇水하시되 東流爲濟하여

沇水를 유도하시되 동쪽으로 흘러 濟水가 되어

【傳】泉源爲沇하고 流去爲濟하니 在溫西北平地라

샘의 근원은 沇水가 되고, 흘러가서는 濟水가 되니, 溫縣의 서북쪽 平地에 있다.

【疏】傳'泉源'至'平地' ○正義曰：地理志云 "濟水出河東垣縣王屋山, 東南至河內武德縣入河." 傳言'在溫西北平地'者, 濟水近在河內, 孔必驗而知之. 見今濟水所出, 在溫之西北七十餘里, 溫是古之舊縣, 故計溫言之.

傳의 〔泉源〕에서 〔平地〕까지

○正義曰：≪漢書≫ 〈地理志〉에 "濟水는 河東郡 垣縣 王屋山에서 나와서 동남쪽으로 河內郡 武德縣에 이르러 河水로 들어간다."라고 하였다. 孔傳에서 '溫縣의 서북쪽 平地에 있다고 말한 것'은 濟水가 가까이 河內郡에 있었기 때문에 孔安國은 반드시 징험해서 알았을 것이다. 현재 濟水가 나오는 곳은 溫縣의 서북쪽 70여 리 지점에 있는데, 溫縣은 예전의 舊縣이기 때문에 溫縣을 감안해서 말한 것이다.

入于河하시며 溢爲滎하시며

河水로 들어가게 하시며, 넘쳐 滎澤이 되게 하시며,

【傳】濟水入河하여 竝流十數里라가 而南截河하고 又竝流數里라가 溢爲滎澤하니 在敖倉東南이라

濟水가 河水에 들어가서 아울러 10여 리를 흐르다가 남쪽으로 河水를 꺾어 지나가고, 또 아울러 몇 리를 흘러가다가 넘쳐서 滎澤이 되니, 敖倉의 동남쪽에 있다.

【疏】傳'濟水'至'東南' ○正義曰：此皆目驗爲說也. 濟水旣入于河, 與河相亂, 而知截河過者, 以河濁濟淸, 南出還淸, 故可知也.

傳의 〔濟水〕에서 〔東南〕까지

○ 正義曰 : 이것은 모두 목격하고 말한 것이다. 濟水가 이미 河水에 들어가 河水와 서로 어지럽게 섞여있는데도 '河水를 가로질러 지나감을 안 것은 河水는 흐리고 濟水는 맑은데, 〈濟水가〉 남쪽으로 나가서 도로 맑아지기 때문에 알 수 있었던 것이다.

東出于陶丘北하시며

동쪽으로 陶丘의 북쪽으로 나가게 하시며,

【傳】 陶丘는 丘再成이라

陶丘는 언덕이 두 번 중첩된 것이다.

【疏】 傳'陶丘 丘再成' ○ 正義曰 : 釋丘云 "再成爲陶丘." 李巡曰 "再成, 其形再重也." 郭璞云 "今濟陰定陶城中有陶丘." 地理志云 "定陶縣西南有陶丘亭."

傳의 〔陶丘 丘再成〕

○ 正義曰 : ≪爾雅≫ 〈釋丘〉에 "두 번 중첩된 것을 陶丘라 한다."라고 하였는데, 李巡은 "再成은 그 형상이 두 번 중첩된 것이다."라고 하였다. 郭璞은 "지금 濟陰郡 定陶縣 城中에 陶丘가 있다."라고 하였다. ≪漢書≫ 〈地理志〉에 "定陶縣 서남쪽에 陶丘亭이 있다."라고 하였다.

又東至于菏하시며

또 동쪽으로 菏澤에 이르게 하시며,

【傳】 菏澤之水라

菏澤의 물이다.

又東北으로 會于汶하시며

또 동북쪽으로 汶水에 모이게 하시며,

【傳】 濟與汶合이라

濟水와 汶水가 합해진 것이다.

又北東으로 入于海하시다

다시 북동쪽으로 바다에 들어가게 하셨다.

【傳】 北折而東이라

북쪽으로 꺾어 동쪽으로 흐른다.

導淮하시되 自桐柏하여

淮水를 유도하시되 桐柏山으로부터 하여

【傳】 桐柏山은 在南陽之東이라

桐柏山은 南陽郡의 동쪽에 있다.

【疏】 傳'桐柏'至'之東' ○ 正義曰：地理志云 "桐柏山在南陽平氏縣東南, 淮水所出." 水經云 "出胎簪山, 東北過桐柏山." 胎簪蓋桐柏之傍小山, 傳言'南陽郡之東'也.

傳의 〔桐柏〕에서 〔之東〕까지

○ 正義曰：≪漢書≫ 〈地理志〉에 "桐柏山은 南陽郡 平氏縣 동남쪽에 있는데, 淮水가 나오는 곳이다."라고 하였다. ≪水經≫에 "〈淮水는〉 胎簪山에서 나와 동북쪽으로 桐柏山을 지나간다."라고 하였으니, 胎簪山은 아마 桐柏山 곁에 있는 작은 산인 듯한데, 孔傳에서 '南陽郡의 동쪽'이라고 말하였다.

東會于泗沂하여 東入于海하시다

동쪽으로 泗水와 沂水에 모여서 동쪽으로 바다로 들어가게 하셨다.

【傳】 與泗沂二水合하여 入海라

泗水와 沂水 두 물과 합쳐져 바다로 들어간다.

【疏】 傳'與泗'至'入海' ○ 正義曰：地理志云 "沂水出泰山蓋縣, 南至下邳入泗, 泗水出濟陰乘氏縣, 至臨淮睢陵縣入淮." 乃沂水先入泗, 泗入淮耳. 以沂水入泗處, 去淮已近, 故連言之.

傳의 〔與泗〕에서 〔入海〕까지

○ 正義曰：≪漢書≫ 〈地理志〉에 "沂水는 泰山郡 蓋縣에서 나와 남쪽으로 下邳縣에 이르러 泗水로 들어가고, 泗水는 濟陰郡 乘氏縣에서 나와 臨淮郡 睢陵縣에 이르러 淮水로 들어간다."라고 하였으니, 곧 沂水가 먼저 泗水로 들어가고, 泗水가 淮水로 들어갈 뿐이다. 沂水가 泗水로 들어가는 곳이 淮水에서 거리가 너무 가깝기 때문에 연달아서 말한 것이다.

導渭하시되 自鳥鼠同穴[1)]하여

1) 鳥鼠同穴：孔傳에서는 '鳥鼠同穴'을 하나의 산 이름으로 보았고, 蔡傳에서는 鳥鼠山과 同穴山 두 산의 이름으로 보았다.

渭水를 유도하시되 鳥鼠同穴山으로부터 하여

【傳】 鳥鼠共爲雌雄하여 同穴處此山일새 遂名山曰鳥鼠요 渭水出焉이라

새와 쥐가 함께 암수가 되어 함께 이 산에 구멍을 파고 살았기 때문에 드디어 이 산을 '鳥鼠'로 이름지었고, 渭水가 〈이 산에서〉 나온다.

【疏】 傳'鳥鼠'至'出焉' ○ 正義曰：釋鳥云 "鳥鼠同穴, 其鳥爲鵌(도), 其鼠爲鼵(돌)." 李巡曰 "鵌鼵, 鳥鼠之名, 共處一穴, 天性然也." 郭璞曰 "鼵如人家鼠而短尾, 鵌似鵽而小, 黃黑色. 穴入地三四尺, 鼠在內, 鳥在外, 今在隴西首陽縣有鳥鼠同穴山. 尙書孔傳云'共爲雄雌', 張氏地理記云 '不爲牝牡'." 璞竝載此言, 未知誰得實也. 地理志云 "隴西首陽西南有鳥鼠同穴山, 渭水所出, 至京兆北船司空縣入河, 過郡四, 行千八百七十里.

傳의 〔鳥鼠〕에서 〔出焉〕까지

○ 正義曰：≪爾雅≫ 〈釋鳥〉에 "새와 쥐가 한 구멍에서 사는데 그 새는 鵌요, 그 쥐는 鼵이다."라고 하였다. 李巡은 "鵌鼵은 새와 쥐의 이름인데 함께 한 구멍에서 거처하는 것은 천성이 그러한 것이다."라고 하였다. 郭璞은 "鼵은 人家의 쥐와 같으면서 꼬리가 짧고, 鵌는 참새와 같으면서 작고 黃黑色을 띤다. 구멍은 땅속으로 3, 4尺을 들어가며, 쥐는 안에 자리 잡고 있고 새는 밖에 자리 잡고 있다는데, 지금 隴西郡 首陽縣에 鳥鼠同穴山이 있다. ≪尙書≫ 孔傳에는 '〈새와 쥐가〉 함께 암수가 되었다.'고 하고, 張氏의 ≪地

理記≫에는 '암수 구실을 하지 못한다.'고 했다."라고 하였다. 郭璞은 이 말들을 아울러 기재하였으니, 누구의 말이 진실인지 알지 못하겠다. ≪漢書≫ 〈地理志〉에 "隴西郡 首陽縣 서남쪽에 鳥鼠同穴山이 있는데, 渭水가 〈그 산에서〉 나와서 京兆尹 북쪽 船司空縣에 이르러 河水로 들어간다. 4개 郡을 지나 1,870리를 흘러간다."라고 하였다.

東會于灃하시며 又東會于涇하시며

동쪽으로 灃水에 모이게 하시며, 또 동쪽으로 涇水에 모이게 하시며,

【傳】 灃水自南하고 涇水自北而合이라

灃水는 남쪽으로부터, 涇水는 북쪽으로부터 합한다.

又東過漆沮하여 入于河하시다

또 동쪽으로 漆水와 沮水를 지나 河水로 들어가게 하셨다.

【傳】 漆沮는 二水名이요 亦曰洛水니 出馮翊北이라

漆沮는 두 물 이름이고, 또한 洛水라고도 하는데, 馮翊의 북쪽에서 나온다.

【疏】 傳'漆沮'至'翊北' ○正義曰：地理志云 "漆水出扶風漆縣." 依十三州記, "漆水在岐山, 東入渭." 則與漆沮不同矣. 此云'會于涇', '又東過漆沮', 是漆沮在涇水之東, 故孔以爲"洛水一名漆沮." 水經"沮水出北池直路縣, 東入洛水." 又云 "鄭渠在太上皇陵東南, 濯水入焉, 俗謂之漆水, 又謂之漆沮, 其水東流, 注於洛水." 志云 "出馮翊懷德縣, 東南入渭." 以水土驗之, 與毛詩'古公自土沮漆'者別也. 彼漆卽扶風漆水也, 彼沮則未聞.[1)]

1) 正義曰……彼沮則未聞：孔疏에서 위의 '漆沮旣從'에서는 '漆沮'를 漆水와 沮水 두 물로 보고, 여기서는 '漆沮'를 한 물로 보았으니, 四庫本의 ≪尙書注疏≫의 〈考證〉에서 이 점을 지적하였다. 279쪽 주 1)의 '本爲二水' 참조.

傳의 〔漆沮〕에서 〔翊北〕까지

○ 正義曰：≪漢書≫ 〈地理志〉에 "漆水는 右扶風 漆縣에서 나온다."라고 하였다. ≪十三州記≫에 의하면 "漆水는 岐山으로부터 동쪽으로 흘러 渭水로 들어간다."라고 하였으

니, 漆沮와 같지 않은 것이다. 여기서 '涇水에 모이게 하며'라 하고, '또 동쪽으로 漆沮를 지나'라고 하였으니, 漆沮가 涇水의 동쪽에 있기 때문에 孔安國이 "洛水一名漆沮(洛水는 일명 漆沮라 한다.)"라 한 것이다. ≪水經≫에 "沮水는 北池郡 直路縣에서 나와서 동쪽으로 흘러 洛水로 들어간다."라 하고, 또 "鄭渠가 太上皇陵 동남쪽에 위치해 있는데, 濯水가 유입되므로 세속에서 漆水라 이르고, 또 漆沮라고 이르는데, 그 물이 동쪽으로 흘러 洛水로 주입된다."라고 하였다. 〈地理志〉에 "馮翊郡 懷德縣에서 나와서 동남쪽으로 흘러 渭水로 들어간다."라고 하였다. 水土를 가지고 증험하면 ≪毛詩≫의 '古公自土沮漆(古公亶父가 沮水와 漆水에 터전을 잡음으로부터)'과 구별된다. 저기의 漆水는 곧 右扶風의 漆水이지만, 저기의 沮水는 아직 듣지 못하였다.

導洛하시되 **自熊耳**하여

洛水를 유도하시되 熊耳山으로부터 하여

【傳】 在宜陽之西라

宜陽의 서쪽에 있다.

東北으로 **會于澗瀍**하시며

동북쪽으로 澗水와 瀍水에 모이게 하시며,

【傳】 會于河南城南이라

河南城의 남쪽에서 모인다.

又東會于伊하시며

또 동쪽으로 伊水에 모이게 하시며,

【傳】 合於洛陽之南이라

洛陽의 남쪽에서 합한다.

又東北으로 **入于河**하시다[1)]

1) 導弱手……入于河 : 孔傳・孔疏・蔡傳 모두 禹가 治水하는 순서로 보았다.

또 동북쪽으로 河水로 들어가게 하셨다.

【傳】 合於鞏之東이라 ○ 鞏은 縣名이니 屬河南郡이라

鞏縣의 동쪽에서 합한다.

○ 鞏은 縣 이름이니 河南郡에 속한다.

九州攸同하니

九州의 〈水土가〉 다 함께 다스려졌으니,

【傳】 所同事在下라

다 함께 다스려진 일은 아래에 있다.

四隩旣宅이로다

사방의 집들이 이미 거처할 수 있게 되었다.

【傳】 四方之宅이 已可居라

사방의 집들이 이미 거처할 수 있게 되었다는 것이다.

九(州)〔山〕[1]는 刊旅하며 九川은 滌源하며 九澤은 旣陂하니

1) (州)〔山〕 : 저본에는 '州'로 되어 있으나, 諸本에 의거하여 '山'으로 바로잡았다.

〈고지대인〉 九州의 산까지도 나무를 베어 길을 통해서 이미 旅祭를 지낼 수 있게 되었으며, 九州의 하천들은 이미 샘의 근원이 滌除되어 막힌 데가 없게 되었으며, 九州의 못들은 이미 제방을 쌓아서 다시는 터질 염려가 없게 되었으니,

【傳】 九州名山은 (與)〔已〕[1]槎木通道而旅祭矣요 九州之川은 已滌除泉源하여 無壅塞矣요 九州之澤은 已陂障하여 無決溢矣라

1) (與)〔已〕 : 저본에는 '與'로 되어 있으나, 諸本에 의거하여 '已'로 바로잡았다.

九州의 名山들은 이미 나무를 베어 길을 통해서 旅祭를 지내게 되었고, 九州의 하천들은 이미 샘의 근원을 滌除해서 막힘이 없게 되었고, 九州의 못들은 이미 제방을 쌓아서 터지거나 넘치는 일이 없게 되었다는 것이다.

四海會同[1]하고 六府孔修하며

1) 四海會同 : 蔡傳에서는 "四海의 물들이 모두 會同하여 각각 돌아갈 바가 있게 되었다."라고 풀이하였다.

四海의 안이 京師에 회동하고 六府가 크게 다스려졌으며,

【傳】 四海之內가 會同京師하니 九州同風하여 萬國共貫하고 水火金木土穀이 甚修治니 言政化和라

四海의 안이 京師에 회동하니 九州가 風化를 함께 하여 萬國이 〈마치 물건이 노끈에 꿰어있는 것처럼〉 통일되었고, 水·火·金·木·土·穀이 매우 修治되었다는 것이니, 곧 정치교화가 화평해짐을 말한 것이다.

庶土交正[1]이어늘 厎愼財賦하시되

1) 庶土交正 : 蔡傳에서는 交를 相(서로)의 뜻으로 보아 "여러 땅에는 등급이 있는 법이니, 마땅히 비옥한 땅과 척박한 땅, 높은 땅과 낮은 땅, 그리고 각 지역의 명산물을 서로 비교 분석해서 토양에 따라 貢賦를 정하는 것이다.〔庶土有等 當以肥瘠高下名物 交相正焉 以任土事〕"라고 풀이하였다.

〈九州의〉 여러 토지가 모두 그 올바름을 얻었기 때문에 財賦를 신중히 정하시되

【傳】 交는 俱也라 衆土俱得其正은 謂壤墳壚요 致所愼者는 財貨貢賦니 言取之有節하여 不過度라

交는 俱(모두)의 뜻이다. 여러 토지가 모두 그 올바름을 얻었다는 것은 壤·墳·壚의 〈토질이 회복됨을〉 이르고, 신중히 한다는 것은 財貨와 貢賦에 관한 문제이니 취하기를 절도 있게 하여 과도하게 하지 않음을 말한 것이다.

咸則(칙)三壤하사 成賦中邦하시다

모두 〈上・中・下〉 세 土壤을 법으로 정해서 中國에 賦稅를 마련하셨다.

【傳】 皆法壤田上中下大較三品하여 成九州之賦하니 明水害除라

모두 田의 土壤을 대략 上・中・下 3品으로 법을 정해서 九州의 賦稅를 이루었다는 것이니, 水害가 제거되었음을 밝힌 것이다.

【疏】 '九州'至'中邦' ○ 正義曰：昔堯遭洪水, 道路阻絶, 今水土旣治, 天下大同, 故總敍之, 今九州所共同矣. 所同者, 四方之宅已盡可居矣, 九州之山, 刊槎其木旅祭之矣, 九州之川, 滌除泉源無壅塞矣, 九州之澤, 已皆陂障無決溢矣, 四海之內, 皆得會同京師無乖異矣, 六材之府[1], 甚修治矣, 言海內之人, 皆豐足矣. 水災已除, 天下衆土墳壤之屬, 俱得其正, 復本性故也. 民旣豐足, 取之有藝, 致所重愼者, 惟財貨賦稅也. 愼之者, 皆法則其三品土壤, 準其地之肥瘠, 爲上中下三等, 以成其貢賦之法於中國. 美禹能治水土, 安海內, 於此總結之.

1) 六材之府：水・火・金・木・土・穀의 六府를 가리킨다.

經의 〔九州〕에서 〔中邦〕까지

○ 正義曰：옛날 堯임금 시대에 홍수를 만나 도로가 두절되었다가, 지금 水土가 이미 다스려져 천하가 크게 다스려지게 되었기 때문에 총체적으로 서술한 것이니, 지금 九州가 공동체를 이루었기 때문이다. 다 함께 다스려졌다는 것은 사방의 집들이 이미 모두 거처할 수 있게 되었고, 九州의 산들은 그 나무를 베어 〈길을 통해서〉 旅祭를 지내게 되었고, 九州의 하천들은 그 샘의 근원을 滌除해서 막힘이 없게 되었고, 九州의 못들은 이미 모두 제방을 쌓아서 터지거나 넘치는 일이 없게 되었고, 四海의 안이 모두 京師에 회동해서 괴리함이 없어지고, 六材의 府가 아주 잘 다스려졌다는 것이니, 온 천하의 백성들이 모두 풍족해짐을 말한 것이다. 水災가 이미 제거되어 천하의 모든 토지의 墳・壤 등속이 다 그 올바름을 얻어 토지의 본성을 회복했기 때문이다.

백성들이 이미 풍족해졌으므로 그들에게 취하는 방법을 정해야 할 것이고, 신중히 할 것은 오직 財貨와 賦稅일 뿐이다. 신중히 한 것은 그 三品의 土壤을 모두 법으로 정해 그 토지의 肥瘠에 준하여 上・中・下 3등을 만들어서 그 貢賦法을 中國에 이룬 일이다. 禹가 水土를 잘 다스려 온 천하를 편안하게 한 그 공을 아름답게 여기고, 여기에서 총괄적으로 끝을 맺었다.

【疏】○傳'所同事在下' ○正義曰：九州所同，與下爲目，故言'所同事在下'，'四隩旣宅'已下皆是也. 其言'九山'·'九川'·'九澤'，最是同之事矣.

○ 傳의〔所同事在下〕

○ 正義曰：九州가 다 함께 다스려진 것을 아래의 것들과 조목을 했기 때문에 '다 함께 다스려진 일은 아래에 있다.'라고 한 것이니, '사방의 집들이 이미 거처할 수 있게 되었다.〔四隩旣宅〕' 이하가 모두 이것이다. 그 '九山'·'九川'·'九澤'이라 말한 것이 가장 함께 잘 다스려진 일들이다.

【疏】○傳'四方'至'可居' ○正義曰：室隅爲隩，隩是內也. 人之造宅爲居，至其隩內，遂以隩表宅，故傳以隩爲宅，以宅內可居，言四方舊可居之處皆可居也.

○ 傳의〔四方〕에서〔可居〕까지

○ 正義曰：방 안의 모퉁이를 隩라 하니, 隩는 바로 안이다. 사람이 집을 지어 거처할 때에 그 隩內에 이르니, 마침내 隩로써 집을 표현하기 때문에 孔傳에서 隩를 宅(집)이라 하여 '집안에 거처할 수 있게 되었다.'라고 하였으니, 사방의 예전에 거처하던 곳이 모두 거처할 수 있게 되었음을 말한 것이다.

【疏】傳'九州'至'溢矣' ○正義曰：上文諸州有言山川澤者，皆擧大言之. 所言不盡，故於此復更總之. '九山'·'九川'·'九澤'，言九州之內所有山川澤，無大無小，皆刊槎決除已訖，其皆旅祭. 惟據名山大川言'旅'者，往前大水，旅祭禮廢，已旅見已治也. 山非水體，故以'旅'見治，其實水亦旅矣. 發首云'奠高山大川'，但是定位，皆已旅祭也. 川言'滌除泉源'，從其所出，至其所入，皆蕩除之，無壅塞也. 澤言'旣陂'，往前濫溢，今時水定，或作陂以障之，使無決溢. 詩云"彼澤之陂." 毛傳云"陂，澤障也."

傳의〔九州〕에서〔溢矣〕까지

○ 正義曰：上文의 諸州에서 산과 하천과 못에 대해 말한 것들은 모두 큰 것만 들어서 말하였고, 할 말을 다하지 못했기 때문에 여기에서 다시 총괄해서 말한 것이다. '九山'·'九川'·'九澤'은 九州 안에 있는 산과 하천과 못들을 말한 것인데, 크고 작은 것을 막론하고 모두 나무를 베어내고 막힌 데를 터서 〈홍수 제거하는 일을〉 이미 마치고 거기에 모두 旅祭를 지낸 것이다.

그런데 유독 名山과 大川에만 '旅祭'를 말한 것은 전일 홍수 때에는 旅祭 지내는 예식이 폐지되었기 때문에 旅祭를 지내서 홍수가 이미 다스려졌다는 점을 보인 것이다. 산은 물의 體例가 아니기 때문에 旅祭를 가지고 홍수가 다스려졌음을 보였으나 그 실은 물에도 또한 여제를 지낸 것이다.

문단의 첫머리에 '높은 산과 큰 하천을 정하셨다.'라고 한 것은 단지 위치만 정하고 모두 벌써 여제를 지낸 것이다. 하천에 대해서 "샘의 근원을 滌除하였다."라고 말한 것은 물이 나오는 곳에서부터 물이 들어가는 곳까지 모두 滌除하여 막힘이 없게 한 것이다. 못에 대해서 '이미 제방을 쌓았다.'라고 말한 것은 전일에는 범람하였고, 지금은 물이 안정되었기 때문에 더러 제방을 만들어 막아 물이 터지거나 넘치는 일이 없게 한 것이다. ≪詩經≫ 〈陳風 澤陂〉에 "저 못의 제방이여."라고 하였는데, 毛傳에서 "陂는 못의 제방이다."라고 하였다.

【疏】 ○ 傳'四海' 至 '化和' ○ 正義曰：禮諸侯之見天子, "時見曰會, 殷見曰同." 此言'四海會同', 乃謂官之與民, 皆得聚會京師, 非據諸侯之身朝天子也. 夷狄戎蠻, 謂之四海, 但天子之於夷狄, 不與華夏同風, 故知'四海'謂'四海之內', 卽是九州之中, 乃有萬國, 萬國同其風化, 若物在繩索(삭)之貫, 故云 "九州同風, 萬國共貫." 大禹謨云 "水・火・金・木・土・穀, 謂之六府." 皆修治者, 言政化和也. 由政化和平, 民不失業, 各得殖其資產, 故六府修治也.

○ 傳의 〔四海〕에서 〔化和〕까지

○ 正義曰：≪周禮≫ 〈春官 大宗伯〉에서 諸侯가 天子를 뵙는 경우에 대해 "불시에 뵙는 것을 會라 하고, 여럿이 함께 뵙는 것을 同이라 한다."라고 하였으니, 여기에서 말한 '四海會同'은 곧 벼슬아치와 백성들이 모두 京師에 모이는 것을 이르는 것이지, 제후들이 몸소 천자에게 조회하는 일에만 근거한 것이 아니다. '夷狄戎蠻'을 '四海'라 이르나 다만 천자가 夷狄에 대해서는 華夏와 風化를 달리하기 때문에 四海가 '四海의 안'을 일렀다는 점을 안 것이다. 곧 九州의 가운데에는 萬國이 있고, 萬國이 그 風化를 함께 함은 마치 물건이 노끈에 꿰어있는 것처럼 통일되었기 때문에 "九州가 風化를 함께 하여 萬國이 〈마치 물건이 노끈에 꿰어있는 것처럼〉 통일되었다."라고 한 것이다. 〈大禹謨〉에 "水・火・金・木・土・穀을 六府라 이른다."라고 하였다. 〈六府가〉 모두 다스려진 것은 정치교화가 화평해짐을 말한 것이다. 정치교화가 화평함으로 말미암아 백성들이 業을 잃지 않고 각각 그 資產을 증식하기 때문에 六府가 다스려진 것이다.

【疏】○ 傳'交俱'至'過度' ○ 正義曰：交錯・更互，'俱'之義，故'交'爲俱也. 洪水之時，高下皆水，土失本性，今水災旣除，'衆土俱得其正'，謂壤・墳・壚還復其壤・墳・壚之性也. 諸州之土，'靑黎'是色，'塗泥'是濕，土性之異，惟有'壤・墳・壚'耳，故擧三者以言也. 致所愼者，財貨貢賦，謹愼其事，不使害人，言取民有節，什一而稅，不過度也.

○ 傳의 〔交俱〕에서 〔過度〕까지

○ 正義曰：交錯과 更互는 俱(모두)의 뜻이기 때문에 交를 俱라고 한 것이다. 홍수 때에는 높은 지대나 낮은 지대나 모두 물이기 때문에 토지가 본성을 잃었는데, 지금은 水災가 이미 제거되었기 때문에 '여러 토지가 모두 그 올바름을 얻었다.'라고 하였으니, 壤・墳・壚가 다시 壤・墳・壚의 본성을 회복하였음을 이른 것이다. 모든 州의 토지에서 '靑黎'는 색상이고, '塗泥'는 습한 것이니, 土性의 차이에는 오직 壤・墳・壚가 있을 뿐이다. 그러므로 이 세 가지를 들어서 말한 것이다.

〔致所愼者 財貨貢賦〕 그 일을 근신하여 사람을 해치지 않게 하는 것이니, 백성에게 취하는 데에는 일정한 절도를 두어 10분의 1을 稅로 거둬 과도하게 하지 않았음을 말한 것이다.

【疏】○ 傳'皆法'至'害除' ○ 正義曰：土壤各有肥瘠，貢賦從地而出，故分其土壤爲上中下. 計其肥瘠等級甚多，但擧其大較，定爲三品，法則地之善惡，以爲貢賦之差. 雖細分三品，以爲九等，人功修少，當時小異，要民之常稅必準其土，故皆法三壤成九州之賦. 言得施賦法，以明水害除也. '九州'卽是'中邦'，故傳以'九州'言之.

○ 傳의 〔皆法〕에서 〔害除〕까지

○ 正義曰：土壤에는 각각 비옥함과 척박함이 있고, 貢賦는 땅의 상태에 따라 정해지기 때문에 그 土壤을 나누어 上・中・下를 정한 것이다. 헤아려보면 토양의 비옥함과 척박함의 등급이 매우 많은데, 단지 그 대략적인 것만을 들어서 3品을 정하고, 땅의 좋고 나쁨을 법으로 정해서 貢賦의 차등을 만든 것이다. 비록 3品을 세밀하게 분류하여 9등급을 만들었지만, 人力이 많이 들고 적게 드는 것이 당시 조금 차이가 있었으나 요컨대 백성의 고정된 부세는 반드시 그 토양에 기준하였다. 그러므로 모두 세 가지 토양을 법으로 정해서 九州의 賦稅를 이룬 것이니, 賦法을 실시한 점을 말함으로써 水害가 제거됨을 밝힌 것이다. '九州'가 바로 '中邦'이기 때문에 孔傳에서 '九州'를 가지고 말한 것이다.

錫土姓[1)]하고 **祗台**(이)**德先**하면 **不距朕行**하리라

1) 錫土姓 : 蔡傳에서는 '토지와 姓을 내려준 것'으로 풀이하였다.

태어난 지역 이름을 姓으로 내려주고, 나의 德을 공경히 하는 일을 우선으로 삼으면 〈온 천하가〉 나의 행실을 어기지 않을 것이다.

【傳】 台는 我也라 天子建德하여 因生以賜姓이니 謂有德之人이 生此地면 以此地名으로 賜之姓以顯之라 王者常自以敬我德爲先이면 則天下無距違我行者라

台는 我의 뜻이다. 天子가 德이 있는 자를 〈諸侯로〉 세우고서 그가 태어난 곳의 지명을 姓으로 하사하는 것이니, 德이 있는 사람이 이 땅에서 태어나면 태어난 지역 이름을 姓으로 하사해서 나타냄을 이른 것이다. 王者가 항상 스스로 나의 德을 공경히 하는 일을 우선으로 삼으면 天下에 나의 행실을 어기는 자가 없을 것이다.

【疏】 '錫土'至'朕行' ○ 正義曰 : 此一經, 皆史美禹功, 言九州風俗既同, 可以施其教化, 天子惟當擇任其賢者, 相與共治之. 選有德之人, 賜與所生之土爲姓, 既能尊賢如是, 又天子立意, 常自以敬我德爲先, 則天下之民無有距違我天子所行者. 皆禹之使然, 故敘而美之.

經의 〔錫土〕에서 〔朕行〕까지

○ 正義曰 : 이 한 經文은 모두 史官이 禹의 공적을 찬미하여, 九州의 풍속이 이미 동일하여 교화를 베풀 만하니, 天子는 오직 어진 이를 골라 관직을 맡겨서 서로 함께 정사를 해야 함을 말한 것이다. 덕 있는 사람을 뽑았으면 그가 태어난 지역의 이름을 성으로 내려 주며, 이미 능히 어진 이를 이처럼 존숭하였으면 또 천자가 뜻을 세움에 항상 스스로 '나의 德을 공경히 하는 일을 우선으로 삼으면 천하의 백성 중에 나 천자가 행하는 바를 어기는 자가 없을 것이다.'라고 다짐해야 하는 것이다. 모두 禹가 그렇게 하였기 때문에 사관이 서술해서 찬미한 것이다.

【疏】 ○ 傳'台我'至'行者' ○ 正義曰 : '台 我', 釋詁文. '天子建德 因生以賜姓', 隱八年左傳文. 既引其文, 又解其義. 土, 地也, 謂有德之人, 生于此地, 天子以地名賜之姓, 以尊顯之. 周語稱帝嘉禹德, 賜姓曰姒, 祚四岳, 賜姓曰姜. 左傳稱周賜陳胡公之姓爲嬀(규), 皆是因生賜姓之事也. 臣蒙賜姓, 其人少矣, 此事是用賢大者, 故擧以爲言. 王

者旣能用賢, 又能謹敬, 其立意也, 常自以敬我德爲先, 則天下無有距違我天子之行者. 論語云 "上好禮, 則民莫敢不敬, 上好義, 則民莫敢不服, 上好信, 則民莫敢不用情." 王者自敬其德, 則民豈敢不敬之. 人皆敬之, 誰敢距違者. 聖人行而天下皆悅, 動而天下皆應, 用此道也.

○ 傳의 〔台我〕에서 〔行者〕까지

○ 正義曰 : 〔台我〕 ≪爾雅≫ 〈釋詁〉의 글이다.

〔天子建德 因生以賜姓〕 ≪春秋≫ 隱公 8년 조의 ≪左氏傳≫의 글이다. 이미 그 글을 인용하고 또 그 뜻을 해석하였다. '土'는 땅이니, 德 있는 사람이 이 땅에서 태어나면 천자가 그 땅 이름을 성으로 하사하여 높이 드러냄을 이른 것이다. ≪國語≫ 〈周語〉에는 帝堯가 禹의 德을 아름답게 여기어 '姒'라는 姓을 하사하고, 禹를 도운 四岳에게는 '姜'이란 姓을 하사하였다고 일컬었으며, ≪春秋左氏傳≫에는 周나라가 陳 胡公에게 '嬀'라는 姓을 하사하였다고 일컬었으니, 모두 태어난 땅 이름을 姓으로 하사한 일이다.

신하로서 姓을 하사받은 사람은 극히 적었는데, 이 일은 어진 이를 임용하는 큰 일이기 때문에 들어서 말한 것이다. 王者가 이미 능히 어진 이를 임용했으면 또 능히 謹敬하게 대해야 하고, 뜻을 세움에 항상 스스로 '나의 德을 공경히 하는 일을 우선으로 삼으면 천하의 백성 중에 나 천자의 행실을 어기는 자가 없을 것이다.'라고 다짐하여야 하는 것이다. 그래서 ≪論語≫ 〈子路〉에서 "위에 있는 사람이 禮를 좋아하면 백성들이 감히 공경하지 않는 이가 없고, 위에 있는 사람이 義를 좋아하면 백성들이 감히 〈진정으로〉 복종하지 않는 이가 없고, 위에 있는 사람이 신의를 좋아하면 백성들이 감히 實情을 쓰지 않는 이가 없을 것이다."라고 하였으니, 王者가 스스로 그 德을 공경히 하면 백성들이 감히 공경하지 않을 수 있겠는가. 사람들이 모두 공경하면 누가 감히 거역할 수 있겠는가. 성인이 〈일을〉 행함에 천하가 모두 기뻐하였고, 〈군사를〉 움직임에 〈천하가〉 모두 호응하였던 것은 이 방법을 썼기 때문이다.

五百里는 甸服이니

〈王城 밖의 사방〉 500리는 甸服이니,

【傳】 規[1]方千里之內를 謂之甸服이라 爲天子服治田은 去王城面[2]五百里라

1) 規 : ≪國語≫ 〈周語〉에서 韋昭가 "規는 규획해서 둔 것이다.〔規 規畫而有之也〕"라고 풀

이하였다.

2) 面：裴駰의 ≪史記集解≫에는 '近'으로 되어 있다.

規畫한 사방 1천리의 안을 甸服이라 이른다. 天子를 위하여 농사짓는 지점은 王城과의 거리가 面別로 500리였다.

【疏】'五百里 甸服' ○ 正義曰：既言九州同風, 法壤成賦, 而四海之內, 路有遠近, 更敍弼成五服之事. 甸・侯・綏・要・荒五服之名, 堯之舊制. 洪水既平之後, 禹乃爲之節文, 使賦役有恒, 職掌分定. 甸服去京師最近, 賦稅尤多, 故每於百里卽爲一節. 侯服稍遠, 近者供役, 故二百里內, 各爲一節, 三百里外, 共爲一節. 綏・要・荒三服, 去京師益遠, 每服分而爲二, 內三百里爲一節, 外二百里爲一節. 以遠近有較, 故其任不等. 甸服入穀, 故發首言賦稅也. 賦令自送入官, 故三百里內, 每皆言'納'. 四百里・五百里不言'納'者, 從上省文也. 於三百里言'服'者, 擧中以明上下, 皆是服王事也. 侯服以外, 貢不入穀. 侯主爲斥候, 二百里內, 徭役差多, 故各爲一名. 三百里外, 同是斥候, 故共爲一名. 自下皆先言三百里, 而後二百里, 擧大率爲差等也.

經의 〔五百里 甸服〕

○ 正義曰：九州가 風化를 함께 한 것과 土壤을 법으로 정하여 賦稅法을 이룬 것에 대해서는 이미 말하였고, 四海의 안에는 길에 멀고 가까운 거리가 있기 때문에 다시 五服을 도와 이룬 일을 서술한 것이다. 甸服・侯服・綏服・要服・荒服 5服의 이름은 堯임금 때부터 있었던 옛 제도이다. 홍수가 이미 평정된 뒤에 禹가 이에 節文을 만들어서 賦役이 항구적으로 유지될 수 있게 하고, 직책의 담당분야를 나누어서 정하였다. 甸服은 京師와의 거리가 가장 가깝고, 賦稅가 더욱 많기 때문에 甸服은 매 100리마다 곧 1節로 만들었다. 侯服은 조금 머니, 가까운 곳은 복역하기 때문에 侯服의 200리 안은 각각 1節로 만들고, 300리 밖은 함께 1節로 만들었다. 綏服・要服・荒服 3服은 京師와의 거리가 더욱 머니, 매 服마다 나누어 둘로 만들어서 服마다 안의 300리는 1節로 만들고 밖의 200리는 1節로 만들었다. 멀고 가까움을 가지고 차이를 두었기 때문에 그 임무가 균등하지 않았다.

甸服은 곡식을 바치기 때문에 첫머리에서 賦稅를 말하였다. 賦稅는 자발적으로 보내서 官에 바치도록 하였기 때문에 甸服의 300리 안은 매번 모두 '納'을 말한 것이고, 400리와 500리에서 '納'을 말하지 않은 것은 위의 예를 따라서 글을 생략한 것이다. 甸服의 300리에서 '服'을 말한 것은 중간을 들어서 위와 아래를 밝힌 것으로 모두 王者의 일을 복역한 것이다. 侯服의 밖은 공물로 곡식을 바치지 않는다. 侯服은 斥候를 주로 하는 것이다. 侯服의 200리 안은 繇役이 조금 많기 때문에 각각 하나씩 명칭한 것이고, 300리 밖은 斥候를 함께 맡기 때문에 함께 하나로 명칭한 것이다. 아래로부터 모두 먼저 300리를 말하고 뒤에 200리를 말하였는데, 대략을 들어서 차등을 정한 것이다.

【疏】○傳'規方'至'百里' ○正義曰:"先王規方千里, 以爲甸服." 周語文. 王制亦云"千里之內曰甸." 鄭玄云"服治田, 出穀稅也. 言甸者, 主治田, 故服名甸也."

○傳의 〔規方〕에서 〔百里〕까지

○正義曰:"先王이 規畫한 사방 1,000리를 甸服이라 한다."라고 한 것은 ≪國語≫ 〈周語〉의 글이다. ≪禮記≫ 〈王制〉에도 "1,000리의 안을 甸이라 한다."라고 하였다. 鄭玄은 "服은 전토를 다스려서 穀稅를 내는 것이다. 甸이라 말한 것은 전토 다스리는 일을 주로 하기 때문에 服을 甸으로 명명한 것이다."라고 하였다.

百里는 賦納總[1)]하고

1) 總 : 蔡傳에서는 '벼의 밑동〔禾本〕'으로 보았다.

甸服 안의 100리는 賦稅를 볏짚까지 바치게 하고,

【傳】甸服內之百里는 近王城者라 禾稾曰總이니 入之供飼國馬라 ○近은 附近之近이라

甸服 안의 100리는 王城에서 가까운 지점이다. 볏짚을 總이라 하니, 바쳐서 國馬의 사료로 이바지하였다.

○近은 附近의 近이다.

【疏】傳'甸服'至'國馬' ○正義曰:去王城五百里, 總名甸服, 就其甸服內, 又細分之. 從內而出, 此爲其首, 故云"甸服之內近王城者." '總'者, 總下'銍'·'秸', 禾穗與稾, 總皆送之, 故云"禾稾曰總, 入之供飼國馬." 周禮掌客待諸侯之禮有芻有禾, 此總是也.

傳의 〔甸服〕에서 〔國馬〕까지

○正義曰:王城과의 거리가 500리인 지점을 총괄적으로 '甸服'이라 명명하고, 그 甸服 내에서 또 세밀하게 나누었다. 안으로부터 〈밖으로 쳐〉 나갈 때 이 〈100리〉 지점이

〈甸服에서〉 첫머리가 되기 때문에 "甸服 내에서 王城에 가까운 지점이다."라고 한 것이다. '總'이란 것은 總 아래의 銍과 秸이다. 벼이삭과 볏짚을 모두 보내기 때문에 "볏짚을 總이라 하니 바쳐서 國馬의 사료로 이바지하였다."라고 한 것이다. ≪周禮≫ 〈掌客〉에 보면 諸侯를 대우하는 예제에 '芻'라는 것이 있고, '禾'라는 것이 있으니, 이 '總'자가 바로 이런 뜻을 가지고 있는 것이다.

二百里는 納銍[1)]하고

1) 銍 : 蔡傳에서는 '반쯤 볏짚이 달린 것〔半藁〕'으로 보았다.

甸服 안의 200리는 벼이삭을 바치게 하고,

【傳】 銍은 刈니 謂禾穗라 ○ 穗는 亦作穟라

銍은 刈의 뜻이니, 벼이삭을 이른다.

○ 穗는 또한 穟로 되어 있다.

【疏】 傳'銍 刈 謂禾穗' ○ 正義曰 : 劉熙釋名云 "銍, 穫禾鐵也." 說文云 "銍, 穫禾短鐮也." 詩云 "奄觀銍刈." 用銍刈者, 謂禾穗也. 禾穗用銍以刈, 故以'銍'表禾穗也.

傳의 〔銍 刈 謂禾穗〕

○ 正義曰 : 劉熙의 ≪釋名≫에 "銍은 벼를 수확하는 농기구이다."라고 하였고, ≪說文解字≫에는 "銍은 벼를 수확하는 짧은 낫이다."라고 하였으며, ≪詩經≫ 〈周頌 臣工〉에는 "곧 낫으로 수확함을 보리로다."라고 하였으니, 낫을 사용해서 베는 것은 벼이삭을 이른다. 벼이삭은 낫을 사용해서 베기 때문에 銍을 가지고 벼이삭을 표현한 것이다.

三百里는 納秸[1)](갈)服[2)]하고

1) 秸 : 蔡傳에서는 '반쯤 달린 짚의 거죽을 벗긴 것〔去藁麤皮〕'으로 보았다.
2) 服 : 蔡傳에서는 '또한 수송하는 일까지 하게 한 것이다.〔又使之服輸將之事〕'라고 풀이하였다.

甸服 안의 300리는 짚을 바치게 하면서 稿役까지 복역하게 하고,

【傳】 秸은 稿也니 服稿役이라 ○ 秸은 本或作稭니 馬云 去其穎이라하니라

秸은 稿의 뜻이니 稿役을 복역하는 것이다.

○ 秸이 어떤 本에는 더러 稭로 되어 있기도 한데, 馬融은 "이삭을 제거한 것이다."라고 하였다.

【疏】 傳'秸 稿也 服稿役' ○ 正義曰：郊特牲云 "莞簟之安, 而稿秸之設." 秸亦稿也, 雙言之耳. 去穗送稿, 易於送穗, 故爲遠彌輕也. 然計什一而得, 稿粟皆送, 則秸服重於納銍, 則乖近重遠輕之義. 蓋納粟之外, 斟酌納稿. '服稿役'者, 解經'服'字, 於此言'服', 明上下服, 皆竝有所納之役也. 四百里猶尙納粟, 此當稿・粟別納, 非是徒納稿也.

傳의 〔秸 稿也 服稿役〕

○ 正義曰：≪禮記≫ 〈郊特牲〉에 "왕골자리와 대자리가 편안하건만 볏짚과 짚고갱이를 깐다."라고 하였으니, 秸도 稿인데 쌍으로 말했을 뿐이다. 벼이삭을 제거하고 볏짚만 보내는 것은 벼이삭까지 보내는 것보다 쉽다. 그러므로 거리가 멀기 때문에 더 가볍게 해준 것이다. 그러나 10분의 1을 계산해서 정한 수량인데, 볏짚과 곡식을 다 보낸다면 짚의 거친 거죽을 제거한 것을 바치게 하는 것이 벼이삭을 바치게 한 것보다 무거우니, 거리가 가까우면 무겁게 하고 거리가 멀면 가볍게 하는 뜻과 어그러진다. 이는 아마 곡식을 바치는 것 외에 참작해서 볏짚을 바치게 한 것이다.

〔服稿役〕 經文의 '服'字를 해석한 것인데, 여기에서 服을 말한 것은 위아래의 服이 모두 아울러 바치는 役이 있다는 점을 밝힌 것이다. 甸服 안의 400리에서도 오히려 곡식을 바치게 하였으니, 이는 응당 볏짚과 곡식을 별도로 바치는 것이지, 한갓 볏짚만을 바치는 것은 아니다.

四百里는 粟하고 五百里는 米니라

甸服 안의 400리는 이삭을 제거한 皮穀을 바치게 하고, 甸服 안의 500리는 쌀을 바치게 하였다.

【傳】 所納精者少하고 麤者多라

바치는 조세가 정세한 곳은 분량이 적고, 거친 곳은 분량이 많다.

【疏】 傳'所納'至'者多' ○ 正義曰：直納粟米爲少, 禾稿俱送爲多. 其於稅也, 皆當什一, 但所納有精麤, 遠輕而近重耳.

傳의 〔所納〕에서 〔者多〕까지

○ 正義曰 : 다만 粟米만 바치면 분량이 적어지고, 禾稿를 같이 보내면 분량이 많아진다. 그 稅法에는 모두 10분의 1을 바쳐야 하지만, 다만 바칠 때에 정하게 해서 바치고 거친 채로 바치는 제도가 있어서 거리가 멀면 가볍게 하고 거리가 가까우면 무겁게 했을 뿐이다.

五百里는 侯服이니

甸服 밖의 500리는 侯服이니,

【傳】 甸服外之五百里라 侯는 候也니 斥候而服事라

甸服 밖의 500리이다. 侯는 候의 뜻이니, 斥候하는 일을 맡아서 天子를 섬기는 것이다.

【疏】 傳'甸服'至'服事' ○ 正義曰 : '侯'聲近候, 故爲候也. 襄十八年左傳稱晉人伐齊, 使司馬斥山澤之險, '斥'謂檢行之也. '斥候', 謂檢行險阻, 伺候盜賊. 此五百里主爲斥候而服事天子, 故名'侯服'. 因見諸言'服'者, 皆是服事也.

傳의 〔甸服〕에서 〔服事〕까지

○ 正義曰 : '侯'는 字音이 '候'에 가깝기 때문에 候라고 한 것이다. ≪春秋≫ 襄公 18년조의 ≪左氏傳≫에서 晉나라 사람이 齊나라를 칠 때에 司馬로 하여금 산과 늪의 험한 지대를 斥(정찰)하게 했다고 칭하였으니, '斥'은 검사하면서 다님을 이른다. '斥候'는 險阻한 지대를 검사하면서 다님을 이르니, 적의 동태를 정찰하는 일이다. 이 500리는 주로 斥候를 하면서 天子를 服事(순종하여 섬김)하기 때문에 '侯服'이라 명명한 것이다. 따라서 여러 군데에서 말한 '服'은 모두 이 服事임을 보인 것이다.

百里는 采요

侯服 안의 100리는 采邑이고,

【傳】 侯服內之百里라 供王事而已니 不主一이라

侯服 안의 100리이다. 王者의 일에 이바지할 뿐이니, 한 가지만을 주로 하지 않는다.

【疏】 傳‘侯服’至‘主一’ ○正義曰：‘采’訓爲事, 此百里之內, 主供王事而已. ‘事’謂役也. 有役則供, 不主於一, 故但言‘采’.

傳의 〔侯服〕에서 〔主一〕까지

○正義曰：‘采’는 事의 뜻으로 풀이하니, 이 100리의 안은 王者의 일에 이바지하는 것을 주로 할 뿐이다. ‘事’는 役을 이른다. 役이 있으면 이바지하고, 한 가지만을 주로 하지 않기 때문에 단지 ‘采’라고만 말했을 뿐이다.

二百里는 男邦[1)]이요

1) 男邦：蔡傳에서는 男을 男爵으로 보아 男邦을 ‘작은 나라’라고 하였다.

侯服 안의 200리는 男邦이고,

【傳】 男은 任也니 任王者事라

男은 任의 뜻이니, 王者의 일을 맡는 것이다.

【疏】 傳‘男 任也 任王者事’ ○正義曰：‘男’聲近任, 故訓爲任. ‘任王者事’, 任受其役, 此任有常, 殊於‘不主一’也. 言‘邦’者, 見上下皆是諸侯之國也.

傳의 〔男 任也 任王者事〕

○正義曰：‘男’은 字音이 ‘任’에 가깝기 때문에 任으로 풀이한 것이다.

〔任王者事〕 그 役을 받아서 맡는 것이니, 이 임무는 常規적인 것이 있어서 ‘한 가지만을 주로 하지 않는 임무’와는 다른 것이다. ‘邦’을 말한 것은 위아래가 모두 諸侯의 나라임을 보인 것이다.

三百里는 諸侯니라

侯服 안의 300리는 諸侯이다.

【傳】 三百里는 同爲王者斥候라 故合三爲一名이라

300리가 다 함께 王者의 斥候를 맡는다. 그러므로 〈300리 · 400리 · 500리〉 셋을 합해서 〈諸侯란〉 한 이름으로 한 것이다.

【疏】 傳'三百'至'一名' ○ 正義曰 : 經言'諸侯'者, 三百里內同爲王者斥候, 在此內所主事同, 故合三百・四百・五百共爲一名, 言'諸侯'以示義耳.

傳의 〔三百〕에서 〔一名〕까지

○ 正義曰 : 經文에서 '諸侯'라 말한 것은, 300리 안에서는 다 王者의 斥候를 맡고, 이 안에 있어서 주로 하는 일이 같기 때문에 〈侯服 안의〉 300리・400리・500리를 합해서 함께 한 이름을 만든 것이니, '諸侯'라 말하여 뜻을 보였을 뿐이다.

五百里는 綏(수)服이니

侯服 밖의 500리는 綏服이니,

【傳】 綏는 安也라 侯服外之五百里니 安服王者之政敎라

綏는 安의 뜻이다. 侯服 밖의 500리이니, 王者의 政敎를 편안히 순종하여 섬기는 것이다.

【疏】 傳'綏安'至'政敎' ○ 正義曰 : '綏 安', 釋詁文. 要服去京師已遠, 王者以文敎要束使服, 此綏服路近, 言'王者政敎', 以示不待要束, 言安服自服也. 周語云"先王之制, 邦內甸服, 邦外侯服, 侯衛賓服, 夷蠻要服, 戎狄荒服." (役)〔彼〕[1]'賓服', 當此'綏服'. 韋昭云"以文武侯衛爲安, 王賓之, 因以名服." 然則'綏'者, 據諸侯安王爲名, '賓'者, 據王敬諸侯爲名, 故云'先王之制', 則此服舊有二名.

1) (役)〔彼〕: 저본에는 '役'으로 되어 있으나, "毛本에는 '役'이 '彼'로 되어 있으니, 役은 誤字이다."라고 한 阮元의 校勘記에 의거하여 '彼'로 바로잡았다.

傳의 〔綏安〕에서 〔政敎〕까지

○ 正義曰 : 〔綏 安〕 ≪爾雅≫ 〈釋詁〉의 글이다. 要服은 京師와 거리가 너무 멀기 때문에 王者가 文敎를 가지고 要束(束縛)하여 복종하도록 하였지만, 이 綏服은 〈京師에 가는〉 길이 가깝기 때문에 '王者政敎'를 말하여 要束하지 않아도 됨을 보인 것이니, 편안히 순종하여 스스로 복종함을 말한 것이다. ≪國語≫ 〈周語〉에 "先王의 제도는 邦內(天子畿內)는 甸服이고, 邦外(邦畿의 밖)는 侯服이고, 侯畿와 衛畿는 賓服이고, 夷畿와 蠻畿는

要服이고, 戎畿와 狄畿는 荒服이다."라고 하였다. 저기의 '賓服'은 여기의 '綏服'에 해당한다. 韋昭는 "文武 역할을 하는 侯畿와 衛畿가 王을 安衛한다고 해서 賓으로 대우하였고 따라서 이로써 服을 명명한 것이다."라고 하였다. 그렇다면 '綏'는 諸侯가 王을 安衛함에 의거해서 이름한 것이고, '賓'은 王이 諸侯를 공경함에 의거해서 이름한 것이다. 그러므로 '先王의 제도'라고 한 것이니, 이 '服'은 예전에 두 가지 이름을 가졌던 것이다.

三百里는 揆文教하고

綏服 안의 300리는 文教를 헤아려서 다스리고,

【傳】 揆는 度(탁)也라 度王者文教而行之니 三百里皆同이라

揆는 度(헤아림)의 뜻이다. 王者의 文教를 헤아려서 행하니, 300리가 모두 같다는 것이다.

【疏】 傳'揆度'至'皆同' ○ 正義曰：釋詁訓揆爲度[1]，故雙言之. 以王者有文教, 此服諸侯揆度王者政教而行之, 必自揆度, 恐其不合上耳, 卽是安服王者之義.

1) 釋詁訓揆爲度 : 현행본 ≪爾雅≫에는 揆를 度의 뜻으로 풀이한 것이 〈釋言〉에 보인다.

傳의 〔揆度〕에서 〔皆同〕까지

○ 正義曰 : ≪爾雅≫ 〈釋詁〉에서 揆를 度의 뜻으로 풀이했기 때문에 짝지어 말한 것이다. 王者에게 文教가 있기 때문에 이 服의 諸侯들은 王者의 政教를 헤아려서 행하였는데, 반드시 스스로 헤아리되 혹여 천자의 뜻에 합치되지 못할까 염려했을 뿐이니, 곧 王者를 편안하게 섬기는 뜻이다.

二百里는 奮武衛[1]하나니라

1) 奮武衛 : 蔡傳에서는 "武衛를 떨쳐서 武로 밖을 다스린 것이다."라고 풀이하였다.

綏服 안의 200리는 武를 떨쳐서 〈天子를〉 호위하였다.

【傳】 文教外之二百里는 奮武衛天子하니 所以安이라

文教로 다스리는 300리 밖의 200리는 〈이 服의 제후들이〉 武力을 떨쳐서 天子를 호위하니, 〈天子의 教化를 마음으로〉 편안하게 여겼기 때문이다.

【疏】傳'文教'至'以安' ○ 正義曰：旣言三百, 又言二百, 嫌是三百之內, 以下二服文與此同, 故於此解之, 此是'文教外之二百里'也. 由其心安王化, 奮武以衛天子, 所以名此服爲安也. 內文而外武, 故先〔言〕[1]'揆文教', 後言'奮武衛', 所從言之異, 與安之義同. '奮武衛天子', 是其安之驗也. 言服內諸侯, 心安天子, 非言天子賴諸侯以安也.

1)〔言〕: 저본에는 없으나, 四庫本에 의거하여 보충하였다.

傳의 〔文敎〕에서 〔以安〕까지

○ 正義曰 : 이미 '300리'라고 말해놓고 또 '200리'라고 말해서 〈200리가 마치〉 이 300리 안의 것인지 헛갈리게 되어 있고, 아래 두 服의 문장도 이 경우와 같기 때문에 여기에서 해석한 것이니, 이것은 '文敎로 다스리는 300리 밖의 200리'이다. 그들 마음이 王의 교화를 편안히 여기기 때문에 武力을 떨쳐서 天子를 호위하니, 이래서 이 服을 '安'의 뜻으로 이름한 것이다. 안은 문교로 다스리고 밖은 무력으로 다스리기 때문에 '揆文敎'를 먼저 말하고 '奮武衛'를 뒤에 말한 것인데, 경우에 따라(그때그때) 말은 다르지만 '綏'는 '安'의 뜻과 같다.

〔奮武衛天子〕 편안히 여긴 증험이다. 服 안의 제후들이 천자를 마음으로 편안히 여김을 말한 것이지, 천자가 제후들에 힘입어 편안하게 됨을 말한 것이 아니다.

五百里는 要服이니

綏服 밖의 500리는 要服이니,

【傳】綏服外之五百里니 要束以文教라

綏服 밖의 500리이니, 文敎를 가지고 단속한 것이다.

【疏】傳'綏服'至'文教' ○ 正義曰：要者, 約束之義. 上言'揆文教', 知要者, '要束以文教'也. 綏服自揆天子文教, 恐其不稱上旨. 此要服差遠, 已慢王化, 天子恐其不服, 乃以文教要服之. 名爲要, 見其疏遠之義也.

傳의 〔綏服〕에서 〔文敎〕까지

○ 正義曰 : '要'는 約束의 뜻이다. 위에서 '揆文敎(文敎를 헤아려서 다스리고)'라고 말했기 때문에 '要'가 '文敎를 가지고 要束한 것'임을 안 것이다. 綏服은 스스로 天子의 文敎를 헤아려서 혹여 천자의 뜻에 맞지 못할까 염려한다. 이 要服은 〈王城에서〉 멀리 떨어

져 이미 천자의 교화에 태만하기 때문에 천자가 그들이 복종하지 않을까 염려해서 이에 文敎를 가지고 단속하여 복종하게 한 것이다. '要'란 이름을 붙인 것은 소원하게 여기는 뜻을 보인 것이다.

三百里는 夷[1)]요

1) 夷 : 蔡傳에서는 '夷狄의 땅'으로 풀이하였다.

要服 안의 300리는 平常의 가르침을 준수하고,

【傳】 守平常之敎하여 事王者而已라 ○ 馬云 夷는 易(이)也라

平常의 가르침을 준수하여 王者를 섬길 뿐이다.
○ 馬融은 "夷는 易의 뜻이다."라고 하였다.

二百里는 蔡[1)]니라

1) 蔡 : 蔡傳에서는 '유배지'로 풀이하였다.

要服 안의 200리는 300리를 법칙으로 삼는다.

【傳】 蔡는 法也니 法三百里而差簡이라

蔡는 法의 뜻이니, 300리를 법칙으로 삼되 조금 간략하게 하는 것이다.

【疏】 傳'蔡法'至'差簡' ○ 正義曰 : 蔡之爲法, 無正訓也. 上言'三百里夷', 夷訓平也, 言守平常敎耳. 此名爲蔡, 義簡於夷, 故訓蔡爲法. 法則三百里者, 去京師彌遠, 差復簡易, 言其不能守平常也.

傳의 〔蔡法〕에서 〔差簡〕까지
○ 正義曰 : 蔡를 法이라고 하였으나 정해진 풀이는 없다. 위에서 말한 '三百里夷'에서는 '夷'를 平으로 풀이하였으니, 平常한 가르침을 준수하는 것을 말했을 뿐이다. 여기를 '蔡'라고 이름한 것은 뜻이 夷보다 간략하기 때문이다. 그러므로 蔡를 法의 뜻으로 풀이한 것이다. 300리를 법칙으로 삼은 것은 京師와 거리가 더욱 멀어서 조금 더 간략하게 한 것이니, 그 평상을 준수할 수 없음을 말한 것이다.

五百里는 荒服이니

要服 밖의 500리는 荒服이니,

【傳】要服外之五百里니 言荒은 又簡略이라

要服 밖의 500리이니, 荒을 말한 것은 더욱 간략하게 하는 것이다.

【疏】傳'要服'至'簡略' ○ 正義曰：服名荒者, 王肅云"政教荒忽, 因其故俗而治之." 傳言'荒又簡略', 亦當以爲荒忽, 又簡略於要服之蔡也.

傳의 〔要服〕에서 〔簡略〕까지

○ 正義曰：服의 이름을 '荒'이라 한 것에 대하여 王肅은 "政教가 폐기되고 소홀히 취급되니, 그 지역에서 옛날부터 내려온 풍속을 따라서 다스린다."라고 하였다. 孔傳에서 말한 '荒 又簡略'도 마땅히 폐기되고 소홀히 취급된다고 여겨서 要服의 蔡法보다 더욱 간략하게 다스려야 한다는 것이다.

三百里는 蠻[1)]이요

1) 蠻：蔡傳은 '蠻의 땅'으로 풀이하였다.

荒服 안의 300리는 오랑캐를 〈저절로〉 오게 하고,

【傳】以文德蠻來之하고 不制以法이라

文德을 가지고 오랑캐를 〈저절로〉 오게 하고, 法을 가지고 제재하지 않는 것이다.

【疏】傳'以文'至'以法' ○ 正義曰：鄭云"蠻者, 聽從其俗, 羈縻其人耳. 故云蠻, 蠻之言緡也." 其意言蠻是緡也. 緡是繩也, 言蠻者以繩束物之名. '揆度文教', 論語稱"遠人不服, 則修文德以來之." 故傳言'以文德蠻來之, 不制以國內之法强逼之.' 王肅云"蠻, 慢也, 禮儀簡慢." 與孔異. 然甸·侯·綏·要四服, 俱有三日之役, 什一而稅, 但二百里蔡者, 稅微差簡, 其荒服力役田稅竝無, 故鄭注云"蔡之言殺, 減殺其賦." 荒服既不役作其人, 又不賦其田事也. 其侯綏等所出稅賦, 各入本國, 則亦有納總·納銍之差, 但此據天子立文耳. 要服之內, 皆有文教, 故孔於要服傳云"要束以文教." 則(知)[1)]已上皆有文教可知, 獨於綏服三百里云'揆文教'者, 以去京師既遠, 更無別供, 又不近外邊, 不爲武衛, 其要服又要束始行文教, 無事而能揆度文教而行者, 惟有此三百里耳. '奮武衛'者, 在國習學兵武, 有事則征討夷狄. 不於要服內奮武衛者, 以要服逼近夷狄, 要束始來, 不可委以兵武.

1) (知) : 문의로 보아 衍字인 것 같다.

傳의 〔以文〕에서 〔以法〕까지

○ 正義曰 : 鄭玄은 "蠻의 경우에는 그들 풍속에 따르도록 맡겨두고 사람만 얽매어둘 뿐이다. 그러므로 '蠻'이라고 한 것이니, 蠻이라는 말은 緡의 뜻이다."라고 하였다. 그 뜻은 蠻이 緡의 뜻이라는 점을 말한 것이다. 緡은 繩의 뜻이니, 蠻은 노끈으로 물건을 묶는 것을 이르는 명칭임을 말한 것이다. '文教를 헤아려 다스림'은 ≪論語≫ 〈季氏〉에 "먼 곳의 사람이 복종하지 않으면 文德을 닦아서 그들이 오게 하라."고 칭했기 때문에 孔傳에서 文德을 가지고 오랑캐를 〈저절로〉 오게 하고, 국내의 法을 가지고 강하게 제재하지 않아야 함을 말한 것이다. 王肅은 "蠻은 慢의 뜻이니, 禮儀가 簡慢한 것이다."라고 하였으니, 孔傳과 다르다.

그러나 甸服·侯服·綏服·要服의 4服은 모두 3일의 力役과 10분 1의 田稅를 지도록 되어 있는데, 단, '二百里蔡'의 경우만 稅가 약간 적고 荒服의 경우는 力役과 田稅가 전연 없기 때문에 鄭玄의 注에 "蔡라는 말은 殺(감쇄)의 뜻이니, 그 부세를 감쇄한 것이다."라고 하였다. 荒服의 경우는 이미 사람들을 노역시키지 않고 또 田稅를 부과하지 않았다. 侯服과 綏服 등에서 내는 賦稅는 각각 本國으로 바치는데, 또한 볏짚을 바치게 함과 벼이삭을 바치게 하는 차이가 있으니, 다만 이것은 天子가 立文한 것에 의거할 뿐이다.

要服의 안에는 모두 文教가 있기 때문에 孔安國이 要服의 傳에서 "文教를 가지고 要束한다."라고 하였으니, 이상에 모두 文教가 있었음을 알 수 있는데, 유독 綏服 300리에 있어서만 "文教를 헤아려 다스린다."라고 한 것은, 京師와 거리가 너무 멀어서 다시 별도로 바치는 것이 없고, 또 外邊과는 가깝지 않으므로 무력을 〈떨쳐서 천자를〉 호위하지 않으며, 要服의 경우는 또 단속하여 비로소 文教를 행하는데, 일이 없을 때에 文教를 헤아려 행할 수 있는 곳은 오직 이 300리가 있을 뿐이기 때문이다.

'武力을 떨쳐서 〈天子를〉 호위한다는 것'은 나라에 있을 때에는 兵武를 학습하고 유사시에는 夷狄을 征討한다는 것이다. 要服 안에서 무력을 떨쳐 〈천자를〉 호위하지 않는 것은 要服이 夷狄에 가까이 닿아있기 때문에 要束해서 비로소 오게 해야 되지, 兵武에 〈전적으로〉 맡겨서는 안 된다.

二百里는 流[1)]니라

1) 流 : 孔傳에서는 '移'의 뜻으로, 蔡傳에서는 '죄인을 유배하는 땅〔流放罪人之地〕'으로 풀이하였고, 淸代 兪樾은 "≪廣雅≫ 〈釋詁〉에 '流는 末의 뜻이다.'라고 하였으니, 여기 200리는 五服의 가장 끄트머리에 있기 때문에 '流'라 이른 것이다. 枚傳에서 '移'의 뜻으로 풀이한 것은 本旨를 터득하지 못한 것이다."라고 하였다.

荒服 안의 200리는 〈政敎가〉 그들의 풍속을 따랐다.

【傳】 流는 移也니 言政敎隨其俗이라 凡五服相距爲方五千里라

流는 移의 뜻이니, 政敎가 그들의 풍속을 따름을 말한 것이다. 五服은 거리가 사방 5,000리이다.

【疏】 傳'流移'至'千里' ○ 正義曰 : 流, 如水流, 故云'移也'. 其俗流移無常, 故政敎隨其俗, 任其去來, 不服蠻來之也. 凡五服之別, 各五百里, 是王城四面, 面別二千五百里, 四面相距, 爲方五千里也. 賈逵・馬融以爲"甸服之外百里至五百里米, 特有此數, 去王城千里, 其侯・綏・要・荒服各五百里, 是面三千里, 相距爲方六千里." 鄭玄以爲"五服服別五百里, 是堯之舊制. 及禹弼之, 每服之間, 更增五百里, 面別至于五千里, 相距爲方萬里." 司馬遷與孔意同, 王肅亦以爲然. 故肅注此云"賈・馬旣失其實, 鄭玄尤不然矣. 禹之功在平治山川, 不在拓境廣土. 土地之廣三倍於堯, 而書傳無稱也, 則鄭玄創造, 難可據信. 漢之孝武, 疲弊中國, 甘心夷狄, 天下戶口至減太半, 然後僅開緣邊之郡而已. 禹方憂洪水, 三過其門不入, 未暇以征伐爲事, 且其所以爲服之名, 輕重顚倒, 遠近失所, 難得而通矣. 先王規方千里, 以爲甸服, 其餘均分之公・侯・伯・子・男, 使各有寰宇, 而使甸服之外諸侯入禾稿, 非其義也." 史遷之旨, 蓋得之矣, 是同於孔也.

傳의 〔流移〕에서 〔千里〕까지

○ 正義曰 : 流는 물의 흐름과 같기 때문에 移의 뜻이라고 한 것이다. 풍속이 흘러 옮겨감이 무상하기 때문에 政敎가 그들의 풍속을 따라 오가도록 맡겨두고 오랑캐를 복종시켜 오게 하지 않았다는 것이다. 五服의 구역별 거리는 각각 500리씩인데, 王城의

4面에서 면별로 2,500리이니, 4面의 상거는 사방 5,000리이다. 賈逵와 馬融은 "甸服의 밖으로 100리에서 500리까지는 모두 쌀을 바쳤으므로 특별히 이 숫자를 두었으니, 王城과의 거리는 1,000리이다. 그 侯服·綏服·要服·荒服은 〈면별로〉 각각 500리씩이기 때문에 面은 3,000리이고, 상거는 사방 6,000리이다."라고 하였다.

鄭玄은 "五服이 服別로 500리인 것은 堯임금의 예전 제도이다. 禹에 와서 황제를 도와 매 服의 사이에 다시 500리를 증가시켰으니, 면별로 5,000리에 이르고 상거는 사방 10,000리가 되었다."라고 하였다. 司馬遷은 孔安國의 뜻과 같고, 王肅 또한 그렇게 여겼다. 그러므로 王肅이 여기에 注를 달기를 "賈逵와 馬融은 이미 그 실상을 잃었고, 鄭玄은 더욱 옳지 않았다. 禹의 공훈은 산천을 평탄하게 다스린 데 있고 지경을 개척해서 땅을 넓히는 데 있지 않았다. 土地의 넓음이 堯임금 때보다 세 배나 되었는데도 書傳에 칭한 바가 없었으니, 鄭玄이 처음으로 만든 것이라서 의거해 믿기 어렵다. 漢代의 孝武帝는 중국을 피폐하게 만들고 夷狄이 되는 것을 달갑게 여겼기 때문에 천하의 戶口가 태반이나 줄어들었으니, 그렇게 한 뒤에야 겨우 국경지역의 郡만을 개척했을 뿐이다. 禹가 막 홍수를 걱정할 때에는 세 번이나 자기 집의 문 앞을 지나면서도 들어가지 못할 정도였으므로 정벌을 일삼을 겨를이 없었고, 또 服의 이름을 만듦에 있어서는 가벼움과 무거움이 전도되고 멂과 가까움이 자리를 잃었으니 통하기 어려웠다. 先王은 사방 1,000리를 規畫하여 甸服으로 삼고, 그 나머지는 公·侯·伯·子·男으로 고루 나누어서 각각 寰宇(영토)를 소유하게 하였는데, 甸服 밖의 諸侯들로 하여금 볏짚을 바치게 한 것은 사리에 맞는 일이 아니다."라고 하였다. 史遷(司馬遷)의 뜻이 아마 그것을 터득한 모양이니, 孔傳과 같다.

【疏】 若然, 周禮王畿之外別有九(里)〔服〕[1], 服別五百里, 是爲方萬里, 復以何故三倍於堯. 又地理志言漢之土境, 東西九千三百二里, 南北萬三千三百六十八里. 驗其所言山川, 不出禹貢之域. 山川戴地, 古今必同, 而得里數異者, 堯與周漢其地一也, 尙書所言, 據其虛空鳥路方直而計之, 漢書所言, 乃謂著地人跡屈曲而量之, 所以數不同也. 故王肅上篇注云 "方五千里者, 直方之數, 若其迴邪委曲, 動有倍加之較." 是言經指直方之數, 漢據迴邪之道. 有九服·五服, 其地雖同, 王者革易, 自相變改其法, 不改其地也. 鄭玄不言禹變堯法, 乃云地倍於堯, 故王肅所以難之. 王制云'西不盡流沙, 東不盡東海, 南不盡衡山, 北不盡恒山. 凡四海之內, 斷長補短, 方三千里'者, 彼自言'不盡', 明未至遠界, 且王制漢世爲之, 不可與經合也.

1) (里)〔服〕: 저본에는 '里'로 되어 있으나, "毛本에는 '里'가 '服'으로 되어 있다. 살펴보건대 '服'자가 옳다."라고 한 阮元의 校勘記에 의거하여 '服'으로 바로잡았다.

만일 그렇다면 ≪周禮≫에서 王畿의 밖에 별도로 九服을 두고, 服은 구역별로 500리였으니, 이는 사방 10,000리가 되는데, 다시 무슨 까닭으로 堯임금 때보다 세 배가 되게 했겠는가. 또 ≪漢書≫ 〈地理志〉에 말하기를 "漢나라의 土境은 東西가 9,302리이고, 南北이 13,368리이다."라고 하였다. 거기에 말한 산천들을 증험해보면 〈禹貢〉의 지역에서 벗어나지 않는다. 땅에 산천이 실려 있는 것은 고금이 반드시 같을 터인데도 里數를 계산한 것이 다른 이유는 堯임금 때나 周나라 때나 漢나라 때나 그 땅은 하나였는데, ≪尙書≫에서 말한 것은 허공의 새가 날아다니는 方直한 길에 의거해서 계산한 것이고, ≪漢書≫에서 말한 것은 곧 땅에 나타난 사람의 발자취가 굴곡을 이룬 곳을 헤아린 것이기 때문에 숫자가 같지 않은 것이다. 그러므로 王肅이 上篇의 注에서 "사방 5,000리는 直方으로 계산한 숫자이다. 만일 굴곡을 따라 계산한다면, 걸핏하면 갑절 남짓이 될 것이다."라고 하였으니, 經에서는 直方의 숫자를 가리키고, 漢나라에서는 굴곡진 길에 의거한 점을 말한 것이다. 九服과 五服을 둔 것은 그 땅은 비록 같으나 王者가 고쳐서 바꾼 것인데, 스스로 그 법은 변개하였지만 그 땅은 고치지 못하였던 것이다.

鄭玄이 禹가 堯임금의 법을 고친 점은 말하지 않고 이에 "땅이 堯임금 때보다 배나 되었다."라고 했기 때문에 王肅이 힐난한 것이다. ≪禮記≫ 〈王制〉에 "서쪽으로는 流沙까지를 다 개척하지 않았고, 동쪽으로는 東海까지를 다 개척하지 않았고, 남쪽으로는 衡山까지를 다 개척하지 않았고, 북쪽으로는 恒山까지를 다 개척하지 않았다. 무릇 四海의 안을 긴 쪽을 잘라서 짧은 쪽에 보충하면 사방 3,000리가 된다."고 한 것은 그 스스로 다 개척하지 않았음을 말하여 먼 지계에 이르지 못함을 밝힌 것이다. 또 〈王制〉는 漢代에 만든 것이니, 經과 합할 수 없다.

東漸于海하며 西被于流沙하며 朔南이 曁聲敎[1)]하니라

1) 朔南曁聲敎 : 蔡傳에서는 曁를 及(미쳐감)의 뜻으로 보고 아래의 '訖于四海'까지 합하여 '朔南曁 聲敎訖于四海'로 구두를 떼서 '북쪽의 끝까지, 남쪽의 끝까지 미쳐가서 風聲과 敎化가 온 누리에 퍼지자'라고 풀이하였다.

동쪽으로는 바다가 닿은 데까지, 서쪽으로는 流沙에 이르기까지, 그리고 북쪽의 끝까지, 남쪽의 끝까지 〈天子의〉 威聲과 文敎를 듣고 〈때에 맞추어 와서 朝見

하였다.〉

【傳】 漸은 入也요 被는 及也라 此言五服之外가 皆與王者聲教而朝見이라 ○ 朔은 朔北也라

漸은 入의 뜻이요, 被는 及의 뜻이다. 이는 五服의 밖이 모두 王者의 威聲과 文教를 듣고 〈때에 맞추어 와서〉 朝見함을 말한 것이다.

○ 朔은 북쪽지방〔朔北〕이다.

訖于四海일새 禹錫玄圭[1]하사 告厥成功하시다

1) 禹錫玄圭 : 蔡傳에서는 '錫'을 '師錫(여럿이 올림)'의 錫과 같이 보아 "水土가 이미 다스려지자, 禹는 검은 옥으로 만든 圭를 폐백으로 삼아서 일의 완성을 帝舜에게 아뢴 것이다.〔水土旣平 禹以玄圭爲贄 而告成功于舜〕"라고 풀이하였다.

〈禹의 공적이〉 四海에 모두 입혀졌기 때문에 〈堯임금이〉 禹에게 검은 옥으로 만든 圭를 하사하여 그가 하늘의 공을 잘 이룬 것을 〈널리〉 알리셨다.

【傳】 玄은 天色이라 禹功盡加於四海라 故로 堯賜玄圭以彰顯之니 言天功成이라

玄은 하늘의 빛깔이다. 禹의 공적이 四海에 모두 입혀졌다. 그러므로 堯임금이 玄圭를 하사하여 드러낸 것이니, 하늘의 공을 이루어낸 점을 말한 것이다.

【疏】 '東漸'至'成功' ○ 正義曰：言五服之外, 又東漸入于海, 西被及于流沙, 其北與南雖在服外, 皆與聞天子威聲文教, 時來朝見, 是禹治水之功, 盡加于四海, 以禹功如是, 故帝賜以玄色之圭, 告其能成天之功也.

經의 〔東漸〕에서 〔成功〕까지

○ 正義曰 : 五服의 밖에서 또 동쪽으로는 바다에 들어가기까지, 서쪽으로는 流沙에 미치기까지, 그리고 남쪽과 북쪽은 비록 服 밖에 있지만 모두 天子의 威聲과 文教를 듣고 때에 맞추어 와서 朝見하였다. 이는 禹가 홍수를 다스린 공적이 모두 四海에 입혀진 결과이니, 禹의 공적이 이와 같기 때문에 황제가 검은색 圭를 하사하여 하늘의 공을 잘 이루어낸 점을 널리 알렸음을 말한 것이다.

【疏】 ○ 傳'漸入'至'朝見' ○ 正義曰 : '漸'是沾濕, 故爲入, 謂入海也. 覆(부)被是遠及

之辭, 故爲及也. 海多邪曲, 故言'漸入', 流沙長遠, 故言'被及', 皆是過之意也. 五服之下, 乃說此事, 故言"此五服之外, 皆與王者聲教而朝見." 言其聞風感德而來朝也. 鄭玄云 "南北不言所至, 容踰之." 此言'西被於流沙', 流沙當是西境最遠者也. 而地理志以流沙爲張掖居延澤是也, 計三危在居延之西, 太遠矣, 志言非也.

○ 傳의 〔漸入〕에서 〔朝見〕까지

○ 正義曰 : '漸'은 沾濕한 것이기 때문에 入의 뜻이라 한 것이니, 바다로 들어감을 이른다. '覆被'는 멀리 미쳤다는 말이기 때문에 及의 뜻이라고 한 것이다. 바다에는 邪曲한 곳이 많기 때문에 '漸은 入'이라 말하고, 流沙는 長遠하기 때문에 '被는 及'이라 말한 것이니, 모두가 過(지나침)의 뜻이다. 五服의 아래에서 이 일을 말했기 때문에 "이 五服의 밖이 모두 王者의 威聲과 文教를 듣고 〈때에 맞추어 와서〉 朝見함을 말한 것이다."라고 한 것이니, 풍도를 듣고 덕에 감화되어 와서 조회함을 말한 것이다. 鄭玄은 "남쪽과 북쪽에서 이르는 바를 말하지 않은 것은 혹시 넘어갈 수도 있기 때문이다."라고 하였으니, 이는 "서쪽으로는 流沙에 미치기까지 했다."라고 함을 말한 것인데, '流沙'는 응당 서쪽 지경의 가장 먼 곳일 것이다. 그렇다면 ≪漢書≫ 〈地理志〉에서 流沙를 張掖郡의 居延澤으로 삼은 것이 이것일 터인데, 三危山이 居延의 서쪽에 위치해 있음을 감안하면 너무 머니, 〈地理志〉의 말은 잘못된 것이다.

【疏】 ○ 傳'玄天'至'功成' ○ 正義曰 〔義曰〕[1] : 考工記 "天謂之玄." 是玄爲天色. 禹之蒙賜, 必是堯賜, 故史敍其事, "禹功盡加于四海, 故堯賜玄圭以彰顯之." 必以天色圭者, 言'天功成'也. 大禹謨舜美禹功云'地平天成', 是天功成也.

1) 〔義曰〕 : 저본에는 있으나, "義曰 2자가 중복되었으니, 연문이다."라고 한 阮元의 校勘記에 의거하여 衍文으로 처리하였다.

○ 傳의 〔玄天〕에서 〔功成〕까지

○ 正義曰 : ≪周禮≫ 〈考工記〉에서 "하늘을 玄이라 이른다."라고 하였으니, 玄은 하늘의 색깔이다. 禹가 하사를 받은 것은 필시 堯임금이 하사한 것이기 때문에 史官이 그 일을 서술하여 "禹의 공적이 모두 四海에 입혀졌기 때문에 堯임금이 玄圭를 하사하여 널리 드러낸 것이다."라고 하였다. 반드시 하늘 색깔의 圭를 하사한 것은 '하늘의 공이 이루어짐'을 말한 것이다. 〈大禹謨〉에서 舜임금이 禹의 공적을 찬미하기를 '水土가 평탄하게 됨에 하늘의 五行이 펴져'라고 하였으니, 하늘의 공이 이루어진 것이다.

附錄

※ 이 부록은 본서의 내용을 쉽게 이해하기 위해 ≪五經圖彙≫〈尙書圖〉(松本幼憲 編, 林師彪 較, 國立中央圖書館 소장본)를 첨부한 것이다.

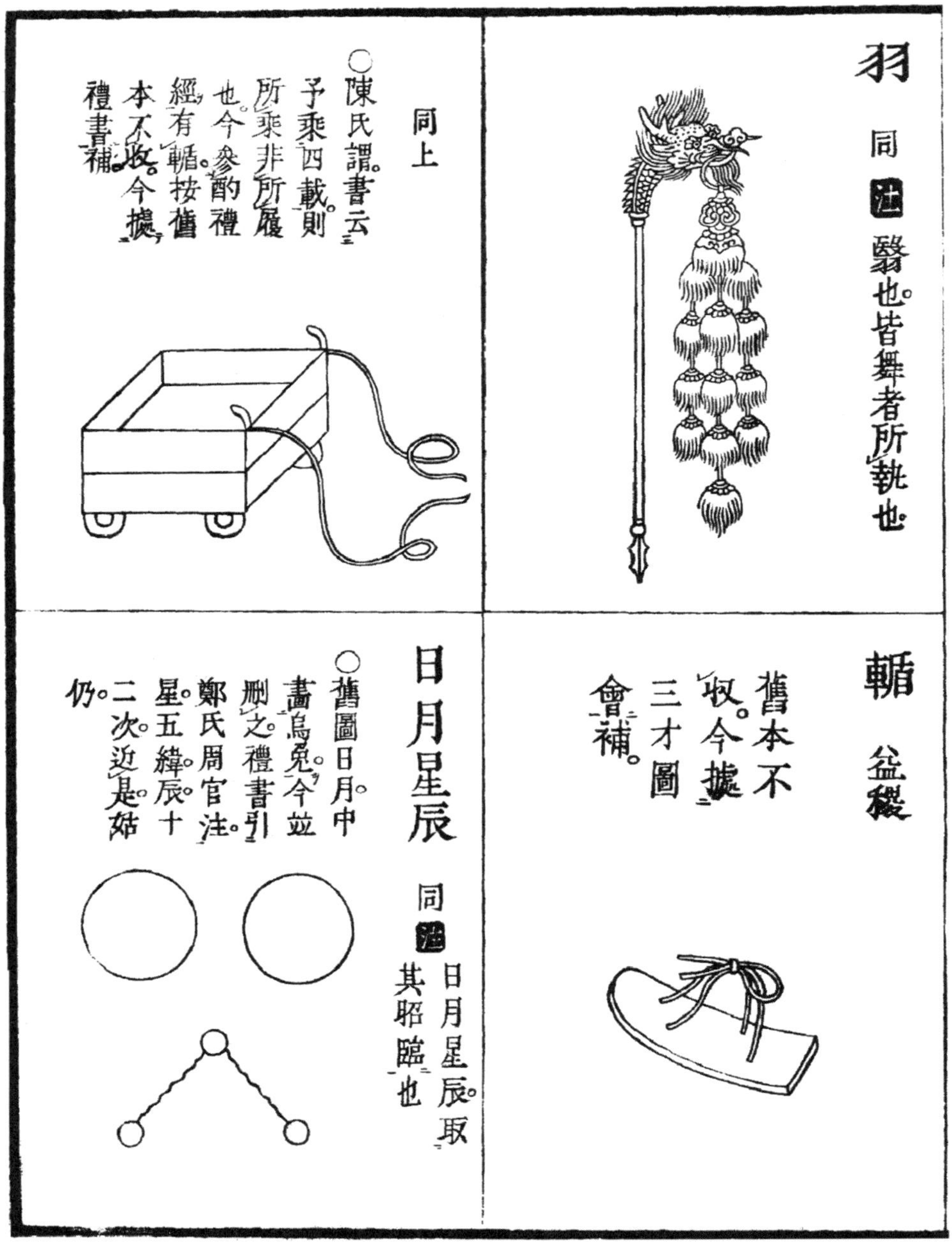

羽 同 注 翳也。皆舞者所執也。

同上 ○陳氏謂。書云予乘四載。則所乘非所履也。今參酌禮經。有輴。按舊本不收。今據禮書補。

輴 益稷 舊本不收。今據三才圖會補。

日月星辰 同 注 日月星辰。取其昭臨也。 ○舊圖日月中畫烏兔。今竝删之。禮書引鄭氏周官注。星五緯。辰十二次。近是。姑仍。

山

同注取其鎮也。

龍

同注取其變也。

華蟲

同注雉。取其文也。

宗彝

同注虎蜼。取其孝也。

○彝形見博古圖。不與此同。未詳上古之制。闕以俟考。

藻

同注水草。取其潔也。

粉米

同注白米。取其養也。

火

同注取其明也

○據陸氏音義本畫火字。然因襲已久。今姑從舊圖。

黼

同注若斧形。取其斷也。

○爾雅疏。黼蓋半白半黑。似斧刃白而身黑。則不必爲斧形。黻並同。俟考。

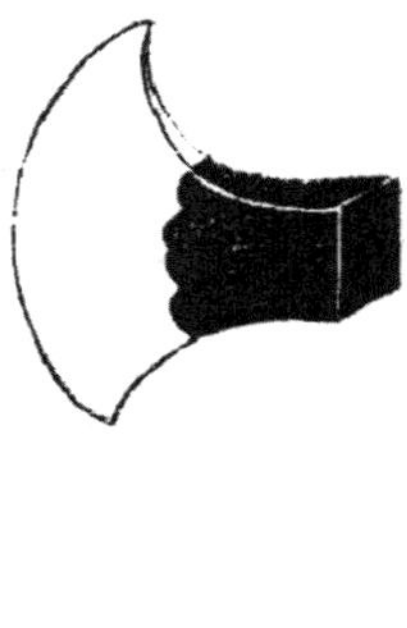

黻

同注爲兩己相背。取其辨也。

康熙字典案黻之形如亞。亞古弗字

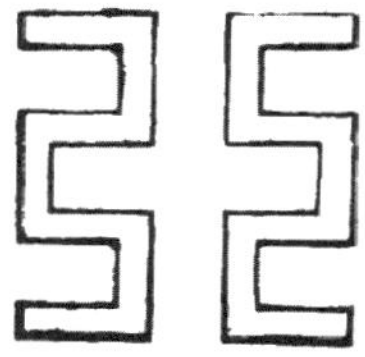

鳴球

同注玉磬名也

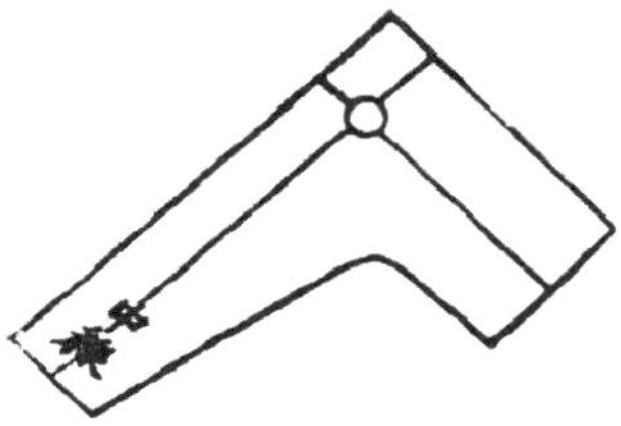

侯

同注周禮梓人爲侯。廣與崇方三分其廣而鵠居一焉。應古制亦不相遠也。

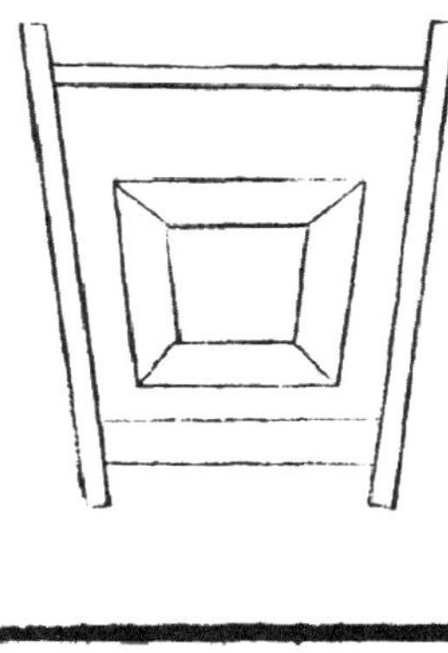

拊

同注拊循也。

○按後世樂器有拊。其圖見頖宮禮樂疏錄以備攷。

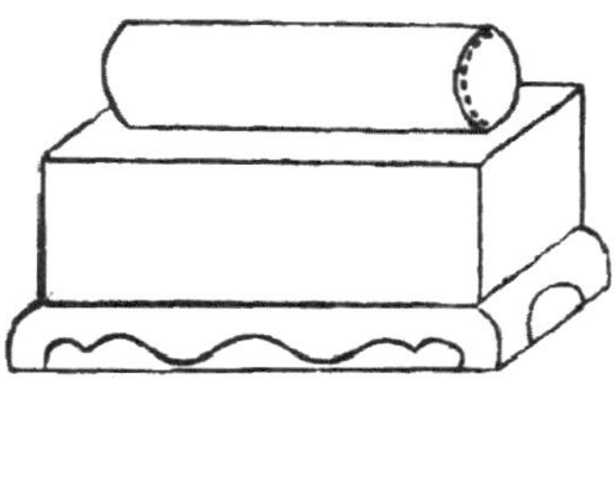

琴

同注闕

瑟

○琴瑟圖須與毛詩關雎章併看。凡不重出者。它皆倣此。

管

同○管如篴。併兩而吹之。如篪。六孔。

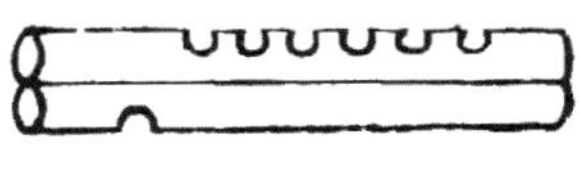

鼗鼓

同注如鼓而小。有柄。持而搖之。則旁耳自擊。

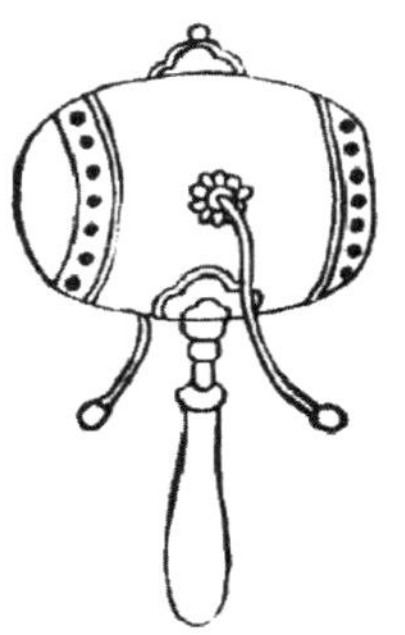

止

敔

同注狀如伏虎。背上二十七鉏鋙。刻以籈擽之。

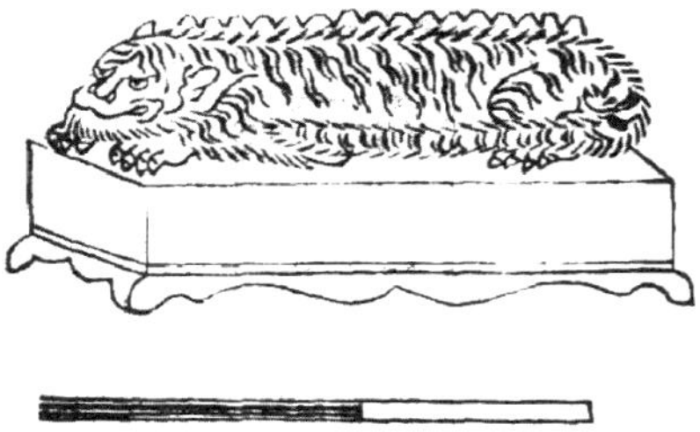

柷

同注郭璞云。柷如漆桶。方二尺四寸。深一尺八寸。中有推柄。連底撞之。令左右擊。

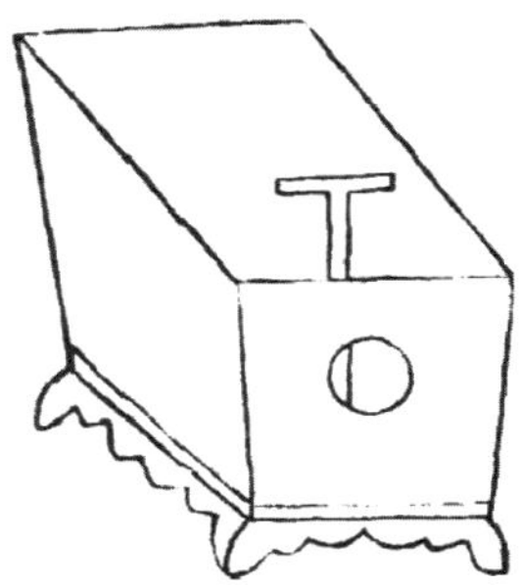

簫

同注古文作箾。舞者所執之物。

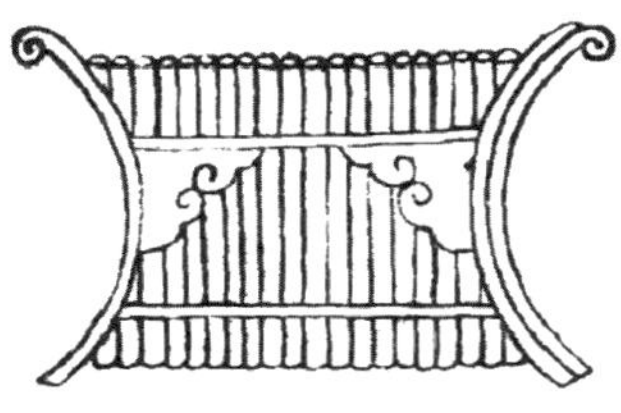

韶

同注韶。盖舜舞之總名也。○按後世樂器。有韶。其圖見三才圖會。采以廣聞。

鏞

同注大鍾也

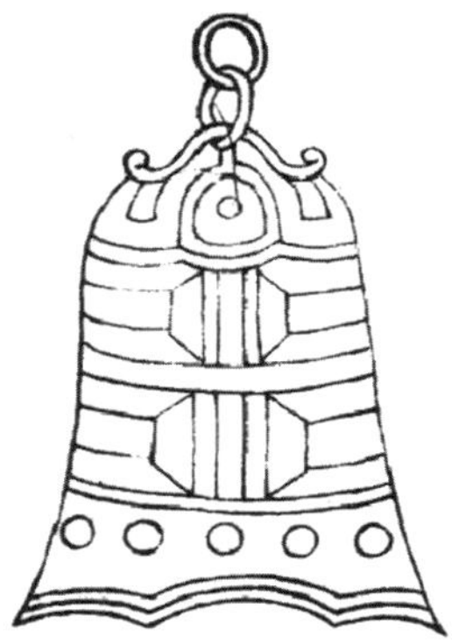

笙

同注以匏爲之。列管於匏中。又施簧於管端。

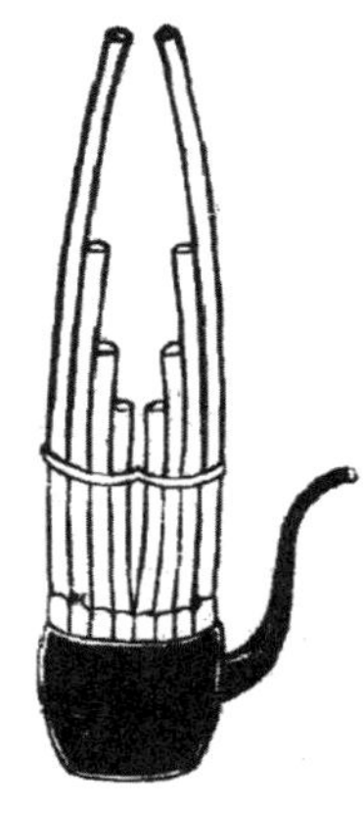

篚

禹貢注竹器

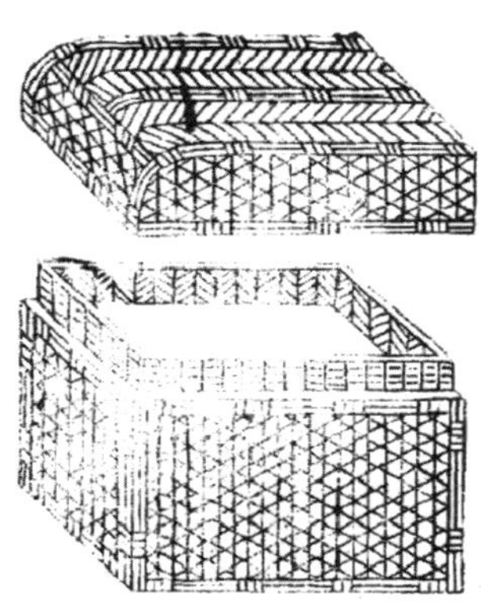

濬畎澮距川

益稷 **注** 周禮一畝之間廣尺深尺曰畎。一同之間廣二尋深二仞曰澮。畎澮之間有遂有溝有洫皆通田間水以小注大。

每一目當一井。百井謂之一成。

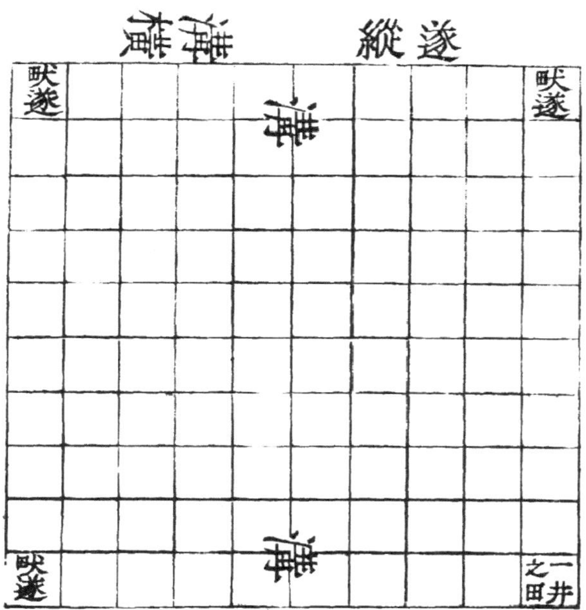

每一目當一井。百成謂之一同。

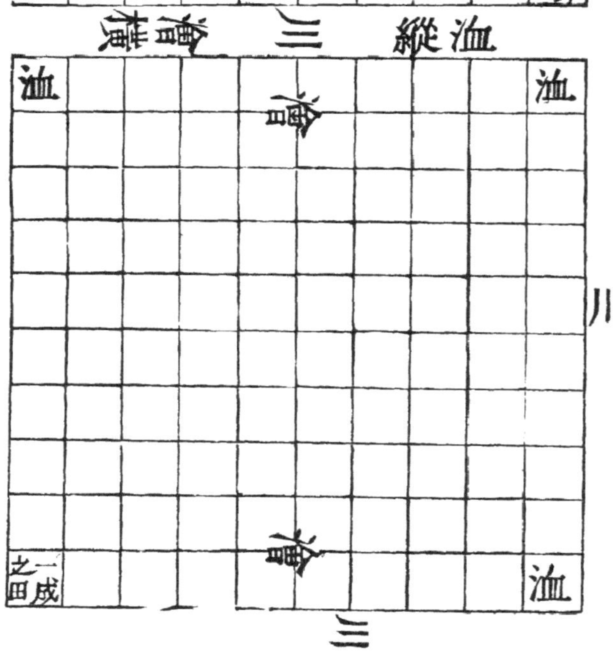

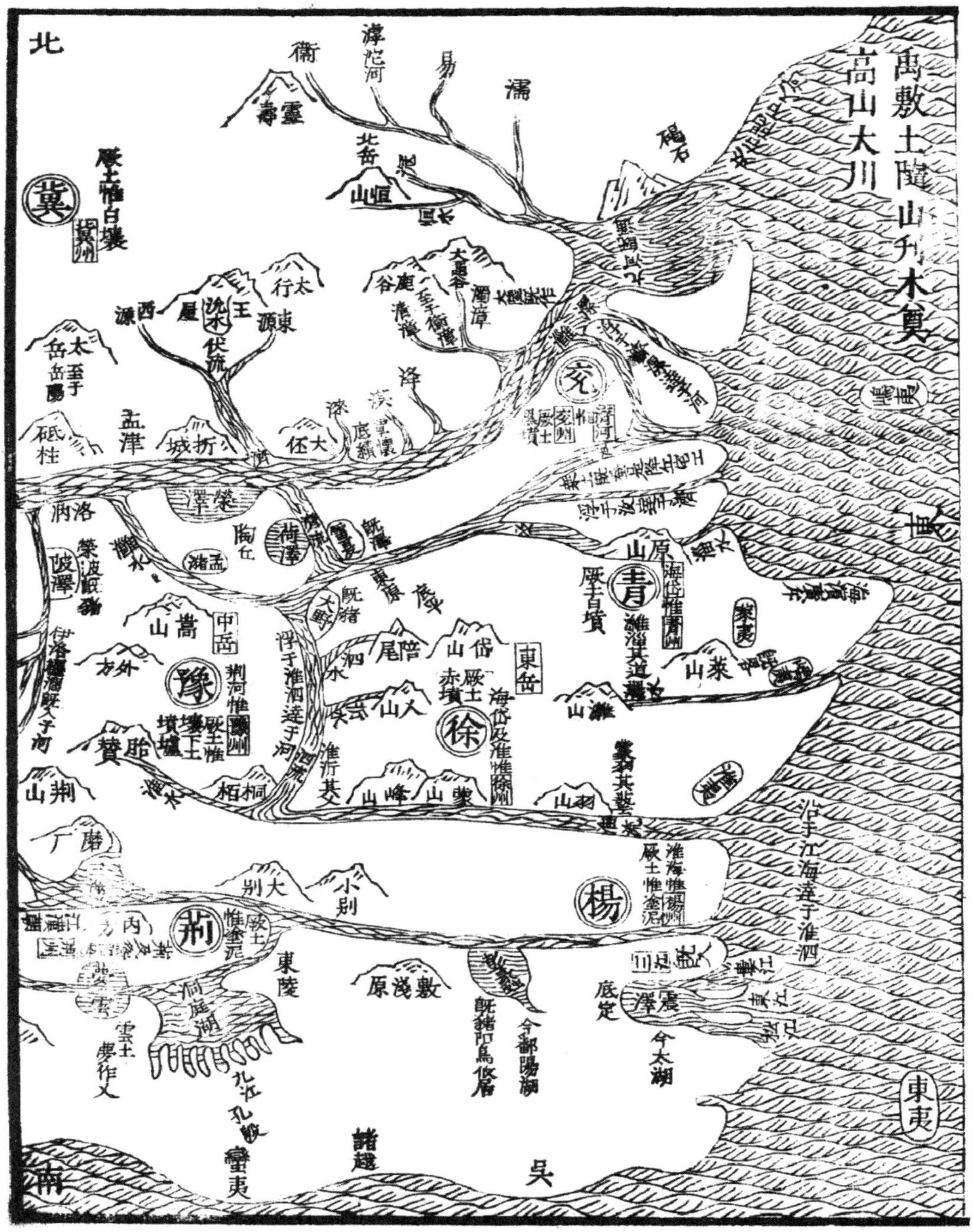
禹敷土隨山刊木奠高山大川
北
南
東夷
冀
兗
青
徐
豫
揚
荊
厥土惟白壤
衡
易
碣石
北岳
恒山
太行
王屋
東源
西源
太岳
至于岳陽
砥柱
孟津
析城
大伾
底績
滎澤
陶丘
菏澤
洛
嵩山
中岳
外方
熊耳
胎簪
桐柏
荊山
淮沂其乂
蒙山
羽山
萊夷
萊山
東岳
岱山
海岱及淮惟徐州
厥土赤埴
淮海惟揚州
厥土惟塗泥
荊河惟豫州
沿于江海達于淮泗
浮于淮泗達于河
大別
小別
東陵
敷淺原
洞庭湖
雲土夢作乂
九江孔殷
今鄱陽湖
震澤
底定
今太湖
諸越
吳
蠻夷

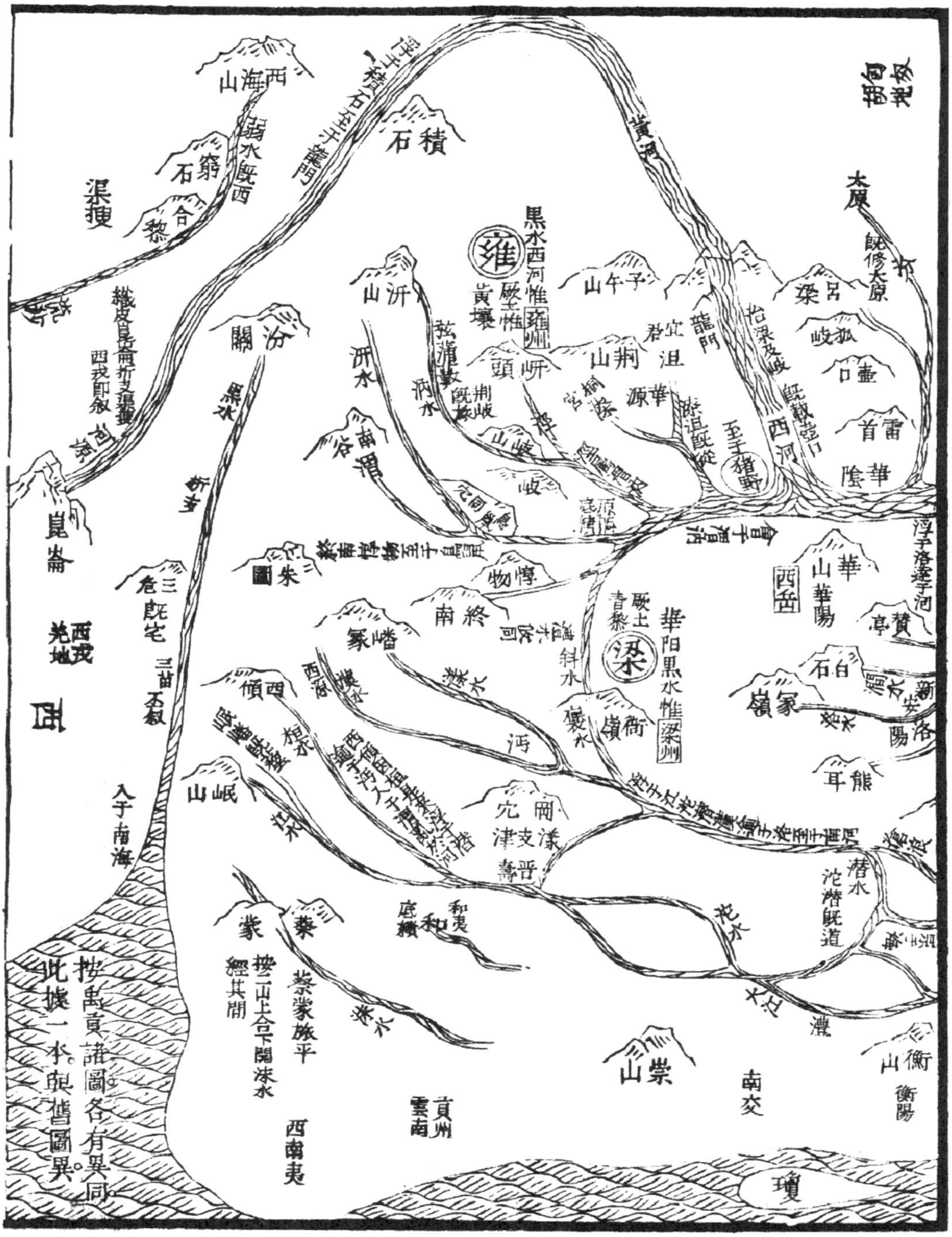
按禹貢諸圖各有異同
此據一本與舊圖異
積石
黃河
崑崙
西海山
華山
衡山
崇山
南交
西南夷
岷山
梁州
雍州

堯五服圖

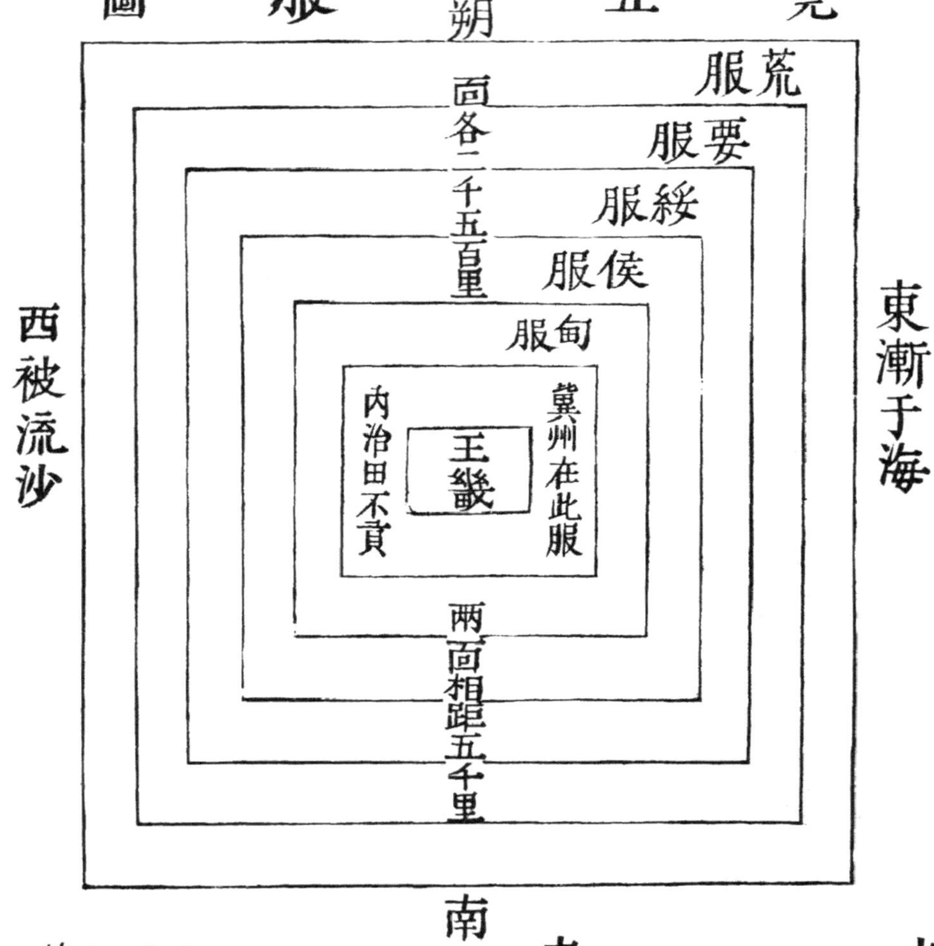

九州田法

州	等
梁	下上
荊	下中
揚	下下
豫	中上
冀	中中
兗	中下
雍	上上
徐	上中
青	上下

九州賦法

州	等
揚	下上
梁	下中
兗	下下
青	中上
徐	中中
雍	中下
冀	上上
豫	上中
荊	上下

右田賦二圖。並以左手無名指下子位上起，從丑輪至中指中節止。見汪應魁禹貢圖說。

譯註者 略歷

金東柱

1942년 全北 任實 三溪 출생
剛齋 李起完 선생과 秋淵 權龍鉉 선생에게 修學
國史編纂委員會 校書室 근무
民族文化推進會 國譯硏修院 수료
民族文化推進會 專門委員・國譯委員
韓國精神文化硏究員 專門委員
傳統文化硏究會 國譯委員(現)

論文 및 譯書

〈磻溪遺集의 復元에 대하여〉
≪설화문학총서≫ ≪금강산유람기≫ ≪달마대사의 건강비법≫
≪高麗名臣傳≫ ≪城南金石文大觀≫ ≪益齋集≫ ≪象村集≫
≪退溪集≫ ≪栗谷全書≫ ≪宋子大全≫ ≪順菴集≫
≪星湖僿說≫ ≪燕行錄選集≫ ≪海行摠載≫ ≪大東野乘≫
≪藏書閣圖書韓國本解題輯(軍事類)≫ ≪龜峯集(太極問答)≫
≪牧民心書(吏典・戶典)≫ ≪東國李相國集(白雲小說)≫
≪青莊館全書(士小節)≫ ≪林下筆記(7・8)≫ 등 多數

十三經注疏
譯註 尙書正義 2　　　　30,000원

2015년 12월 30일 초판 인쇄
2016년 2월 29일 초판 발행

譯　註　金東柱
編　輯　古典國譯編輯委員會
發行人　李啓晃
發行處　社團法人 傳統文化硏究會
　서울시 종로구 삼일대로 428 낙원빌딩 411호
　전화 : (02)762-8401　전송 : (02)747-0083
　전자우편 : juntong@juntong.or.kr
　사이버書堂 : cyberseodang.or.kr
　온라인서점 : book.cyberseodang.or.kr
등록 : 1989. 7. 3. 제1-936호

인쇄처 : 한국법령정보주식회사(02-462-3860)
총　판 : 한국출판협동조합(070-7119-1750)

ISBN 979-11-5794-093-6 94140
　　　978-89-91720-93-0(세트)

※ 이 책은 2015년도 교육부 고전문헌 국역지원사업 지원비에 의해 초판(비매품) 간행.